Les ans du Roy Richard le Second collect' ensembl' hors de les abridgments de Statham, Fitzherbert et Brooke per Richard Bellevve de Lincolns Inne. 1585. Oues[que] un table a c[ette] annexe (1585)

Robert Brooke

Les ans du Roy Richard le Second collect' ensembl' hors de les abridgments de Statham, Fitzherbert et Brooke per Richard Bellevve de Lincolns Inne. 1585. Oues[que] un table a c[ette] annexe

Abridgment des libres annales.
Graunde abridgement.<bri>Bellew, Richard.
Statham, Nicholas, d. 1472.
Fitzherbert, Anthony, Sir, 1470-1538.
An abridgement of "Abridgment des libres annales" by Nicholas Statham, "La graunde abridgement" by Sir Anthony Fitzherbert, and "La graunde abridgement" by Sir Robert Brooke.
Additional printers' names and publication date from colophon.
Includes index.
[8], 145, 144-270, 255-326, [8] p.
At London : Imprinted by Robert Robertson dwelling in Fewter lane neere Holborne [and T. Dunne, Th. Hauylande, Ia. Bowring, and Th. Moris, The 17. of Ianuary. 1585]
Beale, J.H. Engl. law, R478. /
STC (2nd ed.) / 1848
Romance (Other)
Reproduction of the original in the Harvard University Library

Early English Books Online (EEBO) Editions

Imagine holding history in your hands.

Now you can. Digitally preserved and previously accessible only through libraries as Early English Books Online, this rare material is now available in single print editions. Thousands of books written between 1475 and 1700 and ranging from religion to astronomy, medicine to music, can be delivered to your doorstep in individual volumes of high-quality historical reproductions.

We have been compiling these historic treasures for more than 70 years. Long before such a thing as "digital" even existed, ProQuest founder Eugene Power began the noble task of preserving the British Museum's collection on microfilm. He then sought out other rare and endangered titles, providing unparalleled access to these works and collaborating with the world's top academic institutions to make them widely available for the first time. This project furthers that original vision.

These texts have now made the full journey -- from their original printing-press versions available only in rare-book rooms to online library access to new single volumes made possible by the partnership between artifact preservation and modern printing technology. A portion of the proceeds from every book sold supports the libraries and institutions that made this collection possible, and that still work to preserve these invaluable treasures passed down through time.

This is history, traveling through time since the dawn of printing to your own personal library.

Initial Proquest EEBO Print Editions collections include:

Early Literature

This comprehensive collection begins with the famous Elizabethan Era that saw such literary giants as Chaucer, Shakespeare and Marlowe, as well as the introduction of the sonnet. Traveling through Jacobean and Restoration literature, the highlight of this series is the Pollard and Redgrave 1475-1640 selection of the rarest works from the English Renaissance.

Early Documents of World History

This collection combines early English perspectives on world history with documentation of Parliament records, royal decrees and military documents that reveal the delicate balance of Church and State in early English government. For social historians, almanacs and calendars offer insight into daily life of common citizens. This exhaustively complete series presents a thorough picture of history through the English Civil War.

Historical Almanacs

Historically, almanacs served a variety of purposes from the more practical, such as planting and harvesting crops and plotting nautical routes, to predicting the future through the movements of the stars. This collection provides a wide range of consecutive years of "almanacks" and calendars that depict a vast array of everyday life as it was several hundred years ago.

Early History of Astronomy & Space

Humankind has studied the skies for centuries, seeking to find our place in the universe. Some of the most important discoveries in the field of astronomy were made in these texts recorded by ancient stargazers, but almost as impactful were the perspectives of those who considered their discoveries to be heresy. Any independent astronomer will find this an invaluable collection of titles arguing the truth of the cosmic system.

Early History of Industry & Science

Acting as a kind of historical Wall Street, this collection of industry manuals and records explores the thriving industries of construction; textile, especially wool and linen; salt; livestock; and many more.

Early English Wit, Poetry & Satire

The power of literary device was never more in its prime than during this period of history, where a wide array of political and religious satire mocked the status quo and poetry called humankind to transcend the rigors of daily life through love, God or principle. This series comments on historical patterns of the human condition that are still visible today.

Early English Drama & Theatre

This collection needs no introduction, combining the works of some of the greatest canonical writers of all time, including many plays composed for royalty such as Queen Elizabeth I and King Edward VI. In addition, this series includes history and criticism of drama, as well as examinations of technique.

Early History of Travel & Geography

Offering a fascinating view into the perception of the world during the sixteenth and seventeenth centuries, this collection includes accounts of Columbus's discovery of the Americas and encompasses most of the Age of Discovery, during which Europeans and their descendants intensively explored and mapped the world. This series is a wealth of information from some the most groundbreaking explorers.

Early Fables & Fairy Tales

This series includes many translations, some illustrated, of some of the most well-known mythologies of today, including Aesop's Fables and English fairy tales, as well as many Greek, Latin and even Oriental parables and criticism and interpretation on the subject.

Early Documents of Language & Linguistics

The evolution of English and foreign languages is documented in these original texts studying and recording early philology from the study of a variety of languages including Greek, Latin and Chinese, as well as multilingual volumes, to current slang and obscure words. Translations from Latin, Hebrew and Aramaic, grammar treatises and even dictionaries and guides to translation make this collection rich in cultures from around the world.

Early History of the Law

With extensive collections of land tenure and business law "forms" in Great Britain, this is a comprehensive resource for all kinds of early English legal precedents from feudal to constitutional law, Jewish and Jesuit law, laws about public finance to food supply and forestry, and even "immoral conditions." An abundance of law dictionaries, philosophy and history and criticism completes this series.

Early History of Kings, Queens and Royalty

This collection includes debates on the divine right of kings, royal statutes and proclamations, and political ballads and songs as related to a number of English kings and queens, with notable concentrations on foreign rulers King Louis IX and King Louis XIV of France, and King Philip II of Spain. Writings on ancient rulers and royal tradition focus on Scottish and Roman kings, Cleopatra and the Biblical kings Nebuchadnezzar and Solomon.

Early History of Love, Marriage & Sex

Human relationships intrigued and baffled thinkers and writers well before the postmodern age of psychology and self-help. Now readers can access the insights and intricacies of Anglo-Saxon interactions in sex and love, marriage and politics, and the truth that lies somewhere in between action and thought.

Early History of Medicine, Health & Disease

This series includes fascinating studies on the human brain from as early as the 16th century, as well as early studies on the physiological effects of tobacco use. Anatomy texts, medical treatises and wound treatment are also discussed, revealing the exponential development of medical theory and practice over more than two hundred years.

Early History of Logic, Science and Math

The "hard sciences" developed exponentially during the 16th and 17th centuries, both relying upon centuries of tradition and adding to the foundation of modern application, as is evidenced by this extensive collection. This is a rich collection of practical mathematics as applied to business, carpentry and geography as well as explorations of mathematical instruments and arithmetic; logic and logicians such as Aristotle and Socrates; and a number of scientific disciplines from natural history to physics.

Early History of Military, War and Weaponry

Any professional or amateur student of war will thrill at the untold riches in this collection of war theory and practice in the early Western World. The Age of Discovery and Enlightenment was also a time of great political and religious unrest, revealed in accounts of conflicts such as the Wars of the Roses.

Early History of Food

This collection combines the commercial aspects of food handling, preservation and supply to the more specific aspects of canning and preserving, meat carving, brewing beer and even candy-making with fruits and flowers, with a large resource of cookery and recipe books. Not to be forgotten is a "the great eater of Kent," a study in food habits.

Early History of Religion

From the beginning of recorded history we have looked to the heavens for inspiration and guidance. In these early religious documents, sermons, and pamphlets, we see the spiritual impact on the lives of both royalty and the commoner. We also get insights into a clergy that was growing ever more powerful as a political force. This is one of the world's largest collections of religious works of this type, revealing much about our interpretation of the modern church and spirituality.

Early Social Customs

Social customs, human interaction and leisure are the driving force of any culture. These unique and quirky works give us a glimpse of interesting aspects of day-to-day life as it existed in an earlier time. With books on games, sports, traditions, festivals, and hobbies it is one of the most fascinating collections in the series.

old books. new life.

The BiblioLife Network

This project was made possible in part by the BiblioLife Network (BLN), a project aimed at addressing some of the huge challenges facing book preservationists around the world. The BLN includes libraries, library networks, archives, subject matter experts, online communities and library service providers. We believe every book ever published should be available as a high-quality print reproduction; printed on-demand anywhere in the world. This insures the ongoing accessibility of the content and helps generate sustainable revenue for the libraries and organizations that work to preserve these important materials.

The following book is in the "public domain" and represents an authentic reproduction of the text as printed by the original publisher. While we have attempted to accurately maintain the integrity of the original work, there are sometimes problems with the original work or the micro-film from which the books were digitized. This can result in minor errors in reproduction. Possible imperfections include missing and blurred pages, poor pictures, markings and other reproduction issues beyond our control. Because this work is culturally important, we have made it available as part of our commitment to protecting, preserving, and promoting the world's literature.

GUIDE TO FOLD-OUTS MAPS and OVERSIZED IMAGES

The book you are reading was digitized from microfilm captured over the past thirty to forty years. Years after the creation of the original microfilm, the book was converted to digital files and made available in an online database.

In an online database, page images do not need to conform to the size restrictions found in a printed book. When converting these images back into a printed bound book, the page sizes are standardized in ways that maintain the detail of the original. For large images, such as fold-out maps, the original page image is split into two or more pages

Guidelines used to determine how to split the page image follows:

• Some images are split vertically; large images require vertical and horizontal splits.
• For horizontal splits, the content is split left to right.
• For vertical splits, the content is split from top to bottom.
• For both vertical and horizontal splits, the image is processed from top left to bottom right.

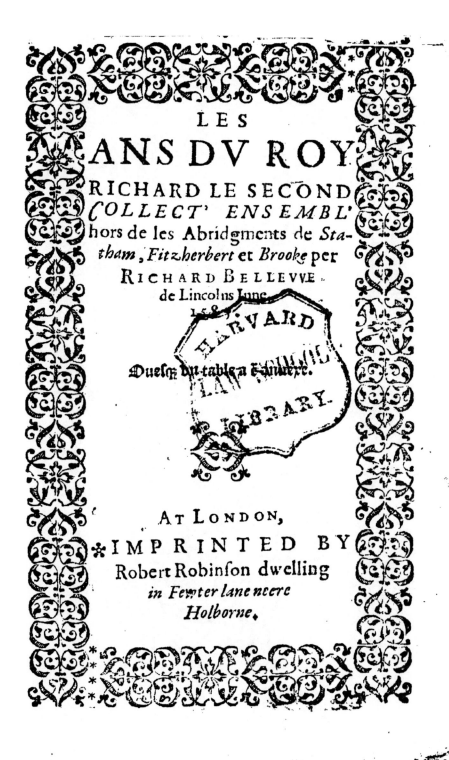

LES ANS DV ROY RICHARD LE SECOND

COLLECT' ENSEMBL' hors de les Abridgments de *Statham*, *Fitzherbert* et *Brooke* per

RICHARD BELLEVVE de Lincolns Inne.

158

Ouesq; vn table a lauutere.

AT LONDON,
IMPRINTED BY
Robert Robinson dwelling
in Fewter lane neere Holborne.

Sept. 23, 1847

TO THE STV-
dents of the common Lawes

of this Realme, and especially to the graue
and learned Societie of Benchers,
Vtterbarresters and Students
of Lincolnes Inne.

HE experience is
common, and the ex-
amples infinite, ỹ teach
vs howe daungerous it
is, by setting our acti-
ons on ỹ publike stage
to submitte the valuati-
on of our selues to ỹ cen-
sure of a multitude: Since there bée no moꝛe
diuersitie of bodies then varietie of oppinions:
Noꝛ of thẽ so many gouerned with any sparke
of reason, as misguided with affectionate, malitious oꝛ carping disposition: who being scarce
able to cobble an old clouted shoe, will yet take
vpon them to amende Appelles fine woꝛkman-
ship: thinking it not sufficient with the idle
dꝛoane Bée to suck the swéet of an others sweat,
But (contrary to all humanity) in stede of
thankes, (the smallest gwerdon that ᴄⁿ

¶ ꞇ

be) to depriue their painfull benefactors of deserued praise. Amongest which three of all others, in my iudgement, are the greatest fault finders. The first, is the malitious carper, of whom the Poet speaking saith, *Inuidus alterius rebus macrescit opimis*, for such is his cankred nature, as with reppyning at the honest indeuour of others he pyneth away him selfe. The seconde is hée, who hauing neuer attempted to doe any thing him selfe, and thereby vtterly ignorant how hard it is to please many, & how impossible to please all, reteineth yet this good oppinion of himselfe, that if he would vouchsafe the paynes, he could equall if not excéd the atchewements of others. The thirde is he who hauing not onely not attempted, but being altogether vnhable to performe any thing at all, doth of pollicy vse carpyng, to winne thereby vnto himselfe an oppinion, that as he can finde fault, so could he if hée woulde do much better then that which hée so greatly misliketh : When notwithstanding all these are somtimes more worthy blame for misliking, then the Author for misdoing, since haply where they finde most fault, the fancy of the learned is best satisfied. Now whiles I considered hereupon, and poysed them in the ballance of myne owne insufficiency, I remayned altogether fearefull and discouraged and therewithall resolued to reserue this simple labour of

mine

myne to my owne priuate vse, for which I first
made it. But calling to remembrance the dispo=
sitiõ of the persons, with whom specially I had
to deale, beyng men with myndes tempered, &
qualified with studyes of best accompt, and the
worke it selfe not mine, but my collection, ad=
ding thereunto the earnest persuasions of some
of my best deseruing friends, I haue aduētured,
as you sé, vnder hope of your curteous accep=
tãce, to present you therwithal, not doubting, but
ŷ as Learning hath no enemie but ignorãce:
so the ignorant, enuious or opinionate Carper
shal haue no such aduersary as the learned, Nor
this my simple trauayl find better defence, then
of those, whose experience teaching them that
Humanum est errare, knowe how farre easier it
is to finde a fault, then to doe that which shalbe
without fault.

For the order that I haue obserued in the
booke, you shal vnderstand, ŷ I haue placed euery
principall case vnder that title which the princi=
pal matter argued or moued in the case requi=
red: & the bye cases cited to proue or disproue
the principall point, I haue placed also in their
proper Titles with reference to the yere and ti=
tle where they are chiefely handled, and most
cõmonly to the Seriant or Iustice name whose
citation or oppinion it is. I haue also at thend of
euery principal case referred you to ŷ Abridg=

¶ 3   mentes

mentes out of which I haue made the collectiõ, setting foꝛ Statham, Stath. Foꝛ Fitzherbert, F. foꝛ Brooke, Br. titulo &c.   And whereas I haue referred you to the placito oꝛ nomber of the cases of Statham, and not to the fol. I did it, foꝛ that the booke it selfe, hauing not the leaues numbꝛed, I haue sæne, that some haue figured both sides of the leaf, some but the one side one- ly, & others thꝛusting in blanke paper betwæne the leaues of the saide Abꝛidgement, haue made the blanke leaues to beare their oꝛderly number with the pꝛinted leaues, By reason of which variance I thought it best to referre my collec- tion vnto the placito of the said Abꝛidgement, numbꝛing the pꝛincipall cases therein with the figures of 1. 2. 3. &c. oꝛderly as they fall out. Wherein albeit al those which haue Statham, haue not the numbers set downe, yet making pꝛoof of my reference, they shal finde their books to answere iustly my computation. And because Plesingtons case in the title of *Quid iuris clamat* in Fitzherbert is long & conteineth many cases of good learning, I haue placed on ẏ inner mer- gine of the same case the A. B. C. &c. against euery particuler case oꝛ matter, that thereby, when you shall read any of the said cited cases in his moꝛe pꝛoper Title, you finding it to haue any of the said letters at the beginning oꝛ ende thereof, may find the same case oꝛ opinion in the

pꝛin-

pꝛincipall caſe, noted with the ſame letter that
ꝑ bpe caſe was. I haue alſo foꝛ ꝑ better finding
of euery particuler caſe in his peculiar Title,
added certaine merginall notes, conteyning the
effect and pith of euery caſe. And foꝛ better re=
mēbrance of the caſes, I haue placed vnder eue=
ry Title ꝑ caſes oꝛderly, accoꝛding to ꝑ peres
of R. 2. ſauing in the Titles of Barre, Count,
Dammages, Iſſue, Iudgement & Tenures:
Wherein I haue not obſerued the oꝛder of the
peeres, as in al the other Titles, but haue ſet
the caſes *Ordine alphabetico,* accoꝛding to the
titling woꝛdes of the caſe. Alſo ꝑ the booke may
ſerue foꝛ double vſe, I haue at thend thereof an=
nexed a Table of the peres of the ſaid King, pla=
cing the titling woꝛd of euery pꝛincipal caſe vn=
der his pꝛoper pere, referring you to the pꝛinci=
pall Title and placito of this Booke, where you
may read thē: which I haue done foꝛ that ſome
(as by conference I vnderſtand) liked better to
haue had ꝑ caſes vnder peares, (accoꝛding to
my collection of Brookes newe Caſes) then vn=
der titles, a thing farre eaſier foꝛ me, as the xpe=
rienced may iudge: But now hauing ſo oꝛdered
the matter, as who ſo liſt may read the peres,
and who ſo will the Titles, I hope, this my la=
bour ſhall offende none, though perhaps not ſa=
tiſſie all. But how ſoeuer it is, I do moſt hum=
bly dedicate and commende the ſame vnto your
pꝛotecti=

protections, not as a thing woozthy therof, oz of
your learned viewes, but as a ſlender token of ȳ
reuerent deuotion I beare you. Beſéching you
that where you ſhall finde any faultes, which ei=
ther by my inſufficiency, the intricatenes of the
wozke, oz the Pzinters reckleſnes are commit=
ted, either friendly to pardō, oz by ſome meanes
to admoniſh me thereof. And as your good li=
king of my labour beſtowed in the ſaid collection
of Brookes newe caſes did not a litle pzeuaile
with me in the publiſhing hereof: So if I ſhall
perceiue that theſe yeres of R.2. do finde ȳ like
fauour at your handes, it may encourage me to
ſet the Pzinter on wozke foz all ſuch other olde
yeres of other Kings as lie ſcattered in the ſaid
Abzidgementes, and which I haue in a readi=
nes at this pzeſent. And ſo wiſhing vnto you,
all increaſe of learning, vertue and hap=
pines, I take my leaue, the 10.
of Januarie. 1 5 8 5.

* *
*

Yours in al humblenes
Richard Bellewe.

Abatement en Terres,
& Abator.

Bator nauera pas admesure=
ment de Dower per Belk. 7. R.
2. hic tit Admesurement. in
fine caſ.

   Dower. Le tent vouche eſt,
le dot dit q̃ cẽi ac. fuit le vꝛim
q̃ abate, ꝗc. 23. R. 2. hic tit Coũ=
terple de voucher.

Abatement de briefe. vide Bꝛiefe.

Admeasure=
ment de Dower.

Vouche.

Abbe & priour.

Annuitie graunte p priour ꝗ Couent, liera le
ſucceſſoꝛ. 6. R. 2, hic tit Double plez.

   Nota que Belk. dit, ſi obligaẽ ſoit fait p vn
abbe, per parolx del abbe et couẽt, iou le couent ne
conuſt riens de ceo ꝗc. en bꝛief de det poꝛt de ceo
ꝗc. vers labbe, ꝗ il conuſt le fait ꝗc. par q̃ le pꝉ reꝯ,
ꝗ labbe deuie, ſon ſucceſſ ſerra charge p cel conu=
ſauns, ꝗ neſtoppera lexecuciõ ꝗc. Et ẽ fuit dit pur
lez ꝗc. Et fuit dit meſꝗ le lez ſoit tiel vun duetie,
vnẽ autẽ ſerẽ vun conuſaunz en precipe qd'r'
vers abbe ꝗc. M. 7. R. 2. Fitzherbert Abbe. 7.

Annuitie gꝝ p
priꝝ ꝗ Couent.
Succeſſoꝛ.
Confeſſiõ dec-
cion per Abbe.

   Le pꝛioꝛ de L. ꝗ ſon confreꝝ poꝛt bẽ ac=
cõpt vers vn reſceiuoꝛ de lour d, ꝗ le bẽ abaẽ p ag.
car ꝗ le matẽ le pꝛioꝛ doit ſolemẽt aũ lacẽ ꝗc. P. 7.
R. 2. Fitzh. Nonhabilitie. 3.

Ioine oue con-
frere.

   Si Abbe ꝗ moigne font a moy vn obligation,
ieo nauera bẽe de dette forſꝗ vers labbe ſole p.
Skipwith. 8. R. 2 hic tit Bꝛief.

Obligacion
fait per Abbꝗ
moigne.

   Bꝛief de meſne poꝛt per Abbe. 12. R. 2. hic tit
Meſne. 13. R. 2. Ibm.

Meſne.

                                  B j.   Tꝰ,

Nosme.   Trñs, Le def dit q il fuit Abbe nient nõe Ab=
be iudgement de bẽ. Et allowe. 12 R. 2. hic tiť
Defence.

Serra fait per le
oŷ.   Le Priour de Barmondsey port Ass. et penz
Prior translate
in Abbe.   le bẽ il fuit fait Abbe de m le lieu p Laposteľ & le
Nosme change.   Roŷ ¶ Cokain per ceo son nosme ẽ change.
Issint si vn Chaplen dun Chaunterp ou Gar=
dein du Chappell, ou vn des Templers soit fait
Abbe, Per Thirn. & Hank. ¶ Marke. Abbe ou
Accion.   Priour ne poet aũ actiõ si nõ de droit son esglise.
Droit.   Et si le bẽ fuit bẽ de droit &c le iudgement in ceo
ne poet eẽ donc pur Labbe, pur ẽ q il est nosme pri=
our. 22. R. 2. hic tiť Brief.

Vide p Burgh Temp. R. 2 hic tiť Ass.

Abiuration.

Abiure est puis
prise & arraine.   Admittitur, q hõe q aũ abiure deuñt le Coro=
ner, & puis ẽ prise deins le terre & arraine, poet
dire q il fuit trahe hors del hault chimin. Quere
Quere.   11. R. 2. hic tiť Chall.

Acceptance.

Seignior resceiue
homage del aba=
tor.   Seiß & teñt bastard, le bastð dei sans heire de sõ
corps, estrange abate, le sõr accepte homage p ses
maines, il fra barre de son eschet per Berr. 11. R. 2.
hic tiť Eschete.

Accessorie, vide principall & accessorp.

Accion sur le case.

Vende chiual
maladie.   Trñs sur son case supp que le def. venð a luy
Garrantie.   vn chiual & suy garẽ dẽe bõ & sane & suffiẽ pur
toutz maladies de traueler, lou le def sach le dit
chiual estẽ plein dez maladiez ẽ les otels & legges.
¶ Charlet. il ne bargaine pas ẽ le mañ cõe &c.
Ley.   prist a faiẽ p nẽe ley ¶ Pinch. cẽ bẽ supp faulx &
fraud=

fraudulent &c vend &c. q̃ soun en disceit, iudgem̃t.   *Disceit.*
¶ Fulth a Charleton voil la demurr̃. ¶ Charlet.
nosa, mes dit q̃ il ne bargain en le maner &c. prist. *Issue.*
auer̃ par le païs ¶ T.7. R.2. F. Ley. 41 & hic prim̃.

¶ Tr̃s & son case vers 2. supp p̃ s̃o bñe q̃ il achat̃
del def. vn chiual & il luy gar̃ cẽ chiual bõ & sane
& suffic̃ a laborer̃ lou il sache le dit chiual eẽ plein
de malad en les oiels & iambes faux̃t luy vend *Sans especialtiẽ*
¶ Charleton cest bñe ẽ p̃s en nature de couenant *Couenant.*
de q̃ il ne mẽe rienz p q̃ iudgem̃t Et non allocai pur
ẽ q̃ cẽ vn bñe de tr̃s, Aut̃ ẽ en bñe de couenant. T.
7. R.2. F. Mr̃ans de faits &c. 160. Uide 11.m̃ le roy
aiudge accor̃d, & lissue prise la sur le gar̃ &c. hic
Pl.8.

¶ Accion & le case vers 2. Cest q̃ p̃mes vient re= *Responder*
spond sans son compaignion. 7 R 2. hic tit Re=
sponder.

¶ Un R. por̃t bñe de Trespas vers vn &M. *Hostler.*
Quare vi & armis, & supp p̃ son bñe q̃ cõe p cõen cu=
stome de Realm &c q̃ ceux q̃ sont hostiers & herbi=
gours doient gar̃d les bñs & chateaux de ceux q̃
sont herbigez oue ceux sauem̃t &c. la vie͂t le
pl certain iour & an a ¶ &. en le Countie de H. &
soy herbigea oue le def. tan̄q cert male fesor̃s per *Quidam male-*
son def. viendẽ, & x.li des deniers le pl prist &c. *factores.*
Et aũ briefe accord. a son matẽ. ¶ Hyl le bñe supp q̃
cert mal fesours viend, & empor̃t les biens, & ceo
en nostẽ default, ou son acciõ serẽ don̄ vers eux, &
ment ver̃s no⁹. ¶ Belk. le bñe supp q̃ cert male fe=
sor̃s disconus le steront, & com̃t suit il auterm̃t,
no⁹ entendom⁹ le bñe bõ, & en man̄ bostẽ pl est al
acc. ¶ Hyl, il nassigne nul def. en nous encoun̄t le
peas, p q̃l il maint ceo acc, vi & armis, issint duist *Vi & armis.*
aũ bñe daut forme, iudgm̃ de bñe. ¶ Belk. si hic
non esset malefactor non tradidissemus cum tibi, & il
assig͂n default en vo⁹, pur ẽ q̃ il ad perduc ses bñs
p bñe male gar̃d, Et tiels bñs ount estẽ vie en
le cas, Oues q̃ ceo le bñe cõpr̃ent matẽ asses en
         A 2   luy

luy mesme &c. per que respondes &c. M. 8. R. 2. F
Hostler. 7.

Second deliverans , Le bre ad ret le bre quod
no mueint pledg de psequendo. ¶ Mark. vne poet
ce q deliverans e fait ¶ Holt. si soit issint pnes
bre ret vers le bre. 8. R. 2. hic tit Ret davers.

Ver vic.
pur faux ret.

Accion sur son case vers un auter port en le
counte de Kent, Et coue p Kykel. que touts ceux q
teign tiel terre, doiet repelee e closer un tiel close
en cert vill, e ceance q le def. fuit tenant de m le
tere, issint charge , e que le close fuit o-
uert e ment repel, par q les auers les tenantz enter en son terre, pur ceo q il ad tere gist illonques
p mesme le close, a puee ces herbes a tort e a son
dam, Et le bre comprent tout le mate. Et nota q le
terre que fait issint charge de fare le clos e repelee
fuit en le counte de Surr, e le close en auter countie.

Pur reparder
ou enclorer, un
ha/.

¶ Soira. en tiel case il au bre de Cur claud, e nemy bre de trns, iudgmet de bre. ¶ Rikel Cur claud
gist naturalmt ou hoe ad meason issint pent meason e measo, ou court e court , en cest case hoe au
bre de Cur claud, Et puis le bre fuit ag. bo. ¶ Thir.
cest bre couient cire port en le countie ou le tee e q
couient fare e, iudg de bre. ¶ Rikel. cest un bre de
trespas p quel il est a ret tortu dam, issint les
gents del pais ou le close est puit au meliour
conisauns de les dam. iudgement si &c. ¶ Skipwith. pur ceo que il neit a ret q dam, le bre est bon,
mes si fuit a porter Cur. claudend. ceo couient
ee port en le countie ou le terre est, e si les partiez
ore voil pf en le det, ilz au payes de lun countie e
laut, Et puis le bre fuit ag. bon. ¶ Thien. il p ad
un haute chyme q est pundinis. q est pent le countie
de Surr ou le terre est, e le countie de K. ou le close est, e dit q en m le chyme ou il supp le haye este,
ils sont buissonus en un lieu, e en aut lieu , sans
ceo q il auer vnq haye la, coe il suppose puit , Et
fuit tenus per tout le court, q e fuit bon issue en le
case,

Curia clau-
denda.

Lieu.

Visse.

Issue.

case, car il ne puit amendē & repelē vn haie sil
nauer vnꝗ3 haye &c. Rik. il ad vn haie la come il
ad supꝑ p̄ son bēc, & alij econtra. H. n. R. 2. F. Accion sur le case. 36.

Accion sur le case, & count que certein iour
& an en Londē couenant ceo puit enter le pl' ꝗ le
def. ꝗ le def. sau̅ le pl' de cert malaꝺ, & il prender de
luy cert soū pre m̄ n̄ buꝰ, le quel enpriꝛ sur luy de
luy saā de son malaꝺ, & ꝗ le def. doit beā al Strond
& ministē se3 medii a luy, le ꝗl vꝛent a Strond &
ministē ses medicins a luy ꝗ sueront contrariant
a son malaꝺ, par que il suit empaier plus ꝗ il suit
deuant, & en point destre perde, si non ꝗ il vst pur
auter de luy amenꝺ, Et le bēe suit port en Londꝛ
☙ Rykel. iudgement de bēe, car cest act nest porte
sur le couenant, mes sur le tort que est suꝑ deste
fait a Stround ꝗ ē en auter com, p que le bēe co̅-
uyent cstē port ia ☙ Thnn Iustice, il puit eslier de
port le bēe en lun county ou lauter, Et sil priꝛ issu
sur les medii, do̅ꝗ3 fayr beā payes de Midꝺ, Et si
sur lenpriꝛel del cuē, do̅ꝗ3 de faire veā payes de
Loundē, Et puiz le bē suit ag. von ☙ Rik. en Lō-
der in paroch, ou &c. noꝰ do̅, & miss medii a son
maladie, p ꝗl il suit sane & garē de son maladie, si
sint le couenant pformē &c. ☙ Thirn. le couenant
en Londē nest ꝗ le comenc del couenāt, & il ad dit ꝗ
voꝰ veniste a Strond & do̅ a luy contrariāt medii, p ꝗl il suit empayr, a ꝗl voꝰ coutent rād, p que
☙ Rikel fait issint, & pleꝺ a ceo &c.   P. 11. R. 2. F.
Accion sur le case. 37.

Un port accion de ceo ꝗ le def. von da a luy vn
chiual, & garē le chiual eē saufe & sane, & ꝗ le def.
sachast le chiual eē maladie, & ꝗ le chiual deuia
deins vn semaine apꝛes. Et le def. dit ꝗ il luy venꝺ
le chiual saufe & sane, sans ceo ꝗ il luy garē pꝛist,
Et alu econtra. Si fē ꝗ laccion ē double. T.
R. 2. Statham, Accion sur le case. 15. Et 7. R. 2.
hic Pl. 2.

☙3   ☙ I. F.

Margin notes:

Surgion.
Pur assumer
de faire vn chose
& missaū ceo.

Maladie.

Lieu.

Visne.

Issue.

Pur vender
chiual maladie.

Issue.

Pur diſturber
luy dauer certein
gallons de cer-
vois.

Brewer.

Aſſiſe.

Cierke del cō-
men Banke auer
cel accion pur
diſturber luy de
ſont office.

Pur diſturber
de ſon lete, diſ-
mes & oſtringes.

De diſturber ſon
... del coller
... rents &c.

J.F. port brief de trñs vers certein perſons de ceo q il eſt bedel del hundř de H. & doit aů de cheſč Brewer que venð iij. galons de meliour Cervois pur vij ð. Et dit q il & ceux que eſtate il að en meſme le Hundř ount eſtre ſeiſi de cel &c. ¶Hank. iudgement de count, car il nað mēe cōmt il að ſon eſtate &c. Et non allocatur. ¶Hank vn-core iudgement de count, car il doit auer de cheſ-ſcun de ceux braſiors Cervois par vertue de ſon office &c. iſſint duiſt il auer ſeuere ſa acē, car ceſt vn trñz en luy &c. Et non allocatur, car toutz en co-uen fuēt acceſſoē. ¶Hank il að mēe q il diſturb, en quel cas il tuſt auer aſſ. ¶Thirn. parauen-ture il nað riens, mes par cauſe de ſon office pur le temps &c. cōe vn clerke cieins il nað riens forſ-q vn occupař pur le temps, vncore ſi aſcū luy fait tort a choſe q alſiēt a ſon office, il auera briefe de tranſg. &c. Auxint icy. T.19.R.2.F. Accion ſur le caſe.51.

Labbe de E. port bře de trñs ſur ſon caſe vers J.B. & couta coment il fuit ſeignior del ma-ner de H. & doit auer view &c. & le dit J. luy auer diſtourbe &c. Et auxint q il auer diſtourbe ſez te-rants & ſeruāts de coler lez diſmez, & auxint il að vn chapel a ql gentz viendē pur offrenð faire, & ilz noſe faire lour deuotions pur manaſ J. Et ſes ſeruants hors de ſon ſeruice priſt a tort, & iij. boeſes. &c. aſ dāñ. ¶Gaſc. a tout le tranſgē, ouſtē le priſ. de ſon ſeruant, & les iij. boefs de rien culp, & quant a ſon ſeruant diomus q il eſt noſtre villein p q no⁹ luy priſomus &c. ¶Hank per prot nient co-niſant cco, mes del heure q il að conue que il ſoit en noſtre ſeruice, & quant il bient a nous il nauer neceſſitie de luy, cōe leſtatute done. iudgement &c. & priomus noſtre dāñ, & ceo tenus bon demur-rer par tout le court. H.19.R.2.F. Accion ſur le caſe.52.

Accion ſur le caſe pur diſturber ſon Baillie pur
collecter

collecter ses rentz, profittes de ses courts & leetes
&c.19.R.2.hic tit̃ Bře.

Action sur Lestatute.

Det vers garden de prison, le pł count q̃ il as=
signe Auditors a vn q̃ fuit son Baillie q̃ accompt
deuãt eux,& troue fuit in arrerages, p q̃ eux luy
commit a cẽi ore def.dauer in gard,& il luy resceit
& puis luy suffer daler a large,issint deuenus dett̃
p force de lestat̃ west 2.ca.ľ.2.R.2. hic tit̃ Dett.
Et rien luy doit nẽ ple,car nẽ port sur cõtract en=
ter les parties,mes sur especial cause destatute,
Ideo doit au speciall responẽ, & nẽi le gencral a=
uermt̃, Per q̃ il dit, que il ne deuient vnq̃ in son
gard pur cẽ cause pst̃.

Accion & lestatute de Marlbẽ ca.15.q̃ nul pren=
det̃ distres en le hault chimin &c.per Wadham &
Belknap.　Accion & lestat̃ de Marlbẽ.ca.4.pur
prender outragious distres.p Chelton.　Et Ac=
cion & lestat̃ de distẽ Scaccarij &c.per Clopton.
11.R.2.hic tit̃ Distres.

Hoẽ naũa accion vers Apprentise sur son de=
parture, sur lestatute de laborers per Curiam,19.
R.2.hic tit̃ Laborers.

Accion sur lestatute de Laborers,hic tit̃ Labo=
rers per totum.

Det vers garden
per lestatute de
W.2. Rien luy
doit nul ple.

Distres in via
regia.

Outragious di-
stres.

Aueria caruce.

Sur lestatute de
labourers.

Apprentise.
Laborers.

Accompt.

Accompt vers vn J. D. & counte q̃ il rest̃ de
luy x. marc̃ a bargaine per le main vn Rauffe
Warnerde a profiter & merchandise ¶ Clopton,
nous diomus q̃ pur cert̃ besoign que le bill̃ de B.
au a faire oue le pł, les gentz del bill̃ maunð a
nous x.marcz p le dit R. B. per que mainz &c. a
deporter a cesti q̃ est ore pł, sur q̃ no⁹ beignous a
luy,que est ore pł,& proferre les deniers a luy,cõe
messinger,& veies les deniers cp̃ prist,sans c̃ que
nous fuũmuz son rest̃ de ces deniers en auter

Receiuer per
auter main.

A 4　maner,

R. baile deni-
ers a det. pur
deliu. al pl.

Contrarium
vt. La: Damages.
pur 46. b/. & 149 f.

r
eu
h:

Recouour pur
merchandiser.
... baile de ma-
ner.

Ou le pl. reco-
uera pur le creance,
Et lou nemie.

Discharge per
serement.

maner, iudgmēt sī deuom⁹ accompter &c. ¶ Holt.
& nous iudgement &c. De puis q̄ vous aues conu
le rescey, & pnomus acc̄, et dam pur le detinu &c.
¶ Belk. il est ier positiue, que home nauer damages en bre daccompt. Et del rem il ad conu p
īō ras q̄ il ne suit forisg messūg, pur q̄ il ne suit accomptable p la ley de nul profit dycel, quant il ad
profer les deñs, & bñ p le ley il ne puit añ auē accion forisg per bre daccompt de reauer les deñs,
car le rescē ac suit al entent pur merchādiser, mes
cōe messenger rescē les deñs. Mes sī le rescē vst e-
ūre a profiter & merchandiser, le pl estoiet auxi
bien al perde cōe al gaine. Car ieo pose que mō
baille de mō maner rescē mes rentz de mes terrez,
& retient les deniers en sa main p ii, ou iij, ans, ieo
na ier auter remedy forisque p bre daccompt. Et
en c̄ suite ieo naua rienz forisque le rent q̄ il rescē, &
il accompta de nul profite dicel auenus en le mesne temps, car il ad nul gare de mitter les deñz a
merchandis. ou a gaiñ, ou a parb, p q̄ voilles les
deniers ou non ¶ P ascy sī ieo suī rescē de vostre
deniers &c. a merchand, & ieo reteign en ma main
sans eux mitter a merchādise, issint q̄ ieo ne parde ne geine rieng, ne serra ieo arcte daccompt de
les profitz de ceux ¶ Belk. ouel certes, vo⁹ surmit-
tet sur laccount q̄ vo⁹ purres auer mise les deñs
a merchandise & pfit de no⁹. Et sī vo⁹ ne poiez
de c̄ este excuse per serement, ou en auē maner, vous
serē charge de reasonable profite &c. quod Skipwith concord, pur ceo q̄ il rescē les deñz pur eux
metter a merchandiser. Mes non sīc hic, car il
nañ vnque garrant deū. mitter hors de sa maine
¶ Belk. sī ieo soy dettour a Sir Henry Persay en
xx. li. &c. & ieo bail les deniers a J. Holt de paier
les deñs a luy, sī J. Holt ne paia les deñs a luy, il
auer acc̄ daccompt vers luy & nul auē acc̄. Mes
per c̄ acc̄ il naauē forisg mesine les deñs, comēt q̄
ad deteigne eux per x. ans, qd'suit conc̄. Et puis
¶ Belk.

¶ Belk. dit, reſſ les deñs, car naũes auſ rñs pur nous, ⁊ il tra enſ en le reſ q̃ vo⁹ les aues reſſ, Et nul de vo⁹ ſſ amſcie, car le def. vient le pꝛiſm iour, ⁊ le pſ auer boꝛe acſ. Et ſic intratum fuit ⁊c. P. 2. R. 2. Fitz. Accompt. 45.

Accompt vers vn de tempoꝛe quo fuit re= ceptoꝛ de ces deniers ⁊ Bailſ, ⁊ coũta q̃ il fuit batſ de ſon meaſ. en londꝛes, ⁊ coũta q̃ il reſſ certeine deniers p mꝑe ſa maine demeſne, ⁊ counta q̃ il a= uer bailſ auxi a luy vn obligacion de xx. li. en q̃l vn feme fuit oblige, pur q̃l il duiſt vn paiment pꝛendſ en meindꝛe ſoſſe de la feme, ſolonque ceo que il purra auer de luy, ⁊ il bailſ lobliꝗ. al feminc ⁊c. ⁊ accompt dicel ⁊c. ¶ Clop. quaunt al obliꝗ. il nalſ, que nſus iueramus le fait al feminc, ⁊ reſſ les deñs en fait ⁊c. p que il duiſt auer bſc de deti= nue ¶ Perſay il ne puit aucſ bſc Receptor dena= rioꝛum, quſt le ſoine neſt miſe en certein ¶ Belk. le bſc eſt baily ⁊ reſceiuer en quel parol, baylſie, il puit conuſtre que il fuit baillie de ſon meaſon, ⁊ puit counter q̃ il auer adminuſtre de ces biens. s. boefs ⁊ vaches, ⁊ meſꝑ vous reſceu certein deni= ers de ceſſy, vo⁹ ne ſerrez charge come reſceiuer mes cſe bailſ, iſſint q̃ vo⁹ poies trauerſe, que vo⁹ neſtes bailſ, ⁊ iſſint ſur le matter il puit counte q̃ vo⁹ fuiſtes bailſ ⁊ auſ adminiſſ de ceſt obli= gacion ⁊ auters biens, iſſint q̃ vous ſerres charge daccompt de cel cſe bailſ, ⁊ nemꝛe come reſceiuer des deniers, ſi le pſ nalſ en fait, q̃ il aꝺ reſceiue ſ ſoſſ contenus en lobligaſ ⁊c. per q̃ ¶ xipwith cſ= coꝛdat ⁊c. T. 2. R. 2. Fitz. Accompt. 46.

Si Bailie merchandiſe ⁊ pꝺe, ſu fait cibſ q̃ il poet, il ne poꝛtera le pꝺe, mes le ſſꝛ, vt dꝛ per Aſ= cuns. Tamen econtra de Receiuoꝛ. P. 2. R. 2. Brooke. Accompt. 66. in fine, Quoꝺ vide hic Pſ.1.

Per que Auditoꝛs ſerſ aſſigne. 2. R. 2. hic tſ Dette. ⁊ 3. R. 2. hic Pſ.

Nota que Belk. dit, quant home charge vn auter

Amerciament.

Receiuour. Bailie.

Count.

De ſoine con= teine in vn obli= gation.

Detinue.

Sur que le per= de girra in mer= chandiſer.

Auditors.

auter daccompt des deñs, il doit luy charge prīm
chiefe cõe bien il purra aũ gayñ de les deñs, ꝗ ð ē
il fē charge cõe biē ñ cõe del sõme liũe, Car quãt
hõe baiľ les deñs pur ꝓfit ou merchandiſ, il ne
baiľ eux pur giſer en repoſe, mes pur aler ē mer=
chãdiſ, ꝗ ꝑndē ꝓfit ð eux, ꝗ pur ē primez lez audi=
tours luy duiſſent aũ charge del encreaſe, Et au=
xi les auditors ne doiēt alower nul reſē ne nul
liuē dez deñs ſãs eſcript ou taiľ. Et ſi mon bailie
vendē vn quart ð frumēt, pur xl.ð, lou il purē aũ
veð pur demie marke, ieo luy ſurmittera ð ſõ ac=
cõpt, et il rñdꝛa de ē, ꝗ auxi ð ē ꝗ il purē aũ geine
pluis ē tiel merchandiſ, ou en tiel ꝗc. ou pur mel=
liour price eux auer achate, tout ē viēdꝛa eins ƀ
laccompt, ꝗ tout tielz choſ. Car la ou ieo voꝰ baiľ
xx. li. pur achater barbettes, ꝗ voꝰ achaters dia=
monts, ieo aũ vers voꝰ general acē daccompt de
reſē de mez deñs vers voꝰ pur merchandiſ, ꝗ lauē
matē viendē eins ƀ laccompt, Et iammez ne vei=
ſtz auē bēe ð reſceit ð deñs ſi non pur ꝓfit ꝗ mer=
chandiſ, ꝗ pur rñdē del encreace ¶ Brough. ſi hõe
ſoit coiler ð mõ rēt, iaũa acē daccompt vers luy,
ꝗ ſupꝓ reſē ð mes deñs, ꝗ nient del profit ꝗ mer=
chãdiſ. Et auxint lou ieo baiľ deñs a mon ſeruãt
pur achater mon viand, ieo auera bꝛiefe de reſē
de mes deniers, ꝗ nient del profite ꝗ merchandiſ.
¶ Belk. en bēe primer cas vous aueres bēe ſupꝓ
que il fuit bēc baiľ, ꝗ nient bēe reſē de bēe deni=
ers, ſi non coiľ bēe rent, Et en bēc ſecond cas ceo
eſt profit ꝗ merchandiſ. pur achater voſtre viand
Et ſir, mõ baiľ ſerē bñ oie a ððer alowance ſanz
taile ou acquittãce des iſſuez del mañ mes de nul
auē choſe, ꝗ ceſt loꝛð daccompt pur certen ꝗc. Ꝑ.6.
R. 2. F. Accompt. 47.

Le prriour de L. ꝗ ſon Confreē poꝛt accompt
vers vn cõe Reſceiuoꝛ de lour deniers, ꝗ le bēe a=
bate. 7. R. 2. hic tit Abbe.

Gardein in ſocage rendð accompt al pleine age
ľheire.

heire.8.R.2.hic tit̃ Garde.

Un home ⁊ ſa feme poꝛt bꝛē dacc̄ vers S.
cōe gard̃ en ſocage de tenementz la feme oꝛe pl.
⁊ coūta p Richil.q̄ J.pier la ſeme moꝛuſt lei des
tenementz tenuꝫ en ſocage,⁊ ils diſt̃ al ceſty feme
come file ⁊ heire,⁊ pur ſon nonage ceſty S. oꝛe
def.les ſeiſi,come pꝛochein amꝑ , ⁊ les occupie de
tiel temps,tanq̃ a tiel ⁊c. ¶ Thirn meſm̃ ceſty fe=
me oꝛe pleintife tanꝙ come il fuit deins aȝe,pꝛiſt
m̃ ceſty pl. al baron , le quel fuit d̃ plein age ⁊c.
iudgement de bꝛiefe poꝛt vers luy cōe garden en
ſocage, ¶ Belk.del heure que ne dediꝫ, q̄ vous
pꝛiſtes liſſues cōe gard̃ ⁊c.⁊ de ceo naues vn̄ ac=
cōpt,rn̄d ⁊c.p q̄ ⁊c.¶ Thirn.pled en barꝛ̄ ⁊c.H.10
R.2.F.Accompt.132.

Accompt vers R. T. ⁊ counta que il m̃ fuit
reſc̄ del Archd̃ek.de Caunt, per tout Englet̃ , ⁊
counta coment il auer fait m̃ ceſty R.ſon deputie
ſouth luy deins le coūt de M. daccōpt rēdē a luy,
⁊ q̄ il aū reſc̄ cert deñs ē tiel vil̃ p my le main ⁊c.
⁊ certein aūs en auf vil̃ p mie le ⁊c.⁊ coūt en cer=
teine et iſſint fuit le def.ſo reſc̄ en pluſ. villes,Et
coūta ouſter coment q̃ il m̃ que eſt pl. auoit ac=
compt de meſm̃ les deniers al Archedek. ⁊ a luy
fait gree ¶ Thirn,il mōſtē le dit R. eſte ſon de=
putie de les deñs larch̃d̃, iſſint niet reſc̄ le pleintif
mes reſc̄ larched,le q̄l larch. doit aū accōpt,⁊ ne=
mꝑ le pleinf, iudg̃ ſi acc̄ ¶ Belk. il ad coūte q̄ il
ad fait gre al Archedek.de les deñs,⁊ q̄ il fuit ſon
deput̃ a render accompt a luy ⁊ iſſint ſon reſcei=
uer,cōe vn bic̄ eſt accomptable al roy, ⁊ deputie
a luy,p q̄ rn̄s ⁊c. ¶ H.11.R.2.F.Accompt.48.

Un home ⁊ ſa feme,poꝛt bꝛe daccompt vers vn
hōe,⁊ coūta p Wadham q̄ il fuit le reſc̄ le femme
al tēps q̃ el fuit ſole p certein temps, ⁊ auoit reſc̄
certein deniers p le main vn J. ¶ Locton quāt
a certein tempꝫ,s.a ij.ans,q̃ el ad ſuppoſe le re=
ſceit de les deniers de certein ſom̃e el fuit couert
                                        dun

Vers garden en
Socage,per leire
de pl. age cib̃
cōe deins age.

South receiuer
accōptera al ge=
neral receiuer, &
nemie al ſeignior.

Count.

South vic.ren=
dra accompt al
vic.& nemy al
Roy.

Receiuer per au=
ter main
Baron & feme.

dun R. S. prim baron, le ql fist ces exec, issint lact doñ de cel a les exec son prim barõ, pur ceo q̃ il fuit doñ al barõ, ⁊ neuue al femme iudgemēt si de cel temps acciõ ⁊c. Et quant al rem il dit q̃ le pier le feme le pl' lessa certen teñts dinz l' vill' al feme q̃ def. a terme de vie, ⁊ le def. ⁊ sa feme less. mesñ les tenements a terme de ans, rendē certen rēt, issint cestp p q̃ mains il suppose le resceit fuit nr̄e less. ⁊c. issint resc̄ les deñz, sãus c̄ q̃ il les resc̄ en aut' mañ

¶ Belk. luy ag̃ de vnder lissue, sans c̄ q̃ fuit son resc̄ des deñs. ⁊ Wadham quant a c̄ q̃ il dit q̃ nr̄e feme fuit couert oue vn aut' baron al temps de certen resc̄ ⁊c. Del heu c̄ q̃ vous nal' nul rēt fait p nr̄e barõ, nc nul accõpt rēo a luy, iudgement, ⁊ priomus accompt, car nos auomus al' q̃ il fuit resceiu le feme al temps q̃ il fuit sole, p q̃ ⁊c. ¶ Locton ⁊ nous iudgement del heuē que el fuit couert de baron eñ cel temps issint fuit c̄ due al barõ, ⁊ le pl' nad for que chatel, issint accion attient as exec ⁊c. ¶ Belk. a Wadham, si voil' monstre q̃ les deniers soient issaunt del franke, q̃ le feme lease al temps q̃ el fuit sole, donque puit el auē acc̄, p que. ¶ Wadham, nr̄e que le feme quant il fuit sole lessa certein tene=mēts a vn home rend certein rent, par que mains el auer le resceit ¶ Locton vnc iudgement si acciõ de cel resc̄ attient al feme pur ceo que el fuit co= uert, vt supra. Et puis ¶ Belk ag̃ luy de rñd al resc̄ ¶ Locton lou el dit que el fuit sole al temps ⁊c. el fuit couert de baron ⁊c. sauns ceo que el fuit sole come il ad al' p̄st, ⁊ aly econtra ⁊c. ¶ 11. R. 2 F. Accompt. 9.

Vn porta briefe daccompt vers son baillie que counta q̃ il auer accompt ouster a son maister ⁊c. Et le briefe ag̃ bon ¶ Belk. vn des villes de que il dj laccompt est deins les s. portes, iudgement ⁊c. ¶ Wade, Donque respoigne a les auters Quere si home soit Baillie de mon maner dount par= cel est en les s. portes, Ou en auncien demesne coiñ⁊

Executors.

Barre.

Trauers per sans ceo.

De rent issant hors de franke le femme.

Trauers per sans ceo.

Issue.

Baillie.

Cinke portes.

Auncient dem...

comēt le bzief fra pozt. T.11.R.2. Statham. Ac=
compt,45.hic tīt Bziefe.

En accompt il eſt bon plee a dire que il ad ac=
compt deuāt le pł m.H.11.R.2.Statham Accompt.
46.

Deuāt le pl.m̄.

Accompt pozt vers vn come reſceiuour de ces
deniers par la maine de pluſours,le defendant dit
que il meſme fuit perſon del eſgliſe de T. et le pł
ſuit vn pzouiſion en la court de Rome tanq̃ il a=
uer reč m̄ leſguiſe vers luy, e dit q̃ meſme les de=
niers des queux il auer count, fueront oblations
e offringes de m̄ leſgł al temps q̃ il fuit pſon ꝛc.et
dz iudgement ſi la court ꝛc. ¶ Cally puit eſtē que
vous eſtes noſtre reſceiuour deȝ auters deniers,
pque a ē plee ꝛc. Et non allocan. per que Cally
dit que il ad examine le pleintif que eſt ſon client,
e il ne puit dediē, per que pzomus que le pł
ſoit dz, e iſſint fuit nōſue. M.12.R.2.F. Juriſ=
diction 18.

**Perſon deſ=
glit charge cōe
Receuour.
Oblations
e offrings.**

Iuriſdiction.

Examination.

Nonſuit.

Accompt ꝭ vn,et counta q̃ il baiłł a luy x. to=
nelȝ de vine pur accompt rendē ꝛc. ¶ Gałc.nře feē
eſt comē tauerner e vendē deȝ vines,et le pł baiłł
leȝ tonelȝ a nře feme a vēdē ſaūȝ noūſt aſſēt e ac=
cozde,et nře feme venꝺ et paia a vous ꝛc. ſāȝ ē q̃
nous ſumus ſo baiłł en aut mañ ꝛc. Et le pł noſa
demurē ſur cē plee, mes dit q̃ le def aſſent a ceſt
bailment pzīſt ꝛc. ¶ Wadham Juſtič, liſſue ne tē
pzīſe e laſſent,mes e iaccozd ꝛc. car ē giſt en aūſit
ꝛc.p q̃ le pł dit q̃ le def.accozd al baileſāt pzīſt,Et
alij econtra. M.3.R.2.F.Accompt.50.

**x. toñels de
vine.
Bailie.
Baron & ſe.**

Ne acorda pas

Iſſue.

Accōpt ꝭ le baiłł de ſ mañ, le def. fuit agarde
daccompt, Et le court aſſigñ auditours a luy, ꝛc.
e ł def.dit deuāt les auditours q̃ quant a certeine
ſomme dargent q̃ il auer paie a vn T. reſceiuer le
pł de meſm̄ le maner p commandement le pł ꝛc.
¶ Brough.pur le pł,il ne mōſtra lettre,ne tailie ꝛc.
p q̃ nous pzomus q̃ ſoit charge de ꝛc. et ſur ē de=
murē, Et quant al rēm̄ le def. dit que il auer
                                                  paie

Bailie.

Auditors.

Paiment sans especialtie.

Adiourne en Banke per demurr ioine deuāt Auditors.

paie al pleintife mesm &c.& le pleintife dō iudgement vt supza, pur c̄ q̄ il ne mēe riens de c̄, Et s̄ c̄ demurr̄ aurint, p q̄ les auditozs pozt les Rolles as Justic̄,& siet relatiō des plees plede &c p̄er que Chyr.ex assensu sociozū dit, il semble a nous quant al paimt q̄ ē fait al plaintife mesm, c̄ ē assetz bon, car le baillie ne puit constraine son seigniour de faier acquit, Et aurint le paimt fait al resceiu le pleintife p cōmandemt le pleintife,q̄ ne puit estre constrain de fait taile ou acquit &c. Issint semble

Ex parte talis.

a nous q̄ laumt est res̄,p q̄ nous luy dischargeoms. ¶ Chelr.chief Justice dit,q̄ il auer maunde as Barons de leschequer touchant cest matt, & ils nous ount certifie q̄ en Ex parte talis en leschequer ils vssent pn̄d tiel aumt &c. H̄. 13. R. 2. F.Accompt.51.

Accorde & Concorde.

Condicion.
Issue, Condicion.

Accozd & condicion.:1.R 2.hic tit̄ Wast.

Issue & accozde.13 R.2. hic tit̄ Accompt.

Accozd & coindicion per Woderof.19. R.2 hic tit̄ Done.

Accion sur accorde.

Trespas mainteine & accozde. 19. R. 2.hic tit̄ Done.

Adiournement.

Parol remoue hozs dauncien demiene p cause insert in le Recordare,Quel fuit cōfesse & auoid p le pl. ¶ Brough apzes dit q̄ auterfoits le pl' pozt Br̄ de nouel diss de m̄ les tenemts,& dō iudgemt s̄ serra resceiu a dire q̄ les tenementes sont anc̄ demn̄ ¶ Clopton le ple fuit remoue & cert cause q̄l nos auomus distrue,iudgemt s̄ a c̄ nouel cause auomus mester a respond ¶ Belk vous ne fuistes adiozne & le pmer cause, car nauoits bl iour p adtournement,pur ceo q̄ tout ē fait a c̄ terme, per q̄ respond al 2.cae. Mes si vsses ee adiourn & le pzimer cause,en q̄ vous vsses iour per issue de pais,il

Ou nouel cause de terra mr̄e puis adiournement sur certainpoint,Cōtra deuāt adiour-nement.

ne

nẽ ſerra reſceiue de reſoʒt a nouel cauſe.6.R.2.hic
tiꝷ Cauſe de remouer ple.

Aſſiſe adiourne a Weſtm.8.R.2.hic tiꝷ Aſſiſe.

Aſſiſe adiourne pur difficultie. 8. R. 2. hic tiꝷ
Aſſiſe.

Aſſiſe, le tenant pled foʒein releas, q̃ fuit dedit,
p q̃ laſſiſe fuit adiourne en comen banke a trier le
fait.11.R.2.hic tiꝷ Aſſiſe.

Aſſiſe adiourne ꝑ foʒein plee.11.R.2.hic tiꝷ Aſſ.

Aſſiſe adiourne ꝑ foʒeine releaſe fuit al certein
iour.11.R.2.hic tiꝷ Aſſiſe.

Demurrer iopne deuaunt Auditoʒs aſſigne ad-
tourne in Banke.13.R 2.hic tiꝷ Accompt.

Aſſiſe adiourne puis verdit, 13. R. 2. hic tiꝷ
Jointenancy.

Aſſ.adiourñ in cõen bãk.21.R.2.hic tiꝷ Judgeṁt.

Aſſiſe adiourne pur diffiꝶ.13.R.2.hic tiꝷ Aſſiſe.

Aſſiſe adiourn ꝑ ple plede al perſon. 21.R.2.hic
tiꝷ Aſſiſe ꝗ Judgement.

Aſſiſe adiourn in comen bank. 22. R.2. hic tiꝷ
Aſſiſe.

Aſſiſe adiourne ꝑ demurrer ioine ꝑ ple al bře.22.
R.2.hic tiꝷ Aſſiſe.

Cauſes del Adiournement.hic.plʳ.3.4.5.7.8.13.

Marginal notes: A quel lieu. Difficultie. Cauſe del adiournement. Aſſiſe de trier foreine iſſue. Forein ple. Cauſe de adiounement. A quel iour. Demurrer. Verdit. A quel lieu. Difficultie. Ple al perſon. A quel lieu. Demurrer. Cauſes.

Admeſurement de Dower.

Le County de Deuoñ gardẽ del terre et del
heire J.P. poʒt bř dadmeaſureṁt de dower vers
la feme J.P.q̃l bře fuit remoue hoʒs del counꝷ,
per vn poue. ¶ Markham, le bře voet q̃ el ad pluis
de dower q̃ el deũen la vill de T. ꝗ diomꝰ q̃ el ad
auters tenements del dowement ceſty J.P. ſon
baron en auters villes que ne ſont pas noſme en
meſme le bře, iudgement ꝗc. car touts ſerra ad-
meaſuꝛ. ¶ Hil, ceuꝯ villꝝ ou ꝗc. ſont en auters cõm,
iſſint q̃ ilʒ ne ſerra pas compꝛiꝷ deins noſtre bře,
car le bře ne puit faire admeaſureṁt en auꝷ cõm,
iudgement ſi le bře ne ſoit bon, nient plus q̃ ieo
puis

Marginal notes: Gardẽn. Ple al briefe.

puis auoir laffise en 2. com dun tet charge, ¶ Holt
en voftre cafe cefty q ad ticirent puit auer bee
dannuitie, mes icy il ne puit auer aut ret foꝛfoꝛ
ceo, ꝫ le vic ne puit faire admeafurement des tenementes en auter comitie : mes fi les tenemenk
fuet en mefme le couty, donꝫ voftre reafon lir-
roit. ¶ Markam, ceux terꝫ et auterz fueront feifies en maine le roy par vertue du office troue deuant ꝛc per diem claufit extremum, Et puis no⁹
supin⁹ al roy, et fuimus dowe en la chaune o ceux
tenementeꝫ, iudg fi fauꝫ couuſatie le roy voiꝏ
auaunt aler. ¶ Hyl, et depuis que vouꝫ ne de-
ditꝫ que nous fuimus gard, et que vouꝫ auez plus
que ꝛc. Et coment que foies admcalue, rien depart del roy, iudgm fi ꝛc. ¶ Holt, coment puit
eftre enten q vous foies gardein de dꝛoit, et que

Ayde de Roy.

Garden in dꝛ & garden en fait.

el fuit endowe en la Chauncery per le roy, car per
voftre piee ferra entende que vous auer la gard
del leas le Roy, En quel cafe pur vous que eftes
gardein en fait admeafurement neft donc par ley,
fi non que el foit endowe p vous mefme, ql chofe
coulent eftre al' p vous m. ¶ Skyp. le roy nad po
comt q el foit admcaf. Et puis Markam fuit ouſt
de eide ¶ Mark. no⁹ fum⁹ endow en la Chane coe
deuant ꝛc. et diomus que al temps de moꝛiant
noftre baꝛ, nꝛ baꝛ auer iffue vn I. de plein age q
furuefquiſt noftre baron, iffint al temps de noftre
endowement, vous nauer caufe dauer la garde,
pur ꝛ que le heire fuit de plein age, nec per confequens ceſt accion. ¶ Hyl, nous fuomus en la
Chauncery, et trauerſ loffice troue pur le Roy,
et fuit troue pur nous, par que nous auomus liuere hoꝛs des mains le roy coe gard, ꝫ cefty I. de
q vous ples en la vie fon pier paſſ. ia mier, et
vnques ne reuient, et depuis que ne dedites que
nous fuimus gardein, iudgm fi ꝛc. ꝫ fur ceo demurꝛ. ¶ Belk. quant al temps que la feme fuit
endowe, le heire fuit de pleine age vous naueres

Barre.

cauſe

cause dauer ewe bée de gard, pur ceo que il est de
plein age, sil chose est conus de vous en point de
iudgment, par q il semble que cē acē fuit faultie, oue
ceo, que il nest mischief pur vous, car le heire q ore
est deins age, & en vostre gard puit auer lass. & reē
a vostre oeps, p q &c. ¶Belk. dit que admeasuremēt
de dower ne gist pas pur labatour, mes il dit q le
heire auer admeasurement de dower assigne en
temps son aune, quod fuit concessū, Quere tamen
& Nota bene touts ceux matters en cest plee &c.
C.7.R.2.F.Admeasurement.4.

Margin: *Abator, L'heire.*

En bée dadmeasurēt de dower, touts les terres q el ad en dower deins m̄ le county fra amea-
sures, s. toutz les terres q el ad de son endowmēt,
ou de lendowment leire quant le garden port laccion &c. Et mesq el soit endowe en le Chauncery
deuāt leire sue liuery, vncoze leire auera bée dad-
measurement. C.7.R.2. Statham Admeasure-
ment.3.

Margin: *Gardein, De endowmens en Chanc. L'heire.*

Administrators & Administration.

Quel act fra dit administration, Et quel né-
my 8.R.2. hic tit Executors.

Det vers leuesq3 de Lincoln, come vers ordin,
& count q vn I. fuit oblige al pl' en xl. li. & morust
intestate, & les biens &c. deuiendē in &c. ¶ Marcam,
leuesq3 grant ladministē a vn I.R. le q̄l administ.
sās ceo que leuesq3 vnq3 administ, iudgmēt sī acciō
¶Wad. protestando nient consant q leuesq3 grāt,
administē, mes diom9 q leuesq3 ad administē 100.
li. de oē a saint Giles en Holbozne, & auxint fru-
ment, & auters bn̄3 ē l' coūt de Kent, & auxint cer-
teins bleez en son dioē demesne ¶Thirn. il fra en-
possible de maint le bée de det ōz lozd si non en sō
dioē demesn̄, car il nad a medleē en auter dioē de
nul biēs, car ne serē entend q vn ozd administē en
auē dioē, p q quant vous all' ladministē en auter
dioē, vo9 abat vē bē demesne. ¶Charleton, a! Mar-

Margin: *Quel chose, Ordinarie.*

B   cam

cam rñdz a ceo que il alt le administr en bře dio demesñ, car nul ley vous metter a rñd a laub. ¶ Thirn. le def. ad dit, q̃ il graunt administrac al J. R. le q̃l administr, sans ceo q̃ il unq; administr, issint duist le plaintife auer port le bře vz luy, le q̃l le pt nad dedit. ¶ Wadham, coment q̃ lord graunt ladministr, & il m̃ administr, unc mon bř est bon vers lord, car si lord commit administr forsq; de petit, & il administr 100. li. issint q̃ ieo ne puis auer exec d tout le som vers le committee, pur ceo ieo ne serra ouste de mon briefe vers leuelq;, vers q̃ ieo puis auer execuc, & nous volomus auere que il administr, Et adiournatur &c M. 12. R. 2. F. Administratours. 21.

Committee lordinarie.

Age.

Precipe quod reddat, 2. prie destre resceiue pur default del tenaunt, & monstrount que un R. fuit seisie en fee, & lessa al tenaut, & puis graũt la reuers a un J. en fee, que auoit issue ij. files, & lun des files auoit issue lun deux que prie &c. & lauter auoit issue fits, le q̃l auoit issue lauter que prie &c. & pur ceo que il est deins age &c. priomus &c. Finch. ils prie destre resceiue p cause de seueral droit. Et sils fuissent en un acc, ils couient demaund per seueral titles, Et lun est de plein age, & ne rñd riens, per que priomus seisin ¶ Belk. respõdes, Et puis lissue fuit pris sur latturnement le tenant a terme de vie &c. H. 5. R. 2. F. Age. 44. Nota in launc report ceo e 7. R. 2. & in Repertor. 6. R. 2.

Tenant p resceit.

Dower, le tenant dit que el ne fuit forsq; dage de 6. ans al morant son baron. ¶ Finch. el fuit dage de 9. ans. ¶ Hyl. el ne fuit dage de 9. ans quant son baron morust prist. 8. R. 2. hic Title Dower.

De feme destre endowe.

Le prie in aide auera son age, 12. R. 2. hic Title Ayde.

Prie in aide.

A quel

A quel age vn fee poet estre professe.12.R.2.hic tit Garde.　Profession.

Dower.Nous diomus q̃ le b̃n al temps del morant son baron ne fuit forsq̃ dage de 11. ans, Ne son baron ne fuit forsq̃ dage de 10. ans.　C·Clop. vous con9 que le feme fuit dage de 10. ans al morant son barõ, issint de tiel age q̃ el poet añ dower, Et quant al age de baron nul ley ɛc.Et sur ceo demurre. ℂ Thirn. ag̃ sein pur le d̃gant. 12 R. 2.hic tit Dower.　De femme pur deseruer dower. Age del baron.

Iurisutrũ ℂ Finch. lez tenantes ount le terre per discent, ꝑ sont deins age,ꝛ pria lour age, Et habueꝛ per ag̃, non obstãt q̃ le pl̃ claime q̃ a termie de vie in mañ.19. R.2.hic tit Iurisutrũ　Iurisu trum.

Chescun que passeꝛ del enquest de Etate probanda, fra dage de 42.ans,al meins.21.R.2.hic Title Liuery.　De iurors in ætate probanda.

Agreement & Disagreement.

Patet ꝑ lissue prise,que si lessee surẽ a cẽi in retissiõn, que ceo nest bon, û il ne agree a ceo. 12.R.2. hic tit wuaite.　Agreement al Surrender.

Si vn Enfant soit mary infra annos nubiles, les espousels sont tout temps bon tanque soint defete per disagreement, per Charlton. 12. R.2. hic title Dower.　Disagreement al Mariage.

Disagrement de maiũ franktenemĩt vest en vn ꝑ entre del auters, ne poit cẽ mes en court de recorde,Et nemp ꝑ parol in paiis. 13. R. 2. hic title Jointenancy,　Waiue franktñe per disagreemĩt.

Le Maister ne poet discharger son seruant sans son agreement.13.R.2.hic tit Laborers.　Seruant.

Agreement ꝑ disagremĩt al mariage.22.R.2.hic title Garde.　Mariage.

Aide.

Cui in vita suppose q̃ le tenant enter par son baron,le q̃ dit que il nañ riens û non a terme de vie,　Cui in via. Home nauera aid lou il poet voucher.

B 2　le

le reuerc̃, al heire le baron,& prie aid. ¶ Belk, cer=
tes il est general rule en nostre termes, quod tenens non habet auxilium vbi potest vocare ad Warrantum, p que nous oustomus del ayde par agard,
tout vt sequamur vestig̃ patrū nostrozum, Mes
vouches mesme cesti,& il nauer conterpl̃ al vouch
ũ non q̃ u dit q̃ il nest heire al baron &c. M.5.R.2.
F. Aide,113.(Et hic prox. pl̃.)   Nota q̃ ceo case
appert dec 5.R.2. accozdant al prim impression
del Fitzh Abridgement, coē ē icy, comt que en les
darrein impressions soit 45.E.3.

Voucher.

En q̃ ui in vita le tent fuit ouste del ayde del
heir le baro le dd,pur ceo q̃ il luy poit voucher &c.
H.6.R.2.Stath. Ayde,28 fo.   vide hic postea Pl̃.

Cui in vita.

Ayd fuit gr del pl̃ & auters en brē dānuitie. 7.
R.2.F. Ayd.73. Et 8.R.2. hic pl̃.

Del pl' in &
auters.
Annuitie.

Si ayd prayer soit deny lou ē graūtable, cē cr=
rour. 7.R.2.hic tit Errour.

Errour.

Scire fac hozs dun recognis. fait en comē bāk. le
vic retourne le mozt le recognisoz p q̃ le cogniee
aũ briefe de garn les heires,& le vic retourn q̃ il
aũ garny vn R.come heire,& vn Alic coē tent, q̃
viede: Et Alic dit q̃ il tient en dower dl̃ assignat
cesty R.&c.et preia aid de luy &c. ¶ Clopton ceo ē
chose aundg ò recozd,& auxi cesty R.est nosinc oue
luy, iudgement si ayd &c. ¶ Wad. al Hill ne vi=
soign de tñder pur R. quant Alice prcie en apõ,
car quant el est ioint &c. les deux don rñs ensem=
ble &c. Et fuit longement debate le q̃l R. dd tāz
deuant le ioind ou non ¶ Clopton. el naũ ayd car
el puit charge maugre le heire pur sa vie,et apres
le mozt,le heire tiend discharge: Et si briefe fuit
pozt vers luy p a demaunder certein rēt,el naũ my
ayd de cõy en reuē resceiu pur son def,quod ei fuit
negatum ¶ Charleton. le heire puit estre disturbe
de sa poss. apres le mozt Alice, sil auer oze execucion &c.q̃ est disauauntage a luy &c,par que il auer
aid ¶ i hirn.ad idem,puit estē q̃ cõy en le reuerc̃ ad
rẽt,

Scire facias.

Ioinder in aide.

T. en Dower.

De auter chose
que nest en dd'c.

reſt ou acquiſ, quel puit luy diſcharge del execu=
cion,quel el nad de pled ꝛc.per q̃ . Et fuit dit que
meſꝗ laiꝺ fuit graūt, q̃ ꝓces ne ſerra fait bers
luy,pur ceo q̃ il eſt noſine ❡Thirn. cy ſerra, Si
come bouch luy m̃ pur ſauer le tayle, ꝓſes ſerra
fayt berȝ luy m̃. ❡Belk. en boſtre caſe il eſt ley:
car ſauns ꝓſes de garrant, aut terre ne puit
mꝑe beneꝰ en lꝑeu de ceo terre, Bon ſic hic. Et
puis ad alium diem ❡Belk.r̃ñd ſauns laꝑde, quod
nota. ❡Wadham, a certen parcel pur le femme
diomus q̃ el tient ioinꝰ oue ſon baꝰ le conuſ. de=
uant le reconiſ, ꝗ ſõ baꝰ eſt moꝛt, ꝗ el eins per le
ſuruiuoꝛ ꝛc. iudgem̃t ſi execution ꝛc. M.3. R.2.
F. Aide de Roy 114.

Foꝛmeꝺ de rent don a ſon aune en taile,le tenãꝰ
dit que le terre mꝑȝ en biewe, dont le rent ꝛc. eſt
le moitie del maner de B.que eſt hoꝛs de fce ꝗ ſa
ſeigrnioꝛ ꝛc. iudgem̃t ſi ſaũs eſpecialtie monſtre
act ꝛc. Et diomus oueſꝗ cel q̃ ceſt moꝑte enſeble
oue auters tereȝ fueꝰ en le ſeiſin bn J. diſcharge
ꝛc.ꝗl J. auer iſſu bn R.ꝺs q̃ ꝛc.ꝗ bn M.ꝗ moꝛuſt
ſeiſi,ꝗle terꝛ diſc a les deux files cõc parceners, le
ꝗl M. alien ceo q̃ a luy affierꝰ a bn. S. a luy ꝗ a
ces heires, quel alienatiõ coūteruaut bn purpar=
tie, ꝗ ꝓꝛoinꝰ apꝺ de M. noſte parceñ.❡Thirn.
il naſſ nul purpartie en fait, ꝗ auꝛi ad monſtre
q̃ ſon parceñ ad alien, bers que el ne puit auer en
balue ꝓꝛata,ꝑ que ꝛc. ꝗ auꝛi el ad accept q̃ el
eſt ꝗ de tout le terꝛ dõꝰ ꝑ rent ꝛc.par que ꝛc. ❡Loꝛ.
laiꝺ eſt a deux ententȝ,dauer en balue ꝓꝛata,ou
daũ le garꝛ paramoūt, ꝗ oꝛe el ad monſtre q̃ ſon
parceñ ad aliê ꝛc. par que bs luy ne puit riês de
eſtre ꝑeꝺ ꝑ rata, ergo a ceo entenꝰ layꝺ neſt graã=
tabꝑ Et al garꝛ neſt miſchiefe,car ſur ꝛ naꝰ mõ=
ſtre el aũ le garꝛ ſole ouſtꝛ ꝛc. ❡Thirn, ieo bous
denꝑ ouſtermꝛt:car ceo neſt ley,ne bnques fuit ley
qũ parceñ apꝛes purparte fuit enpled ꝗꝑꝛie aide,
ꝗ lauter fuit ſomm̃ ꝗ ne bienꝰ,ꝗ ſur cꝛ cãc lauter

marginal notes:
Proces.

Formdon de rent.

Copteñs puis Partition.

A deux intꝛ ꝑu Copteners.

Garrantie.

auer garꝛ fole , ⁊ vnꝶ huy a ceo iour ceo ꝉ graūd
queſtion, ſi il auer garꝛ fole, ou mient, come moy
ſemble. ¶Belk. a Thirn. eſtres entendꝰ dabatꝛ boſ=
ſꝛ bꝛe demeſne , ⁊ il eſt entieꝛ affirme per layd
pꝛeicꝛ, per q̄ il ſemble q̄ fait mieulx pur bous que
bous ne ſcaieȝ entendꝛ, Et ſi laliꝛ fuit empled ⁊
bouch. ſon feffoꝛ, naueroit el quant el fuit entꝛ en
le garꝛ aid ꝺ ſa pꝛeſiꝛ? Cꝑ aueroit: Et per conſe=
quens lauter oꝛc de luy, a tiel entent daū le garꝛ
paramoūt, per q̄ il baut plus pur bous de graunt
laid, q̄ ꝺe coūterpled, Et puis ad alium diem Belk.
rꝶd laūs layd del moitie, Et quaꝛt a lauter moiꝛ
cies layd ⁊c. ¶Thiꝛn. quât al moꝛtie doūt el fuit
ouſtꝛ, bouche a garꝛ ⁊c.M.8.R.2.Fitzh. Aide de
roy.115.

Annuitie bcrȝ parſon, q̄ pꝛcia aid del pꝉ, come
pꝛron, ⁊ ꝺel oꝛꝺ, ⁊ habuit par ag. H.8.R.2.F. Aide
de roy.116. Et 7.R 2.hic pꝉ.

Home poꝛt bꝛe de Treſpas ꝟs Wm.ꝺe 200. quelx
pꝛis ⁊c.en B. ¶Finc. auow per reaſon q̄ Wm.T.eſt
ſeignioꝛ ꝺe meſne le ville de B. ou lulage ad eſtꝛ
ꝺe temps ꝺont ⁊c. que ſi aſꝛ home leuia fauld en=
coūꝛ ſa bolunte, deins m̄ le bilꝉ, q̄ les ſeignioꝛs lez
purꝛ pꝛendꝛ, ſauc labb. de T. que ad meaſe ⁊ cer=
ten tre in meſne le ville, per cauſe de quel meaſe
⁊ terrꝛ, il doit auer bn fauld de xl. Werbettȝ, ⁊ ſi
eit pluſ. q̄ adonques le ſeignioꝛ lez purꝛ pꝛendꝛ, ⁊
reteyꝛ tanꝗ grꝛ.a luy ſoit fait ⁊c. Et dioꝛmus que
labbe leſꝛ. le incaſe ⁊ terꝛ al pꝉ pur xx. ans, ꝉ q̄ tꝛhe
duꝛ bncoꝛe ⁊c.⁊ puꝛ q̄ le pꝉ miſt en ſa fauld bij.
barbettȝ ouſtꝛ le ſōm ꝺe xl.il eux pꝛiſt ⁊c . Et quât
a rem̄ il auow le pꝛiſe, pur ꝛ q̄ labbe, tiꝛt de luy bn
meaſe ⁊ certeine terre in meſne le bille, per ho=
mage , ceꝛtꝛ rent ⁊ ſuit a court ⁊c. ⁊ lia ſeiſin ⁊c.
⁊ puꝛ homage arꝛꝛ auow ꝓ labbe.⁊c.¶Thirn. Mo=
ꝰs pꝛbimus aide ꝺel abbe ⁊c. ¶ Finc. ceo ne
poies auer deuaunt pꝉ pled ¶ Belk. quant al a=
uowꝛ ꝺeȝ ſeruiꝛ.il ne fuit bnꝗs lcy, q̄ layd ꝛꝛ graū
pur

pur termo2, mes pur tenaūt de frankt, il ad estre
vieu que aide ad estre graunt en tiel cas, Mes
quaunt al auowē de fauld, pur ryens que ieo vey
vncoze, vous nestes my oustable, per que en d2oit
del auow2e pur les seruices r̄ns sauns laid , Et
quaunt al fauld laid fuit graunt, &c. ⸿ Finc. & **Auowrie.**
Wadham, dis. en ceo ple, que laid nest grauta=
ble en auowē, mes iou cesty que auer aide, purra **Ioinder.**
auer ioin oue p2eie, ou auer ewe b2ie? de Mesne, & **Mesne.**
le termo2 nest en tiel cas. P.8.R.2,Fitz, Aide de
roy.117.

En repl̄ Finch. auow & le P2ioqesse de H. pur
ceo q̄ el tyent de lup le lieu p certein seruic̄ q̄ fueē **Auowrie.**
areē &c. ⸿ Rikel le pl̄ dit que il tient le terre del A.
p2ioresse de H. pur terme de xx. ans, q̄l due vn̄ &c.
& p2eia aid &c. ⸿ Finch. le darē iour en auow2e en
autiel cas fuist oustre del ayd, & il est auncieē tme
en nostē ly p̄uz q̄ ay de nest grauntable, mes ou iour **Ioinder.**
toindē serra suffic̄, ou bē de mesne girē, & vs9 nestz **Mesne.**
cesty, p q̄ Fult.Holt et Burt.lup oustē del aid. P.8.
R.2.F. Aide de roy.118. et hic p2. deuant

Annuitie sur composition p p2ebendary ver p2i= **Del luy m̄ & au-**
our, q̄ p2ia ayde del o2dinarie & patrō, Et habuit, **ters.**
nō obstant q̄ il m̄ fuit patrō, Et leues’q partie al
composition.8.R.2.hic tit Annuitie.

Annuitie vers parson, que p2ia aide del pa- **Annuitie.**
tron & o2dinarie, Et habuit 6.R.2.hic title An- **Del patron &**
nuitie. **O2dinarie.**

Scire facias, ho2s dun fine, le tenant dit, que vn **Scire facias.**
tiel fuit seisi en fee , & lessa a lup a terme de vie, le **De touts en rem.**
reuerē a vn tiel en taile, rem̄ oustē en tail, le rem̄
en f. &c & p2ia aide de touts ceux, Et habuit per ag. **Dower.**
P.11.R.2.F.Aide 120. **Aide f condi-**

En Dower leyd fuit grautē del heire le baron **conally.**
condicionally,& q̄ il ne vouchera en ap2es: Mes **Del heire in gard**
la lheire fuit en gard le roy. H.11. R.2. Statham. **le roy.**
Aide,28.in fine fo. vide hic postea.pl. **En trespas puis**
issue ioine.

Trespas, le def.dit q̄ le pl̄ fuit villein regardāt

B 4 al

Baron aū aide de la feme. al maū de D. de q̃l le def. ē ſei, cōe en dr̄ ſon fēe, le pl' dit que frank ꝛc. Le def.pria aid de ſon fēe, Et habuit. H. 11. R. 2, Statham Ayd, 35. Et 12. R. 2. hic tit Proces.

Entre ſur diſſeiſiñ. Briefe dentre ſur diſſeſin en le quibus dun diſ= ſeiſine fait al launceſtour par le tenant meſme, le t bouch. a garrant vn C. et prie que il ſoit ſom. ¶ Belk. luy ouſtre de bouch. pur ceo que il eſt ſuppe eins de ſon tort demeſne (qd̄ vide hic tit Voucher, pl'.)

Aide puis vou-cher. ¶ Hyl. donqꝫ diomus q̃ C. leſſa nous les tenemēts a terme de vie p̃ que priom9 aide de luy. ¶ Penros vous aues bouch, p̃ q̃ ne auiendeꝛ mie de prier aide. ¶ Belk, rñd, car ieo boil my ruler cy dureſūt. ¶ Penros nous auomus ſupp q̃ il diſſei= ſit lauē iſſint de ſon tort demeſne il ne doit auer. ¶ Belk. quant a ceo point, rñd ꝛc. M. 11. R. 2. F Ayde. 19 vide ceo caſe eſcrie 11. R. 2, in le primer impreſſion, que en le pluis darrein ē 5. R. 2.

Parſon de l'egliſe n'auera aide in trelpas. ¶ Trñs. des arbēs coup, le def. dit que il meſme eſt parſon del egliſ. de W, ꝛ le lieu ou ꝛc. parcel del glebe de ſon rectorie, ꝛ alij ecōtra, et le def.pria ayde del patron ꝛ ordinarie, et fuit ouſter, pur ceo que il fuit tenāt del franct.ꝛc. p agarde ꝛc. ¶ 12. R. 2. F. Ayde. 121. Infra. pl'.

Entre en nature daſſiſe Briefe dentre eñ nature daſſiſe verꝫ le baron ꝛ ſa femme ꝛ apꝛeꝫ apparans ils fieront def. ꝛ Per' cape aḡ, ꝛ al petit capias return, le feme fuit reſceu, p def.ſon baron: ꝛ dit que le tr̄ fuit done a luy ꝛ a q̃ prim baē a terme de lour vies, le rem as de heires le prim baē, ꝛ dit que le primer baē ad iſſue vn J que eſt deins age, a que le reuerē eſt ; et prie aide

Del pl' m. de luy, ꝛ que le parol demur. ¶ Wadham ceſty d que vous pries en ayde eſt pl', iudgment ſi leyde per que il fuit ouſter del ayd. M. 12. R. 2. F. Aide. 122.

Scire facias. Scire fac. vers le baron ꝛ ſa femme, le fēe fuit reſceu pur defaut ſon barō, ꝛ dit que el tient a tr̄ de vie, le reuerē a vn tiel, ꝛ pria aid. ¶ Wadham vous

vous ne defend voſtre droit, p que iudg. ¶ Thirn.
ceſt aide eſt pur feblenesdeſtate, par q̄ eſt reaſo que
il ait leid. ¶ Wadham auant ces heures le barō ⁊
femme auera eſte leyde de meſine ceſti prie, proſ. ſue
vers le dit prie tanq̄ il fuit garny, ⁊ il ne voil ioin,
p que le barō ⁊ feme fuēt miſ. a reſponḋ, et puis le
baron fiſt def. p q̄ lˀ feme fuit reſceu, p que priom⁹
que el ſoit ouſtre de aide de ceſty de que il aū prie
aide deuant, que ne voil ioiñ. Et nient meins,
Charlton graunt leid. M.12.R.2.F. Ayd.123.

   Bre dentre ſur diſſiñ de rēt. ¶ Marcam.le terre
dount le rent ⁊c, neſt que vn molin, dount vn B.
fuit ſeiſi en fee, ⁊ leſſ. a vn F. a terme de vie, que
graunt ſon eſtate a ceſti ore tenant del terre, iſſint
il tient le tē a tˀm de vie, p que il pria ayd de ceſty
en reuerˀ ⁊ apres que il fuit bñ debate, leyde
fuit graunt ⁊c. H.12. R.2. F. Ayde. 124. Et
poſt.plˀ.

   En treſpas ſi le def. iuſtifie cōe ſon frankˀ, Et
le plˀ luy entitle al frankˀ, Et ſont a iſſue. Il naū
ayd de celuy en le reūſiō. (Sˀe ſupra plˀ.) Sicome
il auera en caſe que il iuſtifie en auter droit, Du p
cauſe dun leaſe a terme dans p Rick. T. 12. R. 2.
Statham, Ayd.36.

   En briefe dentre de rent le tenaunt pria aide
pur ceo que H. luy leſſa terre, dount ⁊c. Hank. il
pria aid dauter choſe que nē en dō. Et il nē ſee a
vn voucher, lou hōe eſt a charger le terre. Charlt.
ſi le plˀ reē le rent, celuy en le reuerſion eſt charge
a toutz iours, Per que eyes le aȳde. H.12.R.2.
Statham Ayde. 37. Et ante. plˀ.

   Annuitie vers vn perſon, et count ſur title de
preſcripˀ, ⁊ allˀ ſeiſin par mye le main le predec.le
def. ⁊ auxint p my le main le def.ṁ, le def pria ayd
del patron. ¶ Hank.nous auomus allˀ ſeiſin par
voſtre mayn demeſne, par que de voſtre retrait et
tort demeſne nauera ayde. ¶ Thirn, voil auter
B.j. choſe

Leſſe pur vie.
T. per reſceit.

Entre ſur diſſ.

Del terre vndꝯ
redditus.

Leſſ.pur vie en
Treſpas.
Cei que iuſtifie
en auter droit.
Leſſ. pur ans.

Dauter choſe qͥ
neſt in ddˀ.
Voucher.

Annuitie vers
Perſon.
De ſon tort.
Del Patron.

chose dire. ¶ Thirn. eis leide &c. T.13.R.2. Fitzh.
Aide.125. Nota q̃ en le pluis Darrein impreſſion
ceo eſt 12.R.2. que en le pluis eigne eſt accordant
come eſt icy.

Scire facias.	Scire fac̄ hors de fine de rent. ¶ Huls le def. eſt tenant del terr̃ dount il ſuppoſe le rent eſtre iſ‑
Rent demaū̃d & aide del terre. Cauſe mõſtre & counterple &c. Rent ſeruice de‑maū̃de.	ſuant, & meſme le terre tient diſcharge a terme de vie, le reuerſ̃ regard a vn J. & pria aide de luy. ¶ Hank. puit eſtre que noſtre demaū̃d eſt de rent ſeruice. ¶ Thirn. il couient que ſoit mõſtre de‑uant q̃ il ſoit ouſtre de ayde ¶ Hank. le brief ſup‑poſe, quod tenet reddit, & il ad plede come tenant del terre,& ad prie aide,& iſſint affirm̃ le brief bõ,
Parnor de rent.	iudgem̃t ſi leid, quaſi dicat,il eſt parnour del rent p̃ le br̃e,& nemie tenant del terre. ¶ Wadham Ju‑ſtic̃,tenet & retiner, tout eſt vn,per q̃ le br̃e aſſets bon. ¶ Charl. tiel briefe ad eſtre adiudge bon en meſme le place,& al' enter queux ¶ Hank. dioms q̃ il eſt rent ſeruic̃,& tenus de nous per meſme le rent , iſſint rent ſeruice priſt, Et ſic ad patriam, Et Rykel. Juſtice dit,ſil ſoit rent ſeruice il na‑
Rent charge.	uer aid, Et ſi rent charge, il auer &c.T.13.R.2.F. Ayde 125.
Annuitie vers perſon.	Annuitie vers vn parſon ¶ Huls,leſgliſe eſt an‑nex a meaſon de B. que eſt vn priorie alien & dio‑nius q̃ per cauſe de guerr̃, les temporalties fue‑rõt ſeiſies en mains le roy,leſgliſe voyd,p̃ que le roy pres.le pſou q̃ ore eſt,iudgement ſi le roy nient
Ayde del roy, & del Patrõ & Or‑dinary enſẽble.	counſel &c. ¶ Cur. vous duiſſes aū prie ayde del patron et ordinary , et mõſtre cel matter, come vous faits ore, & donques proſes ne ſerra fait plus auant,tanque il vſt ſuc al roy, car auf‑ment,ſil duiſt ſuer al roy ore,donq apres aueres aide del patron & ord̃, & ſerra graund delay en ley.
Aide puis iſſue ioine en Reple‑uin pur damma‑ges feſant.	H̃ 13.R.2.h. Ayde 1.7. Replic̃ le def auow pur damag̃ feſāt en ſõ ſeue‑ral: le pr̃ monſtra que il aū comen la de temps dõt &c.Et t̃ fuc̃ a iſſue ¶ Hull. pur le def. dit, que il tenut.

tient a term̃ de vie Iſ.le feme H,et de leſſ.le dit H.
et Iſ.et pria aið de eux. ¶Hankf. nað monſtre en q̃
le reuerc̃ eſt,par q̃ iudgm̃t ꝛc. ¶Hull. no⁹ tenom⁹
ꝛc.del leſſ. le dit H. et Iſ. de droit Iſ. pur ceo q̃ el
tiẽt ẽ dower del dowm̃t F.le prim̃ barõ Iſ.et prio=
mus aið de H.et Iſ.et F.le fits F.ꝛc. ¶Cur.vous
aues conu que H,et Iſ. et F. nont riens en comen
ne en demeſne, ne en reũcion,p q̃ vous eſtes barẽ
de vr̃e aið prier, Et ſi vous bouch. eux,et m̃eans
cauſe de vr̃e boucher,vous m̃es,q̃ de lun,vo⁹ na=
uet cauſe dañ lẽ bouch. ore b le lien, ieo vous die,
que vous ſerra eſtoppe de garẽ:par que auxi ꝑcꝑ,
p que il preia aið de F.ſole,et habuit ꝛc.P.19.R.2.
F. Aide de roy 113.

Mr̃e en q̃ le re- uerſion eſt.

Aid de cẽi in re- uerſion ſole.

¶Treſpas dun boefe, Le defendant iuſtifie come
baillie A.p reaſon que vn W.tient vn meaſe de A
per certein ſeruic̃, et pur hariot il priſt apres le
mort W. Le pl', W. purchaſe le terre a luy et a
ſa feme, et as heires W. et le feme ẽ in vie. Le
defendant W.moruſt ſole tenaunt priſt, Et alti e=
contra.Le def. pria aide de A. Le plaintife, naues
iuſtifie forſque pur hariot, le quel neſt que chat=
tel,et nemꝑe ſeigẽie ¶Thirn.hariot ẽ ſeigñ,Car ꝑ
cauſe de mort le tenaunt le ſõr auera hariot, per
que ꝑit layd,19.R.2.hic tit̃ Hariot.

Baillie.

Puis iſſue ioine in treſpas.

Aide del Roy.

Scire facias, hors dun reũ in vr̃e dannuitie port
vers priour, q̃ pria ayde de roy, Et habuit, Et
puis Procedendo vient. 6.R.2. hic titile Mon-
ſtrans ꝛc.

Scire facias ſur recouẽ in An- nuitie. Procedendo.

Garden del terre et del heire I.P.port vr̃e dad-
meaſurm̃t de dower vs la femme I.P.pur ceo q̃
el ad pluis de dower que el deuer in la ville de
T, ¶Mark. ceux terres et auters fuer̃ ſeiſies in
maiñ le roy p vertue dun office troue deuaunt
Leſchetor ꝑ Diem clauſit extremum, Et puis no⁹
ſuimus al roy,et fuimus edoiꝛ in le Chauncery de
ceux tenm̃ts,iudgm̃t ſi ſãs coũſel le roy voit' auãt

Admeaſnrement de Dower.

Le roy nient ccunſaile.

aler

aler. ¶ Hil. et de puis que vo' ne deditz q̃ no' sum'
gardein, et q̃ bous aues pluis, q̃ &c. Et coment que
soies admet, et depart del roy, iudgm̃t si &c. ¶ Holt.
coment poet eē entend que bous soies gardein de
droit, Et que el fuit endowe in le Chauncery per
le roy, Car per vr̃e ple, serē entend que bous a-
uer le garde del lease le roy, En q̃l case pur bous
que estes gardē in faite Admet nest done per le
ley, Si non q̃ el soit endowe per bous m̃, quel cho=
se couient eē all' p bous m̃ ¶ Skip. le roy nad pd̃e,
com̃t q̃ el soit admeasut. Et puis layd fuit oust.7.
R.2.hic tit Admeasurement de Dower.

Formdon.

Formedon, le teñt dit q̃ il tient a terme de vie de
lease laiel le roy per patent, et prie aide de roy,
le quel fuit graūt, Et le dd̃ monstre son title en le
chaūc, Et les Seriants le Roy prie brief as Trea=
surer et Barons deschequer d̃ sercher, et certifier
les euidence le roy, et ceo fuit graūt. Et ils certif.
q̃ le peere le dd̃ doñ les tenem̃ts al aiel le roy per
son fait, que ilz certif. a eux, al roy et a ses heires
oue garrant, Et auxint ilz certif. q̃ ils ne troue nient pluis, per q̃ Procedendo in loquela fuit mañd
as Iustices daler auant en cest plee, per que les
Iustices demaunde del tenant, sil sauer riens dir̃e
pur que le demaundant ne recouē, et il dit, q̃ non,
Ne il ne scauer si le demāñd auer assetz per discent
ou non, ne les Seriants le roy ne le scauer nient le
pluis ¶ Belk. ne poimus don iudgment sans brief
hors de chanc̃ mand. ¶.7.R.7.F.Ayde de roy 61.

Serche.

Procedendo in loquela,

Procedendo ad indicium.

Scire facias.

Scire facias hors dun fine bers vn priour del ma=
ner de C. le prior pld relea3 laūc le dd̃ fait al pde=
cessour le priour, le demaundant dit q̃ le predecess=
sour le priour nauet riēs al teimps del releas fait
en le dit maner, et sur ceo fueront a issue. Et ore
lenquest vient prist de passer, Et les Seriantes le
Roy vient pur le priour, et monstre le chatre le roy
H. sites, W, conquerour, par quel il auer done le
maner

maner al predeē le prioz, & a ces Successours en
frankalmoigne, Ita libere sicut coron illud tenuit, &
demaūd iudgement si le roy nient coūseille, & nient
obstant cest challeng lenquest. fuit pzis, & iuē per
auise de tours les Iustices dēgleterē, & troue pur le
demaūdant, p que per auise dez Iustices, & tout le
councell il reē. T.7.R.2. b. Aŷde de roy 62.

Scire facias hoz dun fine vers J. de Wi. que
auer prie aŷde de roy, Et suit oust.8. R.2 hic title
Prorecion.

Annuitie vers person. ¶Huls lesglise & annexe
a meason de B. que est vn priour alien, & p cāe de
guerre les tempozalties fuē ssies in mai̅ le roy,
lesglise void, le roy pnt le pson ḡ oze ē, Judgement
si le roy nient councel. Curia vous duist prie aide
del patron & ozdinary, & mēe le matter, cōe faits
oze, & donque pces ne fra fait pluis auaut, tanḡ
il sue al roy, Car autermt̄ sil duist suer al roy oze,
donꝗ apzes aueres aide del patron & ozdinaē, que
fra graund delaŷ.13.R.2.hic tit Aŷde,

Ayel.

En bēe de Ayel,si cēi in reūsion soit resceiue, il
poct plede darein ssin del perc, per Holt.7.R.2.
hic tit Resceit.

Amerciaments.

Quant de def. biendē al primer iour,ne fra a=
mercie,quod patet en bēe daccompt. 2.R.2 hic tit
Accompt.

Uicount amcŷ pur reē trope petit issues & vn
Juroz.2.R,2. hic tit Auermient.

Pleintife amercie & abatement de son bēe. 6.R.
2.hic tit Ask.

Fozmedō, le tenant bient al iour de Dom reē, &
dit ḡ il ne puit dediē laccion, p que iudgemt̄ fuit
rend,&c.& le tenant ne suit amercŷ, pur ceo que il
bient le primer iour, T.8.R,2, Fitzher. Amerce=
ment,

Frankalmoigne.
Roy nient a
councell.

Scire fac' sur
fine.

Annuitie.

Temporalties de
Prior alien.
Roy nient coun-
cel.

Darrein ssin.

Accompt.
Def.apparet pri-
mo die.

Vicount.

Ere abate.

Formedon.
Def. apperē le
prim iour.

ment . 26. et F. Amendment 79.

Leete.   Amerciament in leet. 8. R. 2. hic tit Diſtreſ. et Hors de ſon fee.

Annuitie.
Def.   Annuitie, le pl' recoũ lañuitie, e les arrerages &c. et damages &c. Et lauter in le mercy. 8. R. 2. hic tit Annuitie.

Vicount.
Faux ret de cepi.   Vicont ret Cepi Corpus, et nad le corps al iour, il fuit amercie. 11. R. 2. hic tit Default e Appa= rance.

Porces.   Hõe amercie pur ſuffrer ſes port daler auant in le ville 11. R. 2. hic tit Cuſtõe.

Vicount.   Al Capias, Le viĉ ret que il aũ priſe le corps, e liñ al Caſtel de S. e labbe de S. luy priſt hors de ſon gard &c. Curia, le viĉ ſra amĉie pur cẽ ret, pur ceo que il ſoy aũ charge del corps a ũn tẽps.13. R. 2. hic tit Ret de brē.

Auowant.   Repleuin, le pl' recoũ ces damages, et lauow= ants eñ le mĉy. 21 R. 2. hic tit Auowrie.

Abatement de brē.   Aſſ port per baron e femme, que fuit abate, e ils amercyes. 21. R. 2. hic tit Iudgement.

Annuitie.

Heire charge.
Aſſets p diſcent.   Annuitie, le pl' count que le pere le defendant graũt a luy annuitie de ix. marcz, p fait, e oblige luy e ces heires &c. Le def. dit que il nad riens p diſĉ, et troue fuit que il ad 2. markz p diſcẽt, et pur le con= trary de ſon miſe troue encount luy, il fuit charge de lannuitie de ix. marcz, pur ceo que il doyt auer plede en lepe, que il nauer forſħ taunt p diſcent, e ceo auĉt charge pur le porcion, Et en Formedon ſil plede que il nad riens pdiſċ, coment que troue ſoit encounter luy, il ne ſerẽ charge q̃ al value. M. 5. R. 2. F. Annuitie 21.

De rent in 2. coñ.   Hõe nañ Aſſiſe in 2. coñ dun rent charge, car ĉti que ad tiel rent puit aũ brē de Annuitie p Hole 7 R. 2. hic tit Pomeſurement &c.

                                                    J. S.

I. S. prebendař de T. port brief dannuitie vs
le prior de Huntington, & demaunde vers luy x. s
que fueř arreř dun annuel rent de x.li. par an, Et
counta comt il y auer debate enter lour predecessoř
dun part et de auř, del auowson del esglise de S. de
quel debate il soy miʃt en arbitremēt de Euesq̃ de
Linč Orď del lieu, que order q̃ le prior & ses succ̃
auer le auowson a touts iours, Et q̃ le pder“ cesty
I. auer del prior et ses succ̃ m laʃʃuel rent de x.li.
nomine perpetui beneficij, Et miʃt auant le cõpoʃt
teʃm laʃʃent lorď euesq̃, & le Patrõ, de south lour
ʃeale, Et ʃeiʃin del annuitie per maine vn des pre=
deč.C Thirn. pria aid del Orď et Patrõ, & habuit,
non obʃtant q̃ il m fuit patron, & Leueʃq̃ party al
cõpoʃt . Et puis dit q̃ le cõpol. q̃ il ad miʃe auant
prue q̃ il nad nul pol en le fait que luy charge de ceo
annuitie, car touts ʃõt les polx leueʃq̃ q̃ ʃont en le
tierce pʃd, & nemp les pols le pdeř le prioz, p q̃. Et
oueʃq̃ č il naũ nul parʃon illõʒ q̃nt le cõpol. ʃe fiʃt,
pur ceo q̃ il fuit void a ceo tēps . Et le debate fuit
ʃur le dēt del patronage, iʃʃint ʃans le parʃon, lorď,
& le patron ne puit charge , Et diximus q̃ aps č cõ=
pol. il y aũ 2. Priozs, queuz ne fueř vnq̃s charges
de annuitie &c. ne nul ʃeiʃin de puiʃne tēpz, iudgēt
ʃi acč, & ʃur č demurř &c. C Belk. Juʃtice, il ʃemble
le charge bon, car en temps de bacacion nul doit
medler forʃq̃ lordiñ & le patron, & coment que atti=
ent a eux de faire vn Curate pur les alines &c. ne
pur quant tout le droit demurř en eux 2. ʃolement,
& en nul auter, iʃʃint q̃ le charge fait par eux eʃt
bone. Et ceʃty en reuercion puit charge le terre a=
uāt le tenant a termic de vie deuie, & il tiendzoyt
charge aps le mozt le tenant a terme de vie.
C Halt. a vouʃtre caʃe de reuercion, ieo quid le re=
uerʃiõ eʃtre ley, car durāt le vie le tent a terme de
vie nul home puit dire que le rent fuit due, Et
ʃi ʃic, ergo voyde a tout entent aps le mozt le te=
nant , Et a voʃtre priuer caʃe , ieo die que
auaunt

auaunt ses heures p les auncient leis vse cleins,
les ij.ne puit charge saunce le iij. ne nul sans au=
ter, per que est reason q̃ cestz que port le charge,
soit partie, ou per ley le charge est voide.⸿Burgh.
si le predecessour le priour vst port briefe de dr̃ de
auowson vs le predecessour le master, il duist auer
bye le seisin par les mains le parson ꝗc. demaind
dismes ꝗ offeringes, ꝗ ceo proue vn possession en
le parson,ꝗ en maner luy fait party,par que sem=
ble q̃ nul puit charge sans auter,⸿Skipwith. ieo
pose q̃ sur le compos.fait par lord enter lour pre=
dec̃,q̃ ilz duissent ap proper lesgl al predec̃ le pri=
or,a tener en proper oeps,come ils puiss.bene per
lic̃ de roy,ꝗ puis le prior vst fait vn vicar̃ del eigl̃,
ne serra il charge del Annuity?Et cõstat de claro
quod sic,ꝗ per consequens le person ꝗc.Et le mat=
ter fuit bene debate enter les Iustices, ꝗ pend
longe,Et puis Belk.agard, q̃ le plaintife recouer
lannuitie,ꝗ les arrer̃ contenus ꝗc. ꝗ ses damages
ꝗc.Et lauter en le mercy Et ceo encounter loppi=
nion de Skipwith ꝗ Clopton.⸿T.8.R.2 Fitzh. An=
nuitie 53.

Judgement•
Arrerages.
Dam̃.
Misericordia.

Mr̃ fait sans
date.

Count.

Lieu ou fait ceo
tut.

Annuitie ⸿ Wad.counta que a tort luy detient
xl.s.de annuel rent de iiij.li. per an, grant per le
predecessour le def.a son predecessour, Et mist a=
uant fait sans date. ⸿Charl. nad my count eu q̃l
lieu le fait ceo fist,issint sil voil dedir̃ le fait,le court
ne scauer ou il serra trie,per q̃ ⸿Belk.ieo ne veie
vncz en accion parsonel p oblig, ou sans obligac̃,
accompt,trespas,ou annuitie semble, q̃ il ne mist
en certein le lieu per son count, ou le contracte se
fist,ꝗ ieo ne fesoy vnques autrement, q̃nt ieo fuy
al bar̃ ⸿Skipwith certes, cy fists souent, ꝗ moy
mesme auxint,ꝗ nous touts auomus fait. ꝗWadh.
est diuersitie ou est found sur obligacion,ꝗ ou sur
contract, car del contract il couient count pur q̃l
cause il deuient son dettour, ꝗ en certeine assigne
lieu ꝗc. mes obligacion est contract en luy mesme,

et apres lobligation trauers, il puit assets par
temps assign lieu &c. ¶ Belk. en lun case, et en lau=
ter il doit assign le lieu en certein en le count
&c. cõe ceo aye aprise pur ley, Et puis pur ceo
que il ne voile mp assigner le lieu en certeine, ou
le fait ceo sist. Belk. agarde que il ne prist ryens
per son briefe &c. M.8.R.2. F. Annuity. 54.

Annuitie vs persõ q pria aid del ord & patrõ, &
laid gaunt, queux suet sõm, & viend prist de ioind
p attornõ, & la person sist defaut, par q briefissist al
euesq de distr la parsõ en lieu de *Petit cape*, et suit
retournõ a ore et seruie, Et les auters auer iour
per idem dies & viendront p attournõ, & la per=
son aut foits sist defaut, p que Fulth. ag. q le pl re=
cou lannuitie & arrer & damages &c. M.5.R.2. F.
Judgment.26.

Annuitie vs pson desglise. 8.R. hic tit. Ayde.

Annuitie en la countie de Staff. vs vn persõ
del esglise &c. & count que le predecessour la parsõ
p assent &c. graũt lannuitie al plentif & a ces suc=
cessours hors de mesme lesglise a paier en le coũty
de Staff. en tiel vill, et alr seisin en mesme le coũt
&c. Ou lesglise q suit charge suit en count palent
de Chester, & ea de causa la iurisdiction suit chalr,
et nieũt meins le brē suit ag bon, Et ore pur c que
lannuitie suit auter foits arere, le plentife sue
Scire facias hors de mesm le rer vs le dit pson en
la countie de Stafford ou loriginal suit port, & la
iurisdicr suit chalr, causa qua supra, et c longeũt
debat, Et al darrein il suit ag. p *Charlton* & Skip.
que il suet execucion en la count de Staff. ou lori=
ginal suit porte, & que la psõ respondra, Et Nota
q p loppiniõ d Alcuũ Seriaunt', loriginal suit ma=
leũt port. ¶ Charl. dong suent les gties brē Der=
rour. H 11.R.2. F. Iurisdiccion 16.

Annuitie sur title de prescriptiõ, release de toutz
accions reals & personelz, ratione debiti, compott,
seu ratione alicuius contractus ne serra barē,
        C,   cius

Marginal notes:

Vers person,
Ayde.

Iomder in Ayde
per Attournie.
Defaut & appea-
rance.
Proces.

Iudgement.

Vers person.

Licu duser laction

Iurisdiction.

Scire fac.

Prescription.
Release dacc. en
barr.

eins le pł reꝯ ꝗc.Ꝑ.12.�речitie 42. Sta
tham. 13. Br. 42. Et hic title Release.

Baron & femme.

Thirn. ſi annuitie ſoit gꝯ al baron ꝗ femme,
le femme auera bꝛiefe Dannuity apꝛes le moꝛt le
baron.Marcam. voier eſt, Mes nꝥ des arreꝯ en
temps del baron. 12.R.2.hic title Bꝛiefe.

Arrerages.

Vers perſon.
Pꝛeſcription.
Seiſin.

Annuitie vers perſon deſgliſe, Et count ꝗ title
de pꝛeſcription, Et allꝰ ſeiſin per mie le main le
pꝛedeceſſoꝛ le def. Et auxi per mie le main le def.
iñ 13.R.2.hic title Apd.

Vers perſon.

Annuitie ꝰs perſon deſgliſe. 13. R. 2. hic title
Apde.

Apparance vide Default ꝗ apparance.

Appeale.

ſpirituall cauſe.

Appeale de ſpiritual cauſe.2.R.2.hic title De=
pꝛiuation.

Principal & ac-
ceſſorie.
Exigent.
Nonſue.
Pardon.

Appeale, le Pꝛinꝯ fuit vtł, et Eriꝗ aꝯ ꝰs le
Acceſſoꝛie, le pł fuit nonſue, Et puis le Pꝛinꝯ
purchaſe chꝛe de pardon, et pꝛia ꝗ il ſoit allowe,
entaunt que loꝛiꝗ fuit determine per le nonſuite.
Galcome deuaūt le nonſuite, il fuit determine
ꝰs boꝰ p lutlarie, iſſint le ꝛces outlaꝗ bon: (11.
R.2.hic title Charter de pardon,)Per ꝗ Clopt.
ne voile allow le chꝛe,mes leſſe a mainpꝛiſe tanꝗ
al p chein tme,donec il fuit auiſe.6.R.2. Nonſuit.

Vtlagarie.

Mainpꝛiſe.

Spꝯial matter.

Appeale ꝗ ſpiritual matter. 8. R. 2. hic title
Quare impedit.

Faux appeale.
Impꝛiſonment.
Fine.
Nonſuit.

Appeale, le pł conuſt lappeale dꝛe faux,il ſerra
impꝛiſon, et fra finꝯ, Et le fine fuit. 100.ꝶ. Mes
econtra dun nonſuit. 11.R.2. Br. Appeale, 151.
et hic title Fine pur contempt.

Maihim.

Parre.

Appełł de mayhm ſue en bank le roy. Screne
auter foits le pł ſuit bilł de trñs en le guyld halł
de Lonꝺ de ñ le baterie,et count ñ le iour,cōe il
fait a oꝛc,a quel temps il mꝥa auaunt cel mayhm
et recouer ſes dammages,et ſuit execution,ſauns
ceo

ceo que il ad auter trñs mesme le iour priſt, et de- maund iudgement ſi &c. ¶ Clopton. ore eſt a veyer coment ceo ſerra trie, ou par pais de meſme le viſne, ou coment ; Et fuit dit per Aſc' que par les commen Jurẽ, Et Clopton dit, ſi home port appell' de mayhm̃, et count de batrie, et miſt de- uaunt le batẽ prouãt le mayhm̃, le count eſt abate ¶ Huls. Le coũt abateẽ, pur ẽ q̃ neſt garẽ de brẽ. ¶ Clop. p appele de mayhm̃ home ne perdẽ acc̃ de trñs. ¶ Wadham nõ, Mes econtra, quod quere ¶ Clopton a Screne voile la demurrer q̃ dit oyle. P.12.R.2.F.Corone.110.

Visne.

Trespas puis apele.

Hõe arraine ſ Appeale de robberie, pled ẽ culp. & troue culp. et ſoy priſt al clergie, cõe clerke cõ- uict, & liũ al ordinarie ſans faire purgation. 12. R.2. hic title Clergie.

Robberie. Maner. Riẽ culp. Clergie. Purgation.

¶ Appeale vs baron & fẽe, quels fuerẽ acquittes, les dammages ſerẽ ſeueres. 12. R.2. hic tit Baron et femme.

Baron & femme. Dammages.

Appeale vs vn que fuit arraine & pled rien culpable, & troue culpable, & puis ſoit priſt al cler- gie. 12. R.2. hic title Clergie.

Clergie.

Appendant.

Admittitur que aduowſon poet eſt appendant al boue de terre, 8. R. 2. hic title Quare impedit.

Auowſon au boue de terre.

Appropriation.

Licence le roy eſt neceſſarie al appropriation, p Skipwith, 8. R. 2. hic title Annuitie,

Licence le roy.

Arbiterment, & Arbitrators.

Condiciõ de eſtoier al Arbiterment de certein perſons &c. Et que ferra notic̃, &c. 7 R. 2. hic title Condicion.

Notice.

Arbiterment eſt bon plẽ en accion ſur leſtatute de Laborers &c. M. 12. R. 2. F. Arbiterment. 24. Statham, 14. fol.

Laborers.

Tñs de baterie in com L. Le def. pled arbiter- ment in

Treſpas de batery

in m̄ le countie.12.R. 2. hic tit Attaint.

Trespas.

Est bon pl' adiē que iz sōt mis en arbitremēt, q̄ nest vn̄ fait &c. & ceo en trūs, &c. H.13.R. 2. F. Arbitrement. 26. Statham. 16. fol.

Arrerages.

Annuitie.

Annuitie, le pl' recouer lannuitie, les arrerages &c & damages &c 8. R. 2. hic tit Annuitie.

Cessauit.

Tender des arrerages in Cessauit, Et per qui 11. R 2. hic title Cessauit,

Annuitie.

Incusf durant le couerture.

Si annuitie soit gē al baron & femme, aps le mort le baron le fēe auera bēe dannuitie p Thirn. Mes nēi des arrerages in temps del baron, per Markam. 12. R. 2. hic title Bēe.

Cessauit.

Arrerages tenḋ in Cessauit. 19. R. 2. hic title Cessauit.

Assets per discent.

Annuitie.

Faux issue.
Formdon.

Annuitie de 9. markes vers leire, que pled ē p discent, Et troue que il ad 2. markes, p que il suit charge de tout p sō faux pl x. Mes si in Formdon, gaḡē que assetz ē pled in barre, & leire reply q̄il naḋ ē p discēt, com̄t q̄ soit troue encoūter luy, il ne fra barē forsq̄ al value troue. 5. R. 2. hic tit Annuity.

Haire.

Lou leire ne fra charge, sil naḋ assets, p Richil. 7. R. 2. hic title Execution.

Formdon.

Assets p discent barre in Formdon. 7. R. 2. hic title Formdon.

Discontinuans.

Gaḡē de rent suice ne fait discont, sinon in case ou gaḡē oue discent est pled, per Thirn. 22. R. 2. hic title Discont de post.

Assets enter maines.

Execut charge.

Lou lexecutors ne front charge sils nont assets. 19. R. 2. hic title Execution.

Assise.

Nient attache per 15. iours.

Nīēt attach p xv. iours suit trie p baill q̄ sst la-tachemēt p examinaē, Et suit troue encoūt le t, & vncor le t pled en barre, Mes lou nient attach est trie p lass. & troue ꝭs le t, autē, Et lou le tñt dit Nient attache, le pl' doit mēe per que lattachemēt suit

fuit fait &c. T. 6. R. 2. F. Affife. 462. Statham, 15.
Et tamen per Statham, nient attach generalmt
nē plæ, pur ceo que il eft contrarie al ref del vic
&c. Et p Brooke, Si nient attach p 15. iours foit
troue ōs tenāt p examinaciō del bailif, t nē pas p=
emptorie, Cōttar fi foit troue ōs luy p laffife. 6.
R. 2. Brook. Affife. 463.

Nient attach.

Peremptorie.
Diuerfitie.

Un J. at N. fift eftatute marchant a Richard
Grene, p q̄ Richard fuift dauer exec de touts les
terres que J. at N. au iour de ceft eftatute fait
ou puis &c. et le vic deliū les terres dū Rob. Hege
a Richard Grene, cōe pcel des terres de queux, J.
at N. fuit fi, t puis cefty Robert Hege fuift Audi=
ta querela, Et pur ceo q̄ le vic nauoyt nul colour
a delivereç fez trez ou tenmtz, car ilz ne fuerunt
en lz mainz J. at N. iour deftat fait, ne vnḡs
puis, ceo fuit vn diffeifin a Rob. &c. de quel il auer
aff. et nemp audita querela, per que fuit agard que
il preigñ riēs per fō brief, mez foit en le mercy. M.
6. R. 2. F. Affife. 69. Et hic title Aide.

*Vers vic' pur de-
liuerer les terres
dun auter en ex-
ecution fur ftat
marchant.*

Nota en precipe qd' redd fi fuit troue pur le dd̄,
t penter le nifi prius t iour en bank, s. deuāt iudġ
le dd̄ reł al tenāt: t fue exec encout̄ fon reł, le t aūa
fō aff. qd' tota cur' cōceff. M. 6. R. 2. F. A 70. B. 404

*Aff. non obftant
vn iudgemt de
recouer.*

Affife de terre t rent, laff. troue, q̄ Will Wind=
foe t auts nofme en le briefe diff le pł del terre,
mes del rent fuit troue que il nauer nul t del ter=
re nofme en le briefe dount le rent &c. et que vn
bailł que ne fuit nofme, leua le rent del terre par
diftē per commaundemt vn Will Windfor t a fō
oeps, par que pur ceo que il fuit troue, que le rent
fuit leue al oeps W. Windfoe, t il pntfle rent,
iffit il parnour del rent, aḡ fuit que le pł recouer
le rent t fes dam, per que laff. M. 6. R. 2. F. Affife
71. Br. 405. Quere fi ratio fuit eo que le matter ne
fuit pled. Uel pro eo que fuit rent fuice, dont aff
giff vers parnor tantū. per Br. Ibm.

Rent.
*Parnor per re-
ceit fon baił.*

Nient attach nē plz, lou le fraunches eft
graunt

Conufans.

grauut &c.en aff. T.6.R.2.Statham, Affife 24.fo.
Fitzh.462. in fine.

per. def.

Si Abbe po2t affise, & laff e p2ife per def. riens
fra enquife que le feifin & diffeifin. iffint que fi le
point del b2e foit troue,fuffift,fauns enquirie del
d2oit Labbe, Coment q lauter ad ce fait.6.R.2.
hic tit Collufion.

Collufion.

Home leffa pur ans fur condicion q fi le leffo2
alien &c.que le leffe auera frankten.[K]Per Holt.
il eft clere ley,fi le leffo2 ouft le termo2, & fait ali=
enation, que le termo2 nauera affife de cel oufter,
ne de cel poff.car le poff.del frank fuit in le leffo2.
6.R.2. hic title Quid iuris clamat Iffint de terre
leafe a terme dans fur condicion,que fil foit oufte
deins le terme per le leffo2,que il auera fee,fil foit
ouft, il nauera affife de nul poffeffion ewe deuaunt
louffe, mes couient neceffario de happer vn poff.
ap2es l' oufter,& de e il aua aff.p Belk.ibidem.[L]

De quel poffeffi-
on home aue-
ra affife.

Home naña aff.in 2.counties dun rent charge,p
Hill.7.R.2.hic tit Admeafurement.

Rent charge.
2.Coin.

Si le feme foyt endowe de pluis q el deuoit au
per cefti que claime come gardein,leire auer a af=
fife & rec le furplufage p Belk.7.R2.hic tit Ad=
mefurement de Dower.

Purfurplufage
de Dower.

Nota que fuit dit Per touts les Iuftices q en aff.fi
hoe nad fo parent, q ils noūt my power de teñ le
ple &c.Mes en aff.de nouel diffeifin q fuit aiourñ
a Weftm deuaunt Skipw. pur difficultie, per af=
fent de Belk,& Touts les Iuftices le pl' au iour de au
fa patent lenð de les almes M.8.R.2.F.Affife.368

Ou couient auer
patent.

Affife,le def.pled q il nad tenant de frank nof=
me in le b2e &c. Et fi troue foit,nul to2t nul diffei=
fin.Curia ceo eft bon ple.Contra in b2e dentre in
nature daffife.8.R.2.hic tit B2e.

Nul tenaunt de
franktenement.
Diuerfity inter
Aff. & b2e den-
tre &c.
Abat. de briefe.
Adiourñ.

Un b2e daff.pend auter.11.R.2.hic title B2iefe.

Affife,le tenant pl' rec po2t date en fo2ein coun=
ty, q fuit dedit : per q laffife fuit aiourne en come
bank a trice le fait,a que iour le tenant fuit dð &

CŪ

est default, per que lassise fuit remaund de prend
alarge &c. pur ceo que nul ouster fuit conus &c.
P.11.R.2.F.Affife.72.

Si in affife le pl' enter pend le bre, tout le bre
abatee, pur ceo q cest le fait & act le pl',Per curiam
11.R.2.hic tit Quare impedit.

Aff. le tenant dit, q un W.fuit sei de m les te=
nements,& fuit endite de felony,& proces continue
tanque il fuit vtlage de m le felony, p q le sor de q
les tenementes &c enter come en son escheate, &
fist fefment al tenaunt, et done colour &c. ¶Mark.
pled nul enditemt prist ¶Wadham voy ne dedits
que il fuit vtlagat, Et mist auaunt rec Sub pede
figilli,prouant lutlagary &c.mes riens del endite=
ment.¶Markham le rec ne parle denditement, p
que iudgemet. Et non allocatur,pur ceo q est proue
per rec que il fuit vtl' &c.11.R.2.hic title Colour.

Aff in banke le roy. 11 R.2.hic title Briefe.

Aff.vers le bar & sa feme.queux pled en barr &c.
coment le pl' enclaime come heir &c. enter &c. lou
il fuit bastard,& I. come mulier, luy ouste, q estant
nous auomus &c.& fur ceo be fuit maund al Eues=
que d certifier,q certifie que mulier,a quel tour le
bar fist def.et l' fee pria destre resceiue,& le resceite
counterpled, & fur ceo Lass. atourn tanque a ore.
¶Thirn.ex assensu sociorum il semble a nous,que
pur ceo que le matter est tric &c. et en ce cas pluis
solemnpnmt que en auter cas &c.q le feme nest res=
ceiu,per que recouer seisin de terre,& le pl' release
dammages,quod nota &c.H 13.R.2.F. Resceit 99.

Charlton Si le tenaunt in auncien demesne soit
oust per son seigniozil auera aff.vers luy. 13.R.2.
hic title Faux iudgement.

En trespas de close debruser, & agnels prise,
def quant al close, il est cimiterie de m lesglise,
& il eux mette eins, iudgemet si le court ¶Wade
ceo court auera iurisdiction del cimiterp,car il est
le frantenement le vicar ou person, de quel il poet
auer

¶ 4

Alarge.
Ouster.

Entre pendant le
bre abatera
ceo.

Barre.

Colour.

Issue.

Banke le roy.
Colour.

Bastarde.
Triall.
Certificat deuef-
que.
Resceit.
Adiourn.

Dam release.

Per t in aunciet.
demesne vers son
sor.

Cemiterie.
Parson.

auer affife. M.14.R.2.Statham, Jurifdiction. 16.
Et 13.R.2.hic title Jurifdiction.

Coparcene. Si apes partition lun parcen e differfie, cesty
fole aua laffife per Thorp.19. R.2.hic title Bre,

Vers Efchetor. Fuit pefent deuaut le Conftable del caftel de
Cozf. deins le Seigniorie de Cozf. le quel Seig=
niory ad Cozoner e Efchetoz de eux ms de temps
dount ec.q W.auer encroche certein terre,le quel
fuit parcel dl' dit feigniorie,e des demefnes le roy,
Per que le conftable feifift. Et fuit dit q fi le con=
ftable nuft ee efchetour,mez vft e fait de fon office,
q W.puit au affife. 9.R.2.hic tie Traus doffice.

Vers patentee le roy. Si le roy graunt ma terre p patent a bn auter
qui ente p force de e,lauen aff vers lup, per le co=
men icy per opinionem Curie, en comen banke,
Et vide ftatutum 1.H.4.cap.8,Raft.e Slife.11. tre=

3.Damages. ble dammages font doft, ou le roy ne pas a ceo
entitle per office,Ne ad entrie loyal. M.20.R.2.
F.e Slife 467. Statham,47.fo, e Brook.464.Et
22.R.2 hic tie Diffeifin, Juri que p le dit fta=
tute de H.4. teo auera Affife, lou teo foy ouft per
colour de tiel patent, et recouer mes dammages a
treble.

Profeffion all. en vn des pl. A ff.port per le bat e fa feme vers plufours,et le
tenant dit que le feme le pl' enter en religion en le
meafon de B.et fuit la profeffe ec. iudgement fi el
ferra refceiue ec.per que laff. fuit aiourne en co=
men banke, e bre mafide al euefoz o certifie e oze
leuefoz certifie q le fee fuit profeffe,p q le def.peie
q l' bat e fee fuiffent barre a tout iours, Et opinio
cur ecentra, quod nota. P. 21.R.2.F. e ff.369.vide
tout le cafe en title de Judgemt. Ft plus inde ibm.

D.Tor & tenant. Si aff foit port vers le diff. et tenant, le ple le
l.sd. tenant ferra prife ec.21.R.2.hic tie Bre.
l mor pl.fait Abbe. Priour de B.port aff de nouel diff. Le tenant
dit q m le prioz fuit fait Abbe de m le lieu pend le
bre, iudgement de bre. Et fur ceo demure par q ilz
Adiourne. fuet adiournes in coen bak.22.R.2.hic tie Bre. Si

Si le vic en Dower liu le moitie pur le 3. part,
leire naua affiife ratione del recouery, Mes Scire
facias vers le feme, 22. H. 2. Br. Affiife. 479. Et hic
titl’ Execution.

W. port aff. de nouel diffeifin vers leuefque de
Couentr̄ & Lichf. et le br̄e fuit, de libero tenemento
fuo in H. et fift fon pleint dauer reafonable eftouers a iiij. burbages, vn carue de terre in E. &
houfbot, haybot &c. Et fuit dd̄ que il au des eftou̅s,
que mit auaunt vn fait, per quel le predeceffour
le Euefque auera graunt al R. de W. que eftate
le demaundant ad &c. vt fupra, oue confirment del
prior & couēt de Couētre, & fuit dd̄ iudḡ del br̄e, De
libero tenemento, ou il ferra de refonable eftouers.
A q̄ Fuit dit, q̄ il au pled al acc̄, entau̅t q̄ il dd̄a, q̄ il
au des eftou̅z. ¶ Belk. Juftice, fi home q̄iour grau̅t
refonable eftouers a vn home a tme de vie, il nau
br̄e quod diff. eum de libero eftoucrio, per q̄ quaunt
a teo refpondes. ¶ Burgh. le See leuefq̄ eft a Couentrie, en quel il ad Prior & chapiter, & a Lich.
Dean & Chapif, & de tēps doū̅t &c. & al tēps de cō-
feccio del fait q̄ il mit auau̅t, leuefq̄ ad eftre eftie
p le prior & le chapiter de Couentrie, & le deane &
le chapiter de Lich. iudgement fi aff. fur ttel title.
¶ Belk. il puit eftre q̄ le boies fuit del inheritans
la meafon de C. & L. nau riens, ne fuit my annex
al euefq̄, & fi fic, le title eft affes bon ¶ Holt. al
temps de confeccion de ceo fait, & de temps dount
&c. le prior & le chapiter de C. ad le election illonques, & la fuit le See, & le dean & le chapiter fuit
vn gros a parluy, le quel ne medler rienz del elec̄,
& ceo bois fuit graunt del dc̄t le prior prift, & priomus laff. ¶ Belk le vnion couient eftre fait per e-
pecialtie, & per licence de roy que chiet en rec̄, per
que fi boiles au̅ laff, monftres record del vnion,
&c. ¶ Holt. al temps de William Euefque q̄auau̅t
Alice, de que temps noftre title eft conceiue, le e-
leccion fuit fole a Couentre, & la cree en euefque

C j　　　　　　　prift

Scire facias per surplusage en dower, & nemy Affiise.

Eftouers.

Monftre fait.

Grauante.

pꝛiſt per aſſ, ⸿ Parſay. william fuit eſtieu per lut ⁊ lauter pꝛiſt Et puis le pℓ fuit nonſue apꝛes lad=tournement ⁊c. Temp.R.2.F.Gꝛaunt.104.

Conuſans.
Diſtreſſe pend.
Aſſiſe.

Conuſãs in aſſ.p Perl. Tẽp.R.2 hic tiť Conuſaȝ.

Home diſtrein pur ſon rent, pend laſſ pur m̃ le rent, donque il abatera ſon aſſiſe. quod vide hic ti-tle Diſtres placito.11.in fine.

Attachment.

Aſſiſe.

Aſſiſe, le Def. plede, q̃ nient attach per 15. iours, que eſt trie vers luy per examination del Bailife, ceo neſt pas peremptoꝛy, et econtra ſi ceo ſoit trie per le aſſ, 6.R.2, Br.Attachment ⁊c.18, Et hic tiť Aſſiſe,

Attachment ſur prohibition.

Sans prohibition
in fait precedent.

Nota per Clopton, que ſi vn plee ſoit tenus en court ꝯpian, quel attient al court le roy, tout ſañs pꝛohibition en fait, le party auer attach. ſur pꝛo-hibition, pur ceo q̃ le ley eſt vn pꝛohibit ion en luy meſine, car p le ley ils ne deuer teñ nul pℓ foꝛ⸗ceo q̃ attient a lour iuriſdiction, Quod fuit concel-ſium ⁊c.M.8.R.2.F.Attachmt ſur Pꝛohibition.15.

Ioinder.

Attachment ſur pꝛohibition poꝛt per 3. in com-men eſt bon, car le greuans eſt in comen, per Ri-kel. 19.R.2. hic title Bꝛiefe.

Abatement de
briefe.

En Attachment ſur pꝛohibition ſi le bꝛe abate in parcel, il abatẽ in tout, pur ceo q̃ il eſt tout vn accion , ⁊ ſur vn greuans per Curiam 19.R.2.hic title Bꝛiefe.

Attaint.

Bill.

Attaint poꝛt ſur 2. billes de Dette que fuet ſue vers luy in vn court de recoꝛd, Et les Iuſtices ne voił pꝛender le grãd Iuℯ, Mes aꝥ q̃ il ſuet me-lioꝛ bꝛe. Quere ſil ſoit, pur ceo q̃ il couient auer

Seueral briefes.

ſeuerał bꝛiefes , Aut pur ceo que il couient auer ãbideux recoꝛd la al iour que le Iuℯ ſert pꝛiſe: Car il nauet foꝛſque vn recoꝛd deuant les Iuſti⸗

Recorde.

ces a cel temps, 8.R.2. F. Attaint 2.

Treſpas

Trespas, def. plee villenage en le pl' reg al vn
maner, de q̃ il ē seisie in iure vxozis, Et eēant a is=
sue ē frank &c. auoit aid'ō sa fēe, Et ioinō, Et tro=
ue pur le dō, Quere si la fēe auera attaint puis ꝉ
mozt son baē, Car le trial ne concluderoit luy, sil
nust eē pzie en aid. H. 11. R. 2. Statham. Aid. 35. fol.

Attaint pozt en le countie de Linē, Et count q̃
il pozt bēe de trñs de batrie en le court de L. ɇ le
def. plede arbitrement fait a H. en auter vilꝉ en
mesme le countie, Et assigñ le faux serement, en=
taūt que les iurrours diē, q̃ il y auer tiel arbitre=
ment &c. Et le bziefe fuit sō xxiiij. del visñ d̃ N.
Et pur ɇ que le bziefe duist aū estre pt del visñ de
H. ou larbitrement fuit allꝉ, ɇ nemy de auter visñ,
fuit a gard par auise de touts les Iustices ɇ seriaūts,
q̃ le bēe duist abatē &c. P. 12. R. 2. F. Bēe 641.

Si toutes les Iurozs deuiont, lattaint faile,
Mes cy longe q̃ deux de eux sont en vie, home a=
uera Attaint. 19. R. 2. hic tit Fauxefier de reco=
uerie.

Markam. Si ass soit pozt vers 3. in comē, ɇ pass.
encounter eux &c. ils auēt Attaint in cōen, ou se=
ūalm̃t a lour election 19. R. 2. hic tit Bēe.

Si ascun des pzimers Iurozs sont en vie, At=
taint gist &c. 22. R. 2. hic tit Conspiracy. in fine.

Ass. pozt per vn Pziour, q̃ fuit fait Abbe de m̃
le lieu penð le bēe, le quel ass. passe encounter le
Abbe, Quere p q̃l nosme aūa lattaint. 22. R. 2. hic
tit Bēe en fine.

Attaint pozt in banke le roy ɇ verdit dass. des
tñts reē deins Fraunches. A q̃ le tenant allꝉ que
vn auter reē les teñts en Mozð per accion trie
penð le bēe, iudgcment de bēe, per q̃ le bziefe fuit
abate. Et p lestatut de W. 1. c. 37. Attaint fuit done
que touche frankteñt. Et per auter estatute añ
1. E. 3. ca. 6. Attaint est done in Trespas &c. per
Parly Et admittitur la q̃ iointeñcy poet eē plee in
Attaint Temp. R. 2. hic tit Conusans.

Attourne=

Attournement.

Feme sesie en fee,
fait lease pur vie,
& gr̃ le reuersion
al estr̃ en fee, le
feme prist lestr̃ a
baron, & puis le
tenant attourne.

Precipe quod reddat vers vn tenaunt, que fist
defaut, sur q̃ vient vn, et dit q̃ vn S. fuit seisie de
mesm̃z les tenementes, & less. al tenaunt, & puis
graunt l' reuercion a cesty q̃ prie de estre resceiu, p̃
nosme de touts cez terres et tenements, & le t at=
turne, issint en le reuercion auomus, et priomus
&c. ¶ Clopt. vous prist m̃ cesty S. al fee, q̃ graūt
le reuercion a vo⁹, deuant q̃l espous̃, il nauer mp
attourne, issint lattournement apres void. ¶ Parley. si femme graūt le reuercion son t, et deuaunt
attournement el prist bar̃, lattournement apres
est void, pur ceo q̃ le bar̃ purr̃ auer cause a tener
p le curtesie, Mes icy lestate le fee q̃ graūt depend
tout sur le volunt le tenant aterme de vie, et me=
lior estate ne puit estre al bar̃ que fuit all femme,
Et coment q̃ vn rent vst est̃ reserue sur le lease,
come il fuit de Sitie, vnc̃ le bar̃ ne serra tenant p
le curtesie de ce rent, p que semble lattorñ bon, ni=
ent obstant les espous. ¶ Belk. si home lesse terre
rend rent, et puis graunt le reuer̃, si le grauntor
happa le rent apres le graūt, deuant latturnem̃t,
vnc̃ si l' tenant atorñ apres, le reū pass. nient ob=

Paimēt counter-
uault attournm̃t.

stant le poss. del rent: Mes si le t paia le rent al
grauter̃, ico die que le reuer̃ pass. al graū, ou si le
graūtor que est feme prist le grauter̃ al bar̃, & le t
paie l' rent al grauter̃ q̃ est bar̃, ico dic que le re=
uer̃ pass, per q̃ semble q̃ el fra res̃r̃. ¶ Skipwith.
si le tenaunt pay le rent al graūt del reuer̃ sans
parol dattournem̃t, il ne vest imp̃e le reū p taunt,
issint que mesq̃ le reuer̃ puit passe p atturnem̃t
del tenant, cy bñ apres espous come deuant, come
nous entendomus q̃ il puit, pur ceo q̃ le fee depend
en lestate le t a terme de vie, que paiment ne puit
vestr̃ l' reuer̃ en le bar̃, car le bar̃ ad cause dauer
le rent come de droit son feme sans ascun atturnem̃t
p forc̃ del couerture, per que dail en fait que le t
paia

paia le rent al baꝛ p foꝛce del graunt, iſſint attoꝛ=
ne, per q̄ pꝛopter oppinionem cur. Burgh. dit, q̄ le t
paia la rent al baꝛ en nature datturneṁt, ꞇ iſſint
atturne pꝛiſt ꞇc. ❡Clopt. il paia a le baꝛ en dꝛoit
ſon feme, ꞇ nemy en nõe datturneṁt pꝛiſt, Et alij.
econtra ꞇc. ❡.2.R.2, F. Atturnement. 8.

Atturneṁt couient eſtre ꞇ gꝛ de reuerſion. ſ. R.
2. hic titł Age.

Reuerſion grãt.

R. Pleſington ſuiſt Quid iuris clamat hoꝛs de
note leuie a luy per J.B. vers W.M. ꞇ J.R. te=
nant a terme dans dun manour, J.R. vient, ꞇ dit
ſauant a luy certaine auantages q̄ il ad, ſ. houſe=
bote, ꞇ chaſe pur terme de ſa vie en le chaſe de m̄
le mañ, gꝛ a luy p le Conuſoꝛ, ꞇ pluꝰ auters cho=
ſes ꞇc. il attourne, per que fuit enter que R. P.
auer nul auantage per latł auter q̄ ſon Conuſoꝛ,
Et que aps le terme ꞇc. J.R. fra a large a claime
toutz pꝛofitz q̄ a luy attient de dꝛoit deuant latł,
ꞇ nul diſauauntage pꝛend p latł, Et ſi W.M. vi=
ent, ꞇ purꞇ ſoy deuolue de latł ou parð ſon terme,
q̄ J.R. ne ſerra charge ſi non del moitie del rent,
Quod curia conceſſit, Et ſic intratur. Et puis W.
M. vient ꞇ auer oyer del Note, ꞇ dit q̄ J.B. leaſe
ł maner a luy ꞇ a J.R. deuaunt le note a terme de
11.ans, le terme comment ꞇc. ꞇ graunt a nous, q̄
nous aueromous chaſes a terme de nr̄e vie per
ſon fait ꞇc, Et nous purꞇ coupe boys ꞇ ſubboys,
Et in caſe que il alienaſ le maner, ou deuͬe deins
le terme, que nous auermous frankt, ꞇ ſauant a
nous ceux condic̄, ſumus pꝛiſt datł, ꞇ m̄e fait de
ceux, come opoꝛtet, Et dit que J.B. alien al pł, p
que eſtat de franktenement accruiſt a nous, iudg=
ment ſi deuomus atł ❡Belkn. il neſt ple in Quid
iuris clamat dun terme, adire ieo ſuy ꞇ de frankte=
nement, ꞇ vn auter ad le terꞇ a terme dans, Et
voſtre ple amount a nient pluis, per que veis in
certein quel eſtate voiles claime, car vous couient
claime aſcun eſtate en certaine, Quod Curia con=
ceſſit,

Quid iuris clamat
vers 2.termois, &
lun attourne
ſauant certaine a=
uantages: Et
lauter claime
franktenement.

ceſſit, p que ꝫl.ꝟ.dit q̃ il fuit tenaunt de frank=
tement iour del ꝓote ⁊c.⁊ vncoꝛ eſt, ⁊ dō iudge=
ment ſi ⁊c. Et fuit chaſe de monſtre de ꞌque leaſe,
Et il dit del leaſe J.ꟿ. [Ł. ¶ Holt. luy eſtoppe
per lendenture del dit leaſe: Sur que Clopton
demurre. [M.] Apꝛes largumt̃ de ꝗ Belk.dit a ꟗ.
ꟓ. veꝫes ſi voles aū lattournemt̃ oue pꝛoteſta=.
tion. [V.] Et fuit adiudge q̃ ꝫl.ꟿ. foꝛfait ſon
tine, q̃ ꟗ.ꟓ. purt̃ enter, ⁊ q̃ le ꝓote ſra engroſe
⁊c. 6.ꟗ.2.hic tit̃ Quid iuris clamat.

Proteſtation.

Attournemt̃ p pteſtation. 6. ꟗ.2.hic tit̃ Quid
iuris clamat.   Et hic pꝛox.deuaunt.

Proteſtation.

Seigniory graunt
pur vie, les rem̃
ouſter.

Home leſſa ſon maner pur vie, le rem̃ in taile,
le rem̃ ouſt̃ in taile, ľ rem̃ as dꝛoit heires le leſſe
pur vie, Et les teñts del maner attourne.7.ꟗ.2
hic tit̃ Eſcheat.

Per parcelles.

En Quid iuris clamat le tenant attourna per
parcell's ⁊c. Ꟈ.11.ꟗ.2.Statham, Attournemt̃,10.
Et hic tit̃ Quid iuris clamat.

Un feme gꝛ le reuſion de ſon tenant a terme d̃
vie,⁊ deuaunt lattournement el pꝛiſt le grauntee
a baron,⁊ puis le tenant attourne, Et fuit agard
bon. Quere. Ꟈ. 11. ꟗ.2. Statham Attournement
11.fol.   Et 2.ꟗ.2.hic Pꝛ.pꝛimo.

Rent ſeruice gꝛ.

Graunt de rent leruice ne poet eſtre effectuall
ſans attournement,per Thirn. 22.ꟗ.2.hic tit̃ Di=
ſcont de poſſ.

Attourney.

Ceſti que vient
per capias.

Trñs vers pluſoꝛs,apꝛes Capias ag̃,ils veigne
⁊ purch. Superſed' al bꝛ̃, q̃ux veigne al capias ret̃,
⁊ fuet̃ reſt̃ de faire att̃ deuaunt aſcun plꝫ plede p
aſſent del court. Ꟈ. 2. ꟗ. 2. Fitzherbert, Attour=
ney.53.

2.Lun eſt eſſoin,
& lauter appere.

Foꝛmdon, le tenaunt auer 2.att̃, Et lapparan̄s
de lun att̃ fuit receiue, pur ꝯ q̃ le dō entend que il
nuſt eē eſſoin, Et puis ľ tñt eēant dō, vn rñd cōe
eſſoinoꝛ de lauter att̃, Et le demaundant chaľ leſ=
ſoin,

soin, pur č q̃ lauter att app, car cr̃p q̃ appiert puit
rn̄d pur tout le besoigne, per q̃ il pꝛia q̃ le tenaunt
respon̄d p latč q̃ appiert. ⸿ Belk. ⸲ Skip, il poet ē
q̃ cēi att q̃ appiert, q̃ nē essoin, est remoue, ⸲ si is=
sint soit, donques gist lessoin pur lauter, per q̃ met=
tes voltre chall' sur lessoin, ⸲c. quod Curia concordat. 2. R. 2. hic tit Essoin.

Formdon, puis issue lattourney le demandaunt
fuit essoin, ⸲ lessoin quash, pur č q̃ l' pꝛesens dattout=
ney fuit recoꝛd in le recoꝛd. 2. R. 2. hic tit Essoin,
Et si lattourney soit essoin, ⸲ a chescun iour puis
lessoin entē in l' roll', il ad estē vieu in court, corн̄e
q̃ ne soit vieu le 4. iour in court, vncoꝛ lessoin n
serra allow ⸲c. 2. R. 2. Ibidem. Essoin.

Quid iuris clam, le def. voil' aū fait att, Et non
admittit, quia nō potuit atturnare pꝛo mēo, Et le
def. fuit dð, ⸲ ne vient, p q̃ distr̄ fuit agarð vs luy,
Et aliter vst estē si le def. vst countpled latč, vt en
cas Plesington. H. 5. R. 2. F. Attourney. 59. Quid iuris clamat.
Deuersitie.

Prec' quod redd' cesti in reuersion pꝛia dēe resč,
⸲ pius issue ioine, ⸲ apꝛ q̃ il ad troue suertie des issues, ex assēsu le dð, il sist att. 6. R. 2. hic tit Resč. Resceit.

Attourney poet pleð que son maister est moꝛt. 6.
R. 2. hic tit Garē datč. Pleder.

En det le defenð fuit vtlage, ⸲ purch. charter de
pardon, ⸲ suist Scire facias vers le pl', q̃ vient per l'
scire facias, ⸲ count vers luy, Et le def. que suit le
scire facias pꝛia que il puit faire attoꝛn̄ ⸿ Belk. cer=
tes a ma entent vouz serres attoꝛn̄ asses bien, pur
riens q̃ ieo vei, Mes mō compaign̄ ne voil' assent
a moy. ⸿ Hul. certes a ma entent il ne fuit vn=
ques vieu en cest place auaunt, Mes launci=
ent rule en cest place ad estre tout temps destre p
mainpꝛise, ou autermēt demurt en pꝛison, Et pu=
is il troue mainepꝛise. ⸿ 7. R. 2. F. attourney. 60.
Statham. 18. Vide 4. н̄ le roy aiudge contrarie. Vtlagat ne serra
attourney.
Scire facias.

Mainprise.

Home vtl' en det en foꝛreine countie, ⸲ aū chēe
de pardon, et scire facias retoꝛe, ⸲ le brē fuit ret, q̃ l'
def, Scire facias sur
chart de pardon

defendant nañ riens ou puit estre gartiy, per que
Finch pria que le chẽe fuit allow. ¶Burgh. sues sicut alias, ¶ sñ rñd come il fait ore, dõz aueres bẽe
pricẽ ¶Holt.issint ad estre fait souent cyens, Mes
assaies sñ le attourney le defendant voil' suffre que
vous soies per attourney, ¶ lattourney fuit oppose
de ceo, q̃ dit q̃ non, per que il troua maupriíe come
le court agard ¶c. Quere ñ le defẽdãt vsꝉ venus,¶
vsꝉ plede sur la prim' origiñ, ñ cesty que suit le Scire facias puit auer fait attourney, car lun ¶ lauꝋ ad
estre fait en temps de cest roy ¶c. ¶T. 8. R. 2. F. Attourney. 96.

Ioinder in aid. Innuitie vers person que pria aid del prõn ¶
Ordinarie queur viendẽ prist de ioinder per Attourney. 8. R. 2. hic tit. Innuitie.

Quem redditum reddit. En Quem redditum reddit, bẽe issuit a distẽ ꝉ defend ¶c. ¶ le bic̃ reꝑ issues sur le defend, per que le
pꝉ pria que il fuit dõ ¶c. ¶ vn voil' auer responder
come attourney, et fuit ouster Per le court &c. H.
10. R. 2. F. Attourney. 27.

Distr̃ ad haben-dum corpus vers le auncient vi-count. Un feme suist briefe vers le bic̃ dauer le corps
dun certaine parson, le quel il auoit prise al temps
q̃ il fuit bic̃ ꝑ Capias vtlagatñ al suit de mesme le
feme, et ore le distr̃ fuit reꝑ vers le bic̃, que vient ꝑ
atꝋ, ¶ dit que al temps que son sucꝶ fuit eslieu, il
deliñ le corps a luy, le quel luy receit,¶ fuit poss. de
m̃ le corps,¶ prie destre discharge.¶Thirn ¶Charl-
ton.dist, que le bicount en tiel cas ne doit faire at-
tourñ, cins couient que il fuisset en proper parsõ,
que il serra aiudge al prison, per que ils agard q̃
le bic̃ duist estre dõ,¶ forfeit ses issues,¶ que nouel
distr̃ issera vers luy,¶ disont q̃ auterment ne puit
ils faire ¶c. ꝓ. 11. R. 2. F. Attourney. 61.

Cepi corpus. Per essoine. Dette, le defend vient per Capias, ¶ ore le pꝉ est
essoinꝉ per que Wade prie que le def.puit faire at-
tourney ¶Thirn. ceo ne puit estre, mes ñ le pꝉ vsꝉ
prise prece parcium, ceo serra auter ¶Hil.il ad estẽ
fait deuant ses heuꝉ, que lou vn vient per exigent,

¶ pled

& plede all issue, & less. a mainprise, & al iour de
venire facias ret, le pl' est essoine, come il puit, le
def. ne fra disch. per ceo de son mainprise, Niet
plus icy. ¶Charlt. est diuersitie lou le pl' est es=
soine apres issue, & lou deuant, Car apres issue,
il ad son purpose, et puit delaier luy mesme, Et
auxi il puit auer essoine per estatute, & nemp de=
uaunt issue, p q̃ semble quant le pl' ad delep luy
m̃ deuant issue per son fait demesne, q̃ il ad di=
scharge le def. del mainprise, Et p ceo Charleton
chiefe Iustice ex assensu. & hirn. ag̃ que le def.
doit faire att, Et sic fecit &c M. 12. R. 2. F. At=
tourney, 62. Simile. 8. R. 2. hic tit Procc̃s.

   Cessauit vers Deane & Chapiter, le Chapi= *Chapiter.*
ter respond per Atturney. 2. R. 2. hic tit' Def. et
appar̃.

   ¶Et̃ h̃s le bar̃ & sa f̃ee, q̃ux pled bill', en le per= *Confession.*
son le pl' &c. regard al man̄ q̃ añ en d̃ sa f̃ee, & *Villenage.*
& c̃ fuer̃ a issu, & al nisi prius le att des def. conust
q̃ il fuit frank &c. p que suit ag̃. que le pl' ret̃ dam
&c. cõe &c. Quere si p ce conus. la f̃ee ser̃ cõclud
a touts iours &c M. 12. R. 2. F. Trespas. 208.

   Examinac̃ Datt̃. 13. R. 2. hic tit̃ Examinatio. *Examination.*

   Attourney pur deliu lũp et scin per Hil. 22. R. *Liuery & seisin*
2. hic tit̃ Discont de poss. in fine.

   Du Attourney d̃ Abbe d̃ conusans de plee. *Conusans.*
¶Tempor̃. R. 2. hic tit̃ Conusans. Plus ista=
rum hic tit̃ Gar̃ dattourney per totum. *Plus.*

Auerment conrra retourne del vic'
Et auter auermentz.

   En vn enq̃st le vic̃ & vn des iurrors en issue a *De trope petit is-*
x. d̃. & aut a vj. d̃. ¶Clopt. nous promus que le *sues ret sur le ba-*
vic̃ soit amc̃y, pur ceo que il nad̃ e cõe suffic̃ q̃ il *rie, ou partie.*
ad, cõe xx. s. ou xl. s. per an, cõe so gar̃ voit, et
ore il ad e forsq̃ x. d̃ q̃ est en contrary de so gar̃,
& a son retorn omesñ, par q̃ &c. Et voillom9 au=
ter auxi pur le roy que il pur̃ e issues de xx. s.
          D   Burgh.

¶ Burgh lestat que done auermēt, est a entēnd lou le party est delap par ret, a faire le pty vener ē court, z nemy en pees a faire vs les iurours, ne vnq̃ fuit ꝛc. ¶ Parley, cement que lestatut ne ple ouerēit, que auerment sra pris vs le vic̄, ou il ē petie issues z vn Jurē, ico die que il fuit fait pur oustē les delaws pur faut ē, z le ptie est ci bien dzlep, lou il ē petit issues z le Jurē, cōe lou il ret petit issues z le def. Et en bank le roy il est comen cours de pzend lauermēt. ¶ Kirt il est reason que il soit en cest place auxy, par que il commaund al Clarke dent lauerment, car sil nē mp grantabl' p ley, nous successo⁹ quant nr̄e Ma= sters viendē ꝛc. M. 2. R. 2 F. Auermēt. 26. z Stat. 17. Concozdat. 10. R. 2. Stah. tit Issuez dez terrez retourā. 1. in fine.

Nient attach, encounter le ret del vicount. Ne vnque fu &c.

Assise, nient attach genalmēt nē ple, car il ē cōtrary al ret del vic̄. 6. P. hic tit Assise.

General auerment contra matter especial. 8. R. 2. hic tit Dower.

Rien culp. cont ret de vicount.

Nota q̃ al capias ē, le vic̄ ret, que il au pris le cozps z liuera al Constable de castel de A. en m̄ le com, z q̃ labbe vient ouc force, z oze luy pzist hozs de son gard, z q̃l ē Cap. fuit ag̃ vs labbe, q̃ vient p m̄ le pees, z purch. Supersedeas hozs de chaunc, z pled de rien culp. ¶ Marc. a ē nauiend mp encouut ē del vic̄, vncoz lissue fuit resceiue ꝛc. M. 13. R. 2. F. Auerrēmt. 27. Et hic tit Procces. Et Ret de bre.

Que lauers sont mors.

In Scire facias Dauer retourne dauerz puis retourne ag̃, le pl' vient, z dit que laūs fuē mozts, Et non allocatur, Car ē viendra eius per ret del vicount. 13. R. 2. Br'. Auermēt contra ret ꝛc. 36. z hic tit Retourne dauers.

Plus.

Plus istarū 2. R. 2. hic title Det, pl'.

Audita querela.

Lou Assise gist z ne mi audita que= rela.

Nota si home sue exec̄ dun estatut m̄chant, z le vic̄ liuer les terres dun estrange en exec̄, cōe parcel

parcel des terres queux fuêt en les mains le
reconiſoʒ tour deſtatut fait, ou puis, lou en vite
ils ne fuet vnqʒ e les mains le reconiſ. leſtrange
nauer Audita querela, mes aſſ car il poʒt Audi=
ta querela et ſuit abat pur ẽ ꝗc. M̄. 6. R. 2. F. Au=
dita querela. 6. vide en title Daſſ. pſ. 1.

En treſpas fuit troue pur le pſ par Niſi priꝰ,
e puis le pſ reaſ al def. et le def. vient, e all’ que
le pſ aũ reſ a luy, Et le court ne pʒiſt nul raꝗ al
reſ, mes done iudgement pur le pſ, pur ceo que
le tour de Niſi prius e le iour de iudgemẽt ſont
tout vn iour, Et fuit dit al def. de ſuer Audita
querela en cas que le pſ ſue exeꝗ encoũ ſon fait
per que le def. vient e miſt auant lenꝫ vn Audi=
ta querela, e pʒie ſuperſ. des damages, e Venire
facias ꝟs le pſ, Et luy fuit grãut, iꝓint ꝗ il tro=
uer ſuffiꝉ ſuerte al court dꝫ rãd des dam̄, ſi ꝗc.
M̄. 6. R. 2. F. Audita querela. 7.

Un Audita querela deuers 2. e fucẽ a iſſue, e
vn fait, Et oʒe Finch, puis le Niſi pʒius vn ꝝ les
def. e moʒt, e pʒtomꝰ que le bꝛe abatera, e Ric’ e
bꝛe eſt en maner Treſpas, per que le moʒt lun
nabatera le bʒiefe. Charlt. en Audita querela
ꝟs 2. ſi lun deuie, lauter auera execution p
le ſuruiuour, Si come lou 2. reꝸ et lun deuie,
lauter auera exeꝓ per le ſuruiuour, p que le bꝛe
nabatera. Belk. al pluis il duſt ſuer toʒſꝫnouel
Venire facias. Et ico ap bieu, que en Audita que=
rela ꝟs pluſoʒs. e lun vient e plede, ſon plec
liera ꝫ cõpagnion. Skip. nous bolumus conti=
nuer le pces ꝟs luy. Sicome in Treſpas, ſi
lun deſ apʒes liſſue, le pces ſra continue en le
rolle, que lun eſt moʒt. Quere de ẽ matter. H. 11.
R. 2. Stat. Audita queſ. 14. fol. Et hic tiꞓ Bꝛe.

Audita querela nẽ toʒlꝫ en nature de treſpas,
iꝓint que le pſ reꝸ toʒlꝫ damages. 11. R. 2. hic
tiꞓ Bꝛe.

R. W. ſue vn Audita querela ꝟs vn que aũ ſue
execu=

Sur releaſe fait
meſne enter le
Niſi prius & le
iour in bank.

Sur releaſe.

Lun def. moruſt.

Execution.

Venire facias.

Reſpond.

Proces continue.

Damages.

Superſedeasꝰ

execution hors dun eftatute marchant, & auoit
Superfedeas al vicount de furceff. & al iour de
Audita querela ret R. w. fuit dd, & ne vient, &
fuit nonfue, Sur q execution fuit ag al def. le
quel fuift bre dañ execution ret al 3. femains de
Pafch. Et ore mient obftãt cel, R. w. purchafe
auter Audita querela (Et auxi auer Superfedeas
hors de ceft plac al vic de furceff. le ql eft error)
& pria remedy. ¶Charl. vous couient demurre
tanq le dit briefe dexecution foit retorn ¶Wad.
vient al dit 3. fefn de pafch, & pria q R. w. fuit
dd, Et ifint fuit, & vient, & fuit connfe in garde
del flete. ¶Wadam dit q le vicount auer ret
ore le bre dexecutiõ, p q priomº execution auxi
del terre. ¶Charlton Si home fue exec hors d
ftatute marchant, & ad e del tre, coment q cefti q
fift leftat fue Audita querela, ceft Court ne poet
repele e q eft fait. Mes quant cefti q fue executiõ vient & pled, & troue e, q il ad malemt fue execucion, Donq lauf aña reftituc de le tre, & recoñ cez dañs: Et ifint icy, quant vous fuifts le
primer Audita querela, & auoiftes Superfedeas,
& fuiftes nonfue, & execuc fuit ag, voº couient d
fuer nouel Audita querela, a fi foit troue q il ad
malemt fue exec ds voº, voº ret bre dañ donq,
& auxint añes reftituc de le tre, car ne poiomus
repeale lexecution. 11. R.2. hic tit Supfedeas

Auncient demefne.

Parol remoue hors Dauncient defn, p Recordare, Quia clamat tenere tenemta p fine, J
q le pl dit q nul de ceux q furet pties al fine nañ
e in e al temps del fine, Mes vn J. tout temps
cõtinua fon eftate, & fuit teñt. Nous diomus q
auter foits voº m portes, aff. de neuel diff. de m
lez tents, & dõomus iudgemt, fi ferres refceiue
a dire que les tenements font auncient demef-
ne. 6. R. 2. hic tit Caufe de remouer ple.

Si

Accompt.

Si home soit baillie de mon maner dount par=
cel est in Auncient dem̄ , coment le briefe dac=
count sra port.11.R.2.hic tit Account.

Repleuin.

Si home soy pleine ð ses aūs a tort prises en
lieu appeale Auncient dem̄, Et lauter auowa en
ch le lieu, & conust bien, q̄ il ē aunē dem̄, Comēt
q̄ le pr suffeē lauowrie, vncor lauowre abatera
per Holt.11.R.2.hic tit Distres.

Assise.
Faux iudgement

Si le tn̄t in Aunē dem̄ soit oust per son sōr, il
aūa Ass. Et le tn̄t in auncient dem̄ auē bēe ð
faux iudḡ p Char.13.R.2.hic tit Faux iudgm̄t.

Assise.
Plede.
Auncient deme-
sne del terre lou
rent est en dd'.

R.port ass de nouel dist.deuant Baily & Gasc.
vers I. S. Et soy pleint en plus. vill', de v.
measez C.acres de tre,& xxiij.s.de rent,& vi.a=
cēs de pree, vi.acres de boys Reed.les tn̄ts dō
ne sont q̄ iiij.meases,& xl.acres de terē, vj acres
ð pree & vj.acēs ð bois, Et leuesz de Ely est sōr
ðl maner de C.le q̄l aūcien demesne,& les dits
iiij.meases, & xl. acres &c. sont tenus de mesine
le maner , & pled par petit briefe de droit close,
iudgement si le court &c. Et quant a xxiij.s.de
rent, les tenements mis en biew dount le rent
est issuant, est auncient demesne,et le rent auxi,
et iudgement si le court &c. Skrene nad mon=
stre come bien de terre le rent issant, car para=
uenture ascun parcel est frank fee, iudgement
&c. Cur. monstres come bien de terre le rent
est issuant , per que il monstre que de C.acres
Skrene.quant a x.s.priom² ass.Et quant a lun

Per quex actes
auncient demesne
deueignera
frankefee.

mease il est tenus de labbe de B. par homage,
issint franke fee prist, Et alij econtra, Et quant
a tout le rem̄ vn L.predeē leuesz p assent ð son
chapiter p ceo fait que cye est , done mesine le
rent &c. a vn T. pier I. & a ses heires &c. &
monstra le fait , et ceo ne besoiḡ, vt dicebatur,
Issint franke fee, Rede.leuesz enter sur vn S.
adonz tn̄t del tē,& puis enfeffe le dit T.& puis
R.ore pl' enter s̄ le dit T. et luy refeff. & issint

auncien demēe ¶Skrene.R̃.ne enter hꝰ,¶Cur,�
neſt tiꝭ,Car p̃ le feſſemt le ſõꝛ,le tr̃ fuit deuenꝰ
frāke fee,Et ſic nota en le chr̃e il aũ, A teñ p̃
les auncien ſuices, Et ꝯ fuit vn ꝗction p̃ Gaſc.
le quel il tiendꝛa p̃ les auncien ſuicez,ou non.et
Car̃, tient nul queſtion q̃ il tiendꝛe p̃ le graunt
nouel ſuices.Et pur ꝯ q̃ R̃ede aũ pled,q̃ les tñtz
fueꝛt aũcien demeſne, Et lauter all' eſper mat=
ter,q̃ ils ſont frank fee,¶R̃ede.voile aũ pled no=
uel barre, ¶Skrene.vous nauiendꝛa , car aues
pledꝛ al acꝯ ¶R̃ede. nous auomꝰs plede mes al
iuriſdicꝯ del court,ꝯ oime en cas q̃ ico all' vtlaꝗ
en voſtr̃ perſon ꝝc.ico fra reſceu a pleder nouel
ple,tout que il able luy meſiñ,Sic hic ¶Cur.nõ
eſt ſimile, Car ꝟcie il va al terre, Et en lautre
cas al parſon, Et mettoimus q̃ teo all' villenage
en voſtre perſon,ꝯ vous dites frãke ꝝc. teo ne
pled apꝛes auter plee. Auꝛi ꝟcie,p̃ q̃ veigñ laſ=
ſiſe.ꝝc.H̃.19.R̃.2.F̃.Auncien demeſne.4l.

Auowrie.

Nota ſi le tenant fait feſſemt ꝯ le ſõꝛ diſſ, ꝯ
puis auowa ſur le ſeſſour pur homage, le feſſee
monſtꝛa le feſſemt ꝯ abatera lauowꝛe, ꝯ vnꝯ le
feſſee ne reꝯ ſes damaꝗ, pur ꝯ q̃ le pꝛiſe fuit bon
tanꝗ le ſõꝛ aũ notice. ¶Skipwith dit, ſi mon tãt
fait feſſemt p̃ fine, ico ne chaunge mon auowꝛe
ſãs notice oue tenð des ſuicez,quod plures con=
ceſſ. ¶Skiwith. dit que le ſõꝛ diſſ, ꝯ auowe pur
ſuit,ꝯ vnꝯ il naũ iammes ceſt ſuit,mes il aũ re=
tourne tanque gree a luy ſoit fait pur ꝯ ſuit.H̃.
2.R̃. 2. F̃. Auowꝛie. 85, Uide de ceſt cas.2.R̃.2.
hic tiꝭ Entre cong.pl'.1.

     Sꝛ ꝯ tãt,le tñt fuit diſſeiſſ,le diſſõꝛ fait feſ=
ſmt in fee,ꝯ deuꝑ ſans heire,le ſõꝛ enꝯ ꝯ le feſſæ,
Et adiudꝗ q̃ ſon entre ne fuit congeable,pur ꝯ q̃
il auoit tñt p̃ tiꝭ in le vic ſõ tñt,ꝯ q̃ il poet faire
avowꝛy, Tamẽ il ſeꝯ dure, ſinon q̃ le feſſee vſt
                     luy

Lou ignorance
excuſꝯ.
Abated.
Damages.
Notice.
Fine.

Suite de court.

Notice.

lup fait notice, Et vnͤ poet eſlier dauoimer ſur
luy, nõ obſtãt le notice. 2. R. 2. hic t Entre cong.

Aſſiſe, Baſtard purchaſe, t fuit diſſeiſie p H.
q̃ donc en tayle p fine, le rem ouſter, le t en tayle
deuie ſans iſſue, cũ en rem entra, Et le baſtard
deuie ſans iſſue, le ſõr ne poet enͤ p leſchete, pur
tͤ q̃ il ad t p title en vie le baſtarde, ratione del
fine. Tamen eſt agre la q̃ title deintre poet eſ=
cheter. Et videtur p largument la. q̃ ſi le ley
t ou le diſſeiſoz fait feoffmͤt, t le diſſeiſie dͤi ſans
heire, le ſõz ad tũt p title, t ideo ne poet enter,
[et hic tit Entre cong. 2.] Quere in ie, Car ni le
caſe del fine, il doit chaunger ſon auowzie ſans
notice, [Et 2. R. 2. hic pͤ,] Contrat ſur fefmͤt
le diſſeiſoz, per Brooke 3. R. 2. Auowzie. 34.

Auowzy, pur tͤ q̃ launt le pͤ pziſt certen tres
dͤ auͤ lauowant a teñ de lup t ſez heirez p court
rollͤ p ſuit dues t accuſtõz, t p v. S. 2. d̄. t iour en
auguſt, de q̃l auowãt fuit ſci, t pur rent ſuice
aͤ il auowa, le pͤ dit q̃ il ne tient pas le teré de
lup, cins dun tiel, Et aiͤ econtra, Et fuit dͤ de
Belk. ſi lauowzy fuit mainteñ, del heuͤ q̃ le pͤ
nad riens de franktͤ t̃, cins fuit t a valunte lauo=
want, Qui dit q̃ ey, ou autermͤt enſuera miſ=
chief q̃ les ſõrs ſerra ouſtes de lour ſuits de ceͤ
t en bondage tc. H. 6. R. 2. F. Auowzie. 86.

Pur amerciament in lxte. 8. R. 2. hic t Hors
de ſon fee.

Auowzie pur relieſe, t liſſue in cco. 8. R. 2. hic
title Relief.

Auowzie t eſtrange al Repleuin tc. 8. R. 2. hic
title Aide.

Auowzie pur expenſes de chiualers de par=
liament: Et barre a cco. 8. R. 2. hic tit Diſtres.

Replͤ de ſes auers a tozt pziſes en lieu appele
auͤ demeſne, le def. auowa in ſi le lieu, t coniſt
q̃ tͤ eſt aunͤ dͤe. Comͤt q̃ le pͤ ſuffer lauowzy,
vnͤ abatera Per Holt 11. R. 2. hic tit Diſtres.

Auowzie pur homage. 11. R. 2. hic tit Diſtres.

D 4   Replͤ

Fine.

Change ſans notice.

Sur T. per copie de court rolle.

Seiſin.

Tenure trauerſe.

Amerciment de leete.

Relieſe.

Eſtrange.

Expenſ. milit.
Barre.
Auncient demeſne.
Abate ex officio curie.

Homage.

Lun executor,
ou Bailie de lun
fait auowre, ou
conusans.

Repl' vers vn, le def. conust le prise pur ceo que vn W. fuit seisi de le garde de terre & du heier, que tient de lui, & lease le gard de m le terre al pl', rendant certein rent, & W. fist vn R. son exec & morust, & le def. côe bailif R. lexec conust le prise ꝭHyl.cesty W. fist le def. & vn B. ces exec, le quel B. est en pleyn vie, iudgemt de cest conisauns fait en nosme dun sole. ꝭMarcam. et nouz iudgement &c. ꝭHyl.si vn soit enfeffe par q̄. il couent q̄ le conisauns soit fait, cy bene en le droit lu, côe en de lauter ꝭMa:cam.nest semble, car la le droit est en lu & en lauter a lour oeps: Mes pcy quaunt lu exec commaund le def de prender le distresse, il ne puit le prise, come baily lauter ꝭThirn. & lexecutors mesme vst fait lauowre, ceo vst estre bon ple dabat lauowre,   et par mesme le reasô icp. ꝭWadh.si le barô soit seisie dun seigniorie en droit sa fée, hôe ne puit, conust le prise côe bailife al bar, mez couret conust côe bail a ambideux, Et lauowe ē en lieu dacciô, et lun executor ne puit auer acc sans son côpaignion, per q̄ sêble lauowre abat, quod Sid. conceit.&c.M̃.12.R.2. ꝉAuowrie.88.stathã.50.

Baron & femme.

Abatement.

Repl',le def.auowe & le pl',come & son veray & pur rêt & seruices arcē. ꝭGasc.vn T.que estate bo⁹ aues en le seigniorie enfeffe vn D. per le fait q̄ ci ē,q̄ estate no⁹ auom⁹ en le tenācie,rend a luy xij.d.pur touts seruices &c. iudgemt si pur plusours seruices auowera &c. ꝭCassy.oyer del fait, Et habuit: et puis dit,sir nous sum⁹ estrãg al fait,car il ne fait no⁹ priuie &c. per q̄ a c̄ nul ley no⁹ mit a rūdē, Et non allocat. ꝭCassy.il ne enfeffe pas per le fait. ꝭGascoin prist que cy, et priomus proces ħs les tesm̃ &c. ꝭThirn.pl'. ne serra fait ħs les tesm̃,si le fait ne fuit dedit,car ieo ne bieu vnꝗs proc fait ħs les tesm̃ en tiel cas. ꝭWadhã ieo ay bieu souét. ꝭThirn.ieo ay bieu mesme le contrary &c.Hyl.il ne charge pas per le fait,en tȳel cas proc3 fra ħs les tesm̃.Ꝧ.

Que estate.

Oyer de fait.
Estraunger al fait

Testmoignes.

12,

12. R. 2. F. Auowrie. 266.

Repl', le def. conuſt le pꝛiſe cõe baile vn. R. p Huls, p reaſon q̃ vn H. aꝥel cẽt R. fuꝥt ſeiſi de terre dount, ꝣc. ꝣ done a vn J. ꝣ ſa fée en taile, a tener per homage, fealtie, ij̃ marꜩ de rent, ꝣ ſuit a ſon court, des queꝶ ſeruiceꜩ, ꝣc. ꝣ fiſt le diſcent de le ſõꝛie a R. Et del terre al pl', cõe iſſue ẽ le taile, ꝣ auoẘa pur lhomage le plentif arere Et pur iiij. marceꜩ pur relief pur le double rẽt, pur ceo q̃ le terre fuit tenꝰ en ſocage. ¶ Penros: il ad auoẘ pur homage, ꝣ auxint pur relief pur le double rent, pur ceo que le terre eſt tenus en ſocage, par que iudgemt del auoꝛꝛe. ¶ Thirn. cheſcun homage, ne demaunde nue ſeruice de chiualer, per que. ¶ Penros H. don le terre a J̃ ꝣ ſa fée en le taile per le fait, q̃ cy ẽ ſanuꜩ faire nul homage, a tener de luy rendaũt ij̃. marces de rent per an pur touts manerꜩ Seruiciis, exaccionibus ſecularibus & cunctis demaundis, iudg̃ ſi pur relief encoũt le fait deues auoꝛꝛe mainteiñ, Et mꝥt auant le fait, le q̃l fuit al baron ꝣ al ſée, Et heredibus de ipſis procreatis, p homagio & ſeruicio ſuo habendo, & tenendum, vt ſupꝛa dictum eſt, Reddendo annuatim ij̃. marꜩ Pro omnibus ſeruiciis, exaccionibus ſecularibus & cunctis dd'is, ſalua ſecta curiæ. ¶ Huls . ieo die q̃ ceo ẽ leꝥ, q̃ ſi terre ſoit don a vn a tener p ſeruice de chiualer, Pro omnibus ſeruiciis & cunctis dd'is, q̃ il tient p ſeruice de ch̃er, ꝣ le nature de ſeruice de chiualer eſt daũ le garde, mariage ꝣc. ꝣ il ferẽ relief et fealty, pur ceo que il eſt incident al nature del tenancie, Et iſſint ẽ ycy, ꝣ, doublẽ del rent a ſocage, Et puis termino paſch. ¶ Thirn. a Huls: il ſemble a nous q̃ ceux parolꜩ, Homagio & ſeruicio ſuo, ne poẽt eſtre intend de meſine leffect cõe voꝰ intẽdes, car p homagio & ſeruicio ſuo, n̄ꝰ intendom̄ꝰ q̃ il ſerra intend pur les demaundꜩ: ꝣ auxint, Pro homagio & ſeruiciis ſuis, tout tẽpꜩ ad eſtre tenꝰ iſſit deuãt ces heurꜩ

D. 5   vii

Homage.
Reliefe de terre en ſocage.

vn demãde, Et auxint no⁹ ſeble q̃ quãt par
l' ſait ē expꝛeſſemt limit q̃ per ceux ſuices,&,pur
rēt ⸱ꝓ omnib⁹ ſeruiciis exaccionib⁹ & dd', comꝑnt
relief,& cheſcũ auter ſuice, iſſint no⁹ ſemble q̃ il
nad cauſe dañ relife,ne homage encount le ſait,
per que aⱪ̃d le court que le pł' rēc ces damages
a iiij.ſħcȝ ⁊c. Sēble le contrarie deſtre ley.Aℓ.
13.R.2.F. Auowꝛie.89.

Replʹ p vn hõe ȝs ij.de ſes auers a toꝛt pꝛi=
ſes ¶Haruie,pur lũ def. auowa le pꝛiſe de m̃ les
aũȝ per cauſe que il troua łȝ beſtes daħ ſeꝩ en
ſo ſeñal,& il cõe ſõur del ſoile eux ħſt, ¶ 1 yrwit,
pur laut def.auowa le pꝛis de m̃ łȝ aũs ⁊c. que
pur c̄ q̃ le def.añ comē en m̃ le lieu ⁊c.& pur c̄ q̃ il
troue eux daħ ſeꝩ en ſon comē,il come coīcr ⁊c.
Et ceſt matter debate per le court,le q̃l ceux ſe=
ñal auowꝛes ſuēt maint p łȝ deux & c̄ ſole.oꝛiⱪ̃.
Et fuit aꝺiudg. p Thirn.chief Juſtice ⁊ ces comꝑ
q̃ lauowꝛe ſait p łȝ ij.ſeñal'& vn m̃ oꝛiⱪ̃,& vn plõ,
en q̃l cas,łȝ ij. ne poīēt aũ reꝩ, en cas que il ſuit
troue pur eux acē a lour auowē,& auxint que a=
uowꝛes ne puit eſtē maint p le ley p le mañ,pur
diũs cauſez q̃ enſuēꝛ pur lecõueniēȝ de le lei ſaũȝ
aut matt en eſpeē, ſuit aⱪ̃, q̃ le pł' rēc ces daħ
taxes ⁊c. et ceux en le ſħcy.P.21.R.2.F. Auow=
rie.262.

Auowꝛie pur reꝩ aũ ſur bꝛe abate 21.R.2 ɥic
title R et dauers.

Bailement & Trouer.

Aide de Baꝑlment.11.R.2.ɥic tiꝩ Detinue de
charters.

Bꝛe de Detinue de Charters poꝛt & vn Tro=
uer.13.R.2. ɥic title Detinue de chēes.

Bꝛe de detinue de charters & count & vn bail=
ment 13. R 2. ɥic title Detinue de charters,

Bailie, Matter & plees pur luy.

Bailꝩ del manoꝛ rēc les renꝩ,& retient łȝ oñ en
ſa main per pluſoꝛs ans,le ſõꝛ pe r ſon bꝛe dac=
compt

rompt ne rec̄ e̅ fo̅rsc̄z le rent q̄ il receiue, e il ac=
comptera de nul p̄fite dicci auenus en le mesne
temps, Per Belk.2.R.2. hic title Accompt.

Debt vs J. Le p̄r count q̄ vn B. baily le def.
achate del p̄r barbits pur le so̅me en dd̄, quels
biend al oeps le def. Et bien sanz alleḡ q̄ le bailie
auoit gar̄e dachat pur J. per fait &c. Car si ho̅e
ad bail̄ ou fuant, q̄ est con̄ pur so̅ fuant, sil luy
maund al faires pur achate marchandizes et
auters choses, e̅ reson q̄ il soit charge del paim̄t,
siles marchand deuient a so̅ oeps, Et tiel mat̄e
ad le p̄r all̄, per Belk.2.R.2. hic title Dett.

Bail̄ fra rec̄ a d̄er allowa̅s e̅ son acco̅pt sans
taile ou acquittance, d̄z issues del ma̅ner, Mes
de nul au̅t chose p Belk.6.R.2. hic title Acco̅pt.

Went attach per 15.iours trie per examinatio̅
del bail̄ qui fist lattachm̄t &c. 6. R.2. hic tit All̄.

Le maister suit adiudge parnor de rent p re=
sceit son bail̄ in Ass.6.R.2. hic title Ass.

Conusans dd̄ p bail̄ de fra̅nches.12.R.2. hic
title Conusans.

Plus ista̅r̄u hic title Accompt. per totum.

Baron & femme.

Si fee sole g̅e le reu̅ssan so̅ e̅, e̅ deua̅ut attour=
nem̄t el p̄ust bar̄d, la tournm̄t ap̄z e̅ void. Mes
si el p̄ist le gra̅ut̄æ a bar̄d, e̅ puis le e̅ attourne,
cest bon per Parsey.2.R.2. hic title Attournm̄ēt.

Le bar̄o sole port br̄e de Rescous, skip. le br̄e
e̅ quod tenet de ipso. q̄l parol soun in le droit, Et
pur e̅ q̄ le fee n̄e nosme, le br̄e est abate. Belk.
tout q̄ il sou̅ in le droit il n̄e q̄ a rec̄ dam̄, Per q̄
le br̄e fuit ag̅ bon Mes il pur̄e au̅ meux. 6. R 2.
hic title Br̄e.

Bar̄o nama trespas de amesuer de son fee per
nosme fuant, Car il e̅ bon ple adire, q̄ el e̅ sa fee
car el nest fuant, mes sa feme, ou compagnion.
7. R 2. hic title Trespas.

Rauishment de gard come gardein en socage,

Et

Et count que il eſtoit ſeiſſe del garde vn I. fie
vn I. per cauſe de ſa feme, que fuit la mere I.
pur ceo que I. tient in ſocage ꝛc. ¶ Thirn. il ad
count que il dꝶ le gard per cauſe de ſa femme, et
la femme nemie noſme, iudgement de bꝛe. Per
que le bꝛiefe fuit abate. 7. R. 2. hic title Bꝛiefe.

Ceſſauit.

Ceſſauit per le baron ꝛ feme, ſuppoſ ꝓ le bꝛief
ꝗ il tient del fꝶc. 7. R. 2. hic tiꝶ Ceſſauit.

Iointenaunts.
Recogniſauns.

Baron ꝛ feme ioints deuant le couerture, le
baron fuit lie in Recogꝶ ꝛ dꝺi, le recogniſans ꝺ
diſcharge. 8. R. 2. hic tiꝶ Ayde.

Waſte.

Waſt per le baron ꝛ feme, et le bꝛe ſuppoſe ꝗ
le def. auer fait waſte in tenements ꝗ il tient
pur ans del leaſe vn P. ꝗ auer graunt le reuerꝶ
a eux ꝛ al heire le baron, et le bꝛe fuit Ad exhe-
redacionem le baron, et bien. 8. R. 2. hic title
Waſte.

Exigent.
Vtlagary.

Treſpas vers baron ꝛ feme tanque le baron
ſoy render al exigent, ꝛ le feme fuit wayue 8.
R. 2. hic title Exigent.

Accion ſur leſta-
tute de laborers.

Accion ſur leſtatute de laboꝛers vers baron
ꝛ feme, ſuppoſ ꝗ le feme auer fait couenaunt ouc
le pꝉ dꝶe damuſel a ſa feme per vn an ꝛc. et que
el depart, et bien poꝛt vers ambideux. Contra
ſi le baron couenaunt ouc le pꝉ dꝶe ſon eſquire,
et il depart, le bꝛe ſerra poꝛt vers le baron ſole,
car le departure le baron ne poct eꝶ le departure le feme. 8. R. 2. hic title Laboꝛers.

Dette ſur obli-
gation fait per
ambideux.

Si home ꝛ ſa femme ſount obligation a vn
auter, ꝛ il poꝛt accion vers ambideux, le bꝛiefe
abatera, Car fait de feme couert eſt void. 8. R.
2. hic title Bꝛiefe

Rauiſhment de
garde.

Baron ꝛ feme poꝛt rauiſhment de garde in
ſocage. 8. R. 2. hic title Garde.

Accompt.

Baron et feme poꝛt bꝛiefe daccount, ꝛ counꝶ
que le def. fuit reſceiuer le feme quant el fuit
ſole per certein temps, ꝛ auoit reſceiue certein
deniers per le main vn I. ¶ Locion al temps
que

que el ad suppose le resceit de les deniers el fuit
couert dun R. son primer baron, le quel fist ses
executors, issint laccion done a les executors,
pur ceo que il fuit done al baron, et nemy al fee,
iudgement si acction. ¶ Wadham del houre que
bous nal' nul release fait per nostre baron, ne
nul accompt render a luy, iudgement, &c. Car
nous auomus all' que il fuit receiuer le femme
quant el fuit sole ¶ Loction le feme pr' nad for&
chattel quel fuit due al bar on, Issint accion at=   Chattell.
tient as execut. ¶ Wadham monstre que le feme
quant el fuit sole lessa certein tenements a vn
home rendant rent, per que mains il auer res&.
¶ Belk. si soit issint, donque poet el auera accion,
Per que il agard le def. de respond al resceit.
11. R. 2. hic title Accompt.

¶ Trespas, le def. auoit ayde de sa feme. 11. R.   Aide.
2. hic title Aide.

¶ Baron & feme purchase iointeme̅t, le baron   Cui in vita.
alien tout & deuie, le feme auer̅ Cui in vita del
entief. 11. R. 2. hic tit Cui in vita.

¶ Baron & feine seisie in fee, le baron leuie fine   Fine leuie.
& prist estate a luy & sa feme &c. cest remitter al
feme. 11 R. 2. hic title Remitter.

¶ Du release fait per le baron barrera le feine   Release.
11. R. 2. hic title Accompt.

¶ Si home soit reteinus oue femme sole a luy   Feme reteine ser-
seruer pur certein term, que prist baron, & puis   uaunt.
deins le terme le feme morust, le seruaunt est a
south, & discharge de son seruice, & le Baron na=
uera le terme. 12. R. 2. hic title Laborers.

¶ Dette vers baron & feme, proces sue tanq al   Exigent.
exigent que ils appeare, & auer̅ superl edeas, & al
iour del exigent retourne le baron vient, & le
feme fist default, per que exigent de nouo fuit
agarde vers le feme, et idem dies done al baron
11. R. 2. hic title Exigent.

¶ Si annuitie soit gr̅ al baron et feme, le feme   Annuitie graunt
auera   a eux.

auera briefe dannuitie apres le mort le baron,
Mes nemy des arrerages in temps del baron,
per Thirn. & Markham. 12. R. 2. hic title Briefe.

Trespas vers baron & feme, queux plede vil=
lenage in le pl' regard al manner que il ad in
iure briefs, sur q̃ fuẽ a issue, Apres iour at=
tourney confesse q̃ le pl' fuit franke, Quere si p̃
cest conusauns la feme serra conclude a touts
iours. 12. R. 2. hic title Attourney.

Wadham si le baron soit seisie dun sorie in de
sa fem, home ne poet faire conusans come bail=
lie al baron, mes couient conuster come bail a
ambideux 12. R. 2. hic title Auowrie.

Dette vers baron & feme, tanque ils fuẽ
vtlag̃, & la feme fuit prise p̃ Capias vtlagat. Et
le baron fuit vltra mare & Curia le ley fuit q̃ la
fẽe demurẽ in prisõ tanq̃ le baron vient. Mes
pur le mischiefe, pur ẽ q̃ puit estẽ q̃ le baron ne
poet vnq̃ bener, Et auxi la feme ne puit suer
Scire facias coment q̃ el ad charter: Agarde fuit
q̃ la feme trouẽ mainprise de gard son iour al
15. Mich. dẽ auises. 12. R. 2. hic tit Vtlag̃.

En Dette per le baron dun obligaẽ fait a luy
& son feme, le brẽ fuit agard bon en son nosme
demesne. T. 1 2. R. 2. Statham Briefe, 61. fo.
Et hic title Briefe.

En Appeale vers le baron & le feme, queux
fuẽ imprison, & acquittes, Et loppinion Rick.
que lour damages serra seueres, Car si le ba=
ron deuie, le feme auera les damages . & nemy
lexcẽ, Et ceo ne poet estre, si non que ils soient
seueres. Quere H. 12. R. 2. Statham Damages.
32. fo. Et hic tit Damages. Per q̃ ils auẽ 2.
iudgements, lun que le baron recouera damag̃
sole pur luy m̃, & lauter q̃ le feme reẽ damag̃ pur
luy & le feme. 12. R. 2. Br. Baron & feme, 32.

Brẽ dentre sñ le baron & fẽe, suppos̃ q̃ ambi=
deux entẽ. 13. R. 2. hic title Entre en le per &c.
Si

Margin notes:
- Arrerages.
- Estoppell.
- Baron seisie dun sorie in iure uxo-ris.
- Vtlagary.
- Scire facias sur pardon.
- Dette sur obliga-tion fait a ambi-deux.
- Appeale. Imprisonment. Damages. Executors.
- 2. Iudgement pur baron & feme.
- Briefe dentre.

Si baron & feme trouet Charters, le briefe
de detinue serra port vers le baron sole 13. R. 2.
hic tit Detinue de charters.

   Feme resceine pur default son baron. 13. R.
2. hic title Assise.

   Mesne, Le briefe suppose le baron & femme
destre Mesnes, Et count que il tient del ba=
ron & feme, come in droit del fee. ¶ Hank. le briefe
doit suppose que le feme est Mesne sole, & nemp
le baron & feme, car la feme est mesne in droit.
Et ro allocatur. 13 R. 2. hic title Mesne.

   Baro & fee iointents, le baron charge & deuie,
le feme tiende discharge, 17. R. 2. hic t Charge.

   Cessauit vs baro & fee. 19. R. 2. hic t Cessauit.

   Fuit dit si le baron & feme port ass, & reles le
feme est plede in barre, que ambideux sere bare
Eadem lex, si son release dee, ou son auncest.
soit plede in barre vers le baron 21. R. 2. hic tit
Judgement.

   Trespas Darbres coupes sur terre de sure
vxoris ne gist pur le baron sauns sa feme, Et
ideo le briefe port per le baron sole fuit abate,
21. R. 2. hic title Briefe.

   Intrusion de garde per le baron & sa femme
¶ Rede le gard est vest in le baron, per q il auc=
ra accion sole. iudgement de briefe port in come
¶ Thirn. nous teigñ lun briefe & lauter bon, le qil
soit port per le baron sole, ou per le baron & sa
feme, pur ceo q il est chattel real, Quod Markam
concessit, Et dissoit, que le briefe de Eietment,
ou Quare impedit puit ee port per le baron sole,
comt q il soit de le feme, pur le tort fait al baro,
Quod Thirñ concessit. 22. R. 2. hic title Briefe.

   Plus istarum. hic title Resceit per totum.

Barre.

Barre in bee Daccompt. 1. R. 2 hic title Ac=
compt, Et ibidem per totum.

                     Barre

Marginal notes:

Detinue.
Trouet.

Resceit.

Mesne.

Iointenaunts.
Charge.

Cessauit vers
ambideux.
Assise.
Release.

Trespasse darbres
coupes.

Intrusion de
garde.

Eiectment de
garde.
Quare impedit.

Plus.
Resceit.

Accompt.

Admeaſ. de Dower.	Barre in Admeaſurement de Dower 6.R. 2.hic title Admeasurement.
Appeale.	Barre in Appeale de maihim,12.R.2.hic ti= tle Appeale.
Aſſiſe.	Barre in Aſſiſe.8.R.2 hic title Conf claime 11.R 2.hic title Aſſiſe. 19.R.2.hic title Aun= cien demeſne. 21.R.2. hic title Judgmt. 21. R.2. hic title Briefe.
Auowrie.	Barre al Auowrie 8.R.2. hic title Diſtres. & 12.R.2.hic title Auowrie.
Champertie.	Barre in Champertie,19.R.2.hic tit Cham= pertie.
Cui in vita.	Barre in Sur Cui in vita.19.R.2. hic title Faits enrolle.
Detinue.	Barre in Detinue de charters,11.R.2. hic title Detinue de charters.
Dette ſur eſcape.	Barre in dett ſur eſcape 2.R.2.hic tit Dette.
Dette vers exe= cutors.	Barre in Dette vers Executors. 8.R.2 hic title Executors.
Dette ſur leaſe.	Barre in Dette ſur leaſe pur ans.2.R.2. hic title Dette, & 11.R.2. Ibidem.
Dette ſur obliga= tion.	Barre in Dette ſur obligation.6.R 2. hic ti= tle Dures, 11.R.2. Ibidem. 7.R.2.hic tit Condic & 12.R.2. Ibidem.
Diſtringas.	Barre in Diſtringas ad Habend corpus. 11.R.2.hic title Attourney.
Dower.	Barre in Dower.8.R.2.hic title Dower, & 12.R.2. Ibidem.
Entre in nature daſſ.	Barre in briefe Dentre in nature Daſſiſe. 7.R.2. hic title Entre in le per &c.
Eſchete.	Barre in bre Deſchete.21.R.2.hic t Eſchete
Eſtrepement.	Barre in bre deſtrepement.11.R.2. hic title, Eſtrepement.
Forfaiture de mariage.	Barre in Forfeiture de mariage.22.R.2.hic title Briefe.
Formdon.	Barre in Formdon.7.R.2. hic tit Formdon. 8.R.2.Garrantie & 19.R.2.Ibidem. 19.R. 2.Faux.de rec.

Barre

Barre in intrusion de gard.22 R.2. hic title Briefe. — *Intrusion de garde.*

Barre in accio f lestatut de Laborers.10.R.2.hic title Laborers, ɛ 12.R.2. Ibidem. — *Laborers.*

Barre in appeale de mahim.12. R.2.hic pl'. — *Maihim.*

Barre in Quare impedit port p lissue in tayl, Per Hank.22.R.2.hic title Discont de poss. — *Quare impedit.*

Barre in rauishment de gard. 8. R.2. hic tit Garde. — *Rauishment de garde.*

Barre in Rescous.13. R.2. hic title De son tort demesne. Quere. — *Rescous.*

Barre in Scire facias hors dun fine. 7. R. 2. hic title Scire facias. Et in Scire facias. dau exec hors de recouer p def.10.R.2.hic t Dower. — *Scire facias.*

Trns suppose q̃ il batist ɛ nauf Hull. m le iour per comen accord le pl' ɛ le def. eux enfmit ɛ enterludant ensemble,ɛ le male q̃ il auoit, fuit ensuant ɛ ludant,sanz c̃ q̃ il fist aut male,iudge= m̃t si acc Hill. m̃ le iour apres quãt ilz fueront departs,il bient a luy ɛ luy assaile ɛ batist de so tort ɛc. Hull. a c̃ diomus que tout le iour, ɛ a chescun temps,de lour comen accord ils enter= lud,et rec̃ le male en le newe,sanz ceo que nous luy bat en aut ɛc.Et alii econtra ɛc.H.12.R.2. F.Barre.244. — *Trespas de batry*

Barre in Trespas de Watery.12.R.2.hic ti= tle Attaint. — *Trns de batry.*

Trespas des bestes prises Charl.le pl' m̃ ad pursue la deliuerans ɛc.iudgm̃t si cest accio, Et adiudge bo ple.Pinch. les bestes escape hors del parke,ɛ biende a nous de lour gre demesne, sans ceo que nous suimus la deliuerans prist. Charl.dit q̃ il surist la deliuerans ɛc.pe. batr= lie de ɛc.11.R.2.hic title Trespas. — *Trespas de bestes prises per deliuerans le vic' ɛc.*

Trns de son parke debrus,ɛ denchas en m̃ le parke , ɛ sou terre souc, vers un H. Clopton quant al entre en m̃ le pk, vo⁹ p c̃ fait q̃ cy est, no⁹ graũt le gard de m̃ le park a t̃m de nr̃e vie, — *Trespas de park ou close debru= ser,ɛ souer de terre.*

E per

per que entramus, Et quant al fouer bous bē
bats a nous touts les piſſons que fuerent en
bn ſtanͣ deins le parke, per que nous feſomus
bn trench, iſſint que lewͦ purē currer hoꝛs del
ſtanͣ, Et diomus q̄ ne purroꝰ a beñ a les piſ=
ſons en auter maner, Sidenham. il eſt compꝛiſe
en meſme le fait, q̄ ſi boꝰ ne fuiſſz noꝰ bein. s. en
meſme le park, que adonꝗ le fait ſoit tenus pur
nul, ɇ, diomus puis cel temps, bous chaſes ɇ
pꝛiſtz bj. dames, iſſint kentre a ceſt temps toꝛɇ,
ɇ enconɇ le pcace. ¶Clopton nous ne pꝛiſt nul
dames ɇpꝛiſt, Et alii ecōtra. ¶Burrogh. boꝰ bei=
es bien quant al fouer il ad iuſtiſſe per cauſe q̄
nous bende a luy touts les piſſons en bn ſtanͣ
et il naſſ en fait q̄ il auoit bargein de nous, que
il auoit conge de fouer, per q̄ a ceſt ple, pleḋ nul
ley ɇc. Et ſur ceo demurē. ¶Clopton. ieo ne puis
auterment aueñ a les piſſons ſi non per le fo=
ucr. Et ſi ieo graunt a bous les arbꝛes en mō
bois, bous poies beñ oue chariots ouſtre ma
terē pur carier le bois, ɇ ieo nauer acciō pur le
fouer ma terre. ¶Parſay. Sitie eſt, pur ceo que ſi
ceux arbꝛes ne ſerra cary per chariots: il ne puit
autment auer ſon pꝛofite, Mes icy meſꝗ touts
les piſſons fuerunt anguils il puit pꝛender per
rctes ɇ auters ingins giſt en le ewe. ¶Kirton ſi
ieo a bous graunt arbꝛes queux ſont creſcants
pꝛis ma meaſon, queux ne poent eſtre coupes
ſans chier ſur ma meaſon, meſque bous coupes
les arbꝛes, queux chiont ɇ ma meaſon, ieo naue=
ra accion de ma meaſon abatuz, Quod fuit om-
nino negatum per ¶Parſay. ¶Kirton. ieo poſe
que home grāt a moy que ieo puis myanḋ pur
tyñe en toutes ces terres, ieo die que ieo fouera
deſuts ſon ſale ɇ meaſon, ɇ meſꝗ que ils eſchu=
ent il nauer accion. ¶Parſay, il neſt iſſint, Car
ſi ieo graunt a bous comen en touts mes terres
que ieo aye en tiel ville, la bous naueres comē
en

en touts mes gardens, p?ees, ꝭ mes terres se=
mes oue blees, Quod fuit conceſſ, car ils ne ſont
tres de paſtuꝛ. ⸿Kirton il eſt bitie, Mes ſi teo
graūt tꝺen a touts maner de beaſtes,pur t ꝗ le
graūt eſt general,il auee comē a po?cz ⸿Parſay.
beꝛitie eſt. Puis quant a t ꝗ ils fueꝛ a iſſue,fuit
trouē pur le pꝉ, ꝑ que quant a ꝛ il reꝛ ces daᵐ,
ꝛt quant al foueꝛ,pur ceo que il nauer gaꝛē de
fouer,fuit agard que il reꝛ daᵐ ꝛc. Mꝯ.2.Rꝭ.2.F.
Barre.237. Et 7.Rꝭ.2.hic title Treſpas.

Barre in treſpas de biens p?iſes 6. Rꝭ.2.hic ꝃ   ┃ Treſpas de biens
Double plee   ꝭ 19. Rꝭ.2. hic title Done.   ┃ priſe.

Barre in Treſpas vers exeꝛ.6.Rꝭ.2. hic tiꝛ   ┃ Treſpas vers
Exêcutoꝛs.   ┃ execut.

Treſpas de ſon Niefe p?iſe, Le def. dit que il   ┃ Treſpas de Niefe
luy troue bagarant,nient ſachant ꝗ el ē le Nieꝃ ┃ priſe.
le pꝉ, Et bon ple. 7.Rꝭ.2. hic title Billenage.

Barre in Treſpas de ſon ſeruaunt p?iſe. 1ᷓ   ┃ Treſpas de ſer-
Rꝭ 2. hic tiꝛ Laboꝛers.   ┃ uaunt priſe.

Aꝉſ,le tenaunt pled aunē demeſne,et le plain=
tife mainteine frank fee, Le teūt ne poet wai= ┃ Wayuer.
uer ceo,et pled in barre.   Auxi ſi le Def.ou teūt ┃ Quant le defen-
pled barre,Et le pꝉ,ou dꝺ replie, ils ne pleꝯ no- ┃ dant wayuera ſo
uel barre. Iſſint ſi def alꝉ villenage in le pꝉ, Et ┃ barre & pled no-
il replie frank ꝛc. le def ne pled ap?es auter ple,┃ uꝉ,Et quant
Mes ſil alledge vꝛlaᵹ en le pꝉ,il ſerra reſceiue a ┃ nemy.
pleder nouel ple, tout que il enable luy meſme 19
Rꝭ 2. hic tiꝛ Auncien demeſne.

Barre in b?iefe de waſt. 5 Rꝭ 2. hic tiꝛ waſte.   ┃ Waſte.
   8 Rꝭ 2. Ibidem,   11 Rꝭ 2. Ibidem, ꝭ 12 Rꝭ2.
Ibᷓ.

Baſtardie.

Un Iuroꝛ fuit challꝉ,pur ceo que il fuit co=   ┃ Iuror.
ſin al tenant, Et les Trioꝛs diſoient que il ſuit
coſin,Mes il fuit baſtard, Per que il fuit iure.
6.Rꝭ.2. hic title Challenge.   in fine.
            E 2   Baſtard

Efchete.

Baftard moꝛuft fine herede de coꝛpoꝛe fuo, ꝑ que fon foꝛ enter per efcheate. 7. R. 2. hic title Entre en le per &c.

Efchete.

Efchete pur t̄ q̄ A. tient de luy per certen fer= uices, de q̄x il fuit fei, les q̄x a luy duiſˈereñt pur ceo que A. fuit baftard. 11. R. 2. hic title Efchete.

Eftrange al brief.

Baftardy allege in eſt̄ al bꝛe, ſerra trie per pais. 12. R. 2. hic title Trials.

Trial de Baftardy General.

Aſiſe, generall baftardie fuit trie per leues= que. 13. R. 2. hic title Aſiſe.

Bill.

Banke le roy.

Home emplede en bank le roy, puis t̄ areſt en Loñ ꝑ foꝛt dun pleint, & q̄ bꝛe de pꝛiuilege iſſiſt, per que le pꝛiſoner eſt ameſñ al barre, & il eſt diſmiſ, & les officers de Lonð diſcharge de luy, fi oꝛe le pꝛiſoñ t̄t̄ aiudḡ en garð le marſhal iſſint que bill puit eſtre miſe vers luy en cuſtod' ma= reſcalli, ceo fuit le queſtion, Et touts Les Clerks del plaꝛ diſ, que ceo fuit comen cours del place vſe de temps doñt &c. M. 1. R. 2. Fitzh. Bill. 9.

Vers home in gard del marſhal.

Faux iudgement.

Bꝛe de faux iudgement fuit ſue per Bill. 13. R. 2. hic tit Faux iudgement.

Briefe & Abatement de Briefe.

Reſceite.

Al Graund Cape, vers le baron & feme & le 3. le fēe vient, & dit que ſon baron & luy fuer̄ t̄ del entier, & pꝛia bꝛe reſceiue del entier pur default de ſon baron. ¶Burgh. ils ſont teñts in comen in le maner cōe le bꝛe ſuppoſe ¶Belk. Sil ſoit troue per liſſue que le baron & feme ſont ſole te= nants, le bꝛe abatera, & el ne ſerra reſceiue, Et ſil ſoit troue que ils ſont tenauntes in comen coine le bꝛe ſuppoſe, le ðꝣant rec̄ ſeiſin de terre. 2. R. 2. hic title Reſceit.

Entier tenancy.

Omiſſion de vn que tiend' eſtate in Formedon.

Formdon, le tenant dit que le donꝛ auer iſſue vn T. que luy furuꝝquiſt, & fuit ſeiſie per foꝛce del taile, de q̄ omiſſion fuit fait en le bꝛe, iudge= ment

ment de briefe.2.R.2.hic tit Eſtoppel.

Si ſoit ſor & tent,& le tnt fait feſment,& puis
le ſeignoz auowe ſur le feffoz pur homage , le
feffee monſtra le feſment & abatera lauowrie.2.
R.2 hic tit Auowrie.

Auowrie.

Accoumpt vers vn de tempoze quo fuit Receptor denariorum & Bailp.Le pt' counta que le
def.fuit bailp de ſon meaſon in L.Et auri countra que il auer bail a luy vn obligation de rr.ꝉ.
en quel vn fee fuit oblige , pur ꝗl il duiſt pzen-
der vn paimet In minutis ſummis de ſa feme, ſo-
long̃ ꝯ que il purra auer de luy,& de bailer lob-
ligat al fee &c.& dõ accompt dicel.¶Clopt.quant
all obligat̃, il nalledge, que nous liueramous ꝯ
al feme , & receiue les deniers en fait, Iſſint ne
ſumus ſon Reſceiuer &c. per que il duiſt aũ bre
de Detinue.Et auri pPerſay il ne poet auer bre
s. Receptor denariorum, quant le ſome neſt miſe
in certaine.¶Belk.le bre eſt Bailp & receiuer,p
quel parol, Bailp, le pt' poet counter ꝗ il fuit
bailp de ſon meaſon, & puit counter ꝗ il auer adminiſter de ſes biens,s, boefs & vaches,& meſꝗ
il rec̃ certen deniers de ꝯ, il ne fra charge come
receiuer mez come bailp,iſſint que ne poet trauerſe,que il neſt bailie. Et iſſint icy ſur le matter, le pt' poet count,que il fuit ſon bailp, & auer
adminiſter ð ceſtꝓobligation, & auters biens,iſ-
ſint que il ſerra charge daccoumpt de cel come
bailie, Et nemi come receiuer des deniers, ſi
le pt' nalledge in fait , que il ad receiue le ſõme
conteiñ in lobligacion:Per que le bziefe agard
bon.2.R.2.hic tit Accompt,pt',2.& Statham titt̃
Accompt,pt', 47.fol.2. Lou Wadham dit, que
le plaintife ne poet auer accion de Detinue, eo
que il fuit baile a luy pur bailer al feme.

Accompt.

Waſt vers vn̄, Et count que il auer fait
waſt en eſtanks que il auer in gard.¶Burgh le
bziefe ne ſuppoſe mp que nous ſumus garden

Waſt vers gardẽ,
& ne menſtre co-
ment.

de ~~fait ne de~~ droit, Judgement de bre pur le nō certaintie. Et nō allocatur. ¶Burgh. le brief ne parle de Estanks, mes de Domib⁹, boscis &c. p̄ q̄ Judḡ de count, Et nō alloc'. 5. R. 2. hic tit. Wast.

Count.

Baron morust pend' le briefe.

Prec' quod reddat vers baron & femme, le bar fist def. le feme est receiue & pled, & puis le bar morust, le brē abatera. 5. R. 2. hic tit. View.

Rescous.
Baron & femme.

Un R. port br̄ de Rescus, & count q̄ le def. tient de luy & de sa feme &c. ¶Lokt. le brē est que il tient de luy, & il count que il tient de luy, & de sa feme, iudgement &c. pur le variauns. ¶Skip. le brē est, Quod tenet de ipso, quel parol soun en le droit &c. Et pur c̄ il semble que l' brē est abat, pur ceo que le fēe nest nosme. ¶Belk. le brē & le count est bon, mes il purra auer meulx, Et tout q̄ il souvien le dēt, il nest q̄ a rec̄ dam̄ &c. Et puis le br̄ fuit ag̃ bon. H. 6. R. 2. F. Brē 630.

Audita querela.

Audita quer̄ abate. 6. R. 2. hic tit. Audita quer̄.

Trespas per le tenaunt vers le sor.
Vi & armis.

Trn̄s port p̄ le t̄ vs son seignior de ces bests a force & armes prises, & le br̄ fuit abat p̄ agard p̄ cause de vi & armis &c. H. 7. R. 2. F. Brē. 632.

Scire facias.
Vn chose bis petit.

Scire facias hors dun fine des tenem̄ts en C. & F. &c. le def. dit, que F. est hamell' de C. &c. iudḡ de brē, Et le brē fuit uncore ag̃ bon, pur c̄ que il couient accord al fine H. 7. R. 2. F. Brē. 633.

Rauishment.

Rauishm̄t de gard cōe gard ē socage port vs vn, Et coūt q̄ il estoiet seisi del gard vn Alice fil' vn J. p̄ cause d̄ sa fē, q̄ fuit la mere Alyce &c. pur c̄ q̄ J. tient en socage &c. Et le briefe voile. Cuius maritag' ad ipsum pertinet, & nul menc̄ fuit fait en le br̄, q̄ le terre fuit tenus p̄ socage, Mes il declare en son count &c. ¶Thirn. p̄ le brē est suppose q̄ il duist auer le mariage a son p̄fit demesne, & nemy al profit lenf. Auxi il ad coūt q̄ il dō le gard per cause de sa feme &c. & la feme nā nosme &c iudgm̄t de briefe ¶Holt. pur ceo que vous pl' aues suppose per le brē q̄ le mariage a vous appēt, q̄l briefe ne puit estre maint p̄ ley.

Baron & feme.

Et

Et auxint pur autz def. q̃ sõt mise t̃ le bzife, le
Court aff q̃ vous ne pzeignes riens per bz̃e ꝛc.
H.7.R.2.F.Bz̃e.634.

Diet ꝛ terminer vers plusours, le bz̃e voile,
Quare apud weſtm̃ inſult ꝛc. ¶ Finch ceſt bz̃e eſt
pozt en weſtm̃, lou weſtm̃ eſt en vn vill' apluy,
niẽt noſme le vill' de weſtm̃, car weſtm̃ ẽ mun=
ſtẽ, iuſ de bz̃e, car le bz̃e ſerra apud vill' weſtm̃
Skipwith. les bz̃es vſuels deuaunt nous ſont,
Quod ſit corã iuſtic' nr̃is ꝛc. apud weſtm̃ ꝛc. Et
ꝑ bz̃e reaſon, no° duiſſomuz ent leſgl' de weſtm̃,
ꝛ teñ nr̃e pl̃ꝛs illõꝗ, pur c̃ q̃ il ꝑ ad nul aut lieu
appell' weſtm̃, foꝛſꝗ minſtẽ ꝛc. Conſequens falſũ
ꝛc. ꝑ que nous vouz ouſtamus de ceſt chall' ꝛc.
H.7.R.2.F.Bz̃e.635.

Foꝛmõ, le pcloſe de bz̃ voill'. Prefat I. filio & he_
redis diſc' debet ꝛc. Et ꝑ taunt chall', eo q̃ il ſer=
roit heredi ¶ Clopt. le ꝛ ad ewe le vieu, per que il
eſt paſt cẽ chall'. ¶ Belk. no° ne voill' abat le bz̃e
pur tiel cauſe, ꝑ q̃ reſpond ꝛc. q̃re cauſã ꝛc. T.7.
R.2.F.Bz̃e.631.

Waſt ꝛs gard in fait, Qui pled iointenancie
oue vn auter, Per q̃ le bz̃e abate.7.R.2.hic title
Jointenauncy. Et 11.R.2. hic pl̃.

Tr̃s de ſes ſuants, s̃, I. ꝛ B.pt̃ hoꝛs de ſõ ſ=
uice, ¶ Coton quant al I. rien culp. Et quant al
B. el ẽ ſa fẽe, iudgm̃t de bz̃e, noſmant luy ſuãt.
¶ Belk. pur c̃ q̃ ne poies dedire q̃ el ſuit bz̃e fẽc al
temps del tñs ꝛc. de q̃ aut acc̃ vo°eſt done, ꝛ per
aut cours, ne pzeignes riens per bz̃e bziefe en
dzoit de cel poꝛcion. Et del reſñ le pl̃' auerẽ ſon
bziefe.7.R.2. hic tit Tr̃ſpas.

Le gardein poꝛt bz̃e dadmeſurem̃t de dower
ꝛs la fẽe I.P. ¶ Mark. le bz̃e voet q̃ el ad pluis ꝗ
dower q̃ el deuer in la ville de T. Et diom° q̃ el
ad auterz tenem̃tz del dowm̃t ceſti I.P. in au=
ts vill' q̃ ne ſont pas noſme in meſine le bziefe,
Judgement ꝛc, car tout ſerra admeſures ¶ Hil

C 4   ceut

Oier & terminer.

Faux latin a pres
le vieu.
Heredis pro He-
redi.
Al briefe puis le
vieu.

Iointenauncie ex
parte tenentis.

Trespas de son
seruant prise, lou
est sa feme.

Abate in part.

Admeasurement
doweder.

ceux brief ou &c. sont in auters come, issint que
Diuersitie. ils ne serra compzisur deins nostre bziefe. Car
le bic ne poet faire admesuremēt in auter com,
iudgement si le bēe ne soit bon. ¶Holt bous dits
Dower. bien, Mes auterment si les tenements fuēt in
m le com. 7. R. 2 hic tic Admesuremt de dower.

Rescait. Bziefe de dower vnde nihil habet, ¶Cesti in
reuersion pzie destre receiue, Et issint fuit, Et
dit q le dzant ad receiue 20. acē de tre in mesmes les billes in nosine de dower, q sont pcel d
le maner doūt &c. Judgemēt de cest bēe. ¶Finch
cestie que est tenant del tgrre accept le bēe bon
e pled al issue, e puis fist def. apzes def. per que
bous ne pledres al bziefe. ¶Holt. berament son
plee est al accion, e bous mit al bziefe de dzoit d
Abate in part. dower, Et en bziefe Daile si cesti in le reuersion soit resceiue il pled darē seisin del pere, Per
q deliueres bous. 7. R. 2. hic tic Rescent.

Scire facias hozs dun fine, le tnt all Jointenancy, Et le pr conust ē quant a parcel, Per
q in dzoit de ceo le bēe fuit abat, Et al remain
maintein sole teticy. 7. R. 2. hic e Jointenancy.

Tenant pur terme Precipe quod reddat, Le tenaunt bient e dit,
dauter vie, & ces- q il tient a terme d by WI. e q WI. est mozt, issint
ti que vie deuy & q son estate in le franktenemt determin. Mes
cesti in reuersion aps il dit, q puis le mozt WI. cesti in le reusion
enter. entē, issint son estate defait, e nad ē cē iour in le
franktenemt pzist, Et aly econtra. 7. R. 2. hic tic
Prionr & moigne Sauer de defauit.
ioine en. Un pzioz e son commoigne ioine in bēe dac-
Accompt. count, e le bēe abat, car doit estre pozt p le pzi-
Cessauit. our sole. 7. R. 2. hic tic Abbe.

Entre en nature Fozm de bē de Cessauit. 7. R. 2. hic e Cessauit.
dassise. Precipe quod r en nat dass. de nouel dist pozt
Es ij. p ij. precipe, e ē le pclof dl bēc le bēe boulr,
de quibus les ts dist. les dD ¶ Hil. iudg de bēe, car
le bēe est p ij. precipe, e en l pclof il boit, de quibs
dist. &c. ou il serra de qua chesē deux dist le dD a-
perluē

perluy, ȶ nemy defait ſon concluſ en coſ, lou iɫʒ
ſont ſeueres deuant ȶ per leʒ ſeñal prec'. ℂ Belk.
riis, le bře eſt bon. ℂ Hill, pur quel ℂ Belk. ieo
fuiſſ. trop Junes de donc iud͠g, ſi ieo ne ſauer le
cauſe. Et vouʒ ſcaueʒ bñ q̃ en Formed per diñʒ
prec', ou e bře dent ſur diſſ, come ẽ cy eſt, q̃ laſẽ
eſt pʒiſe dun ent done ȶc. ou diſſ, ȶ ȶ vn m̃ title:
com̃t q̃ ils ſont ſeueral bʒiefe en maner, ȶ quant
il eſt pʒiſe ſur vn meſine title, ceo fait le bře bon
de le maner come il eſt, per que ne parles nient
pluis de ceo ȶc. Ḣ.8.Ṙ.2.F.Bʒiefe.929.

Seueral precipe.

Det port per le baron ȶ ſa femme, vers vn
auter baron ȶ ſa femme, ſur vn obligacion fait
puis le couert, per que le defendant demaunde
iudgement de bʒiefe ȶc. pur ceo que le bře ſerra
port vers le bař ſole ℂ Finch .ne poiomus varie
del obli͠g. ℂ Skipwith, ſi le bʒiefe ſerra maint ṽs
eux le femme ſerra charge apʒes le moʒt le ba=
ron, que ẽra miſchief al feme, Et ſi abbe ȶ moigñ
font a moy vn obliga͠, ieo nauer bʒiefe de Det
foʒſꝗ vers labbe ſole, auʒi icy ℂ Burgh, ſi home
de plaine age ȶ vn enf. ſoit oblig̃, iauera bʒiefe
de Det vers les ambideux, car le bʒiefe ne pʒouc
le quel il fuit de pł age, ou non, Mes icy aues
count que le baron ȶ ſa femme ſoy auer obł, que
ſerra entenͩ puis le couertuꝛ, iſſint le court eſt
aſſert de voꝝre monſtrance demeſne, que le bře
eſt malus, par q̃ le bře eſt abatable ȶc. ȶ fuit a=
batus ȶc. Ḣ.8.Ṙ.2.F.Bʒiefe.930.

Det vers Baron & femme.

Moigne.

Enfant.
Ioinder.

Quod ei deforc' le tenaunt demaunð iudgm̃t
de bʒiefe, car cerɫ iour ȶ an ſon freꝛ, que heiꝛ
il eſt, poʒt Ceſſauit vers vn A. ȶ vers ceſti oʒe
demaunð, ȶ recouer p def. meſme le terre ȶc. le
quel A. ẽ en plein vie ȶc. iudgement de bʒiefe
ℂ Thirn. A. nauer riens eins ceſtie oʒe demaunð
fuit ſoł ɫ, per que ȶc. A. que fuit dit, depuis que
le Ceſſauit fuit poʒt vers les q̃. ſuppoſ. eux ȶ en
coſ, que cẽ bʒiefe ñe bon poʒt per lun, viuant
lauꝛ

laut. ¶Belk. le briefe eſt bone quant il impregñ le
tenancy ſole ⁊ noſinent le reč fait per def. auant,
per que deliueres vous, par que le ⁊ dit que A.
fuit ⁊ en comē al tēps ⁊c. P.8.R.2. F. Bře. 931.

Entre ē naſ daſſ.
Aſiſe.

Bře dent ⁊ diſſ. ē naſ daſſiſe ð qua diſſ. ¶Wad.
il nad ⁊ de frankē noſme en le bře ⁊c. ⁊ ſi troue
ſoit il ne diſē pas. ¶Cur. ⁊ ē vn precipe quod reddat, ⁊ nemy aſſē, en quel bře le pleð nē cōe en aſſ.
¶Wad. donqᵉ diomus q̃ le ⁊ nad riens en le frākē
iour de bře, ne vnqᵉ puis ⁊c. ⁊ ſi troue ſoit, il ne
diſſ point ⁊c. T.8.R.2. F. Briefe 928.

Acciō ſur le caſe.
Vi et armis.
Laborers.
Baron & feme ne
ſerra ioiñ pur de-
part le baron.

Trñs ſur le caſe vers Hoſtler fuit, vi & armis.
8.R.2. hic tiť Acč ſur le caſe.
Bře ⁊ leſtat de laborers vers le baron ⁊ fēe,
ſuppoſ q̃ le baron auer fait couenaunt oue le pľ
deſtē ſon Eſquier, Et q̃ feme fra damſel a ſa fēe
per vn an, ⁊ q̃ ils depart. ¶Sith. le bē eſt port vs
le baē ⁊ ſa fēe de iour departure, ou le depture
le baron ne poet eſtre le departure le fēe, iudḡ ð
bēc. ¶Belk. teo ſcay bien que il nē bon, Per q̃ re-
ſpōð pur le baē ⁊ ſa fēe del depart le fēe, Et del
remanēt il fuit diſcharg. 8.R.2. hic ⁊ Laborers.

Bře abaľ in part,
& bon in parte.

Q. impedir.

Plee al briefe in Quare impedit. 8. R.2. hic
tiť Q. impedit.

Rauiſhment de
gard.
Mort lenfant.

Gard en ſocage port le briefe de Rauiſhmēt ð
gard dun enf. ⁊c, ¶Mark. le enf. eſt mort penð le
brief, iudgement de bře ⁊c. ¶Belk. luy miſt a rñð
al rauiſhment ⁊c. H. 10. R.2. F. Briefe. 932.

Accompt.

Accompt vers vn ſuppoſ luy eſtre reč de ces
deñs en diuers billz per le main vn tiel, ⁊ vn tiel ⁊c. ¶Thirn. vn des bilľ queux ⁊c. ⁊ noſme en
certeine, eſt dcins les b. portz, ou le briefe le roy
ne court ⁊c. iudḡ de briefe. ¶Belk. rñs al rem
¶Thirn. ceo abaē tout le bře ⁊c. Et maint it fuit
chaſe de rñð al rem ⁊c. T. 11. R.2. F. Briefe. 636.

Abate in part.

Et hic tiť Accompt.

Aſiſe.

Aſſ port en comē bank. ¶Mark. le pľ auē ſoitz
port aſſ de m̄ les teñtz en bāk le roy, pcez cōti-
nue ⁊c. tāq̃ a tiel iour port m̄ ľ bē, deinz q̃l iour

cest briefe ore port fuit purchase, issint cest briefe purchase pend laut, iudg̃ &c. ℂ Belk. hõe ne serra charge de deux brẽes dasĩ dun m̃ dis̃ ℂ Fynch le prim̃ brẽ fut discõt ℂ Charlt. vnc̃ cest brẽe ore est purchas pend lauter, issint il abat &c. ℂ Belk. rñs &c. Et dit si hõc ad it. brẽes dasĩ pend &c. et il ẽ nõsuy en lũ, laut estoiera &c. H̃. 11 R. 2. F. Brẽ. 637.

ℂ Vn hõe suist Audita querela vs it. queux a- ner sue exec̃ hors destatut m̃chant fait per luy a eux, & ceo encounter lour relesĩ &c. sur que les deux viendẽ, & pled a issue sur le fait, & sur c̃ Nisi prius puis sue &c. ℂ Finch. puis Nisi prius sue, vn deux, vs queux le Audita querela est sue, est mort &c. & pria q̃ le briefe abatẽ ℂ Rok. cest Au- dita querela nest forsq̃ en nature de trñs, & est a rec̃ forsque damag̃, par que semble le briefe bon, ℂ Come en trñs vers deux &c. Et le court tient q̃ il couient suer vn nouel venire facias &c. & lo- rig̃ estre en son force. ℂ Thirn. cest Audita que- rela est sue pur le greuauns q̃ ils feẽt al pr̃, p que nest reasõ, que par le mort lun, que le briefe abatẽ, Et en briefe de garde, coment q̃ le garde deuie pend le briefe, vncore le briefe ne abatera &c. ℂ Charlt. Iustic̃, cẽ don per estatut &c. ℂ Hil. si deux suõt exec̃ hors destatut marchaunt, & ex- ecuc̃ fuit agarde a eux, coment q̃ lun deuie deãt &c. vncore le brẽ lextẽdra la terre & liuer a lau- ter &c. p le suruiuour ℂ Marcã si Audita querela soit sue vs plusours &c. & al cap. ou al distr̃ &c. vn vient, il r̃s, & puit parder exec̃ par son plee, et auxint rec̃ &c. ℂ Skipwith a Rok. voiles suer no- uel Venire facias ou non? ℂ Rok. nos voillomus cõtier vs laut ℂ Marcam. en trñs vs deux, si lũ deuie apres issue, lissue & le proces fra continue en le rolĩ q̃ lun est mort, et par tant continuãs de le proces & lissue vs lauter &c. H̃. 11. R. 2. F. Brẽ. 638. Et hic tr̃ Audita querela.

ℂ Quare impedit, Le def. dit que pend le briefe Le

Plaint present pendāt le bře q.i. Assise.
Entre pend' le briefe.

bře le prẽsētẽs le pľ ẽ receius, institute ẽ induct del Euesꝗ, iudgement de bře. Et non allocatur, car ẽ nest tout le fait le patrõ, mes del euesque. Mes le court dit, si en Assise le pľ enter penð le bře, tout le bře abatež, pur ceo que cest tout le fait le pľ. 11. Ꝛ.2. hic title Quare impedit.

Pleint est possesse des bestes.

Trespas de ses bestes prises ¶ Charlton pur le def. dit que le pľ est sei des bestes, iudgement de bře. Et non allocatur, Car coīt que les bestes escap hors del parke ẽ vienð al pľ de lour grẽ dem, vnc il aꝫ cest bře. 11. Ꝛ.2. hic t Trespas.

Tout le matter comprise deins le bře.

Accion ẽ le case pur repareler, encloster ꝗc. ẽ le bře comprend tout le matter. 11. Ꝛ.2. hic title Accion ẽ le case.

Iointenancie del part le def.

Scirež faċ vers 2. Queux pleð toiṅt oue le 3. Et le dõ ne poet ẽ dedire, per ꝗ le bře abate. 11. Ꝛ.2. hic title Iointenancie. Et Tempoʒ Ꝛ.2. hic pľ.   Et 7. Ꝛ.2. hic pľ.

Excōmengemēt.

Si le def. alľ excōmengement in le pľ, ẽ il ne poet ẽ dedire, le bře nabatež imp, Mes le def. a-lera sans tout. 11. Ꝛ.2. hic title Excōmengement ẽ Iudgement.

Dette sur obliga-cion port per Baron & femme.

Un home poʒt briefe de det en son nosme sole ẽ vn obliꝭ fait a lui ẽ a sa fēe duȝ de couertuẽ, et le bře fuit adiudge bon, nient obstant que le feme ne fuit nosme ¶ Thirn. dit, si annuitie soit grāt al baron ẽ al fēe, que le feme aꝯ bře dannuitie

Annuitie.

aꝓs le moʒt le baron. ¶ Marcam. voież est. Mes nemp des arež en temps del baron. Vide libʒū, car le pʒinẽ case est bien debate ꝗc. M. 12. Ꝛ.2. F. Bře. 639.

Formdon vers 2. & lun morust.

Formdon ꝯs 2. ẽ lun moʒust, le bře abatera 12. Ꝛ.2. hic title Counterple de voucher.

Curia claudenda in le Debet &c. Quare impedit. 2 Bres pend' si-mul.

Du Cur claud' fra en le Debet, Et ou in le Debet ẽ Solet. 12. Ꝛ.2. hic title View.

Trois sucẽ 2. břes de Quare imp vers vn m̃ pson dun m̃ esglith, ꝓces sue tanꝗ a oʒe al Distř le def. vient et m̃ẽe coment les 3. auera poʒt 2.

bʒiefes

bñes &c. as queux il auer appeare, & dõ iudgmñt,
& pñe que lun & lauter abateē.¶ hirn. pur que
serē eux abat?¶Car hõe poet auer diuers briefs
de M.impedit, p̃ que ils serē dõcs, & fist vder le
pl̃z in lun briefe et lauter. ¶ Charlton M. im=
pedit eſt in nature de Trespas, en quel home
puit auer diuers briefs aſſets bien. 12.R̃. 2, hic
tit Quare impedit.

Dower, le dõ fuit in Halton, Le tenaunt dit,
q̃ il y ad in meſme le countie Halton, que ē ap=
pele vn vile a p̃luy, et petit Halton, que ē au=
ter ville a p̃luy, Et dit q̃ parcell des tenemēt̃z
ſont in petit Halton, iudgement de bñe. ¶ Gaſc.
vous aues dõ le vieu,& p̃ ceo aues affirme le bñe
bon, ¶ Charlton il nous lēe, q̃ cel plee vient na=
turalment del vieu &c.¶Gaſc.ils 2.ſont tout vn
ville, iudgement ſi le briefe ne ſoit bon ¶Hals.
Halton eſt ville ap̃luy, ſans ceo q̃ les 2. ſont vn
meſme ville, Et alij econtra. ¶Gaſc r̃ñs al rem̃.
¶Huls ceo va a tout le bñe, et ieo voile denurre,
et dõ iudgment de tout le briefe ſans reſpond al
rem̃.¶Thirn. voile vous quant ſon bñe eſt bon,
que per parcel que eſt in auter ville, abateē le
bñe p̃ vñe dit, pur q̃ q̃ ē in auter ville?Quaſi dit̃
non, per que r̃ñ al rem̃.12.R̃. 2, hic ē Dower.

Droit de gard, Le def.dit̃,q̃ le gard enē in reli=
gion in le meaſõ de nõs longe tēps auāt le bñe
purch. & illonq̃ fuit p̃ſeſſe,iudg̃ de bñe.¶Hank.ē
nē ple, car puit eſſe que il fuit p̃ſeſſe iour de bñe
purchaſe,& ore nient.¶ Thirn ſil fuit p̃ſeſſe iour
de bñe purchaſe, il ſra entend tout tēps p̃ſeſſe,
Et auterm̃t ieo ne vey bnq̃.¶Char.ſil voile dire
q̃ il fuit mort iour de bñe purchaſe,ē ſra bõ plee,
Et ſi el eſt p̃ſeſſe,el ē mort.12.R̃. 2.hic tit Gard.

Clopt. ſi hõe port appeale de Maihim,et coūt
de batery,& mēe aūt le baterie p̃uāt le maihim,
le count abateē ¶Huls voier eſt,pur q̃ que neſt
garē de briefe.12. R̃.2. hic title Appeale.

Attaint

Halton & petit
Halton.

Abate in part,
& bon pur le rem̃
Concord.8. R̃.
hic tit Laborer.

Droit de garde
Proteſſion en dif
al bñe.

Mort deſtr.

Abate per le
count.

Attaint.

Attaint in com Linc & faux verdit in bee de Trespas de batery port in m̃ le com, en q̃l acc̃ de trespas le def. pled arbitermẽt a H. in auter ville in m̃ le countie &c. Et le bẽe dattaint fuit, Som̃ 24. de visineto de Linc. Et pur ceo que le briefe duist auer estre de visineto de H. &c. ideo le briefe fuit abate. 12. R. 2. hic title Attaint.

Auowrie.

Auowrie abate 12. R. 2. hic title Auowrie.

Dette sur recognisans.

Dett fuit port en Londō sur vn Recognisans fait en le Chauncery a westm̃, Et pur ceo que le brief ne fuit port en Midd, il fuit abate. H. 13. R. 2. Stathã. Briefe 62. fo. Et hic title Liew.

Forme de Scire facias.

Forme de briefe de Scire fac' de rent seruice. 13 R. 2. hic title Ayde.

Detinue vers baron & feme.

Baron & femme trouont vn chr̃e, Et detinue fuit port vers ambideux, per que le brief abate: Car doit estre port vers le baron sole. 13. R. 2. hic title Detinue de chr̃es.

Detinue.

Detinue, Le pl' counf que il baile les chr̃es al def. a luy rebayle &c. Le def. dit, que les chr̃es fuer̃ faits al pl' et as auters, quex sont vncor in pleine vie, nient nosme, iudgement de briefe. Et non allocatur. 13. R. 2. hic title Detinue de chr̃es.

Scire facias hors de fine.

Scire fac' per quel tenements fuer̃ gẽ per fine a vn I. M. in taile, le rem a I. son fitz in taile, Et le ddant sue execucion come heire a I. M. le fitz, & suppose per son briefe que I. M. le pier morust sans heire inheritable al done &c. ¶ Wood il suppose per le briefe que les tenem̃ts fuer̃ grauntes a I. M. le piere in taile, le rem̃ a I. son fitz, & per le briefe il suppose I. M. le pier estre mort sans heire &c. issint le brief faux, Iudgement de briefe. ¶ Rok Iustice, quant les tenem̃ts sont dones al pier in taile &c. le rem̃ al fitz &c. il puit claime per force del rem̃, et il couient accord al fine, Et ceo que le remaind, est taile per nosme del fitz, n̄e que surnosme, p̃ que

que respond. Et auxi pur ceo que il poiet esse ditz a J. M. mes deuaunt espousels, et vncoz il nĕ son heire. 13. R. 2. hic title Scire facias.

Mesne vers baron & feme, Et count que il tient &c. del baron et sa femme, come in dzoit del femme, lou per le bziefe fuit suppose le baron & feme estre mesnes. ¶ Hank. le bziefe doit suppose que le femme est mesne sole, et nemie ꝗ le baron & sa femme sont mesnes, car la feme ĕ mesne in dzoit, iudḡ de bziefe, Et non allocatur. 13. R. 2. hic title Mesne.

Quare impedit per le roy vers Leuesꝗ & autres, Quod permittat presentare ad prebendam in ecclesia colleg. de B.. ¶ Gascoin cel esglise est pochial, sans ceo que il est Colleḡ, iudgement de bziefe. Per que le bziefe abate. 13. R. 2. hic title Quare impedit.

Prec' quod reddat vers baron & feme queux fiet def. apzes def. Uient vn J. et dit que le fĕe nad ĕ, mes que le baron tient a terme de vie de son lease, le reuersion a luy, & pzia dĕe resc. ¶ Penros cĕ a contrarp denostre bĕe, per que pziomus ꝗ il soit oust de resceit, car il ne pled in abatement de bĕe. ¶ Charlt. il ne pled in abateĩt de bziefe, Car si le baron & fĕe aũ veigne, & pled que le fĕe naũ riens, ceo nabatera le bĕc, Per que le bĕe nabatera comĩt ꝗ el soit resceiue. 13. R. 2. hic title Resceit.

Bziefe dentre ħs le baron & fĕe, supposant que eux ambideux entĕ. ¶ Marcam, le baron troua sa femme seisie, iudgement de bĕe. ¶ Thirn. teo ap vieu deuaunt Finc' et Auters, que il ne fuit tenus plĕ a dire, que le baron troua sa fĕe seisie sans trauers, &, Sauns ceo que le baron & sa femme entĕ &c. Et la cause fuit, pur ceo que puit esse que le baron troua sa femme seisie & que puis le baron & sa femme entĕ. 13. R. 2. hic title Entre en le per &c.

Faux

Mesne.

Baron & femme.

Quare impedit port per le Roy abate.

Trauers per

Resceit.
Baron & femme.

Bĕe dentre vers baron & femme.

Troue sa femme seisie.

Trauers per.

Faux iudgemt. Faux iudgement fuit port de iudgement rend en le court Leuesq de Londo a Stepenay, p vn des tenauts ds leuesq, et le rec sist ptestacion de suer in nature dals de Mord. Leuesq vd iudg de bre de faux iudg: Car la custom del man e le nature del tenauncie est tiel, que ceux del man teigne lour terres forsq a volunt le sor, Et ils e lour heires sert inherit al volunt del sor, solonq la custome del man, issint que lez tents nount riens forsq a volut le seignior, e le franke est in le seignior. Et per agarde le briefe fuit abate, pur ceo que il ne gist sur le matter. 13. R 2, hic title faux iudgement.

Iointennancie ex parte querétis. Assise per 3. Et ioint fuit all' oue le 4. Per que le briefe abate. 13. R. 2. hic title Iointen= nauncie.

Dower. Briefe de Dower ne gist vers lheire in garde le roy. 13. R. 2. hic title Dower.

Mort lun puis leuerance. Deux percens port formed, e lun est som e se= uer, et lauter suit sole, e pend le briefe cesty q fuit seu, morust, iudg de brief, causa qua supra, q Thorp.il semble le briefe bo, car aps senance il est come vn orig, et lauter hors de court, et en maner nonsue, issint senance en man, Come si aps ptic enter pcens lun est dist, cesty sole auera lasc, Issint icy q Hill. le seuerance de suit ne sene le poss. del terre, Car si lun rec, et puis laut rec, ils tienn en pcinery ec. per q le poss nest sen per q le bre abateç, Et puis le bre fuit abat ec. Mez il all' le mort puis le dare continuance, Car si le proc vst este continue puis le mort son pcen, le bre nust abat ec. M. 19. R. 2. F. Bre. 925.

Conspiracie. Surplusage. T. et plus auters port bre de Conspiracy deus J. Et count ec. et en le bre fuit compris confede= der et conspir auxi ec. q wad. dit q en cest case hoe au bre de conspiracy, comt q ils ne sieç riés, mez l' cofederacie ensembl', et ils rec dam, et poet este endictz de e auxi, e sic nota q Gasc. iudg de bre, car

tar le brief de côspir est port en côen, & ij ne puit
estē, Car ij ne poient añ brē de trñs de bat fait
a eux en com, car l' batry lū nē le bat lauter, p ij
¶ Mark. lendictmñt est fait a eux en com, issint le
greuâcē en com &c. Et si ass soit port ijs iij. en
com, & pass encoūt eux &c. ilz añ attaint ou brē
derē en comen, ou seūalmēt a lour elecē, Auxi icy
¶ Kik. en attach. & prohib. port p iij. en com, le brē
ē bon, car le greuance ē en com, come en plee de
terre, Mes en ceo cas lour greuâce ē seūalĺ, car
lenprisonment lun ne puit estēe lenprisonment
lauter, per que ne preignes rienz p brē briefe &c.
M. 19. R. 2. F. Briefe. 926.

I port briefe de trñs ijs w. & sō cas, Et de=
clare que lou il & ses auñt ount etwe que l'z tz del
mañ de C. deū estieē vn baiĺ p les doceñ, & pur
colier fermes, & rentz, pūts de courts, & letz, la
où vn C. fuit estiew pur coler l'z pūtz lauantō.
W. luy bat & disturbe ¶ Hark ił ad declare de co=
ler fermes, & rentz, & amcimētz de courtz & leets
Et lete nē pas pūt del mañ, eins vn fraūch.
iudg de count, ¶ i him. amercēmt de lete ē frāch.
en ql cas deues añ briefe caula libertatis, ij vo'
purē añ biew deins mō mañ ¶ Galc. il puit distē
pur rent & issint sōrie &c. ¶ Hank. I. nad riens
si non en cōñ oue tut. iudg de briefe. ¶ Cur. rñs
del reñ ¶ Hank. ił abat en pcel, ił abat en tout,
¶ Cur. donqz ne boił aut chose dire, Car il nest
en briefe de trñs, Cōe en attach, & phib. car si
le briefe abat en pcel, ił abat en tout, p ij &c pur
ē ij ił est tout vn acē, & & vn greuance, Mes en ē
brief de trñs il puit añ seūal rñs, ¶ Hank. ił naū
vnqz rienz en tout ē ij il se plzint &c. si nō en com
oue &c. iudg, ¶ Wod. sole tenant prist &c, Et alij
econtra &c. P. 19. R. 2. F. Briefe 927.

Diuersē trepasses ou tortz, s. ascuus & le case,
& ascuus vi & armis, pzent estre en vn briefe. 9.
R. 2. hic title Action sur le case.

Al accion.

Al accion de briefe. 19. R. 2. hic title Dette.

Trespas des biens Vi & armis prises, port per
le lesse vers le lessor, le def do iudg de briefe vi
& armis, Et non allocatur, Car lestatute parle
enter sor & tenaunt. 19. R. 2. hic title Done.

Tñs vi & armis
p le lesse vers le
lessor.

Trespas per le
tenaunt vers le
Bailife le sor.

J. port. Trespas vs R. dun boef. Gaie. iustifie pur le def. cōe Bailiff A. per reason, q vn wi.
tiet vn mease de A. p certein suicez, & pur hariot nos psoinus aps le mort cui Iudg de bee que
suppose Vi & armis. Hank. nad dit que le prise
fuit fait deins le fee le Sor, Issint le bee bo. &c.
Gaie. nos iustifie p cause de sory Thirn. quant
sor ou bailiff prist ascun beste pur Hariot, il pret
cōe son pper chattel, issint il le puit prēd deins
son fee, ou de hors son fee, lou il puit trove, quel
ne in case Dettat. Ou le sor diste deins son fee
pur suice, per q rēdz. 19. R. 2. hic title Hariot.

Vi & armis.

Vers sor & vil-
lein.
Assise vers dissor
& tenaunt.

Si ace soit port vs l' seignor & le villen, lou
sor nad nul ss del terre, E le t pled vn plee, & l'
sor auter plee, le ple del seignor serra resceu, et
nemie le plee del villen par oppinionem curie en
prēc qd redz, a nter e del text en fait, & pnoz dez
psitz en ass &c. Mes si le sor ne dit rēz, & l' villen plee e bare, l' dsāt rād al plee del villen &c.
M. 21. R. 2. F. Bre. 788. & Statham Villenage. 14.

Trespas darbres
coup p le baron
sole.

Trns des arbres coup, et terre sowe, ou all'
fuit pur le def. q le pl' naña rienz en le terre ou
&c. si nō de droit sa feme &c. nient nosme iudgement de bee, et pur r q e fuit vn trns en dishe-
rit le feme, et le pl' ne dedit que le terre fuit en
droit le feme, fuit agard p le court, que il ne prist
riens per son briefe &c. P. 21. R. 2. F. Briefe. 533.

Several precipe.

Det vers q per several prec', Et count vs eux
severalment sur tiel obl', Noverint vniuersi &c.
nos A. & B. teneri &c. Ad quam quid' sol', obl' nos
et singulos &c. sauns auters parolz en loblig,
prouast eux obl' chese en sentier, Per que Thirn
do iudgement de briefe port vers eux sur oblig,
que

que proue eux obliges forsq en comen ¶Wadhā
teo. suppose que si fuit, Obligamus nos singulari=
ter, le briefe en ceo case duiſt eſtre port p̄ ſeueral
prec̄, iſſint en ceo cas. Et puis le briefe agard
bone. P.21.R.2. F.Briefe 934.

Aſſ de Darē pres̄ vꝭ W.⁊ E. ſa fēe de auow=   **Darꝛ preſentmē**
ſon de R. et le vic̄ c̄ le briefe oꝛe que le feme fuit
moꝛt, et vn eſſoin fuit get pur W. le baron,
¶Horneby, pur le pl̄ pꝛeia q̄ leſſoin fuit aiudge ⁊   **Quare impedit**
aiourne ¶Redꝛ iudgm̄t de tout le bēe, pur c̄ q̄   **ou Treſpas verꝛ**
le feme eſt moꝛt ¶Thirn. ceſt aſſ eſt port ſur vn   **2. & lui mourust.**
diſturbance en nature de Quare impedit, Et ſil   **Moꝛt lun def.**
viſt ēꝛ Quare impedit, le moꝛt le fēe nabat c̄ briēf,
pur c̄ que il puit eſtre vn diſturb. p̄ le barō, Et
iſſint en trās ⁊c. et puis leſſoin aiudge ⁊ aiour=
nat ⁊c. P.21.R.2.F.Briefe. 935.

Replcuin abate, ⁊ vncoꝛ R. ⁊ agard al auow=   **Repleuin.**
ant. 21.R.2. hic title Retourne dauers.

Baron ⁊ fēe port Aſſ, le tenāt pled que le fēe   **Profeſſion.**
le pl̄ enter in reliḡ ⁊c. ⁊ fuit pꝛeſeſſe, q̄ fuit certifie
acc̄, p̄ q̄ le bēe abate. 21.R.2. hic title Iudgem̄t.

Le pꝛioꝛ de Barmondeſep poꝛt aſſ, de nouel   **Prior plent fait**
diſſ vꝭ plue de cert tenātz en S. Le ⁊ dit q̄ m̄ le   **Abbe pend. le**
pꝛioꝛ fuit fait abbe de m̄ le lieu pend le bēe a ſa   **briefe.**
ſuit demeſne p̄ lappoſtel et le rop, iudḡ de brief:
⁊ ſur c̄ fuit demē ⁊c. pur que ils fuēt aiournes
en comē bank, Et oꝛe Cokain, le briefe ē bon, car
le meaſ, ne l̄z poſſ, ne ſont chaunges, comīt q̄ ſon
nōe fuit chauge, p̄ q̄. ¶Skrene ad id, ſi eueſq̄ poꝛt   **Eueſque trāſlate**
brief, comīt q̄ pend le briefe il ſoit tranſlate a vn   **pendit le briefe.**
aut eueſchery, le bēe nabat p̄ taūt, Et ſi home   **Pl. fait county.**
poꝛt briefe, et pend le briefe il eſt fait Counte,
vnc̄ le bēe eſt bon ¶Mark. bēe cas ne ſont ſem=
bles a ceſt cas, car en voſtre cas vn eueſq̄ puit
auer enherit p̄ vop de heritage, ⁊ ſil ſoit diſſ de
ceo, il puit auer aſſ ou aut acc̄, p̄ q̄l noſme que il
voil, Et coment q̄ il ſoit eueſq̄ et tranſlate.

F 2   pendāt

Abbe.

penð le briefe, vnt le brief ē bone: Mes abbe ou prior ne puit tammes añ acē ſi nõ come de droit

Droit.

de ſon eſgł, Et ieo poſe q̃ le bře fuit bře de droit, en q̃ labbe añ iudg̃ final apz le miſe ioint, en q̃l il ret a luy ꝶ a ſes ſucē quites ꝛc. le iudgemēt en ē cas ne puit eſtre done pur labbe, pur ē que il eſt nõe prior. ꝃ Thirn. vo⁹ dites bñ, ꝶ q̃ ł bē ē abat⁹, Car ieo poſe q̃ vn chaplen dũ chãt, ou vn garð dun chappel, ſi cõe en aunē tēpz plus des templerz furē faitz abbez, ieo dic en tiel cas ſilz fueꝰ faitz penð le brief, q̃ le brief fra abat, car le poſſ fuit tout change en auter nature ꝃ Hank. le poſſ neſt change ꝛc. mes le noſme, Et il fuit adiudge lou Henē Lanē port brief, ꝶ penð le briefe fuit

Pł fait Duke.

fait duke de Lanē, ꝶ vnt le briefe fuit añ bõ, Et ieo poſe q̃ teñtz ſõt taił a vn hõe p̃ ſine p̃ noſme ð Ioce, ꝶ puis le ſine il ē confirme p̃ nõe de Iocelyne, cõe le cas fuit ciens oze tarð, vnt il doit añ exeē p̃ nõe de Iocelyne, comt q̃ il naccorð al ſine ꝃ Rik. ſi laſē paſē encount labbe, oze couiēt añ lattaint per noſme de prior ? qua ſi dic non, p̃ q̃ ꝛc. Et lentent del court fuit dabat le briefe ꝛc. M. 22. R. 2. F. Briefe. 936.

Intruſ de garð port en le county de S. per le baron ꝶ ſa fēe H̃s I. Et count q̃ launē le enf. oze def. tiēt del aunē le fēe p̃ ſuiē de chł ry ꝛc. ꝶ mo-

Intruſion de gard.
Baron & feme.

ruſē, ſñ ceſſy I. eſteant deins age, ꝶ ilz ſeī le garð et tenð maē a ſñ ceſſy I. ꝶ il ē refuſe, ꝶ aillours marie luy, ꝶ puis a ſon pł age enē. ꝶ gree nient fait del maē, ꝛc. ꝃ Rede. le garð ē beſſe en le ba-ron, p̃ q̃ il añ acē ſole, iudg̃, de briefe port en cõen ꝛc. ꝃ Thirn. no⁹ teigñ lun briefe ꝶ laut bon, le q̃l

Fie &mt de gard.
Quare impedit.

ſoit port p̃ le barõ ſole, ou per le baron ꝶ ſa fēe, pur ē q̃ il ē chatteł real, qð Mark. cõceſſ. Et diſoit que le briefe de Egettement, ou quare imp. puit eſte port p̃ le baron ſole, cõmēt q̃ il ſoit de droit le feme pur le tort fait al barõ, qð Thirn. conceſſ. ꝃ Rede. vnt iudg̃ de briefe, ca r il að port ē en le

county

county de S. ou le tre est,et il ad suppose le re=
fusel en le cost de D.al B.le ql est cause del acc
&c.Et non allocatur per Cue,pur c q le refusel ne
fuit pas cause dacc del intrus de gard, mes lent
en le terre,grce nient fait del mat, per q Thirn.
dit a Rede,rtis,per q il dit, q le fee ore pl, quant
el fuit sole,graunt le gard al meere ceity J. ore
def.&c.¶Cok.il ne mee, fait del graunt &c. per q
iudg &c.¶Rede.& nos iudg &c. Et Cokayn. nosa
demure, Mes dit q il ne graft pas en le maner
&c.& alq ecotra, Et fuit touch per Hank.en cas q
il suit be de Forf.de 2.bal & fait vn tend al heire
deins age,& il refus,et soy marie aillours en aut
coutp q le terre nest,sil enter en l case en la terre,grce nient fait del doubl value de mat,vnc le
bre fra port ou le tre est &c.M.22.R.2.Bre.937.

¶Conspiracy ﬁs 2.& lun morust peud le briefe,
l nabatera le briefe, Contrac ﬁ lun dei deuat
le briefe purchase 22.R.2.hic title Conspiracy.

¶Attaint, le tenat all iointennacy, Et le pl co=
nust c, per q le briefe abate.Temp.R.2,hic title
Attaint.   Concord 7.R.2.hic pl.

¶Lou briefe abatera per le count, hic titul.
Annuitie.   8.R.2. | Gard.   19.R.2.
Appeale.   12.R.2. | Quae imped.21.R.2.
Detinue d chtez.13.R.2. | Replevin.   21.R.2.

¶Briefe abate per iointennacy.7.R.2. hic title
Jointennancy.   et   11.R.2. Ibm.   Et
temp.R.2.hic pl.
Vide 13.R.2.hic title Jointennancy.

¶Ple al briefe daccompt port ﬁs gardein in
Socage.10.R.2.hic title Accompt.

¶Plus istarum 7.R.2.hic title Jointennancy
Temp.R.2.hic tit ﬁ s.   et Journes accopts

Briefe al Euesque.

¶Du le pl au briefe al euesq &c.Et ou nisi Distr
ad audiendu iudiciu in Quare impedit.6.R.2. hic
title Default &c.

f 3   Annuitie

Marginal notes:

Conspiracy vers 2.& lun morust.

Briefe abate per confession le pl. Iuintenancy.

Abate per count

Iointenancy ex parte ten.

Ex parte quer. Accompt vers garde in socage. Plus.

Quare impedit.

Per def. le pson puis apparance en brie de Annuitie.

Annuitie bers person q̃ pria aid del oꝛd ⁊ paꝰ tron ⁊ laid grãt, le person fist def, per que brẽ issist al euesꝗ de dist le person in lieu de Petit cape .8.R.2.hic title Annuitie.

Profession.

Briefe al euesꝗ de certifier pfession all' in le pꝉ .8.R.2. hic title Trial.

Deux Q. impedit dun esglie, & les plent sont nõue in lun.

Trois suẽt 2. brẽes de Q. impedit ꝭs vn m̃ person dum m̃ esgꝉ, ꝯces sue dambtõ esgꝉ tanꝗ al Distꝝ q̃ le def. vient ꝉc. ⸿ Thirn. fist oder le pꝉꝫ in lun brẽ ⁊ lauter, Et en lun ꝉꝫ 2. appere, ⁊ dit q̃ ils ne voil' my pursuer, ⁊ le 3. en le brẽ dit, que il voile pursuer, Et en lauẽ brẽ toutz suẽt dõcs ⁊ suẽt nonsues, Per q̃ Wadhã pur le def. quant a l̃ brẽ prie, q̃ il purẽ faire tꝛ et aũ brẽ al euesꝗ, pur c̃ q̃ ils suẽt nõsues. ⸿ Charlt. comt̃ q̃ vn hõe poꝛt plusoꝛs Q. impedit. ꝭs vn hõe dun m̃ esgꝉ, et puis soit nõsue a toutz foꝛsꝫ a vn, vnc̃ le def. naũa tam̃ꝫ brẽ al euesꝗ tanꝗ tꝛt en son brẽ soit trie, per que. ⸿ Thirn. ieo scay bien comt̃ q̃ 3. su= ẽt Q. impedit, et 2. ne voil' suer q̃ le 3. vncoꝛ suẽt, et auẽt brẽ al Euesꝗ. Et puis quant a lauẽ brẽ le 3. countef. 12.R.2.hic title Quare impedit.

Briefe al euesꝗ de certifier bastardy all' en le pꝉ.13.R.2.hic title Aff.

Profession.

Briefe al euesꝗ de certifier profession all' in lõ des pꝉ.21.R.2.hic title Aff.

Quare impedit. Briefe abate.

Hank si ieo poꝛt Q. impedit, ⁊ count de distur= bans in com̃ S. ou le brẽ ẽ poꝛt del esgꝉ in auẽ county, per que le brẽ abate, le def. nauera buef al Euesꝗ.21.R.2.hic title Ref,dauers.

Plus.

Plus istat hic title Certificat de euesꝗ p totum. Et Temp̃. R.2.hic title Conusans　p Cand.

Briefe denquire de damages.

Dower.

Briefe denquẽ des damages in dower.12.R. 2.hic title Dower.

Curia claudẽda.

Cur̃ claud' Le def. fist def. puis appaẽ. p q̃ Distꝝ ⁊ lieu de Peẽ cape issuist, ⁊ ꝗl iour il fist auẽ foits def. p q̃ brief denquẽ des dam, ⁊ Distꝝ pur faire reratiõ fuit aꝛꝑa.13.R.2.hic title Curia clauõ.

Plus istarum hic title Damages per totum   Damages.
Capacities. vide Corporations.
Cause de remouer plee.

Recordař sue en Auncien demesne, Quia clam   Auncič demesne.
tenet tenementa per finem. Il que le pľ dit q̃ nul   Claim a teñ per
õ ceux que suet parties al fine naři riens en cco   finem.
al temps del fiñ e, mes vn Jl. tout temps conti=   Cõfesse & auoid.
nua son estate & fuit teñ ¶Brough. nous diomus   Nouel causē, ne
que auterfoits vous m̃ ports ass̃, de nouel diss,   serra puis Adde m̃z les tenem̃ts, & demaudomus iudg̃ si ser=   iournement,
res resceiue adire q̃ les tenem̃ts sont auncien   sut certein cause.
demesne ¶Clop. le ple suit remoue & cerť cause,
quel nous auomus distrue, per q̃ iudg̃ si a cest
nouel cause auomus mest̃e a rñ ¶Belk. vous ne   Iour.
fuist̃z aiourne & le primer cause, car nauoits vl
iour per aiournement, pur ceo que tout est fait
a cest terme: Issint estes en tiel cas, come si vo⁹
vsses impleð & sole amenð vostre plæ, per que
rñs al second cause, Mes si vsses estre aiourã
& le primer cause, en que vo⁹ vsses iour per issuc
de paiis, vo⁹ ne ẽra resceiu de resorť a nouel cãe
&c. M̃. 6. R.2. Firzh. Cause de remouer plez. 12.
Capias.

Capias in trespas 2. R. 2. hic title Attour=   Trespas.
ney. ¶13. R. 2. hic title Iuerment conté.

Dette & oblig̃ p vn R. vs la Cõ̃tesse de Or=   Vers Countesse
mond, le Uič reť q̃ el nauer riens. ¶wadh. pria
Capias vers luy, car auez õ record cient̃s deuant
vous, que ij. Capias ount estre ag̃ vers la dit
Countesse al suit de div̄s gentz en autiel cas,
Issint priomus ore ¶Belk. voilo⁹ veier le roll,
& tssint il sist, Et puis Capias luy suit grã̃t. P. 8
R. 2. F. Proces. 224.

Trois Capias isseront deuaunt le Exigent in   3. Capias.
longinal proces. 8. R. 2. hic title Utlagary.

Capias Utlagať. 11. R. 2. hic title a tturney.   Cap. Vtlagatum.
11. R. 2. hic title Utlagary.

Capias in audita querela, 11. R. 2. hic & Briefe.   Audita querela.

F 4   Capias

Dette.

Capias in Dette.12.R.2. hic tit Attourney.

Vers Abbe.

Capias fuit agarde vers vn Abbe sur con-tempt.13.R.2.hic title Iuerment &c. & Proces.

Plus.

Plus istarum.12.R.2.hic t Conusans.

Castle garde, vide Tenures.

Certificate.

Euidence le roy.

Certification des euidence le roy puis serche 7.R.2.hic title Ayde de roy.

Plus.

Plus istarum.6.R.2.hic title Ref de bre.

Certificate Deuesque.

Ne vnques ac-couple &c. Per Leuesque del countie ou le-spousels suer.

Dower in com Lincolne, Le tenaunt pled, ne vnquam accouple &c.Le do dit, que accouple &c. a S, in com Northf. Et per agarde briefe fuit maund al Euesque de Northf. de certifier. 7.R.2.hic title Triall.

Dexcommenge-ment.

Excommengement certifie.7. R. 2. hic title Excommengement.

Profession de Nonne.

Entre sur disseisin,fuit all' q le do e nonne pro-fesse en Lond &c. Et el dit que non. Per que bre fuit maund al Euesque de London.8.R.2. hic title Trial.

Ne vnques ac-couple &c.

Dower vers Leuesque de M. & auters,Que-ux dissoint, que la feme ne fuit vnques accou-ple in loial matrimony, Et alii econtra. ¶Clop-ton pria brief al Metropolitan pur ce que Leues-que fuit partie. ¶Belk. Coment que soit partie le ley intend que il ferra droit, Et il couient que il certifie pur les auters,pur queux il ne partie. Et auer bre a m Leuesque de certifier.10.R. 2, hic tit Triall.

De Bastardy.

Issue, bre fuit maund al euesq de certifier bastardy.13.R.2. hic tit Issue.

Nonne professe.

Coe le euesq certifie, q M.ne nonne presse, ceo estoppe toutz auters a dire que el est Nune professe pur linconueniencie de double certifi-cate & huiioi.19. R.2. Brooke. Certificate de-uesq uesp. 32. Et hic tit Estoppell.

Assise, bee suit mad al eues de certifier pro feffion. 21. R. 2. hic tit Assise. & Judgment.

De profession.

Certiorari.

Inditement de felony suit remoue in Bank le roy. 11. R. 2. hic tit Colour.   s. per Certiorari pur mitter ceo in Cant̃, & dillonques in Banc̃ regis per Mittimus, come see.

Inditement remoue.

Cessauit.

Cessauit vers vn Chaplen dun chaunt, suppose per son briefe que il tient del feme le dot p les seruices del chant chesc Lundye & samadie per tout lan mess. & que auxi doit reuert, Et count que le def. & ces predec ount tenus les tenemts per tiel seruic de temps &c. ¶ Clopton lestatut que done cest accion voit, que le donor ou ces hez auont tiel accion, come c̃ cy est ore, Et il nad count que il suit donor, ne de q̃ don il tient, iudg̃. de count ¶ Thirn. ne posomus count dun don fait auant temps de memorie, p q̃ &c. Et puis lestatute suit lie q̃ voit, quod Competat accio donatori, aut eius hered'. Et auxi seble al court qui il auer espec bee per lestatut, & nemy general, cōe ceo est, p que pur lun & lauter cause Holt. abatt le bee. C. 7. R. 2. F. Cessauit 18. Statham. 12. fo.

De cantar.
Masses.

Le seisin ne trauersable en Cessauit. 11. R. 2. hic pl. 4.

Seisin ne serra trauers.

Cessauit port vers tenant per le curtesy q̃ fist default apres def. Et cei in le reuersion pria dee resceiue, Et suit resceiue. Et le disant count q̃ le t̃ tient de luy per fealtie & vj. s. et in fesant de les suices il ad cease &c. ¶ Cest per resceit dit q̃ le tenant tient del dr̃ p fealtie & iij. s. p ann, sanz ceo que il suit vnque seisie de plusors seruices, Et vous aues cy le tenant per resceit que tend 3 s. pur les arrerages, & les get in Court,

Vers tenant per le curtesy.
Count.

Tender des arrages per t per Resceit.

F s   ¶ Mark·

Suertie.

¶Mark. vo⁹ ne pleð ē in le dē, ⁊ auſ ple ne poies aū, Et vo⁹ ne poiez tenð lez arreē, car vo⁹ neſtʒ ē, ne tiel q̄ puit troue ſuertie, Car meſqʒ il troue ſuertie q̄ iames ne ceſſ, vnc̄ il ne puit, Et auxi no⁹ auom⁹ alſ p le main le tēñt ſein de vj. s. leſ q̄ux il ne tenð. ¶Holt. leſtat de Gloē ca. 4. done q̄ le tāt ēra reſceiue, ſil bient deuant iudgeꝫt, Et ſtatute de W. 2. cap. 4. done que ceſti in reuerſion ſerra reſceiue ſil bient deuaunt iudgeꝫt, ⁊ eſt auter eſtatute. s. de Defentione iuris que done que cēi in le reuerſiō troue ſuertie tiel cōe le court aꝗ, per q̄ ſēe que il ſerra receiue de ten-der

T. per le curteſy.

¶Belk. le tenant p le curteſy ⁊ ceſti in reuerſion ne ſōt q̄ vn tenant in maner aſ ſōꝛ, p q̄ ſem-ble que il troue ſuertie ⁊ tenð. ¶Skip. al tenant p reſceit, auiſes bous, car ſi bous trouez ſuertp, bous ſerra charge de pleine paiment, Et auxi le tenant p curteſp auera le terre a terme de ſa bie mauger le ſoen, Et puis Fuit tenus q̄ il auēt le ple de tender ⁊ troue ſuertie, ſolonque iour a-gard. 11. R. 2. hic title Reſceit.

Pur chanter de une ſeruice.
Count.
Seiſin.
Vieu.

Ceſſauit ōs vn Pꝛiour, Et count q̄ ſon aun-ceſter done certein tē al pꝛedeē le Pꝛioꝛ a chan-ter meſſ 3. foits in la ſemaine in ſa Chappel ⁊c. De qꝛ ēuices il fuit ſei ⁊c ⁊c. Et cēi oꝛe Pꝛioꝛ ad ceſſe ⁊c. Le tenant dꝛe le bieu pur ceo que il ne alſ ſein des ēuices p les mains le ē m̄ ¶Thill. teo ne bep vnꝗs q̄ la ſein ē trāſſable in Ceſſauit, Et il naūa le bieu, pur c̄ q̄ le toꝛt ē ſupp en lui. ¶Bel. vo⁹ ne deuez miſconuſt des qꝛ tenꝫts vo⁹ auez ceſſ, Per q̄ lup ouſt del bieu. 11. R. 2. hic ⁊ Vieu.

De rent

Nota p les Iuſtices, q̄ Ceſſauit ne giſt dun rent ⁊c. H. 12. R. 2. F. Ceſſauit. 17. Et hic pꝛ. poſt.

Ceſſauit de rent fuit aꝗ bone. tꝛ quere ⁊c. H. 12. R. 2. F. Ceſſauit 45. Statham 14. fol.

Rien arere.

Ceſſ ō⁹ l' barō ⁊ ſa fēe, q̄ux pleð ēꝫ arcē, Et al Niſi prius en paijs fuit troue pur le pl', ⁊ al iour en bāk, le barō q̄i def, p q̄ Peē cap. iſſiſt, ⁊ al iour q̄

Petit

Pet cap. ret le fee prcie deste ret pur def.so bat,
Et fuit ret, Et fist ptestat q̃ les fuit fuet meind
ꝛc.ꝙ tend arret ꝑ suertie tiel cõe le court aꝰ ꝛc.
ꝂCur, q̃ si el cest en apres q̃ le tre courge a rem,
ꝙ que il nauer auantage ꝑ tendꝛ aret apres ꝛc.
T.19.R.2.F.Suertie.17.

Cessauit, le q̃ bient deuant iudgemt, ꝓ troue
suertie,que sil cesse en apres q̃ le terre encurge l
rem ꝛc.Et orc Gasc. bient ꝓ reherse q̃ m̃ le par=
son auet cest autf.ꝑ le suerte, ꝑ que le seignioꝛ
auet sue Scire tacias hoꝛs d m̃ le recoꝛd, ꝓ le bre
de Scire fac' fuit seruy laut terme,ꝓ le q̃ ne bient
pas,ꝑ q̃ il preta iudg ꝓ seisin de terre pur le soꝛ,
Et opinio Cur clerem̃t que il auer seisin ꝛc. Et
que le scire fa' gist en le cas,Et Marcam suit de=
pinion,q̃ il auer Cessauit,et que il ne serra rest d
tendꝛ les arret ꝛc. auter foits. M.19. R.2.F.
Scire facias.154.

Plus istarum.S.R 2.hic tit Bꝛefe.

En enq̃st 2. triours fuet estieus, q̃ triet diuise
challeges al teus, ꝓ puis suit cõmand as trioꝛs
ꝓ as auters dl enq̃st de biendꝛ a lendmain b paine
q̃ eux biendꝛa.ꝂClop. les trioꝛs out et ce nute
hoꝛs de gard,ꝓ alet oue lour cõpaiꝫ a large,ꝑ
q̃ cest enquest ne deues prend ꝛc. ꝂSkipwith ils
out nul charge oue eux adit ast ꝛdit,ꝑ q̃ l court
nad cause deux mitter en garde. Et puis m̃ les
Iustices puttet m̃ ceux triours , ꝓ auts deux de
trier le challenge, Et puis lenquest remain pur
def.de Juroꝛs ꝛc M.2.R.2.F.Challenge.101.

Il ne chall' al triour a dire q̃ puis q̃ il ad iure
il mange oue le def.ꝛc M. 2 R.2. Stath. Chall
35.fol. ꝓ M.11.R.2.Fitzh 154.

Nota per Skipwith,si 2 estraungers sount bn
pannel ꝓ nient en fauoꝛable mañ pur lun
part, ne pur lauter, et le pannel issint fait
deliue=

Resceit.

Tender dar puis verdit. Suertie.

Suertie.

Scire facias.

Plus.

Triours.

Enquest.

Triour mange oue le def.

Pannel.

deliuerõt al vic̃ ⁊ le vic̃ ret̃ lar̃, neſt Challeng,
pur tiel cauſe, per que vn Jr̃t̃ que fuit chal,̃
fuit agard bon. ¶ Skipwith dit, que ſi vn pannel
per ſuffrans del vic̃ fuit fait daſſent des parties,
les gentes del panuel tries eins per lun partie
ou lauter, lar̃ fra aſſets bon, ⁊ vncoꝛ il fuit fait
al denomination des parties. Et in Iuris vtrum
vn iuroꝛ fuit chal,̃ pur ceo que il nauer fait le
vieu puis le bꝛiefe purchaſe per le commaund
fait ⅃ lex̃r̃ d⁊ bꝛiefe. ¶ Belk. ne tient ceo a pur=
poſe, Mes demaund del Iury ſil auoit conſans
des tenemẽts dount ⁊c. ⁊ ſil auer vieu ceux te=
nemẽts ⁊ Qui dit que oil. Et puis ſi le Iuroꝛ
fuit chal,̃ pur ceo que il fuit coſin al tenant, Et
les triours diſoient q̃ il fuit coſin, mes il fuit ba=
ſtard, Et les Iuſtices luy ſiet̃ iut̃ ⁊c. M.6.R.2.
F. Chal.̃ 10⁊.

En enqueſt enter le roy ⁊ vn eſt̃, leſtraunge
chal vn iuroꝛ, Et les ſeriants le roy voile luy
auſ chaſe a dire le cãc de ſon chal maint, deuant
que le pannel auoit eſtre peruſe tout ouſter, Et
Touts les Iuſtices diſont en ceſt caſe, que le roy
nẽ ſi non come comen perſon del realme, ⁊ que ⅃
pannel ſerra tout peruſe auaunt le chal ſerra
trie. ⁊c. M.6.R.2.F. Chal.̃ 10⁊.

Nota in Scacc̃ home auſ chal as polles, nõ
obſtãt q̃ le roy ſott partie. 6.R.2.F. Chal,̃ 161. ⁊
Statham. ⁊9. fol. Quere ſil auera al Array, il
ſeble que non, Sinon en eſpecial caſes. Come ſi
le roy ad aſſigne le duetie a vn, a que le vicoũt
doit fauour.

En der les parties fuet̃ a iſſue, Et al Venire
fac̃ ret̃, le vic̃ ret̃ quod Mandaui Balliuo libertatis Cant̃ quil auer fait larray, Et puis habeas corpora fuit ⅃ per le maner, Et al Diſt̃ le
vic̃ ret̃ quod Mandaui balliuo libertatis Cant̃ &
libertat̃s Regine, Mais in le Diſt̃ vn franches
fuit noſme plus que en aſcun auter bꝛiefe, Et
pur

Marginal notes:

Denominations
des parties.

Iuris vtrum.
Iurour.
Vieu.

Iuror coſin al t̃.
Baſtard.

Roy partie.

Monſtre cauſe.

Roy partie.
Polle.

Array.

Array.

pur ceo cause Larray fuit chall' per Hill ¶Wad.
⁊Belk.le Venire fac' voit de vrsineto ꝛc.issint q̄ t̄
briese referre al lieu,⁊ nemi al persō,mes le habeas corpora, et le Distr̄ refert̄ al persons , Et
cy poet estre que ceux del enquest fuet̄ al temps
del Venire facias agarde dcins le Fraunches de
Cant,⁊ en le mesme t̄ps ount vende lour ter=
res,⁊ sont demurt̄ en lauter Franches.Sil fuit issint larray sera bon. Et vncoꝛ il couient, q̄
cest cause soit certisie a nous per le vit̄ ꝛc, Et t̄
nē pas fait.Et hoc nō obstāt larray fuit aḡ bō,
Et lenquest iure, que passe.T.8.R 2.F.Chal=
lenge.176.

Quere si Venire facias issist al vicount q̄l fuit
del councel le pl', si ceo poet estre monstre a oꝛe.
8.R.2.hic tit̄ Supersedeas. Vicount del cōsel le pl.

Si home vtl' de felony dit,que al temps ꝛc.il
fuit cy malade que il ne poet vener,Et le reuse
est all' pur le roy,il auera ses challenḡ.Mesme
le ley ē lou vn abiure, ⁊ est prise hoꝛs del hault
chimin, per oppinionem ꝛc.Coꝛam rege.P.11.
R.2.Statham.Chall'.40. Roy partie.
Challenge per vtlag.
Challenge per abiuꝛ.

En trespas de batery de son seruant, ils fuet̄
a issue,Et le pl' challenge vn iuroꝛ,pur ceo que
auterfoitts son seruant poꝛt briefe de trespas de
mesme le batery,⁊ fuet̄ a issue, ⁊ mesme le iuroꝛ
fuit impannel,⁊ passe pur le def.¶Cha.nous ne
poiomus scauer cel,sinon q̄ eiomus le recoꝛd,et
il ne serra trie sans veier le recoꝛd,nen nul au=
ter tiel case.Per que il demaund des triours sil
fuit loial home ⁊ nient suspicious pur cel cause,
ne pur nul auter,per que il fuit iure ꝛc.P.11.R
2.F.Chall'.106.Pꝛinc̄ hic tit̄ Trespas. Iuror passe pur le def.in auter acci-on de mesme le baterie.
Monstre record.

Si home vtlaḡ de felony dit, q̄ il fuit in pꝛison al temps,Et sur ceo a issue, il aūa cez challenges ꝛc.Coꝛam rege.P.11.R.2.F.Challenge.
165. Vide hic pl'.2. Roy partie.

Le Pꝛouest de Beuerly poꝛt brē de conspira=
cie

cie verz certaine psons del Citie de York, Et
count de conspiracie fait en le com de Midȝ de
luy enditer en banke le roy, quant il fuit a Ꝯ=
wike, Et ils viend, ⁊ pled a iſſue, Et oȝe al Ha=
beas corpora lenqueſt vient priſt a paſſer, Et le
retourn del Venire facias view p le Court, Ou
le return fuit p le vic de Midȝ Mandaui balliuo
libertatj, Duc Lancaſte de S. Qui mihi ſic re=

Pannel part per le baily de Fraūches, Et part per le vic'.

ſpondit, Et reȝ 4. perſons, ⁊ que ne fuer pluſoȝs
en le Fraunchcis ſuffiȝ, q̄ purē ē rcȝ, Per q̄ le
vic retourn m̄, ouſtre les 4. ſuffiȝ pannel de ſon
Bailwik demeſne, ⁊ de ſon authoȝitie vem̄, Et

8. Tales.

auxint al Venire facias retourne, 8. tales fuit
graunt, pur ceo que les Juroȝs ne viend point,
les queux come appiert ȝ recoȝd le vic retourne

Al Array per cãe que nē fuit per le baillie del Frãch. tantum.

meſme, ⁊ ne maund al Baillic. ¶Markham il ſee
clerement que lenqueſt ne ſerra priſe, Car quāt
le vic maund al Bailly de fraunchcis, le Baillȳ
reȝ 4. perſons, le vic auer cel ſans auer reȝ aſ=
cun gents de ſon authoȝity demeſne, Et b ceo,

Non omittas.

Non omittas doit auer iſſue, ⁊ aȝ ceux p le court,
Et per tant que ne ſiſt ⁊c. tout voȝd. ¶Thirn. le
Venire fac' iſſuit al vic, en quel caſe il eſt a luy
de ſerue le briefe, Et coment que il maund al
Baillic de Fraunches, quant le Bailie reȝ que
ne fuerunt que 4. perſons deins le Fraunches,
quel come nous entende, eſt voier, Et quant le
brē del Bailic eſt bon, ⁊ il ne retourne forſȝ 4.
le reȝ del vic adonȝ fuit bon, car il couient de
ſeruer le brē, p que: Et auxint nē reaſon que le
Fraunches ſoit ode p Non omittas aȝ, lou le bat=
lie ad fait ſon deuoier. ¶Markham pur ceo reȝ
del bailie, le bailie ad parde ſon Fraunches pur
feebleneſ del fraunches, Et ſur ceo Non omit=
tas duiſt auer iſſue al vic, iſſint que le vic auer
eȝo garē venter le Fraunches, ⁊ dauer returne
pannel ⁊c. Et ne purē faire luy m̄ iudge, ⁊ foȝ=
iudȝ le Franches, Et puis Thirn ala al Clopt.

ꝓ

en banke le rop, ꝭ dð de luy ē question, Et reut-
ent ꝭ dit que Clopt.dit, que il voile p2ender len-
queꝛt en ē caſe,ꝗ fuit deuant luy , Et auxi que Enqueſt prie.
ceo ſouent ab eē fait en ceo caſe,Per que Thirn.
ðð del Seriants le pl,ꝗls voilent, que lēqueꝛt ſoit
p2iſe, Queux p2iēt lenꝗꝛl. Et ſur ē Thirn. chall̄ Array.
larray pur le def.quel fuit affirme ꝰc. Et puis il
challenge les teſtes,ꝭ 6. fuēꝛ iures, et touts les Polles.
autes tries ho2s, pur ē que ils auer manger et Jurors mãger as
beū as coꝛtags le pl pend le ſuit, Et 10. tales coſtags lun party
ſuit graūt,ꝭ tour done ouꝛler ꝰc.M̃.22.R.2.F.
Challenge.177.

Champertie.

Le p2io2 de M̃. po2t bēe de champertie vers Vers cei ꝗ purch.
P. Et count que lou il auer po2t b2iefe dent ꝗs pendãt le briefe.
W̃.le dit P.auer purch.le terre de luy Et auer
p2iſe xl.s.puis le bēe dentre pur mainꝭ le qua-
rel ¶Hank.noꝰ diomus ꝗ vn R.P.fuit ſeiſi de cē
terre en fee, ꝭ mo2uꝛt ſeiſi, ap2es ꝗ mo2t J. ſon
ſits enter, ꝭ alien m̃ le terre a nous, ſans ē que Sur bargain de-
W̃. alien ꝰc. iudgeꝛiit ꝰc. Dīt a xl.s.il ne p2iꝛt uant le ſuit &
point,Et alij ecōtra ꝰc.Fuit dit par tout le court, feꝛⁱrat faict apres.
ꝗ ſi ieo bargain aſe ꝭre deuant le b2iefe purch. ꝭ
puis vn bēe eꝛt po2t ꝗs le ꝭ de m̃ le terre,ꝭ puis
il liuera ſeiſin, b2iefe de champerte ne giꝛt, pur
ceo ꝗ ſerra entend que ꝉ bargain ne ſe fiꝛt ꝑ tiel
cauſe ꝰc. M̃.19.R.2.F.Champertie.15.

Chappel.

Garden dū chappel: et Chaplen du chaūte-
ry.22.R.2.hic titꝉ B2iefe.

Charge & Diſcharge.

Lou Receiuo2 ſe diſchargera de lencreaſe et Diſcharge per
p2ofits per ſon ſerement en accompt. 2. R 2.hic ſerement.
titꝉ Accompt.
Lou leꝛre ſerra charge in b2iefe dannuitie.5. Leꝛre charg².
R.2.hic titꝉ Annuitie,
Annuitie ꝗ ꝑ p2iou2 ꝭ couēt liera le Suc= Succeſſor charge
ceſſo2

cessour.6.R.2.hic tit Double plee.

Tenant en dower poet charge pur sa vy, Et
bñ: Et apres sa mozt lheire tiendza discharge.
8.R.2.hic tit Aid.

Charge per T. en dower.

Charge discharge per le survivor.

Baron & feme estant iointenants deuaunt le
coûture, le baê est lie en Recognis, & dei, l' Re-
cognisanc est discharge. ¶ Wadham.8.R.2.hic tit
Aid in fine.

Charge per prõn & ordinarie sans le person.

Patrõ & ozdinarie poent charge en têps ð vaê
et c litera le Successoz. 8.R.2. hic tit Annuitie.

Reuersion.

Cesti in reuersion depend sur estate pur vie
puit charge le terre duê le vie le tenant,& tiendza charge apzes le mozt le tenaunt a terme de
vie.8.R.2.hic tit Annuitie.

Person prõn & ordinarie.

Person per lassent le pêon & Ozdinary poent
charge lesglise oue annuitie.11.R.2.hic tit Annuitie.

2.Ioinê, lu charge & deī.

Repleuin, le def. auow. pur ceo que J. fuit
seisie en fee de certaine terre,& luy graunt rent
charge &c. Le pt dit que J tient iointmêt oue A.
sa fêe que fuzquist J. que estate il ad ¶ Tond. J.
fuit sole seisie pzist, Et alij econtra &c. H.17.R.
2.F.Charge.15. Quere si ceo ne doit eê 17. E.
2.Car ascuns des Impzessionz de F.Abzidgisits
sont issint.

Plus.

Uide de ceo plus.8.R.2.hic tit Fee. 2.R.2.
hic tit Dams.

Charter de pardon.

Puis vtlag. in dette.

Scire fac.

Home vtlage en dette suit pur son chêe de p-
don,& auoit ceo.& sunt Scire facias vers le partie,
ret a xb.T.dat past a ql iour le pt vient & coñt
vers le def.& sic per hoc dies dat est en xb. M.a
ql iour le def fist def. & son chêe allowe,& distr ad
iudg vers luy &c.M.6.R.2.F.Charter.6.

Vtlag. in dette.

Scire fac.

Dette. le def. fuit vtlagat9, & purchase charter de pardon,& suist Scire tac' vers le pt que vient per le Scire fac', & count vers luy. 7.R.2.hic
tit Attourny.

Home

Home vtlag en dette, auer charter de pardō, et Scire fac' ret oze, & le briefe fuit ret Nihil. ¶ Finch pria que le chēe soit allow. ¶ Burgh sues Sicut alias, & sil rēd issint. s. Nihil arrere, le chēe serra allow. 8. R. 2. hic tit Attourny.

Vtl' in det. Scire fac', & le Plent ret nihil.

En appeale le princ fuit vtlag, & Exig ag vos laccess. & al exig vos laccessoē, le pl' fuit nonsue, & puis le princ purch. chartre de pardon, & pria q̄ il soit allow, entaunt q̄ lozig. fuit determine p le nonsuit ¶ Gasc. deuant le nonsuit il fuit determine vers vous p lutlare, issint le prof. de vtlaē bone, & ieo ne voil' est en voste case pur C. li. quasi diceret sub periculo, Sus. per coll'. H. 11. R. 2. F. Charter. 17. Et hic tit Vtlag. vide tit Mōl.

Appeale.

Dett vers iij. al Exig. lun se rend, Et les aues fuerunt vtlage, Et cesty q̄ se rend vient & dit q̄ il fuit prist dauer pled oue le pl', & il fuit nonsue, Et oze les auters deux que fuerunt vtlag fuerunt lour chēes, & ne point suer Scire facias, p que ils priēt q̄ lour charters soient allowes. ¶ Thirn. issint est reason, Et le record fuit view, & issint fait, per que &c. M. 12. R. 2. F. Charter. 7.

Allow sans Scire facias.

Un feme fuit weiue in briefe dappel, Et puis purch. chēe de pardon, Ita quod stet recte, et suit Scire facias verz le pl' ret oze, & oze le pl' fuit garny, & fuit demaund & ne vient, par q̄ le chēe allow, Et fuit all' par le fēe q̄ le party auer ret a luy &c. P. 12. R. 2. F. Charter 8.

Spialis charta, s, Ita quod stet re-ctus in cui'. Scire facias & pl'. ret garny. Releale lappel-lant.

Si le baron & femme sount vtlag. & le femme appeare, mes le baron nemi, el ne poet suer Scire fac' coment que el ad charter de pardon, tanque le baron vient. 12. R. 2. hic titul Vtla-garie.

Baron & feme.

Scire facias.

Charter de terre.

Tenaunt en taile, le rem ouster, discontt-nue & luer le fait, & deui sans issue, cesti en

Fait de taile.

G remain-

remainder nauera le fait.11.R.2. Br. Charters
de terre &c.71. Et hic tit Detinue de charters,
Et Chattelles.

Chattelles.

Fait de taile & remainder.
Tenant en taile, le rem ouſter,alien,& liuer
le fait, ceſti en remainder nad remedie.11.R.2.
Br. Chattels.25.in fine. Et hic tit Charters de
terre,   Et detinue de charters.

Apparell.
Qui auera la veſture, ou apparel dun home
troue moꝛt in le champ.11.R.2.hic tit Jndite=
ment.

Executors.
Queux chattelz lexcŕ le baron aueront apꝛez
le moꝛt le baron , Et queux le feme.11.R.2.hic
tit Baron & feme.

Auowrie.
Auowꝛie fait pur rent reſerue & chattel.11.R.
2.hic tit Auowꝛie.

Reall. Baron & feme.
Le baron ſole , Ou le baron & feme aueront
accion pur chattel reall de iure vꝛoꝛis. 22.R.2.
hic tit Baron & feme.

Plus.
Plus iſtarum.12.R.2.hic tit Means &c.

Chymin.

Diſtreſſes
Nul pꝛende diſtres in le hault chimin,ſi non
le roy & les miniſters Per Wadham. 11.R.2. hic
tit Diſtres.

Clayme, vide Continual claime.

Cynke ports, Gales, & Eſcoce,

Gales. Lieu. Direct.
Briefe poꝛt en le comen banke de terre en
Gales,que né Fraunchez,tenus bon en Quare
impedit &c. Quere a ꝗ le bŕ ſerra direct.P.6.
R.2.Statham Briefe.71.fol.

Eſcoce.
Eſcoce eſt auter terre & auter realme,& nemy
parcell Dengleterre. 8.R.2.hic tit Continuall
claime.

Cynke ports.
Accompt vers vn come Recҫiuer des de=
niers

niers in diuers villes &c. ¶ Thirn. vn des villes
quex &c, ē deins les 5. portes, ou briefe le roy ne
curge, Iudgement de briefe, Et le brē abate
pur cel parte. 11. R. 2. hic tit Brē.

Clergie.

Home fuit arē en banke le roy deuant Clopt.
pur fel' oue maner, al fuit del partie, que plede
De rien culp. & fuit troue culp. et foy prist al
clargie, Et fuit aiudge pur clarke attaint, p que
Clopt. lui liū a Lord fans faire purgacion. Et
Dit pur ley, si home foit attaint de fel' al fuit del
partie, & foit clark & liuer a lord, que il ne ferra
iammes fa purgacion. M. 11. R. 2. F. Coron. 109.

Appeale.
Puis verdit.
Clerk attaint.
Commissus est
ordinario absque
purgatione faci-
enda.
Purgation.

Colluson & Couin.

In Iuris vtrum fuit troue, que les tenements
fuerunt del droit del esgl' per le Iurē, Et Belk.
dd de ces compaigñ si befoigñ denquer del col-
luf, Et ils dit, que non, Et apres il m dit en
conien bank, q quant le point dun acc est troue
il ne befoigñ iammes de plus enquē: Come in
Iuris vtrum, quant est troue que le terre est del
droit del esgl' suffist, & vncore cest brē de droit,
Et auxi si abbe port ass, & lass ē prise per dff.
riens fra enquif. que le ssin & difs, isīnt que si l'
point del brē foit troue suffist, fauns enqre del
droit labbe, Conēt q laut ad est fait, Et lestatut de Quale ius est folement dentendē lou le
rec est p defaut. M. 6. R. 2. F. Colluson. 40.

Gard Hs m. et auters, p cāc de nonage R.
fitz C. Queux difīoīnt q C. l' auнē lenfant en-
fesse les def. p fait en fee, Daūs ceo q cesti Iun-
cesser viā puis ē auer ferīa a iour volunt, Le
pl' dit que ceo fefinent fuit fait per colluson de
nous toller de nostre gard, Car cesti Auncesser
auer iīsue 2. fits, E. R. leisne & m. puisin,
R. De age de 2. ans, & m. De age de vn an.

Iuris vtrum.

Afsise.

Quale ius.

Colluson de tol-
ler Gard.

Auerr. encoun-
ter ferment.

G 2 &t

Et launcester deuant son murrant declare son
volunt a les def. que ils duissent auer le terre
tanq al terme de xx. ans, & que touts les pro=
fits en le mesne temps serra gard al oeps len=
fants, Et si R. fuit en vie al fine de 20. ans,
que ils luy duissent enfeffer, Et si nēt que ils
enfeffe Wil. issint que lun & lauter serra d pleine
age, et issint ceo collusion &c. Quod concedi=
tur. Per que les def. dit que le fefment ceo fist
&c. sans tiel condic prist. 8. R. 2. hic tit Collusiõ.

Colour.

En bre dentre in nature dassise. 7. R. 2. hic tit
Entre in le per &c.

Ass port per femme: le t dit, que vn Wil. fuit
seisie de m̄ les tenements, & fuit endict de felo=
ny, quel fuit remoue en banke le roy, & le proc
continue tanq il fuit vtlage de m̄ le felony, per
q̄ le seign̄ de q̄ les tenements &c. ent come en sõ
escheate, & fist feffement al t, Et le pl' enclaim
estē soer & heire cesty Wil. lou il fuit attaint, a=
bat t lon pose, & il luy reoustē ¶ Markham. si Wil.
soit attaint de felon̄ il ne puit aū heire, & aux=
int il nall' my q̄ cesty Wil. est mort, per que t nest
colour done a nous, p q̄ iudgemt ¶ Nedham, vo⁹
ne dedits q̄ il fuit vtlage, et q̄ Wil. claim come
hēc, & le quel q̄i! soit mort ou non, ieo nay med=
ler, par que iudgement ¶ Markam, plede nul en=
dictment prist. ¶ Nedham, vous ne dedits que il
fuit vtlage, & mist auaunt reē sub ped' &c. pro=
uaunt lutlagaē de felony, mes riens del endict=
ment ¶ Markam. le reē ne parle dendict m̄t, per
que iudgement, Et per cur non allocatur, eo que
est proue per reē que il fuit vtlage &c. pl'. 11. R.
2. ꝉ. Colour. 4 5.

Colour in Assise, 13. R. 2. hic tit Assise.

Colour in Trespas de chiual prise. 13. R. 2.
hic tit Iurisdiccion.

Plus de t. 12. R. 2. hic tit Iurisdiccion.

Comen.

Comen.

Si home gr̃ comen en touts ses terres en tiel ville, la le grauntee nauera comen en touts les gardeins, prees, & terres emblees, car ils ne sont terres de pasture. Mes sil graũt comen a touts maner de beastes, il auera comẽ a porcs, pur ceo que le gr̃ est generall, 2. R. 2. hic titul' Barre.

Gardein, pree, ou terre seme oue blees.

Porces.

Un Commoner poet auow le prise daũs en l' commen dam̃ fesant. 21. R. 2. hic tit' Auowrie.

Auowrie pur Commoner.

Thirn. Tenant in taile ne poet faire discontinuans de diuerse choses, come comen de pasture &c. pur ceo que il nad in maner que a terme de vie, & ses heires sont purchasers oue luy, Issint que son graũt ne poet dur̃ forsq; pur son temps & vie deñe. ¶Hank. il nẽ meruaile coment que lissue in taile ne serra mise a saccion, pur ceo q̃ il fault accion. ¶Thirn. ieo dic que ne fault, Car lissue auera Quod permittat del comen. 22. R. 2. hic tit' Discont' de poss'.

Quod permitter.

Commission & Commissioners.

Commission pur leuier quinzisme. 8. R. 2. hic tit' Quinzisme.

Quinzisme.

Concord, vide Accord.

Condicion.

Home lessa terre a terme de vie, sur condic̃ q̃ sil graunt le reuerc̃, que le lessee eit fee, & puis il graunt le reuerc̃ par fine, & le condicion adiudge void en le cas Plesington, Car le franktenement & le fee est en le Conusee loialment, deuant que le lessee poit ceo prender p le cond. 6. R. 2. F. Condicion. 19. Statham, 15. fol. Uide de c̃ en tit' de Quid iuris clamat, Et hic prox. pl'.

Si le lessor aliena Que l lessee auera void.

[D] Robert Piessngton suist Quid iuris cla=
mat hors del note leuy a luy per J.B.vers Wl.
M.& J.E. & a terme dans dun maner. Wl.M.
bient & dit que il suit tenant de franktenement
iour del note &c. & vncor & del lease J. B. & de=
maund iudgement si &c. [E. [Holt, a claime
franktenement ne serra receiue, car per cest fait
endent de vee seale J.B.graunt a vous & a J.
E.a terme de 11.ans,le quel terme dure vncor,
per que iudgement si &c. & mitte auant le fait,
quel vesie que il auer lease a terme de 11. ans,
& en case que le lessor alienast que les lessees a=
uer franktenement, Et auxi si le lessor deuiast
dans son terme que ils auer franktenement.
[F. [Clopton vous vies bien coment lalienac
e de record per le note leuie, Et ouster dicimus
que nous prissomus estate et liuery per le fait,
& del houre que prissomus estate sur condition,
le quel condition est performe, per quel nous a=
uer franktenement, iudgement si deuoimus att,
Et si ceo demurre.[Holt cest condicion est void,
& encounter ley , car sil serroit de force chescun
de eux auer frankt dun si chose a vn si temps
& instans, que ne poet estr:[G] Et chescun fine
est vn iudgement en luy si, & cest iudgement ne
poet est defete, nosment quant ceux que suer
parties al fine, ou ascun de eux suer tenaunts
del frankt al temps , Et ore icy J.B. suit &
del frankt al temps &c. Et J.E.& Wl. M ter=
mors, & issint le fine barie in chescun point, Et
cest franktenement poet J.B. graut, & per au=
ters parols ne puit il graunter , si non suppos
que ils sont tenant a terme dans per que le fine
bone,& il doit att, Et per le fine le franktenemt
suit vest, per que il ne poet vestr in auter
per ceo [H [Clopt.quant 2.estates sont grats
per le ley per cesti que ad power de graunt ces
que ad leigne estate retenes, & lauter serr nul.
                                              car

car title eisne dispzoue title puisne, Et issint est
tcp per le condic perimplie, [I ¶Hul nο⁹ auοm⁹
bieu bien tiels sefments adiudge de fοzce, cόe
lease pur terme ɬ condicion, que ſi le lessɛ pay
certeyn deniers a certein iour apzes, que il a-
uera fee,ɬ al iour il papa, ɬ fee accruist : Et
auxi lease vt supza, ɬ condic que ſil suit oust
deins le terme, q̃ il auera fee, Et tout adiudge
bon , ɬ fee accruist per le condicion perimplie.
[K ¶Holt il est ciere lep que ſi le conisοz vst oust
les termοzs, et fait alienacion, que les termοzs
nauēt assise de cel ouster, ne de cel possession,
car le possession del franke suit in I.B. le coni-
soz [L ¶ Belk. certes ico sçap certeinment, que
de lease fait a terme ɬ condicion que ſi le leisee
pay certein deniers deins le terme, que il azet
fee, Ieo die que ſil pap les deniers il ad fee:
Mes vncοz ſi deuant le iour de paiment le lessoz leuie sinc a auter, le lessee deit attοzñ p pz-
testation, ɬ ſii pay lez deniers al iour, les coni-
see les auera, Et le conisce auera le rent resue
tanɡ al iour de paiment. Et ſi le terre suit less
a terme dans sur condicion q̃ ſl soit oust deins
le terme per le lessοz que il auera fee,ſi soit oust
il auer f ɬ per le condicion. Mes vncοz il nauera assise de nul post chc deuaunt toussɛ, mes
couient necessario de happer vn possession apzez
le ouster, ɬ de ceo il auera Assie. Et ſic de ceo
que est ciere lep ne volomus faire difficultie.
[O Et puis suit adiudge,(pur ceo que il claime
frankten per fοzce dun condic que est encounter le lep, Et le frankteñ quel il claime p fοzce
de purchase fait per vn auter ne puit il añ,Car
1. per diuerse purchaɡ ne poent iammes
claime franktenemēt dun mesme chose,) que ic
pz putra enter, ɬc. [N ¶ Clopton ſi ieo lease
terres sur condicion que le lessee ne pzen-
dera nul pzofites , cest contrarie al lease,

G 4

et

Sil pay deniers
quod tunc il
auera fee.

Sil soit oust que
il auera fee.

A que paiment
leua fait.

Repugnant.

et eſt boid. [P]Fuit-tenus per Belk.& Wadham
que le ſecond condition fuit bon,ſ,ſi le leſſoʒ dēi
deins le terme ᵹc. que le leſſee auera fee : Mes
ſēe que il parde le aduātage de ceo per ſon plee,
Quere,car le leſſoʒ fuit in vie. 6. R.2.hic title
Quid iuris clamat.

Si le leſſor deuie, que le leſſee auera fee.

Det ſur obligation.❡Markh. le pł per le fait
endent, que cy eſt,graunt al def.que ſil fuit pʒiſt
de eſtre al arbitermͭ de certen parſonʒ , ᵹ nōe
lour noſineʒ de certen debaᵗ entē le pł ᵹ luy, a
certen iour et lieu a Lincolñ , que lobligation
ᵹc. et dit que il fuit tout temps pʒiſt de eſtre a
lour agard, ſils voilent arbitē, et dit que ils ne
arbitē .❡Locton. donᵹ vous ne eſtoies a lour
arbiterm̄, per q̄ pʒiomus noſtre det.❡Fulth.voᵘ
naſſigā nul defaut en luy,par q̄ : Et ſi per len=
denture il vſt eſtre lie deſtoier a lour arbiē a ti=
el iour ᵹ lieu, et ne fuit mͥͤe adonque,parauen=
ture lobligation ſerē foʒfeit : Mes nous en=
tendomus en ceſt cas, que vous fuiſtʒ tenus de
les ameſñ dauer arbiᵗ, et ſi vous ne fiſtʒ mͥͤ,
donᵹ ceo fuit voſtre foly demeſne.❡Locton lun
des arbiᵗ le 10. iour dauguſt lan ᵹc. a Wl bient
al def.a luy garny de eſtre a Lincolñ le iour de
Seint ᵹc. ᵱchein enſuaunt, doiet lour agard,a
quel tempʒ le pł fuit illonᵹ, ᵹ le def.ment,iſſint
lobligation, foʒfeit. iudgement ᵹc. Mes nota
que Locton fuit chaſe per Skipwith a diᵉ ſil fuit
garny ou nient.❡Markh.il ne fuit garney,come
il ad dit pʒiſt, Et alii econtra ᵹc.ᵀ.7.R.2. F.
Barre 239.

Dēe priſt de eſto=ier al arbiterm̄t de A.& B.

Quere ceſt diuer-ſitie.

Notice del agaᵣd

Iſſue.

Det ſur obligatiou ❡Clopton per le fatt en=
dent que cy eſt,le pł graūt,que ſi le def.ne chaſe
en ces parkeʒ ꝺ iour del date del obligation en
auaunᵗ, que adonᵹ lobł ſerra tenus pur nul,
Et ſi le def.fiſt aſᵉ trñs,ᵹ ceo pʒoue per ij. loy-
alʒ homes,que adonᵹ lobł ſerra en ſon foʒᵉ.Et
dit q̄ il neſt troue par ij. loialʒ homes nul ᵗᵗis
vnᵉ,

Qui ne chaſᵉ in le parke le pł.

bñ, par que deuaunt que ceo soit troue, no⁹ en=
tendomus que acc̄ ne ꝗc. ¶Belk. intendꝫ que ceo
ſerra trie oꝛe per ceſt ſuit, ꝗ pꝛoue cienꝫ: ꝗ a bēe
entent il couient eſtre troue per ꝗ. deuaunt ceſt
ſuit comenſe, Et ſi voſtre caſe ſoit tiel, potes di=
re que nauerꝫ fait trūs a luy, ꝗ iſſint auoid lob=
gation, per que autſe ꝗ voiles faiꝷ ¶Clopton. il
ne fiſt trūs a luy en ces parꝜs puis le feſans, cōe
il ad count pꝛiſt, et alij e contra.ꝗc.¶.7.⸏.2.꜀.
Barre.241.

Det ꝗ obliꝗ, poꝛtant date a ꝶ.poꝛt ꝑ exec̄, le
def.dit que lobliꝗ eſt endoꝛc̄ ꝗ condic̄, ꝗ ſi le def.
paye ꝶ.markꝫ al feaſt de Pentecoſt, ꝑchein en=
ſuant puis le confecc̄ ꝗc.a auter lieu al teſtatoꝛ,
que adonꝗ ꝗc.ꝗ dit que a m̄ le feaſt ꝗc.ct a ꝶ.le
teſtatoꝛ ꝗ le def. accompt enſemble, ꝗ pur c̄ que
le teſtatoꝛ doit al def.xx.ꝉj.pur auter contract, le
teſtatoꝛ alow ꝉꝫ xx.ꝉj.en paym̄t de ꝉꝫ ꝶ.markꝫ
ꝗ ꝉꝫ ꝶ. markꝫ a luy pay a m̄ le iour, iudḡm̄t ꝗc.
¶Wad.le condic̄ c̄ ſil pay, ꝗ il nalꝉ my nul paim̄t,
ꝗ iſſint il nad pfoꝛme ꝉꝫ cond. Et non allocac̄, car
fuit dit, ꝗ auxibn̄ fuit c̄ allowāce, ꝗ ſil bſt pay ꝉ
teſtat, ꝗ il luy bſt repay, ¶Wadhā le paym̄t doit
eſtē fait a auter lieu, ꝗ nemy a ꝶ.ꝗc. Et non al=
locatur ꝗc.¶.12.⸏.2.F.Barre 243. Et poſtea.

Un fēe fuit pꝛiſe ꝑ cap vtlagac̄ reꝷ oꝛe, Qui vi=
ent ꝗ dit que el fuit obliꝗ al vic̄ de gard ſon iour
ꝗ pꝛia que ſon Ᵹ ſens ſoit recoꝛd vers le vic̄ de
luy gard ſans dam̄ ꝗc.12.⸏.2. hic tiꝷ Utlagary.

En det ꝗ vn obligac̄.¶Rick.le obꝉ eſt endoꝛce,
ꝗ ſi le def.deliūa certain biens, a vn J.deuaūt
tiel iour, ꝗ adonꝗ ꝗc. Et diomus ꝗ al temps del
m̄ le obligac̄ le pꝛopertie de m̄ les biens fuit a
m̄ ceſt J.le quel deuaunt m̄ le iour releſſa a no⁹
per ſon fait toutꝫ accions, ꝗ tout que il aū en m̄
les biens, iudgem̄t ſi acc̄. Et le pꝉ demure ꝗ le
pꝉe.¶.12.⸏.2. Statham Barre ,51. fol. Sꝉe
deuaunt.

Nul lieu de paiment.

¶ T. port briefe de det de xx. li. par obligac̃, et l'endorcement voil' a paier al feast de P. mes a nul cert lieu. ¶ Wod. nous tendoms les dens a luy al iour ass al Dx.&c. et vnc̃ prist sumus a paier. ¶ Brun. suns demure a S. en le coūte de N.& la duisses paier. ¶ Thir. vee cõst voit q̃ vous dbastis &c. zq̃ il refuse de paier &c. Et il nest en c̃ cas cõe si obligac̃ vst ple en ass cert lieu, car la cesty que est oblige est tenus de paier al lieu, issint il doit profer, Mes en ceo cas vous luy deues demaun= der, car il nest limitte en nul lieu en cert, pur ceo que il ne puit auer counsns quant vous volles auoier, issint deues demaunder, Et lop= pinion de toutz les Iustices que il duist dver largent, et lobligec̃ nient profert Et puis per counsel del court le pl' prist les deniers &c. pur ceo que le ley suit encounter luy de tendē, car il duist demaunder, &c. P. 19.R.2.F.Dette.78.

Confession & Nient dedire.

Formdon.
Confession.

Formdon, le tenant confesse laccio, per que le dj̃ rec̃. en les motes de Clopton.2.R.2. hic title Estopell.

Abbe coufesse.

Lou confession dabbe lieta le Successor, Et lou neanp.7.R.2. hic title Vode.

Confession.
Plaint.
Formdon.
Nient dedire.
Plaintife.
Confession.

Briefe abate per confession le pl'.7.R.2. hic ti= tle Iointennancy.

Formdon, le tenant ne puit dedire laccion le dj̃, per que il rec̃.8.R.2. hic title Amercemt.

Confession et nonsuite diuersitie. 11.R.2. hic title Appeale.

Confession dat= turney.

Quere.

¶ Trespas vers baron & feme, quex plede vil= lenage en le pl'. regardãt al manner que il aue= ra en dr̃ sa femme, sur que fuer a issue, Et al Nisi prius le attourney des def conust que il suit frank.&c. Per que iudgement fuit done pur le pl'. Quere si per cest conusans la femme serra con=

concluDe a toutz iours 12.R.2. hic title Attourney.

Formdon, ceſty in reuerſion fuit receyue, et **Formdon.**
conuſt laccion, per que ſein Del terre fuit agard **Reſceit.**
vers luy. 12. R.2. hic title Reſceit.

Plus De confeſſiõ Temp. 2. R. hic tit Journes **Confeſſion.**
accompts.

Plus De nient DeDire. 11. R 2. hic title Colour **Nient deDire.**
7. R. 2. hic title Entre en le p &c.

Confeſſe & auoide.

Plee remoue hozs Daunciē Demeſne, Quia **Cauſe de remoũ**
clamat tenere tenementa per finem, A que le pl̃ **ple.**
Dit que ñul De ceux que fueꝰ parties al fine na- **Fine.**
uera ꝛ en ceo al temps Del fine, mes vn I tout **Parties al fine**
temps continua ſon eſtate, et fuit teñt. 6. R.2. **nauoiẽt riens &c.**
hic title Cauſe De remouer ple.

Releaſe confeſſe et auoiDe. 7. R. 2. hic title **Releaſe.**
AiDe De roy.

Scire facias Dauer execution hozs Dun fine, Le **Parties al fine**
Def. Dit que les parties al fine nañ riens al tẽps **nauer ꝛ al tempꝭ**
Del fine leuie, mes vn R. fuit ſei a ceo temps, **&c.**
Deuaunt ꝛ apzes, que eſtate nous auomus. 7. R
2. hic title Scire faꝛ.

Dower, Le tenaunt pleD barre per fozꝛ Dun **Fine.**
fine leuie a ſon pere in taile Deuaunt le title le **Partes finis nihil**
baron &c. ¶ Hilling lun partie ne lauter ne fueꝰ **habueꝛ &c.**
ſeiſies al temps Del fine leuie, Et bon ple per **Diuerſitie.**
Curiam, ſans Dire qui fuit ſeiſie. Mes ſil Dõ ex=
ecution, ſi le tenaunt voile pleDe vt ſupza, il Di=
ra qui fuit tenaunt, pur ceo que cẽt qui eſt te=
naunt Doit auer coniſans qui fuit tenaunt De=
uaunt luy. 19. R.2. hic title Replication.

Confirmation.

AiDe De ceo. Temp. R. 2 hic title Aſſiſe

Coſpiracy.

Conspiracy.

Confederacy.

Deux fuer indites ɫc. ɋ ils poɿt bɿiefe de Cõ=
spiracy, Le bɿiefe fuit, Confederauer̄ & Conspi-
rauerunt auɽi ɫc. ᶜ Wade. hõe auera bɫe de con=
spiracy, coment que ils ne flet̄ ɫ̄, mes le confe=
deracy tantum ensɫe ɋ il reɫ damage. Et poiɫt

Daɱ.
Inditemene.
Ioind. in accion.

esɫe indite de ceo auɽi: Mes pur ceo que lour
greuans esɫ seueral, Ideo le bɿiefe poɿt in co=
men, fuit abate. 19.R.2.hic title Bɫe.

Mort lun def.

Bɿiefe de Conspiɿ Ꝫs iij. ᶜ Gasc iudɡ de bɫe,
car ij.Ꝫs ɋuɽ le bɫe esɫ poɿt sont moɿtz ɫc. ᶜ Fir-
with, ɋ depuez ɋ ilꝫ fuer̄ en vie tour de bɫe purɫ
ɫc. le ɋl ne deditz ɫc. iudgɱt ɫc. ᶜ Thirn. il sēble
ɋ le bɫ abat, car le tierce ne puit eē attaint, pur
ɫ que vn ne puit cõspire, et en cõspiraɫ Ꝫs ij. ɑ
lun vient ɋ plᵈ de rien culꝓ, ɋ soit troue culꝓ, et
puis lauɫ deuie, ieo die que le iudgɱt ne fra rēɡ
pur ɫ que troue esɫ que lauɫ ɫ moɿt. ᶜ Tirwith,
ieo vieu m̄ deuaūt mon̄ for R.Charlt, et vo⁹, en
bɿief de conspiɿ poɿt Ꝫs ij.lun vient et plᵈ de riē
culꝓ, et troue fuit culꝓ, ɋ le plᵈ reɫ son suit vers
lauɫ, ɋ auer iudgɱt Ꝫs lun, issint icy quaɫ le bɫe
esɫ bien poɿt al cõmencemēt, ᶜ Rik.il y ad diū=
sitie enɫ lez ij. caɫ, car en vostre case ɋ lun soit
troue culꝓ, en man̄ lez ij. sont attaintz, comɫ ɋ il
puit plᵈ apɿs, Et bɿief de conspiɫ nē maint Ꝫs vn
sole, p que ᶜ Horneby, esɫ diuersitie ou le bɫe esɫ
bn̄ purchas a bn̄ temps, et ou nemy, Meꝫ icy le
bɫe fuit bn̄ purchas al commencemɫ, Et il puit
esɫre bn̄ troue que il conspiɫ oue ceuɽ que sont
moɿtz ᶜ Gasc.en conspiɫ Ꝫs ij.ɑ lun vient, ɋ soit
troue nient cuꝓ, lauter esɫ assouth, et le bɿiefe
abat, Et issint icy que sont moɿtz sont assouth.
ᶜ Markam, ɑ asɫ des pɿim̄ iurours sont en vie,
attaint gisɫ ɫc.issint ɋ ceuɽ que sont en vie sont
attaintes, auɽi auaunt sont ceuɽ ɋ sont moɿtz,

Iudgement.

Vers vn sole.
Vn ne poet con=
spire.

                       per

per que quant le brē fuit bone al comencement
le mort de ceux nabatre le briefe &c. M.22.R.F.
Briefe.888.

Un port brē de Conspiracie vers cert per= Count.
sons del Citie de Porke, Et count de Conspi=
racie fait en le com de Midd, de luy enditer in
bank le roy quant il fuit a Euerwike, Queux
viend & pled al issue.22.R.2 hic title Challenge. Issue.

Consultation.

Home auera Consultation De mortuar per Mortuarie.
Charlton.13.R.2.hic title Jurisdiction.

Contempts.

Proces sur Contempt.8.R.2.hic title Sur= Proces.
mise.

Un brē ret & Capias,quod cepit corpus,& ipsū Prise de prisoner
misit in castro de D. Et le Abbe de M.ipsum extra castrum.
cepit extra castrum,& Capias issuist vers L.abbe.
13.R.2.Brooke Contempts,16. Et hic title Ret
de briefe.

Continuall claime, & Nonclaime.

En Ass.de nouel diss,le tenant plede en barē Fine.
per vn fine leue deuaunt lestatut de non claim,
& dit que le pl' fuit vn an & vn iour puis le fine
leue,hors de prison,& de pleine age,& deins les
iiij. mer, & ne mist mie son claime &c, le pl' dit
coment il fuit a cel temps en Escoē tout lan & Nonclaime.
le iour dount il parle, sans & q̄ il fuit en Engl',
come il ad dit &c. Et fuit challenge, pur ceo que
il ne dedit, que il fuit deins les iiij meres: Et
pur ceo que Escoce est auter terre & aut realm
aparluy, lissue a ceo purpose fuit tenus asses
suffic, Et puis le tenant dit,que il fuit a T. en
Engl' en le countie de N. &c, M.8.R.2. Fitzh.
Continual claime.13.

Con-

Continuances.

Dies datus puis count. Home vk' in Dette purchase chîe de pardõ, et Scire facias vers le pl' returñ 15. Tr. a quel iour il count vers le def. & sic per hoc Dies datus est in 15. Mich. Quere. 6. R. 2. hic titl Charter de pardon.

Demurrer. Quant demurrer & ioine le primer iour del terme, tout cest terme apres le pl' ne poet estre nonsue, tanque auter iour soit done a les parties, Mes al iour que il ad per adiournement sil nappere, il purt estre nonsue. 6. R. 2. hic titl Nonsuitz.

Continuans & imparlans. Quare impedit, si le def. face def. apres apparans, le pl' auera briefe al Euesque maint, & reë son dam: Mes sil eit iour per continuans, & le def. face def, le pl' naua que distres. Et ceo est entend deuaunt declaration, issint que il në imparlans, Mes apres imparlans son def. est peremptory. P. 6. R. 2. Statham Quare impedit, 1. in fine. Quod vide hic pl'.

Idem dies. Du iour serra done per idem dies. 8. R. 2. hic title Innuitie.

Proces. Continuance de proces. 11. R. 2. hic title Iudita querela.

Prece partium. Dette, le def. vient per Capias, le pl' prist iour Prece partium, le def. puit faire Attourney. 12. R. 2. hic title Attourney.

Ple puis prece parcium. Puis Prece parcium le tenaunt ne serra resceiue de pleder Iointenancie, Non tenure, ne seual tenauncie. 12. R. 2. hic tit Estoppel.

Idem dies. Du idem dies serra done. 12. R. 2. hic title Exigent,   et

Contract.

Del baillie. Si mon baillie achate barbits, & huiusmodi, al mon vse, ieo serra charge, Et le pl' ne monstr

ftra que le bailie auoit gard, Ou que ils veign
al mon vse, Quere del darrein point. 2.K.2.
Br.Contract,41 Et hic title Dette.

Wadham, en dette & contract, le pl' monstra in
son count pur quel cause le def.deuient son det=
tour, & uterment in Dette sur obligation, car
lobligation e contract in luy m. 8.K.2. hic tit
Innuitie.

Dette vers J.& demaunde 10. markes, et
mist auaunt fait endent en proefe del dette,s.
que sil prender la file J.a feme, quod J soluat
ei 10.markes &c.Le def.dit, que le fait e Soluat,
en que est nul parol de obligation, en quel case
il auera bre de couenaunt,iudgement &c. ¶Cu=
ria, ceo est al accion, et il ad matter sufficient, car il
ad vn contract precedent que luy done accion,
Come si achates vn chiual a paier a moy, per
cause daschate,le dette est due,Per que rndes,
19.K.2. hic title Dette.

Contra formam feoffamenti.

Vide de ceo per Wadham. 19. R. 2. hic title
Garde.

Conusans.

Conusans in Assise. 6.R.2.hic title Assise.

¶Trespas, le def. vient eins per Capias en
gard,Et les Bailies de fraunchise demaunde
conus. Et fuit counterpled, pur ceo que le de=
fendant vient en gard n Capias. Et non allocat,
Mes agarde fuit que le defendant doit garder
son tour en le fraunch. sans mainprise.P.12.R.
2.F.Conusans.37.

Attaint port e bank le roy & verdit dass, des
teñtz recou deins fraæhis; labbe de Ramsey, ou
lattournie labbe challenge le franchis, & mist
auaunt charte le roy,per quel il auer graunt al
Abbe & ses succ conusans de touts manns des
plees

Marginal notes:
- Dette.
- Cause monstre.
- Diuersitie.
- Marriage money.
- Achate de chiual.
- Assile.
- Trespas.
- Capias.
- Demaund per Bailie.
- Temps.
- Attaint.
- Demaunde per Attourney.

plees &c. ¶ Ham. auaunt ces heures mefme cefty pozt Attaint fur mefme le vdict, A que le tenant all' que vn auter reč les teñts per affife

Pur de conufans in vn accion & auoit in auter.

de Mozd per acč trie pend ceo bziefe, iudgeñt de bziefe, & per tant le bziefe fuit abate, A quel temps nul chall' fuit mis ē le franchiz. Car ſi le tenaunt vſt all' iointenauncy, & le pl' vſt conus ceo, & il vſt pozt nouel bziefe:pur ceo que le bzief fuit purch. p iournes accomptz, il fra dit

Iournes accõpts.

come dum ozig extiend, en quel cas quaunt le fraunce3 ne fuit my chall' &c. il neſt reaſon que il eit a oze ¶ Cand. le bēe ne ferra accompte per iournez eſtiend, Et deuaunt oze il ne puit de= maundē conuſ. ¶ Parly. per ceſt parol conuſ, ils naueč conuſ daſſiſe, ne de Quare imped. ¶ Cand.

Affiſe. Quare impedit.

le cauſe eſt, pur č que affiſe, ne ferra pzice fañz eſpeč commiſſ. Ne de Quare imp. pur ceo quil3 ne poient maūd bē al eueſq, ſil ne fuiſſ graūt p expzes parolz, Auxi quia ē ouel acč done p ſtat.

Nouel accion done par ſtatute puis le graunt del conuſans.

puis le graūt del conuſans ¶ Parl. per leſtatde W. attaint fuit don que touch frankf, Et p au= ter eſtatute attaint eſt don en Trñs &c. Et ceſt charter fuit graunt deuaunt ceux eſtatutez, per que &c. Car ſi le reč ſur que le pzimet bēe fuit abater, fuit pozt en ceo court, ils ne purra pzēd iudgment de choſe trie en auter court. ¶ Cand.

Garde. Eſtrepement.

cy purē, car le franchiſe quant a eux lour vdo power. ¶ Par. en caz de Gard ou deſtrepemēt des terres & teñt3 il naueč my le fraūch, pur č que le iudgeñt eſt cy herno⁹ que il ne puit eſtre exe= cute en franchis ¶ Cand. per cas ils poient miē tout en execuč, & coment que ils ne purē, pur č que le iudgement eſt de reč, il ſerra fait beñ icy, & le iudgeñt fē rendē ciens. Temp. R. 2. Fitz. Conuſans. 83.

Copiholder, Uide T. per copie.

Coperceners.

Reſceit.

Precipe quod reddat, 2. pziont deſtre reſceiue
per

p def.le t, pur t q̄ le reuerfion fuit gt a vn J.in
tēe,q̄ auoit iffue 2 files, t̄ lū des files auoit iffue
lū de eux q̄ pzie,t̄ laut̄ auoit iffue fitz,le q̄l auoit
iffue lauẗ q̄ pzie,¶ Finch.ils pziont dēe reft̄ p cāe
de feueral dzoit, Et fils fuifs̄ in vn accion,ils
couient demaunder per feueral titlez. Et puis
il fuet̄ refceiue.s.R.2.hic title Age.

Seueront in ac-
cion.

Ou vn parcener aūa aide de fon Copcener.8.
R.2.hic title Aide . Et hic pzoximo apzes.

Ayde.

Formdon de rent don a fon aunt̄ in taile, Le
tenant dit q̄ le terre mis in bieu, dount le rent
t̄c. eft le moitie del maner de B. Et que ceft
moitie enfemble oue auters terres fuet̄ in le
feifin vn J. difcharge t̄c quel J. auer iffue vn
R.bers que t̄c. t̄ vn M.et mozuft̄ feifi,et le ter=
re difcend a les deux files come parceners, le
quel M. alien ceo que a luy affiert a vn S.
t̄ a ces heires,quel alienation counteruault vn
purpartie , t̄ pziomus aide de M.noftre par=
cener.¶ thirn, il nalt̄ nul purpartie in fait, Et
auxi ad mēe q̄ fon parcener ad alien, bers que
el ne puit auer in balue Pro rata, per que t̄c.Et
auxi el ad accept que el eft tenant de tout le ter=
re dount le rent t̄c.per que ¶ oct̄.layd ē graun=
table a 2. intents,Dauer in balue Pro rata,Ou
dauer le garē peramount, Et oze el ad monftre
que fon parcencr ad alien t̄c. per que bers luy
ne puit riens dēe ret̄ Pro rata, Ergo a ceo entēt
layd neft grauntable. Et al garē neft mifchie',
car fur ceo matter mēe, el auera le garē fole ou=
ftre t̄c.¶ Thirn,ieo bous denie,car ceo neft ley,
ne buques fuit,que vn parcener apzes purpar=
tie fuit impled t̄ pzia aide,t̄ lauter fuit fomm̄,t̄
ne bient, q̄ t̄ ceo caufe lauter auera garē fole.
¶ Belk, a Thirn.fi laliencc fuit implede t̄ bouch
fon feffoz , naueroit el quant el fuit enter in le
garē ayde de fa parcener ¿ Cy aueroit. Et per
confequens lauter oze de luy a tiel entent Da=

Partition.

Aide a deux in-
tentes.

Garrantie.

H   uer

uer le garr peramount , per que il bault pluis
par bous de graunter layde, que de counter=
plez.8.R.2.hic title Ayde.

Som & seuerans·

Deux coparceners port Formdon , & lun est
som & seuer,& lauter suist sole,& penð le brē cēt q̃
fuit seuer morust.¶Thorpe le brē ē bon,come q
apres particiō lū est dissī cēt sole aūa lass.¶Hill.

Assise.

le seuerans del suit ne seuer le poss del terre,
Car sī iun reē,& puis lauter reē, ils tiendē in
parcenary,per q̃ le brē abatē.Et issint fuit.19.

Recouery.

R.2.hic title Briefe.

Coroner.

Inditement.

Inditement de mort dun home poet estē de=
uaunt un Coroner.6.R.2.hic title Coron.
Et plus de son authoritie Ibidem.
Vide de Coroner.19. R.2. hic title Traūs
Doffice per Hornby.

Corone & Plees del corone.

Authoritie del Coroner.

Les Iustices disð pur ley, q̃ le coroñ nað power
de prendē nul enquest de mort de home, sī non
Super visum corporis , & sī faē en aut mañ tout
est nul q̃ est fait, Et coment q̃ un auter coroñ
de m le com beigñ apres, & preigñ un aut en=
quest,cest pur nul,car le primer enquest est sole
de reē &c. M 6.R.2.F.Corone.107.

Comen laron.

Un homē fuit arraigñ & enditemt & acquit,
¶Tresilian dit a lenquest que cesti home fuit co=
nus pur comen laron, p que entant q̃ il soit ac=

Pledges de bene gerendo.

quit par eux,ils serront obliges par luy de son
bon port de cel iour en auaunt, Quere per quel
ley,Per que les iurors fucē en douts per ycel,
& mit lour tests ensemble, & disont as Iustices
que il fuit culp. de m le feloñ ¶Tres. brē prim̃
berdit est de reē, p que bous benes trop tarð
ore adire cel. Mes si bous vsses dit cel deuant,
il vst ale auterboy &c,T.7.R.2.F.Coroñ.108.

Home

Home eſt endite de mozt de home deuaunt le
Cozoner, τ eſt arraigñ τ acquite, Le nqueſt di=
ra que occiſt le home, Contra ou il eſt arraigne
ſur auter inditement, que nē deuaunt le Cozo=
ner. T. 10. R. 2. Br. Cozone, 32.

Quis occidit ho=
minem.

Diuerſitie.

Corporations & Capacities.

Treſpas, le def. dit que il fuit Abbe nient nõe,
iudgement de bźe. Quere. 12. R. 2. hic title De=
fence.

Abbe.

Deuiſe de terre a W. N. pur vic, le rem Ec=
cleſie ſancte Andzee in Holbozne, eſt pziſe bon
al perſon, per verba antedicta. Quere. 21. R. 2.
Brooke. Cozpozations τc. 77. ui ſine. Et hic title
Deuiſe.

Deuiſe Eccleſiæ
de A. ē bon al
perſon.

Si eueſque pozt bziefe, coñt ũ penð le bźe il
ſoit tranſlate a vn aut Eueſcherp, le bźe naba=
tera per taunt, Car vn Eueſque puit auer in=
heritance per voy de heritage, et ſil ſoit diſſeiſie
de ceo il poet auer aſſ ou auter accion, per quel
noſme que il voile. Mes Abbe ou Pziour ne
puit iammes auer accion, ſi non come de dzoit
de ſon egliſe. 22. R. 2. hic title Bziefe.

Eueſque.

Abbe.

Plus iſtarum. Temp. R. 2. hic title Aſſiſe.

Plus.

Corpus cum cauſa.

Home implede in Banke le rop, puis eſt ar=
reſt en London per fozce dun pleint, τ que bzief
de pziuiledge iſſiſt, per que le pziſoner eſt amei=
ne al barre, τ eſt diſmiſſe, Et les officerʒ de Lõ=
don diſcharḡ de luy. 1. R. 2. hic title Bil.

Home implede in
banke le rop, ar=
reſt in London.

Ceuenaunt.

Couenaunt vers 2. ils poient Fourcher. 2. R.
2. hic title Fourcher.

Fourcher.

Si le leſſoz ouſt le leſſee, deins ſon terme, il
auera bziefe de couenaunt, τ recouer le re=
manent del terme que eſt aueigner, τ damaḡ.

Lou leſſe recoue
ſon terme τ daīī
Ft ou tout in
daīī. Diuerſitie.

H 2   Mes

Mes si le terme soit passe, il recouera tout en dammages. 5. R. 2. Fitzh. Couenaunt, 3. in fine.

Recouer terme. Nota per tout le court, si le lesse ouste son lessee deins son terme il aua tre de couenant deins son terme, & rec so terme que est a ven. P. 6. R. 2. F. Couenant. 23. vide de c̃ en title de Eiectione firme. Et hic pl̄.

Terme recouer Per lessee vers lessor. En Eiectione firme le pl̄ ne rec my son term que est a vener, Mes il couient a suer per accion de couenant al comen ley a rec son terme. Et hic pl̄. Et sil soit oust per son lessor, briefe de couenaunt gist : et si per le lessee ou grauntee de reuersion, briefe de Couenaunt vers son lessor, et countee special count. 6. R. 2. hic title Eiectione firme.

Count.

Especialtie. Nota que briefe de Couenaunt nest maint sans especialtie. 7. R. 2. hic tit Accion sur le case.

Responder. Couenaunt vers 2. lun ne serra arct de responder sans lauter. 7. R. 2. hic title Responder.

En quel countie serra port. Briefe de couenaunt serra port in le countie ou le Couenaunt se fist, quod patet per Rikel. 11. R. 2. hic title Accion sur le case.

Couerture.

Obligation. Si baron & feme puis le couerture font obligation, ceo est le fait le baro sole, Et laccion serra port vers le baron interlessant le feme, pur ceo que vers le feme le fait est voide. 8. R. 2. hic title Briefe.

Faite enrolle. Un fait, coment que soit enrolle, fait per fee couert est voide. 19. R. 2. hic title Faits enroll.

Fine leuie. Fine leuie per feme couert liera. 19. R. 2. hic title Faits enrolle.

Sur count abate, le briefe abatera.
Count.
Ou per default ou vice in le count le briefe abat

abatera.7.R̄ 2.hic̄ tit̃.Bꝛe, 8.R.2. hic tit̃ An=
nuitie, 13.R.2. hic tit̃ Detinue de charters,
⅋ 21.R.2 hic tit̃ Repleuin.

Count in Accion sur le case. 19.R.2.hic tit̃   Acc̃ sur le case,
Bꝛiefe.

Count in bꝛe daccompt. hic tit̃ Accompt per   Accompt.
totum.

Annuitie, ſi le pl̃ count sur fait, il doit mꝛe   Annuitie.
in quel lieu le fait ceo fiſt. 8.R.2. hic titul̃ An=
nuitie.

Clopton, ſi home poꝛt appeale de maihim, ⅋   Appeale.
count de batry pꝛouant le maihim, le count eſt
abate. ⸿Huls le count abateē, pur ceo q̃ neſt   Nient gar̃ de
garē de bꝛiefe.12.R.2.hic tit̃ Appeale.   briefe.

Pleint in Aſſ.Tempoꝛe.R.2.hic tit̃ Aſſise.   Aſſise.

Count ou aſſignment in Attaint. 12. R.2. hic   Attaint.
tit̃ Attaint.

Count couient eē certaine ⅋ nemie per in=   Certeine.
tendment.2.R.2.hic tit̃ Accompt. 8.R.2.hic tit̃
Quare impedit.

Count in Ceſſauit. 7. R.2. hic tit̃ Ceſſauit,   Ceſſauit.
⅋ 11.R.2. Ibidem.

Count in Champerty.19.R.2.hic tit̃ Cham=   Champertie.
pertie.

Ou le pl̃ monſtra condic̃ in le count. 7.R.2.   Condicion.
hic tit̃ Condicion.

Count in Conspiracie. 22. R.2. hic tit̃ Con=   Conspiracie.
spiracie.

Count in bꝛiefe de Couenauut. 6.R.2.hic tit̃   Couenaunt.
Couenant.

Count in Curia claudend2. 12. R.2. hic titul̃   Curia claudenda.
View.

Count ou demaunde in bꝛiefe de Dower, hic   Dower.
tit̃ Dower per totum.

Count in Detinue de charters.11.R.2.hic tit̃   Detinue.
Detinue de charters. 13.R.2. Ibidem. ⅋

Count in dette vers le maſter ſur achat ſon   Det ſur achate.
Baily.2.R.2.hic tit̃ Contract. ⅋ Dette.

Dette sur escape. Count in Dette sur Escape. 2. R. 2. hic tit Dette.

Dette sur obligation. En dette sur obligacion le pl' monstra in son coūt le lieu ou le fait ceo fiit, per Belk. 8. R. 2. hic tit Innuite.

Eschet. Count in bre deschet. 7. R. 2. hic tit Eschet. & 11. R. 2. Jbidem.

Executors. Count in accion po't per executo's, hic pl'. 40.

Forfete de mariage. Count in Fo'fet de mariage. 22. R. 2. hic tit Briefe.

Formdon. Count in Fo'mdon in discender. 2. R. 2. hic tit Estoppel.

Garde. Count in briefe de gard. 19. R. 2. hic titulo Gard.

Intrusiō de gard. Count in bre de Intrusion de garde. 21. R. 2. hic titul' Bre.

Laborers. Count in accion s lestat de labo'ers. 6. R. 2. hic titul' Labo'ers.

Lieu. Du le pl' mōstra le lieu in son count, hic pl'. 4 & 18.

Maihim. Count in appeale de maihim, hic pl'. 5.

Mesne. Count in bre d Mesne. 12. R. 2. hic tit Mesne. et 13. R. 2. Jbidem.

Nouel count puis i'uerance. **Plus.** Nouel count serra fait per le'e' que sue't sole puis leuerans des auters. 11. R. 2. hic P'iuiledge. Plus de nouell count, hic postea pl'. 34.

Prier. Du le def. p'ie que le pl' count vers luy. 11. R. 2. hic tit Default & Apparans.

Q. impedit. Count in Quare impedit. 5. R. 2. hic t Quare impedit 8. R. 2. Jbid. Et hic pl'. 36.

Rauishment de gard. Count in Rauishment de gard. 7. R. 2. hic tit Briefe.

Replevin. **Nouel couut vers teant p'ceit.** Count in Replewin. 8. R. 2. hic tit Patent. Formedon vers baron & femme, queux font defauit ap'es apparans, le femme fuit receiue, Et le demauūd count de nouel vers le femme.

                           13. R.

13.R.2.hic titul' Monstrans &c.

Count in briefe de Rescous.6.R.2.hic titul' Briefe. ^{Rescous.}

Count in Quare impedit port per le Roy.5.R 2.hic titul' Trial. ^{Roy.}

Home vtlag in dette auoit charter de pardon & Scire facias vers le pl', que vient & count vers le def. 6. R. 2. hic titulo Charter de pardon. ^{Scire facias.}

Dette , Le defendant fuit vtlage & purchase charter de pardon, et sue Scire facias vers le plaint, que count vers luy.7.R. 2. hic titulo Attourny.

Wast, le briefe fuit de Domibns, boscis &c Et count de Estank, et vncor bien. 5. R.2. hic titul' Wast. ^{Spial count.}

Plus de special count,hic titul' General bee et special declaration per totum. ^{Plus.}

Count in Trespas de biens prises port per executours.6.R.2. hic titulo Double.piee. ^{Trespas per executors.}

Count ou assignement in wast. 5. R.2.hic tit Waste. ^{Wast.}

Plus istarum hic titulis Demaunde et Plaint. ^{Plus.}

Counterple de conusans,vide Conusans.

Counterple de resceit, vide Desceit.

Count de vieu, vide Vievv.

Counterple de voucher.

Cui in vita supposant que le tenant enter per son baron, Le tenaunt dit que il nauee & si non a terme de vie, le reuersion al heire le bae, & pria aid, Et fuit oust per agard: Mes fuit dit que il poet voucher sn cei,& il nauee counterple al vouch, sinon que il dit, que il nest heire ^{Cei q est vouch come heire nest heire.}

H 4   al ba=

al baron ꝛc. s.ꝶ.2.hic tit̄ Aiꝺ.

Formdon.
Iournes accōpts.
Nauoit riens de-
uant le bc̄e purchaſe.

Formedon, le tenant vouch, le ꝺō dit que auter
foits il poꝛt auter tꝑel bc̄e ꝛs �m le t̄ ꝓ vn auf̄, le
bc̄e abatē per le moꝛt lauter, Et il freſheꝛt
purchaſe ceſt bc̄e par Iournes accomptz, Et dit
que ceſty ꝛc. ne nul ꝛc. nauē riens en demeſne,
nen ſeruī deuant le date de pꝛiꝙ bc̄e purchaſe,
iudgem̄t ſi ꝛc. ꝑHiꝛll ils fuēt ſies deuaunt le
date del pꝛiꝙ bc̄e ꝓ puis, pꝛiſt, Et aliÿ econtra.
M.12.ꝶ.2.F.Counterplee de voucher.33.

Quī le demaund
eſt rent ſeruice,
ſou home vouch.
del tr̄r diſcharge
del rent.
Simile 13.R.2.
hic tit Counter-
ple daid.1.

Iuris vtrum De rent vers ꝯ. ꝑCaſsi.ꝶ.ꝓ C.
fuēt ſeies del terre dount ꝛc. en lour demeſne
come de fec diſcharge,ꝓ infeffe ꝙ ceſtie ꝯ. diſcharge,ꝓ vouch a garē ꝙ ceux ꝑHank vn A fuit,
ſei de ꝙ cel rent done a noſtre Pꝛedecef̄f in
frankalmoigne per my le maine vn ꝯ. S. le
quel infef̄le tenaunt, iudgement ſi le voucher.
ꝑCaſsi nouꝛ auomus alꝑ que les 2.fuerunt ſeies
diſcharge ꝓ nous enfeffe, a quel vous ne rn̄des,
per que. ꝑHank noſtre pꝛedeceſsoꝛ fuit ſei ꝑ mie
le maine , ſans ceo que les 2.fuēt ſeies diſcharꝫ.
12 ꝶ.2.hic tit̄ Voucher.

Garde.

Bꝛiefe de garde de coꝛps vers vn F. ꝓ ꝺō le
gard del heire vn ꝯ.que moꝛuſt in ſon homage.
ꝑWadham le ſeignioꝛ Audley per le fait, que cy
ē recitant comt̄ le dit ꝯ.tient de luy per ſeruice
de chꝛer certein terē, gꝛ le garde del terre ꝓ del

Cauſe ꝩꝛc.

heire le dit ꝯ.a ceſti oꝛe def̄. per que il vouch. a
garē le ſōꝛ Audley, ꝓ mit auant le fait ꝛc. Et ꝑ
fait voile que le ſōꝛ auer gꝛ le garde ꝓ mariage
Del heire le dit ꝯ. ſans aſcun parols de garē.
ꝑThiꝛn Iuſtice,ou eſt le garē꞉ ꝑWadham nous
vouche per foꝛce del leas. ꝑHank.le ſeignioꝛ
Audley nauoit vnꝗ riens en cel garde, iſsint

Trauerſe al cauſe.

que il puit leaſe faire, iudgement ſi le voucher.
ꝑWadham ceo neſt counterplee per le comen
ley,ne per eſtatute. Et le poſt n̄ trauerſable,
car quant le dꝛoit ꝺuꝛ gard ē eſchue al ſeignioꝛ
il fra

ā ſerra adiudge in ſon poſſ. ¶Thirn. il poet gꝰ ā
deuaunt ſeiſer ¶Hank Si vn garde que eſchue
in dē ſoit gꝰ a vn home per fait oue garꝶ, il le
ſeiſē, ⁊ auer le boucher per fozce del gꝰ, pur ceo
que il ad garꝶ in fait, Mes icy il ad boucher per
cauſe dun poſꝶ per fozce del leaſe ſans garranꞇ
Quel poſſ. ieo ay trauſe ⁊ diſtrue. Et per cauſe
dū gꝰ per parol home nauera lē boucher, pur ē
ā il purē gꝰ xx. foits in vn iour, iſſint ſans mat=
ter eſpecial il naūa nꝶ le boucher, Per ā quant
il mēe matter eſpecial, home auera rūs a cel de
trauerſe le poſſ. ¶ i hirn. bous ne veiſtes vnques
cel de trauerꞇ le ſeiſin ſans trauerſer le leaſe,
Car coment que il ne fuit vnque ſēi, ſil leaſe, le
leaſe ē aſſets bon, Et iſſint fuit tenus Per tout le
Court, que lou il ne fuit vnques ſeiſie ⁊c. 12. R. 2.
hic tiꞇ Boucher.

Formdon in diſcend, Le tenaunt bouche, Le
demaund dit que ceſti que il boucher, ne nul de
⁊c. nauēꞇ riens. 12. R. 2. hic titulo Eſtoppel.

Il ne ſon aunc⁰
nauoit vnque
rien.
Dower.

Dower, le tēnꞇ bouch eſtraunge, Et le dd dit,
que ceſtꝶ ⁊c. fuit le pzimꝰ que abat apzes le mozt
nēe baron ⁊c. de que poſꝶ ⁊c. Et loppinion que ē
ne fuit counterple, pur ceo que ſon titꝇ ne com=
menſe ſolement per le mozant ſon baꞇ, car puit
eſꞇ ā ſon baꞇ fiſt feſmꞇ al bouch, ⁊ puis auiēꞇ al
ꞇꞇ, ⁊ murruſt ſli, p ā il dit ā cēꝶ ⁊c. naū rienz puiz
les eſpouꞇ. ¶Richil, ē neſt counterpꝇ, car le tiꞇ le
dd poet commencer apzes leſpouſels p purchaſe
le baꞇ, donꝗ bous couient dire en ē caſe ā il naū
riens puis le tiꞇ de bēe, pur ē que bēe tiꞇ nē pas
cerꞇ, car bēe title eſt leſpouſelz, le poſꞇ ⁊ lꝶ mur=
rant. 23. R. 2. F. Countepꝇ de voucher. 100. ⁊ Sta=
tham 20. fol. Et la p Stathā, en cheſcū caſe, lou
le title ē non certein, le counterpꝇ ſra puis lꝶ tiꞇ,
Come en bēe denꞇ ⁊ diſſeiſin, bouz dirres puis lꝶ
tiꞇ de bēe bēe, ⁊ ē ſra enter le poſſ. deuant le diſ=
ſeiſin, Mes lou le title eſt certein auꞇ eſt, come
en fozmd in diſcend, il dira puis le done, Et en
bēe

Le vouche fuit le
primer ā abate.
Puis le mort ſon
baron.
Puis leſpouſels.
Puis le title del
briefe.

Enꞇ ſur diſſeiſin
Puis le title del
bꝶꞇ.
Diuerſitie.
Formdon.
Puis le done.

bēe deschete puis le felony fait, Et sic de sing:
Et adiourne.

Counterplee de aid.

Scire facias hors de fine dun rent. ¶Huls le def.
est tenaūt del terre dount il suppose le rent este
issant, & m̄ le tre tient discharg a terme de vie,
le reūsion teñ a vn I.& pria aide de luy ¶Hank.
diomus que il est rent suice & ten⁹ de no⁹ per m̄
le rent, issint rent suice prist, Et sic ad patriam.
¶Richil iustice si soit rent suice, il naūa aide
Et si rent charg,il aueū.13.R.2 hic titł Aide.
Plus istarū hic titł Ayde per totum.

Courtes.

De spiritual court.2.R.2.hic tiī Depriuatiō.
et 5.R.2.Ibm̄.

Cui ante diuortium.

Vn pore fēe port Cui ante diuortiū, & añ bēe al
vicoūt de luy mitt in sein.8.R.2.hic & Surmise

Cui in vita.

Cui in vita suppose que le tenaūt enter p son
baron: Le tenant suit oust dayd del heire le baron le dōant, pur c̄ q̄ il poet luy voucher.5.& 6.
R.2 hic title aide.1.& 2.

Fuit dit & ten⁹ pur ley,q̄ si le baē & fēe purchas
toint & le baron alieñ tout & decup & la fēe suiue,
q̄ el añ Cui in vita del entieē.P.11.R.2.F.Re-
mitt.12.in fine.

Sur cui in vita.19.R.2.hic tiī Faits inroll.

Curia claudenda.

Curia claudenda gist naturalem̄t, ou hōe ad
measō, int meason & measō, ou Court & Court.
Et c̄ couēt eē port en le com̄, ou le terre charge
al encloiser,est per Rikel.11. C.2.hic title Acī &
le case   quod vide hic primo.

¶Trespas f le case,eo quod le def.per son terre
en H. doit encloser son hay, issint que dam̄ ne
veigne al terre le pł adioynant, & ne sist, per q̄
cattell enter ad damnū &c, ¶Thirn, doyes añ
Curia

Curia claudenda.⸿Rick.non,Car ceo giſt den=
cloſer enter meaſon & meaſon,ou court et court,
per que le bꝛe ſuit aꝭ bon.Mes Curia clauden=
da ſetra poꝛt in le coꝫ, ou le terre giſt per quel
il eſt charge,et nēi ou le fre giſt, en q̄ le pl̃ aꝺ le
pꝺ, vt ꝺꝰla, Car in le accion de trñs rië fra re=
coū niſ ꝺamages, Mes en ceo accion, il ſerra
arete de faire lencloſure.11.R.2.Br.Curia clau=
ꝺenda .5. Et hic title Acc̃ & le caſe.

Curia claudenda, Le bꝛe ſuit en le Debet, Et **Debet.**
count q̄ il eſt ſeꝯ ꝺun meꝭ et garꝺein in S. Et **Count.**
le ꝺef.aꝺ vn cloſe aꝺioinant,le quel le ꝺef. & ces
aūceſters & ceux que eſtate il aꝺ, ount vſe ꝺen=
cloſe de temps ꝺount &c . Et ꝺit que le ꝺef.naꝺ
encloſe &c.per q̄ &c.Le ꝺef. ꝺꝺ la vieu. ⸿ Charl= **Debet et Solen.**
ton ſi le bꝛe ſuit in le Debet & Solet, et de vꝛe
retꝛeite ꝺemeſne, il nē reaſon que vous eyes le **Vieu.**
vieu. Et puis le vieꝰ ſuit graunt. 12. R.2.hic
title Vieu.

Lou le bꝛe de Cuꝛ clauꝺ fra en le Debet,& lou **Debet.**
en l̕ Debet & Solet.12.R.2.hic & Vieu. Et hic pl̕. **Debet & Solet.**
Vieu.

Brinch mꝛe comt auffoits le pꝛioꝛ de L. poꝛt **Eſſoin.**
Curia claudenda vers baꝛ et ſēe, queꝛ aueront **Bꝛe denquere**
le vieꝡ, & puis fueround eſſoyn, & ſour ꝺone p **des ꝺam.**
eſſoyn,a ꝓl iour ils fierount ꝺefaut,par que Diſtr
en lieꝡ de Petit cape, ſuit agarꝺe, reꝭ oꝛe,& oꝛe
ils fierount ꝺefaut,per que pꝛioꝛꝰ bꝛiefe a en=
querer ꝺes ꝺamages, et bꝛiefe a ꝺiſſ eux pur
faire reparaꝛ̃, qd̕ Cuꝛ conceſſit, quoꝺ nota &c.
M.13.R.2.F.Cuꝛ clauꝺenda.3.

Cuſtome & vſage.

Ceux de Londꝛes ouut tiel vſage,que p cauſe **London.**
de franktenemꝫ & biens ꝺu frank hōe de la Ci= **Garde.**
tie,lꝛ Oꝛfans ſerra in garꝺ iſſonꝫ al Maioꝛ. 8
R.2. hic title Garꝺe.

Nota per Richil que il̕y aꝺ vn cuſtome et **Pur prender Wi=**
vſage in pluſoꝛs Burghes et villes   teins **therná pur tolle**
                                          An= **pꝛiſe.**

Jngleterre, que ceux qne deuoient eſte quit de tolle, ſil ſoit pꝛiſe de eux que ils purꝰ deins lour Juriſdiction pꝛender auter foitz witbernam, ⁊ al value de m̃ ceux biens de ceux q̃ pꝛiſtet auter foits tolle de eux 8. R. 2. hic title Patentes.

Gꝛde de Orfans. Luſage in N. eſt que cheſcun oꝛpban ſerra in gard le Maire durant ſon nonage oue ſes bienꝫ ⁊ chattels per Locton. 8. R. 2. hic title Gard.

Nota le cuſtome del vill' de C. eſt que ſi al poꝛt̃ ſoit troue auãt en le vill', que ceſty a que les poꝛt̃ ꝛc. ſra garny que ils ne ſuffer eux aler en les ꝛc. Mes le 2. foitz amercye, Et altieꝛ foits, ſilſoit pſent ꝛc. les poꝛt̃ ſra tues ⁊ ameſnes al hoſpit des poñes ¶ Belk. dit q̃ le cuſtom̃ e tiel ꝛc. per que lauꝰ party traũs le cuſtome.

Burghe. Porces. ¶ Belk. dit que le Cuſtome de Lound eſt, que ſi aſcũ poꝛt̃ aleꝰ en le ꝛc. ſerꝰ ꝛc. T. 11. R. 2 b. Cuſtome. 16.

London.

Mortuario. Moꝛtuarie eſt per cuſtome per opiñ Wodroffe 13. R. 2. hic title Juriſdiction.

Damages.

Nota que bome ne recouera damages en bꝰe daccompt: Mes poet reꝰ vn ſom̃e pur lẽcreaſt 2. R. 2. hic title Accompt.

Accompt.

Annuitie. Annuitie, le pl' reꝰ lannuitie, et les arrerages et damages, quod patet in ſine caſus. 8. R. 2. hic title Annuitie. ⁊

Appeale. Nota que Clopt. Juſtic̃ dꝺ des ſeriants, que lou le baꝛ ⁊ ſa feme fueꝰ acquitt̃ en Appel, et troũ fuit q̃ ils aũ eſte en pꝛiſoñ as dam̃ ꝛc. le q̃l le iudg̃ ſerra doñ que ils reꝰ lour dam̃ en cõen ou en ſeueral, Et fuit dit per Thim. Juſtic̃ a-donꝗ illonꝗ, ⁊ auꝛint per Huls, Et auterz ſeriantz que couient que les dam̃ fueꝰ ſeũres, ⁊ que le baꝛ reꝰ pur luy, ⁊ le baꝛ ⁊ feme reꝰ pur la fẽe, car ſile baꝛ moꝛuſt deuãt exeꝰ, la feme aũ execution de ces damnages, et nemy lexecutoꝛs le

Baron & feme.

Seueres.

Execurors. ba-

le baron: iſſint nauera la feme ſi le iudgement
ſuit en commen. ℗.12.℟.2.†. Judgment 108.

Lou ℓ' pleintife reč.3.damages in Aſſiſe.20.℟. Aſſiſe.
2.hic titulo Aſſiſe. Et 22.℟.2.hic titulo Dyſ= 3.Damages.
ſeiſin.

Audita querela neſt foꝛſque en nature de treſ= Audita querela.
pas,et le pleintife eſt a reč foꝛſque dammages,
11.℟.2.hic tit Bꝛiefe.

Daⅿs reč per le baron & fēe hic deuant ℓ' 3. Baron & feme
Daⅿs per le comen ley, hic ℓ', 25. Cōen ley.

Lou le ℓ' r ecoueř daⅿs ɪn bꝛē de Conſpiracy Conſpiracy.
19.℟.2.hic tiť Conſpiracy.

Du le ℓ' reč damages in bꝛē de Couenant.5. Couenant.
℟.2.hic tiť Couenant.

Treſpas,le def. pled villenage en le ℓ', & ſur Cōe le ℓ' ad
ceo fueř a iſſue, Et al Niſi prius, lattourney le count.
def. conuſt que il fuit frank &c. per que fuit aⱳ
que le ℓ' reč daⅿ &c. come &c. 12.℟.2. hic title
Attourney.

Du le ℓ' reč daⅿ taxes per le court in Tre= Taxe per le
ſpas.6.℟.2. hic title Executoꝛs in fine. court.

Le ℓ' auoit bꝛē denquirer des damages in Cuř claudenda.
Cař claudenda.13.℟.2.hic title Cuř clauḋ.

Quať de parcel le def. demur in iudgeⅿt, Et Demuř & Iſſue.
de ꝑcel pled al enqueſt, nul ꝑces doit aů iſſue ⱨs
euꝛ del enqueſt auaunt ceo que le choſe pled in
iudgeⅿt vſſ eſte adiudge, Car toutz les damaⱬ
ges ſerē taxes per lenqueſt, & uterment enſueř
que 2.Enqueſtes ſerē pꝛiſe denquire des daⅿ, ⱨ
ſerē enconuenient.2.℟.2.hic tiť Eſſoine in fine.

Damages in bꝛefe de detinue.6.℟.2.hic title Detinue.
Detinue de biens.

Du le ℓ' reč damages in bꝛiefe de diſceit.12. Diſceit.
℟.2.hic title Diſceit.

Lou le ℓ' aůa bꝛē denquire dez daⅿ in dower Dower.
12.℟.2.hic title Dower.

Damages in Electione firme.6.℟.2.hic title Electione firme
Electione firme.

Belk.

Enquerer.

Belk. ſi bꝛiefe iſſiſt denqueꝛ de dam̄, ⁊ ne ſoit plein enquiſe, le pl' purꝛ eſtre nouſiue auaunt ceo que nul ſoit enquiſe des dam̄mages, Quod Breton Clerke conceſſit. ꞇSkipwith. Des Dam̄mages ieo croy que non, quant le pꝛincipall eſt troue. ꞇ Belk. oil certes. 6. R. 2. hic title Monſuite.

Eſtrepement.

Charlton dit, que le pl' ne reꞇ damages in bꝛe̅ deſtrepement deuaunt iudgement rendꝛe vers le tenaut del terre ⁊c. 12. R. 2. hic title Eſtrepe= ment.

Dam̄ reꞇ per executoꝛs hic pl'. 3.

Executors.
Formdon.
Meine.

Damages in Formdon in diſcend hic pl'. 25.

Meſne, ꞇHill. nient diſtꞇ in ſon default pꝛiſt. ꞇHuls le pl' eit iudgement de recouer ſon acqui= tal maintenant. Et mainteine liſſue pur auer dam̄mages, quant ceo eſt trie. 12. R. 2. hic title Meſne.

Mordaunc'.
Quare impedit.

Damage in Mordaunꞇ hic pl'. 25.

Damages in Quare impedit. 11. R. 2. hic ti= tle Quare impedit.

Rauiſhment de garde.

Rauiſhment de garde, fuit troue pur le pl'. ꞇThirn. demaud del enqueſt coment ils voil' mit= ter le value del maꝛ, en caſe ſil ſoit marie. Qui diſſ. a 40. l'. Et coment ouſt in dam ⁊ coſtaꝗ. Qui diſſ. a 10. l'. et vnꞇ leſtatute ne parle de dama= ges Mes fuit dit per le court, que ꞇ ad eſtre ſo= uent fait. ꞇRede il ſꞓe que il ne reꞇ dam̄ pur ceo que leſtaꞇ ne done my dam̄ in bꝛiefe de rauiſh= ment de gard. ꞇThirn. il reꞇ dam̄ per le comen ley in ceo caſe, Et auxi leſtatute voet, Rend' le maꝛ, & vncore puniatur pro delicto, Iſſint de ioin=

Common Ley.

der lun ⁊ lauter enſemble, eſt reaſon, que il reꞇ dam̄, Et iſſint fuit loppinion Rik. et Hank. Et noſment que il reꞇ dam̄mages per le co̅en ley.

Mordaunce.
Formdon.

ꞇRede liſſue in taile per le comen ley auꞓ aſſ de Mordaunꞇ, et reꞇ dam̄, ⁊ oꝛe ꞓ done per leſtaꞇ Formdon in diſcend, en quel il ne recouer dam= ma=

mages , put ceo que leſtatute ne done damma=
ges &c. Et iſſint icy. CHank. nient ſemble. Et
puis agarde le Court que il reč ſez dammages
taxes per lenqueſt a 10.č.22.R.2.hic title Ra=
uiſhment de garde.

Damages releaſe en Aſſiſe. 13. R.2. hic title Releaſe.
Aſſiſe.

Lou le pľ recouer damages in Repleuin. Pľ in Repleuin.
11.R.2.hic title Diſtres.   per Charlton.13.R.
2.hic title Auowzie.   21.R.2. Ibidem.
Et lou nemp. 2.R.2. hic title Auowzie.

Home ne reč forſque dam in bře de Reſcous. Reſcous.
6.R.2.hic title Bziefe.

Seuerans de damages.hic pľ.3.   Seuerans.

Treſpas , apzes iſſue troue pur le pľ al Niſi
prius,il releaſe al def.Et non obſtant iudgment Superſedeas.
fuit done pur luy al iour in banke,Le defendāt
ſuit Audita querela,et Superſedeas des dam,& Suertie.
troue ſuffič ſuerty al court de reſponð dez dam,
ſi &c.6.R.2.hit title Audita querela.

Treble damages. hic pľ 4.   Treble.
Damages en treſpas.2.R.2.hic title Barre. Treſpas.

Darreine preſentment.

Darreine pzeſ vers Baron & feme,& le feme
mozuſt,le bře nabatera.21.R.2.hic title Bziefe. Lun def. moruſt

Deane & Chapiter.

Uide de ceo.Temp.R.2. hic title Aſſiſe.
& 12.R.2. hic title Default,&c.

Default & Apparance.

Detinue, Le def.pzie garniſhment,& habuit, Default del de
& le garniſhee vient al iour,& le def.fiſt default, fend in Detinue
vncoze le garñ enterpleder oue le pľ, non ob=
ſtant le default le defenð.2.R.2.hic title Enter=
pleder.

Quant

Apparans. Primo die.

Quant le def.appeare al primer iour, il ne fra amercie.2.R.2. hic title Accompt.

Def. puis apparans in quid iuris clamat.

Quid iuris clamat, Le def.appeare, & voil auer fait attourney, Et ne fuit suffer, Et puis il fist default, Per que Distr fuit ag hs luy.5.R.2. hic title Attourney.

Def. puis apparance in Q. impedit.

M.impedit le def.fist def.puis apparance le pl recouer le presentmt, et sezdam, & auera brief al Euesq: Mes sil vist prise continuance, & vist fait def.Distr ad audiendum iudicium istera.6.R.2.Br. Default.80.

Def. apres imparlance.

Hoe vtlag in dette, que ad chee de pardon, et sue Scire facias vers le pl rec &c. a ql iour il fist def. & Distr ag hs luy &c. 6.R.2. hic tit Charter de pardon.

Appeare le 1. iour.

Formdon, Le tenant vient al iour de Som rec et ideo ne fuit amcy .8.R.2. hic title Amercia= ment.

Default apres apparans & aide prie in Annuitie.

Annuitie hs pson, q pria aid del patron & or= dinary, qui fuit graunt, que fuer som & viendes prist de ioinder, le pson fist default, p que briefe issist al euesq de Distr la person in lieu de Petit cape, qui fuit retourne seruie, Et le pso fist aut foits def. Per que fuit agard que le pl rec &c.8. R.2 hic title Annuitie.

Appeare sans pces seruie.

Nota al cap, le vic rec Cepi corpus, et al iour il nau le corps, par que il fuit amcy, Et briefe is= sist al vic dau le corps a cert iour, a ql vient ce= sty que fuit prise issint per le vic hors de gard de son authozitie &c. et preia que le pl count vers luy, Et le pl dit que il ne serra chase de count vers luy, pur ceo que le def.nad iour &c.& il vict aurint hors de gard, ¶ Belk. en trns sur Nihil rec, si le def.appec, le pl count pur mischiefe del Capias que istera &c. Et issint icy &c. Et fuit tenus Per tout le court, que le pl count &c.H.11. R.2.F. Responder.14.

Default puis re= lease pled in Asl.

Assise, Le tenaunt plede forein release, que fuit

fuit dedit, per que laſſiſe fuit adiour ne in com̃
men banke , a quel iour le tenãut fiſt default,
Per que laſſiſe fuit reinaund de pꝛend a large,
et nẽt in dẽ des damages , pur ceo que nul ou=
ſter fuit conus . 11.R.2. hic title Aſſiſe.

En Ceſſauit vers Leueſꝗ le deane & le Cha=
piter de B. le Chapiter reſpond per attourney,
& le Deane fiſt def. ¶ Hankf. nous pꝛiomus ſein
de terre, Car le def. le deane eſt le def. de treſ=
coutz &c. Et adiourne. Quere a quel entent Le=
ueſꝗ fuit noſme. M. 12.R.2. Stath. Default. 4. fr.

Deane & Chapiꞇ

Det vers 2. Il exigent lun añ Superſedeas,
Et lauter ſoy rend in com̃, et al iour del Exi=
gent ret cẽi que ſoy rend in com̃ appere, et lau=
ter fiſt default, per que Exigent de nouo fuit
agarde vers luy que nappere, Et idẽ dies done
a lauter par mainpꝛiſe. 12.R.2. hic tit Exigent.

Default puis ap-
rans ſur Exigent.

Det vers baron & femme, Il exigent ils ap=
peaꝼ et aueꝼ Superſedeas, et al iour &c. le baron
biẽt, & le femme fiſt default, Per que exigent de
nouo fuit agarde vers la feme, Et idẽ dies done
albaron per mainpꝛiſe. 12.R.2. hic tit Exigent.

Baron & feme.

Detinue vers 2. quel gaꝼ lour ley ioyntment,
et al iour &c. lun bient & lauter fiſt def. Le pꝉ
pꝛia iudgement vers lun et lauter ſur def. lun.
Et non allocatur. Mes cei que bient fiſt ſon ley
per agarde, Per que le pꝉ ne pꝛiſt riens per ſon
bꝛiefe. 12.R.2. hic title Ley gager.

Default lun in
detinue.

Cuꝝ claudenda puis le bieu, le def. fuit eſſoin,
a quel iour il fiſt def. per ꝗ Diſtringas en lieu de
Petit cape fuit agarde, que fiſt autꝼoits def. Per
que bꝛiefe denquire des dam̃, Et Diſtr pur faire
reparation iſſuit. 13.R.2. hic tit Curia claud.

Def. puis appa-
rance in Cuꝝ
claudenda.

Un bient per Capias in gard et pled a iſſue,
et troue maynpꝛiſe, et all iour que lenqueſt
fuit ret le def. fiſt def. per que fuit pꝛie per ſon
def. Et Capias vers les mainpnoꝛs ¶ Curia
vernes Capias maꝑnicaptoꝛes, et nẽt enqueſt p

Def. puis iſſue.

A   ſou

p2endē iſſue, et relinquiſh le demurrer.11.R.2. hic title Iſſue.   Quere ſi ſoit adiourne a auẛ terme.

Quere.

Eſtopell.   Demurrer ſur eſtoppell. 12.R.2. hic title Eſtoppel.   et

Deuaunt Auditors.   Demurrer iopne deuaunt Auditors aſſignes in Accompt.13.R.2.hic title Accompt.

Replication.   Demurrer ſur le Replication.22.R.2.hic titl Diſcont de poſſ.

Deodande.

Apparell dun mort perſon. Quid ſit.   Si home ſoit troue mo2t in le champe, ces biens .ſ.ſon apparel ſra p2iſe cōe deodand p Skip. ¶ Belk. non ſont, Car deodand eſt choſe que eſt la cauſe del mo2t le hōe.11.R.2.hic title Indit.

Maſſa terre.   En vn oueraigñ deſtein Quædam maſſa terre cecidit ſuper quendam hominē, & ipſum oppreſſit, ſur que il mo2uſt, et pur ceo que le dit pece del terre que chiet fuit le cauſe del mo2t dhome, ſuit agard que ē ſerra fo2feit fo2ſq̃ ceo q̃ chiet, ſ. Maſſa terre, et neī tout loueraign. 12.R.2 hic title Fo2feiture.

Departure de ſon plee & matter.

Count.   Departure de ſon count.5.R.2.hic title Waſt.

Departure en deſpite.

Le def appere & puis fait def.   Quare impedit, ſi le def. fait def. puis apparance le p2 recouera maintenant ſon p2eſentation,et ſes dam̃: a econtra ſil auer iour per continuāce, ẽ puis fait def. la le p2 naña q̃ Diſti.H. 6.R.2.Br.departure en diſpite. 11.

Depriuation.

Appeale ſur depriuation.   Si perſon ſoit dep2iue, et ſua Appeale, leſgli nē voide penð lappeale, Car ſi le ſentence ſoyt reūſe, il ne ſra reinſtitute,et induct arē, Eadē

Appeale ſur diuorce. lex ſi deuo2ce ſoit ſue,et puis le ſentence inde eſt repeale,ils ne front remaries.2.R.2. Br. depoſtion &c.13.et hic title Quare impedit.

Rome.   P2iuation fait del court de Rome.5.R.2.hic title

title Triall.

Dicitur que si hõe mēe bulles del pape del priuation, que ils ne serð allowes in court le roy.
21.R.2.hic tit Quare unpedit.

   Deputie.

Aide de deputie reč. 11.R.2.hic tit Accompt.
Aide de Southuie 11.R.2. hic title Accompt.

  Deraignement. Aide profession.

  De son tort demesne sans tiel cause.

Accion sur lestatute de laborers de le deteiner
dum feme son seruaunt. ¶ Lotton le feme cest
pl' batist le feme seruaunt, per que il depart. Et
le def. luy reteyne.¶ Shirne. m̃ le iour del departure le dit feme seruant fist assault sur feme
le pl', et si ascun dam̃ el auer,ceo fuit de son assault demesne.&c. ¶ Lotton bēe feme luy batist
de son tort demesne, sans ceo que il fist assault
prist,et alii econtra.10.R.2. hic title Laborers.

Rescous ðs deuç ¶ Hankf. vn R. affirm̃ pleint
al vicount de Som̃ sur le pleintife de mesne l'z
auerz, et mesme la prise par que le vicountt fist
garð de deliuerauns al m̃ les defendants puc
faire la deliuerans, per que ils ficront delit=
rans per force de m̃ le garraunt, iudgemēt si &c.
¶ Hil. de lour tort demesñ saunz tiel cause. Et
per agard del court. Hill. fuit mis a rñd'et a cel
matter especial, non obstant que il ne fait pas
de record, par que Hil dit,de lour tort demesne,
sauns ceo que ils auer garraunt del vicount a
cel temps ð m̃ la prise,prist,et alii econtra. H.
13.R.2.F.Issue.163.Br. de son tort demesne.28.

Labbe de C. port briefe de Trespas de 20.
agnels prif, Le def dit que il fuit Procuratoz
del vicar del eglise ou &c.et les agnels fueð dismes, Per que il euç seisist come dismes, Judgement si la court,&c. Et le pl' dit, de son tort demesne sans tiel cause, Et non allocatur sans
mainteñ le Jurisdiction per matter especiall

    F 3   com̃

Marginalia:

Pape.

Receyuer.
Southuicount.

Prisel de seruant.

Conti̇ garð de
faire replevin.

Iurisdiction par
dismes.

Iudgement.

coment lay chattell, per que fuit agarde quil
fuist in Court xpian &c. pur ceo que il ne voile
auter chose dire.13. R..2. hic title Iurisdiction.

Detinue de biens & chattels.

Iudgement.
Damages.
Execution.

Home auer iudgement de rec en briefe de de=
tinue les chattels et dam, per que executiõ fu=
it agarde per Distr vers le def. a deliũ lez chat=
telles, Et Fieri facias quant as dam. 6. R..2. hic
title Execution.

Detinue de Charters.

Enterpleder.

Enterpleder in detinue enter le pl' & le Gar=
nishee, nõ obstãt le default le def..2. R..2. hic titl'
Enterpled.

Obligation.

Detinue dũ obligͨ.2. R..2. hic title Accompt.

**Deuenerunt ad
manus.**

Detinue dun chͤ, Et count que vn W. fuit
seisi de ms les tẽ̃ts en fee &c. et dõ ͠m les &c. a
vn I.C. en tail', le rem as dͤ hͤs vn A.S. & dit
q̃ A.S. ẽ mort, & A.C. ẽ mort sanz hͤ, et il est dͤ
hͤ a A.S. & le fait deuient en post le def. cõe ex=
ecutoꝛ a A.C. ¶ Wad. W. done ͠m le tre a I.C.
per ͠m le fait oue garͤ, et puis A.C. fist feffemt
de ms les terres a vn B. oue garͤ, et puis A.
C. en son lite moꝛant bail' ͠m le fait a cͤt oꝛe de=
fendant, & luy charge de bail' le fayt a son feffe,
pur ceo q̃ il aua garaunt a dereigũ & a defend le
terre, &c et A.C. moꝛust, et nous bail' le fayt a
son feffe, iudͣ, si acc. ¶ R ik. le fait deuient en le
maine le def. come execut', le quel fait il auer
enter maines tanꝗ al iour de nͤ bͤ purch, issint
fuit charge vs nous q̃ aueͧ dͤ dauer le terre,
car ne poiomus aũ accion daũ le terre sauns le
fait, per que iudͣ. ¶ Wad. et del heure que vous
ne dedits le feffement, en quel cas le tenant del
terre couient daũ le fait pur auer son garrante
paramount, come assigñ, et a defendͤ come as=
sigñ, Et vous ne dedits coment le dit A C. no=
us tail' le fait vt supꝛa, et apꝛes son moꝛt nous
bail'

**A que faits ap-
pertaine.**

baiƚ ouſtꝭ,per que iudgement ſi accion.ꞇCharl.
a Rikhil vous quidez que coment que J.S.
fuit en vie al temps del reṁ taiƚ, que ſil fuit
moꝛt al temps del reṁ eſchue, et aū dꝛoit heire
al temps del reṁ eſchue, que le reṁ fuit aſſetz
bon? ꞇRikhil oyel ſir. Et puis termino Tri=
nitatis, le iudgment fuit rendu pur Wad.quod
nota bene. P.11.R.2. F. Detinue 46. Et hic tiꞇ
Charters de terꝛ.

Detinue poꝛt vers le baron et ſa femme des   Trouer.
chꝛes &c.et count que le baron et ſa feṁne trou
les chꝛes &c.ꞇ Ihirn. il nous ſemble que per ceſt   Baron & feme.
count que le bꝛe ſerra poꝛt vers le baron ſole,ꝑ
q̃ ne pꝛeignes riens ꝑ vꝛe bꝛiefe. M.13.R.2.F.
Bꝛe.644.vide H.38.E.3.1.aiudg̃ accoꝛd ꝫ Baiƚ
fait a eux.

Detinue des chꝛes, Et count que il baiƚe les   Bailement.
chꝛes al def a luy rebaiƚ &c. ꝇꝫ q̃ux chꝛs tuerūt
faitz al pƚ ꝫ as autꝫ.ꞇGaſc.ꝇꝫ autꝫ as q̃ux les
chꝛz fuer̄ faitz ſont vncoꝛe en pleine vie &c.iudg̃
de bꝛe poꝛt nī̃et noſṁ eux.ꞇRok.ſi ieo baiƚ a vo
vn fait q̃ appꝺt a aut,naū ieo acꞇ de cel baiƚ vꝰ
voꝰꜝq.d.ſic.ꝑ q̃ ƚ bꝛe ag̃ bō &c.H.13.R.2.F.Bꝛe.648

Dette.

Det vꝫ D. gard del pꝛiſō de T.et count q̃ il   Sur eſcape.
aſſign̄ Auditoꝛs a vn que fuit ſon baiƚ q̃ accōpt
deuaunt eux,ꝫ troue fuit en arrerages,ꝑ q̃ eux   Rien luy doit.
luy cōmit a ceſty oꝛe defendant daū en gard,ꝫ il
luy reſceit,ꝫ puis luy ſuffer aler alarg,iiſunt de=
uenꝰ dettour ꝑ foꝛce deſtatut. ꞇ Clopton riens
luy doit en le maṁ.ꞇHolt.noſtꝛ acꞇ nꝛ poꝛt ꝫ cō=
tracꞇ enꞇ noꝰ,mes ꝫ eſpecial cauſe deſtatut,ꞇa q̃l
voꝰ reſpōdz riens,ꝑ q̃ iudg̃ &c. Et la court fuit   Iſſue.
en opinion q̃ il naū lauer ṁt general,ꝑ q̃ Clopt.
il ne deuient vnꝗ en noſtꝛ gard pur ceſt cauſe
pꝛiſt, Et alij econtra.P.2.R.2.F.Iſſue.160. et
Sratham,Dette,62,fol.

Vers le maister sur achate son baile.

Det ʒs vn I.H. Et count que vn B.so bath achate de luy barbetʒ pur som e dꝺ, ꝗ viendꝫ al oeps le def. ¶Clop. vous naiſ que le baiſ auoit garē dachate pur nous per fait ꝗ luy don garē, per que ¶Belk. ſi vous aues baiſ ou ſeruant que eſt conus pur voſtre ſeruant, ſi vous luy maūdꝫ al faiꝛs pur achate mchanꝺ e auters choſes, eſt realon ꝗ vous ſoies charge del paymt ſi les mchanꝺiſ deuient a voſtre oeps, Et tiel matt ad le pꝉ alꝉ p ꝗ voileʒ auter choſe dire, Et propter

Rien luy doit.

Opinionem Curie, il pꝉ rien luy doit. T.2.R.2. Fitz. Dette 13. e Statham. 43.fo.

Sur tayle enseale. Rien luy doit.

Dette, e en proue del dette il mit auaūt taiſle enſeale, e le ſom fuit marк en le tayꝉ p eſcholкe come le maū eſt, le def, pꝉ rien luy doit ¶Burg,

Sur obligation.

le tayle eſt enſeale, per ꝗ vous couient rñꝺ al tayle, Come il ſerra dun obliǵ. ¶Belk. ſi le tayle vſt eſtre eſcript p parol del duite, e le ſom eſcript auxi en le taile, e neimy eſcholкʒ, pauentñꝺ il ſra miſſ a rñꝺ a ceo, Come vn obliǵ. Mes il nē mie tſſint eſcript, meʒ ꝉ choſe e le ſom march, p ꝗ couient faire come il ad ēe fait auaunt ceʒ heures, p ꝗ voiles laūſñt, p ꝗ Burgh. reſſ laūſñt. T.2.R.2.Fitz.Dette.4. e Statham. 64.fo.

Expende le rent sur reparations.

Dette, e leaſe p indent, ꝗ voiet, ꝗ le leſſee repaier le meaſon al coſtes le leſſoꝛ, cē bon plea en Dette pur le rēt, ꝗ il ad c beſtow ſur le reparations. Eadē, lex ꝗ le pꝉ diſtē le def. e vende le diſtres pur le rent p aſſēt le def.2.R.2.Br. Dette, 235.Et 11.R.2,hic pꝉ. 8.

Pur rent reserue sur lease pur ans.

Dette, e count que il leaſe al def. a tme dans, renꝺ rent.7.R.2.hic title Ley.

Dette le roy.

Fermoꝛ le roy dun maner moruſt, Et pur ceo que ſon ferme ne fuit paie, bēe iſſiſt ad vic de lcū le dette le roy, e ſequeſtē les bienʒ del moꝛt, de quel aſcuns fuē venꝺ pur paier le roy.8. R. 2.hic title Executoꝛs.

Baron & ferme.

Dette fuit poꝛt vers baron e femme ſur vn obli=

obligation fait durant le couerture, Et male,
Car serra port vers le baron sole. ¶Skipwith.
Auri si Abbe & moigne sunt obligation, brief de
dette serra porte vers labbe sole.¶Burgh. si
home de pl' age & vn enfant soint obliges, lob=
lige auera briefe de dette vers ambideur, car
le briefe ne proue, le quel il suit de plein age, ou
non.8.R.2.hic title Briefe. — *Sur obligation,*

— *Abbe & moigne.*

— *Enfant & home de pleine age.*

Det sur lease a terme des ans, ¶Pynch. le de=
fendant less a nous per le fait que cy est, mes=
me le terres, & per mesme le fait il nous graunt
que nous duissomus repareler mesme le terres
al temps que il suit ruinous, al costages le pl',
& dit que il suit ruinous, & monstre coment, per
que il repareler mesme le terres & meases oue
mesme les deniers &c. iudgemt si action.¶Mar-
kam. le fait ne voile que il duist repareler mes=
mes les meases & terre oue mesme le rent, per
que iudgement, & priomus nre dette.¶Belk. il ad
dit que le mease suit ruinous & febl', & que il ad
expend les dens en le reparation, per que rnds.
¶Markam il nad expende en reparation forsq̃
rr.s.& priomus nostre dette del rem &c. T. 11.
R.2.F.Barre.242. — *Sur lease pur ans.*

— *Stoppe rent pur reparations.*

Dette vers lordinarie sur morant intestate
le testator.12.R.2.hic title Administrators. — *Vers Lordinary.*

Dette, et count que le def. suit amerce in son
Leete & asserre a 40.s.12.R.2.hic title Ley. — *Pur amercement in Leete.*

Dette sur amercement asserre per present=
ment in court baron, Il nest plee adire, que
nul tiel presentmt. Quere.12.R.2.hic title Ley. — *Pur amercement in court baron.*

Dette suit port per le baron sole sur obliga=
tion fait al baron & feme due le couerture, Et
bn non obstant que le feme ne suit nõe.12.R.2.
hic title Briefe. — *Baron & feme. Obligation.*

Dette & count de rent reserue sur dismes,
Et bn.13.R.2.hic title Jurisdiction. — *Pur rent reserue sur dismes.*

Dette sur recognisans.13.R.2 hic title Briefe. — *Sur recognisans.*

I 5 Dette

Sur obligacion.   Dette ſ obligation.hic title Condicion per totum.Et hic pſ.

Sur arrerages daccompt.   Dette ſur arrerages daccompt del temps, q̃ il fuit ſon bailie.16.R.2.hic title Ley.

Pur mañ money.   Dette vers I. et dðe x. markes,Et miſt auaunt fait endent en pꝛoñ del det,s.q̃ M pꝛendꝛ la file I.al ſee Quod I. ſoluat ei x. marckez ꝛc. ❡Galc.iudg.ſi la court voile conuſt,pur c̃ q̃ ſoñ en matrimonie,Et non allocaſ, car le fait mainꝷ lacc̃ ❡Galc. le fait voit Soluat, en q̃ eſt nul poſ del oblig̃, en q̃l cas il añ b̃e de couenant,iudg. ꝛc.❡Curia,c̃ eſt al acc̃, Et il ad matꝼ ſuffic̃,car il ad vn contract pꝛecedent, q̃ luy dõſ acc̃,T ðe ſi achatz vn chiual a paier a moy,ꝑ cauſe dachaꝼ le det eſt due,per que reſpondes ꝛc.T.19.R.2.F. Dette.166.

Sur recouery.   Home poꝛt det ſ rec̃,Et puis poꝛt auter b̃e de dette ſur le rec̃, ſe vic̃ reſ nihil ꝛc. Donque Capias giſt.19.R.2.hic title Execution.

Seueral precipe ſur vn obligatiõ.   Dette vers 2.per Seueral precip̃,Et count Hs eux ſeueralment ſ tiel obligation, Nouerint vniuerſi ꝛc.nos A.& B. teneri ꝛc.Ad quam quidem ſolucionẽ obligamus nos & ſingulos ꝛc.ſans auꝼs parols pꝛouant eux oblig̃ chelc̃ in ſentierte, Et le b̃e ag̃ bon. Iſſint ſi fuit, Obligamus nos ſingulariter, ꝑ Wadham.21. R.2 hic title B̃e.

Plus.   Plus iſtarum. hic titulis

Attourney.	7.R.2.	Challenge.	8.R.2.
	8.R.2	Exigent.	14.R.2.
Bꝛiefe.	12.R.2.		

Deuiſe.

Ecclesiæ Sanctæ Andræ.
Ex graui querela.
  A.F.pſon del eſgl Saint Andꝛewe en Holboꝛñ ſuit Ex graui querela vers R.P.de cerꝼ teñts q̃ux fueꝼ deuiſes a vn pur term de vie, le rem̃ a vn auter pur ꝼm de ſa vie, le rem̃ apꝛes ſon deces eccleſ S.A.in Holboꝛñ ꝛc. ſ pur ceo que le ſ a term de vie, ſ cꝼy en le rem̃ pur term
de

de vie sout mozts ꝣc. le pson suit cē bꝫ, ou plede
fuit en iudgmēt, ꝗ ē rem issint taile eccl̄ H̄. In=
dzee fuit void, pur ē ꝗ lesgr̄ ne fuit Persona capax
Et I ꝗ fuit p̄ Irewe, que le pl̄ suē exē, ꝯ la de=
uise aꝗ bon. P.21.R.2.F.Deuise.27.

Deuorce.

Si deuozce soit sue, ꝯ puis le sentence inde Rebxarie.
est repeale, ne besoigne nouel espousels. 2. R.2.
hic title Depziuation.   ꝯ Quare impedit.
in fine casus.

Deux plees.

En Precipe quod reddat vers sōz ꝯ villein, Seignior & villein
lou le sōz nad my seisin: Si le villein pled vn
ple,ꝯ le seignioz auter ple, Le plee le sōz serra
resceiue,ꝯ nemy le plee del villein. Auter est de
tenaunt en fait ꝯ pernoz des pzofits in Assise. Disseisor & teñt
Mes si le sōz dit riens,le ple le villein serra re=
sceiue.21.R.2.hic title Bziefe.

Dilatories & Delayes.

Cui in vita,Le tenant dit que il tient a terme Voucher de luy
de vie,le reuersion al heires le barō,ꝯ pzie aide, de que il pria in
Et fuit oust. et puis vouche in cēp, ꝯ auoit le aide deuant.
voucher.5.R.2.hic title Ayde.

Formdon de rent vers parceners, Le tenant Voucher puis
pzia ayde de son copcener,et fuit oust. Et apzes ayde prier.
il vouch a garē.8.R.2. hic title Ayde,6.in fine.

Dower vers 4. Les 3. disont que ils fuē Lun rend & lau=
pzist de render dower ꝣc.et le quart dō le vieu, ter pria le vieu.
et il fuit oust del vieu. Et seisin del terr fuit a=
gard al dzant vers les Trois. 11.R. 2. hic title
Uiew.

Lou le pl̄ poet cē delay per son fait demesne. Pl' delay per son
12. R. 2. hic title Attozney. act demesne.

Disagreement, Uide Agreement.

Disceit.

Trespas ꝯ case,co ꝗ le def,vēd a luy vn chiual, Acciō sur le case
et

Garr̃ de chiual vend.

& luy garr̃ deē bon & sane de toutz maladies, loe le def. sach le dit chiual deē plein de maladies en le oyels & legges. ¶Pinch. ceſt brē ſuppoſe faux & fraudulent vend &c. quel ſound in diſceit, iudge- ment, Et non allocatur. 7. R. 2. hic titul̃ Icē ē le caſe.

Rec' terre & dam̃ ſans iſſues.

Diſceit vers le vic̃ & ceſty que rec̃, & le diſceit fuit troue, et Huls pria reſtituciō del terre & les iſſues. ¶Marc. le roy auera les iſſues, p q̃ Thirn. ag̃ que le pl' aiet reſtitucion de ſa terre & ces dam̃, & que le dōant & vic̃ ſoient priſez, quod no- ta. & credo la cauſe eſt que le roy auer les iſſues pur ceo q̃ la terre ſ̃ priſe en la main le roy p le graund' cap. P. 12. R. 2. F. Diſceit. 33.

Inpriſonment.

Diſceit vers le bar̃ & fēe, queux auer recouer per defaut, proces ſue vers eux & vers les ſom̃ & betours, tanq a ore al Diſtr̃ per que le baron & fēe fuer dōs þ peiñ daler al examinac̃ del diſ- ceit, & il ne viend, p q̃ les ſom̃ & beiors fuer ex- amines, et le diſc̃ troue. p que Thirn. agard̃, q̃ le pl' recouer ſa terre, & les auters priſes, ſans iſ- ſues, quod nota. H. 13. R. 2. F. Diſceit. 34.

Proces.

Examination.

Iudgement.

En diſceit ſi le t̃ pled ioint en tiel plee, que eſt trie encounter luy, il perd̃ ſa tre ſauns aſ̃ exa- minacion per Oppinionem Cur̃, Et auxint ils diſoint que le brē eſt bien port vers ceſtie que rec̃, meſque il ne ſoit t̃, ſi come en brē dertour. P. 18. R. 2. F. Diſceit 49. Statham. 13. fol.

Lointenancy.

Vers cēi que eſt partie.

Lheire ceſtui q̃ perdit p def. au brē de diſceit, & funt ag̃ bon. &c. M. 18. R. 2. F. Diſceit. 50. Sta- tham. 14. fol.

Per lheire.

Diſcent.

Qui tolle lentre dun enfant.

Tenant en fee deī, ſa fēe groſinent enſeint, e- ſtrange abate, que moruſt ſ̃ci, & puis lenfant eſt nee, ceſt diſcent tollera ſon entre, cōe t̃ adiudge 2. R. 2. ment extant imprimie.

Pere vtlagatus.

Home fuit vtlage ſur inditement de felony p que

que le seignior enter come in son escheate, Car
home attaint de felony ne poet auer heire, ii. R.
z. hic tit Colour.

Discontinuance de poss.

I. Benet port briefe de trespas vers R. d son
chiual prise, l' def. iustifie p reason q vn M. tpent
dun C. vn meason oue les appurt &c. p homage,
et r. s. p an &c. des quv seruit &c. p mains M. &c.
le ql C. lauandit seruit graunt a vn D. en frank
mariage oue I. la file C. per fait monstre a-
uaunt, et de ceux fict le disconf a vn C. et M.
come files & heires, et C. prist baro vn F. & M.
vn H. et conueie le tennancy, del terre al pl', et
pur homage le pl' aret, le def. come seruant lez
baronz et femmes prist &c. le pl' dit que vn H.
pere lez ditz C. et M. per my que le disc est fait,
per vn fait q cy est, graunt mesme le rent a vn
Piers & A. sa feme, et as heirs P. ensemble oue
les seruicez, & oblige luy et ses heires a gar, per
que le tenant atturna &c. et de P. disc les seruices al H. come fits et heire P. et le dit ore pl' &
ore attend de les seruices al dit H. fits P. et dit
que assets disc al dit C. et M. per m cesty H. coe
pere, en fee simple &c. et demaund iudgement fi
encounter ceo matter ceo iustifie &c. et sur ceo
demurt, Et loppinion de touts les Iustices, et del
Seriauntes fuit, que la taile fuit discontin, forsq
Thirn & Gascon. ¶ Thirn. dit, ieo tiend opinion,
et dire encont vous touts. Et ad aliu die. Thirn.
il semble que le taile nest discontinue, Car le
graunt de rent seruices sole ne discontinue la   Rent seruice.
taile, ne le gar nest graud a purpose, car le gar
ne fait discontin, si non en cas ou gar oue disc
est plede, Et a i q est parle que deuaunt le statut tenant en tayle apres issue auer fee simple,
pur ceo que le condicion fuit parunplie, ceo est
change par l' statut, et est parle expressement,
que

que tenaūt en taile par son fait ne disherite lissu.
Issint est diuersitie quant ꝑ en taile graunt par
parol que est son fait demesne, et quant il fait

Per liuerie.

feffement par liuere, issint le liue de seisin discōt
la taile, soit il par fait, ou sans fait. Mes il est
auter en diūs choses, que past ꝑar graunt, come

Avowson.
Villein.

de auowē, villein, ou comeñ de pasture, car la
le taple ne sra disconf &c. pur ceo ꝗ ꝑ en taile en

Comen.

mañ nad ꝗ tenle ꝺ vie, & ses heires sont purcha=
sours oue lup. Issint ꝗ son graunt par parol ne
puit durer forsꝗ pur son temps, & son vie dem,
et issint il semblſ de rent. Car le graunt ꝺ rēt ne
puit estre effectuel sanz fait, & atturnemēt de rēt,
et sra encount reasō ꝗ ꝑ atturnemēt del ꝑ que est

Per graunt.
Graunt nient ex-
ecute.

estraunge al issue en taile, que la taile sra dis=
cont: et si ꝑ en taile de reūc graūt le reūsō en fee
& le ꝑ a terme de vie atourne, si le graunt del re=
uersion deuie, & le ꝑ a terme de vie suruesꝗ sans
la reuerc vestue en le graunt, lissu en taile puit
entre apres la mort son pere, nient obstant tiel
graunt, et issint icp. ¶Marc. il semble que la

Per fine.

taile est disconf, Car si tenant en taile de ꝑre
graunt et rend la ꝑre a vn hōe par fine en fee, si
la fine soit execut en la vie le tenāt en taile, ꝺō=
ꝗ le taile est disconf, et vñc la fine nest ꝗ parol
de graūt et render. et si tenant en taile soit diss
del terre, ou de rent taile, & puis relſ oue garſ al

T. in taile diss.et
release al diss.

diss, et deuie, la taile est disconf per ceo garſ:
et vncore ꝑ nē forsꝗ relſ, & par fait le ꝑ en tailſ.
¶Brinch. ad idem, si tenant en taile de reuersiō
graunt la reuerc a vn en fee, & le ꝑ a terme de

Surrender.

vie sur rend al graūſ, oꝛe per ꝑ fait le ꝑ a terme
de vie la taile est discontinue, & vñc ꝑ nest forsꝗ
graunt de ꝑ en taile &c. ¶Hank. ad iꝺ, cat aur=
int graunꝺ power ad ꝑ en taile de faire alieñ de
rent, come de terre, et en le caꝫ mon maisler
Thirn de auowſ, villen, ou comen, il nest mer=
uaile, coment que lissue ne serra mis a sa acct=
on

on, pur ceo q̃ la liſſue en taile faut acction, et nad
nul acꝇ forſꜩ par ent ou ſeiſin de billen, et il ad
eſtre bien dit Quare impedit poꝛt p̃ liſſue en taiꝉ
dun auowſon , que le garꝗ ſon aunceſtour oue
diſꝸ ad eſte pleḋe en barre , et tenus bon, et que
liſſue ſerra barre, et iſſint icy , car la graunt dez
ſeruices auer fee ſimple ꝉc. ¶Thirn. vous faits
diuerſitie enter auowſon, billen, ⁊ comen ⁊ rẽt
ſeruices, pur ꝯ que il faut acꝉ ꝉc. et ieo die que
non, et que liſſue en tiel cas purra auer acꝉ, Car
liſſue auer qd̃ permiti del comen ꝉc. et ſi tenant
en taiꝉ de certaine fees en chẽie alien ceux feeꝫ,
ou graunt en fee, ieo die que liſſue apꝛes ſa moꝛt
auera Pꝛ quod reddat vnum feoḋ militaꝛ, et plus
comen le cas eſt, vncoꝛ per ſon graũt la taiꝉ neſt
diſcontinue, et vnꝯ ieo voile bien que al cõmen-
cemẽt le graũt aũa fee en le rent, tiel ꝗl, mes nemy a dureꝉ imperpeꝉ, mes il ceſk, par la moꝛt le ꝉ
en taile. ¶ Horneby ſi tenaunt en taile dof=
ꝼꝉ graunt ceo offiꝰ en fee oue garꝗ, liſſue ſera
baꝛ ſil ad per diſꝸ, et iſſint icy¶ Thirwith. ſi home
reꝉ en baꝉ vers tenant en tayle, et ad le rent
en taile en execuꝉ en balue ꝉc. ieo die que liſſue
en taile ne puit diſꝸ pur ceo rent iſſint fait en
balue ꝉc. Nient plus puit il faire icy. ¶ Thirn.
ceo eſt bone reaſon pur vous purchaꝼ, ⁊ ieo ay
oie Sóꝛ Grene le ſage Iuſtiꝯ dire, q̃ il tient nul
queſtiõ en tiel cas de rent ſeruiꝉ, que la taiꝉ neſt
diſcontinue per le graũt le ꝉ en taile, ⁊ iſſint fuit
tenus per touts les ſages que fueꝉ auaunt ſes
heures, que liſſue puit diſꝸ, et vnꝗꝫ le contrary
aiudge ¶Hil. il ſemble la tayle diſcont per ceo
graunt ⁊ lattoꝛnemẽt cy auant, Cõe ſi ꝉ entaiꝉ
fait feꝼꝼ. de ſa ꝉre ⁊ vn lꝛꝉe datturney a eſtraũge
pur liuer ſeiſin ꝉc. le fait et liũe d eſtrange diſ=
ſcont la taile cy bene, come il meſme vꝉ liuer
le ſeiſin ꝉc . Et iſſint icy. M̃,22, R.2.F. Diſ=
continuaunce.50,

Diſcont

Office

Plee pled terñ
Hillaꝛ & nient
enter tanque al
terme de Triñ.

Scire facias hoꝛs dun fine, le ꞇ plede reꝯ launꝗ̃ le demaundaunt,ſur que ils fueꝛ̃ a iſſue,ꞓ trouꝫ pur le ꝺꝺant,per q̃ il pꝛie iudgement ℂ Clopt. boꝰ ne irres al iudꝗ̃,car le pꝛ̃ ſuit pled le terme de ſeint Hillaꝛ̃ an ꝛc. et rien de ceo entꝛ̃ de re= coꝛꝺ tanque al terme de Trinit ꝓchen enſuant, iſſint le ꝓꞓ diſcont ℂ Treſſilian.cꝗ̃ luſage de ceſt court,et ꝺe tout temps aꝺ cꝗ̃, pur ꞓ que cꝗ̃ place eſt cꝯ remouable, que ꞓ q̃ ne puit eſtre ſinie de= uaunt nꝛ̃e lcue,ſerꝛ̃ perfoꝛme,Que ceo cꝗ̃ place eſt reſſant tout temps en quel lieu que il ſoit, et puit ſaire deliꝰans, et pꝛenꝺꝛ̃ bills,et ouſtꝛ̃ ꞓ diꝰſe recoꝛꝺ fueꝛ̃ enquiꝛ̃, et troues en ꝫ le ma= ner en tempes ꝫ Wilby. Grene. ꞓ Kniuet. come ſuit pꝛoue ꝑ recoꝛꝺ, Secuꝛ ſuit ꝛ̃ la comꝛ̃ bꝛ̃k, Et puis ꝑ auiſe de touts les Iuſtic’, le cꝺceil ꝺel ꝺꝺant reꞓ,et nota que ceo Scire facias ſuit ſue en bank le roy. T. 7. R.2. F. Diſcontinuans. 46.

Diſcontꝛ̃ dun Aſſiſe. 11.R. 2. hic tit Bꝛiefe.

Aſſiſe.
Treſpas vers 2.&
diſcontinuance
vꝛs lun.

Treſpas vers iij. pꝛoces ſuit ſue vers l’ꝛ ij. ꝑ vn comꝛ̃ atꞓ le pꝛ̃ tanꝗ les ij.fueꝛ̃ vtlage, et la tierce vient, mes lattoꝛñ le pꝛ̃ nauer inꝓe nul garꝛ̃ ꝺattoꝛney verꝛ eux,mes ſolemꝛ̃t verꝛ la ti= erce,il aꝫ garꝛ̃ ſait aꝓs lutlaꝛ̃,mes nemy ꝫs les auꞓs, et la tierce plede al pais, et Niſi prius ſu= it ſue, et troue pur le pꝛ̃, ꝑ que Gad. pur le pꝛ̃ pꝛie iudꝗ̃ ℂHank.le pꝛoces eſt diſcontiñ,car par le recoꝛꝺ eſt troue q̃ le pꝛoces ſuit continu ꝑ atꞓ vers ij. tanque ilꝛ fueꝛ̃ vtlaꝗ̃, ou latꞓ nañ vnꝗ garꝛ̃,entant q̃ il nauer nul pꞇy,iſſint le pꝛoces eſt diſcontinue ꝫs l’ꝛ auꞓꝛ,ꝑ q̃ ne poioꝰ rñꝺꝛ̃,iudg= ment. ℂMarc.coment que il eſt diſcontiñ ꝫs les auꞓrs,il ꝛ̃ bꝛ̃ contiñ vers cꝯ̃ꝑ que appꞇ,et aux= ꝛ̃t la tierce nañ nul auantage de ceo, Mes ſil ſoit iſſint, q̃ laut purꝛ̃ reñſe lutlaꝛ̃.ℂChar.ꝛ̃ trñs vers ij.ſi lñ vient et pled, etpuis le pꝛ̃ ꝛ̃ nonſue ꝫs luy,laut aña auantage de ceoℂThir.diſcontꝛ̃ eſt

eſt non continuans,& iſſint en mañ vn nonſuit,
Et le def.all' vn diſcontiñ aſſes bñ a cheſc tēps
deuant iudg,p ñ il nous ſemble,ñ put ī ñl eſt vn
ñ oziñ,le quel ne puit eſtē ſeuere , & entaunt ñ
le pzoces fuit continue vers eux que fueēt vt=
lage per attaind ſauns garē, & iſſint nul ptp, &
p tant diſcontiñ, p que nous ſemble que lutlaē
eſt reuerſible pur ceo cauſe, iſſint le pzoces ſue
vers les auters eſt nul, per que vous def. ales
a dieu.M.12.R.2.F.Diſcontinuance 47.

Temps dalledger diſconī.

Diſmes.

Treſpas des blees &c.Le def.dit,que il ñ eſt
perſon, & les blees fueē creſſants deins &c. et
il les pziſt cōe diſines ſeūs, Et que le pt' ē pſon
dauter eſgliſe adioinant a ſa paroche, Judgeñt
ſi la court &c. Per que le court fuit ouſt del iu=
riſdiction. Iſſint ſil dit que le pt' fuit fermer dun
tiel eſgliſe &c.12.R.2.hic title Juriſdiction.

Treſpas per Labbe de C.de 20.Agnelz pziſ,
Le def. dit que il fuit pzocurato2 dun vicar del
eſgliſe ou &c. & les agnels fueē diſines, per que
eux ſeſſiſt come diſines, Judgement ſi la court,
&c.Per que fuit agard ñ il ſuiſt in court Chzi=
ſtian &c.13.R.2.hic title Juriſdiction.

Si perſon dun eſgliſe leſſa pur ans cerē po2=
cion de diſines,rend rent,il auera ſon accioū de
dette pur le rent reſerue al comen ley , & nemp
in court Chziſtien,pur ceo que les deniers ſont
lay chattell.13.R.2.hic title Juriſdiction.

Suit inter 2. ſpi-ritual perſons.

Suit inter perſon & fermor dauter perſon.

Agnels.
Suite inter perſon & p curator dun vicar.

Det pur rent re-ſerue ſur Diſmes.

Diſſeiſin & Diſſeiſor.

Lou hōe fra diſſ2 de rent p reſceit ſon bail=
lie.6.R.2.hic title Aſſiſe.

Diſſeiſo2 p failer de reco2d.13.R.2. hic title
Failer de reco2de.

Si le roy grauñt ma terē p patent a vn auē,
& il entē ico auer aſt vers luy per le comen ley
p Opinioné Cuñ.Mñ per leſtaē An.1.H.4.ca.8.

De rent.

Failer de record.

Parentee le roy.
Diſſeiſor.

K teo

ieo añ assise, lou ieo soy oustre per colour de tie
patent, & rec̃ mes damages a treble. M̃.22.R.2.
F.Disseisin.8. Et 20.R.2. Loppinion del Court
accord, hic title Assise.

Plus.   Uide plus de ceux matters, hic tit.

Assise.	6.R.2.	Briefe.	21.R.2.
	6.R.2.	Entre conĩ.	2.R.2.
Auowrie,	3.R.2.		3.R.2.

Distres.

Vende.   Dette pur rent reserue sur lease pur ans, Le
def. dit, que le pl̃ luy distraine, & venð le distres
pur le rent per assent le def. 2.R.2. hic tit Dette,
in fine.

Rescous.   Rescous, ¶ Lo ct.nous diomus que lou il cout
que le prise se fist in A. q̃ le prise se fist in B. quel
lieu est tenus de! priour de B. & nient del pl̃.
¶ Rik. les bestes fuer̃ pasturants in A. q̃ est ten⁹
de nous, & maunð ore nostre seruant pur pren-
Distr̃ in aut̃ terre der le distres, le quel ala & auer le vieu des
per le vieu in le beastes, & a pluis tost que lauter perceuist que
primer terre. nostre seruant voile auer dist̃ les beastes, il enchase eux in B. que est tenuz del Prior, & nostre
Extra feodum. seruant pursuit & prist le dist̃, & il luy rescous.
¶ Belknap. a Locton soies certeine que si vostre
Dam̃ fesant. beastes sont dam̃ fesant en ma terre, & mon seruant vient pur prender les bestes, & vous les
enchase, q̃ mon seruant puit bñ sur le vieu suer
apres & prender les beastes in aut̃ fee, & auow-
er le prise. ¶ Locton nous ne les enchasomus my
apres que son seruaunt auer le vieu. ¶ Belk. s̃il
vient pur prender distres, & vous les enchase
pur tiel cause, s̃il vieu ou non, ceo nest rien a
purpose ¶ Locton cel lieu tenus del priour fuit
arer, & nous chasomus les beastes ouster le
lieu tenus del pl̃ tanque a cel lieu. ¶ Belknap,
cest ple ne vault rien quant lun terre & lauter
fuit

fuit in voſtre maine demeſne : Mes perauen= Auers eſcape.
ture ſi ceo fuiſſoit auter terre vous puiſſes dire
que voſtre beaſtes enter per eſcape, Mes neimp
de voſtre toʒt demeſne. ¶ Locton nous auiſomus
noſtre blees pur ſeme le terre tenus del pʒiour
in vn ſack, & cariomus ſur chiual ouſter le ter=
re tenus del pʳ, pur ceo que il fuit le pluis pʒo=
cheine voy al terre tenus del pʒiour, ſans ceo
que nous enchaſomus le chiual per cauſe de
vous ouſter de voſtre diſtres, et lauter dit, que
il les enchaſa pur ouſter le pʳ de diſtreſſe, & ne=
mp pur ameſner ces blees, vt ſupʒa, Et alii e=
contra.6.R.2.hic title Reſcous.

Home ne poet diſtreine le chiual ſur que ho= Chiuauchant ſur
me chiuauch.6.R.2.Brooke Diſtres,60.Et hic chiual.
title Reſcous.   Per Locton & Belknap. in fi=
ne caſus.

Si home ſoit amercy en tourne de viē,le viē Pur Amercement
luy puit diſtreine per tout le countie. et vn ſeg= en leete.
niour de vn lete per tout le pʒecincte, et il neſt
plee hoʒs de ſon fee, mes il dirē que il puſt le
diſtres hoʒs de pʒecinct de ſa læte &c. H.8.R.2.
Firzherb Auowʒie,194. Statham. 39.fol.   Et
hic title Hoʒs de ſon fee.

I. ſuit Repl de vn chiual a toʒt pʒiſe. ¶Rik. Pur expenſes des
auowa pur le defend per reaſon que al datē chiualers del
parlemēt tenus al S. vn T.& W.fuer eſlieues countie.
chiualers de m̄ le com ou &c. et fuer al dit par=
lement tanque fuit termine,et auer vn bʒiefe al
viē de leū lour coſtages en pleine countie, lou
cheſcū vil fuit aſſes. iſſint que meſme le vilł ou
&c. fuit aſſeſſe a xviij.ẟ. de quel le pʳ fuit aſſeſſe
entē auterʒ a ij.ẟ. et pur ceo que il ne voiłł mp
paier,nouʒ pʒiſomus m̄ le chiual &c. ¶Finch. il Exceſſiue.
iuſtiſie per commaund de Viē,que auer bʒiefe
vt ſupʒa, et ne monſtre mp le bʒiefe, ne le
garrante de viē, Queſ& ceo il nad mp dit en ſa
auowʒie, quel bʒn ou pʒofite ils fiēf iſonques,
R 2   per

per cauſe de q̃l ils duiſſent auer lour coſtag̃,per
que &c C̃ſkipw.quant al bε̃e & garε̃ de viε̃ il ſε̃-
ble q̃ il ne beſoign̄ de mε̃e,&c. Et quant al reſ̃,
dd̃es de roy & de ſon councel , quel bon ils ſieε̃t
illong̃s,& vous ſerres reſpond̄ maint.Per que
Finch,paſſε̃ ouſtε̃ , Et dit que le pℓ̃ eſt reſceant
deins le precinct del maner de A.de q̃l leueſq̃ de
Lond̄ eſt ſeiſie, & tient cerε̃ terre del dit eueſq̃ p̃
ϑge et court roul,ſauℨ ceo que il tient terre autrement , Et leueſq̃ en que frankε̃ il demurt,
vient a ch̄n̄ parleſ̃t en proper perſon,ſans ceo
que J,ou ceux que ount tenus iſſint aſcun terε̃
deins le mañ,vnq̃ paier as coſtages des chℓε̃es
de counte de tε̃ps dount &c.C̃Riℓ. promus que
il ſoy teign̄ al title de preſcripε̃,ou a ε̃ q̃ le ſh̃r a
q̃ frankε̃ ε̃,vient al plẽſ̃t C̃Belk. le titℓ̃ de pre-
ſcripε̃ il don pur plc,& le reſ̃ p proteſtaε̃ C̃Rik.
il & ceux q̃ ount teñ p le mañ,ount pay de tε̃ps
dount &c. ci bñ come auε̃s frankε̃s,&c.Et aliu e-
contra.C̃.8.R.2.F.Auowℨie.260.

Vende de diſtres.   Diſtres vend̄ que fuit priſe pur Quinziſine.
8.R.2.hic title Quinziſine.

Cõis ſtrata.
Via regia.
Hault chimin.   Repℓ̃ de ces añs a tort priſes en highſtrete en
le vilℓ̃ de C.C̃Hil.auowa le priſe ε̃ le pℓ̃ pur ho-
mage&c, pur ε̃ q̃ il tient certen tenεm̃tℨ doũt &c.
de luy par tiels ſeruices. C̃Wadham.vous veieℨ
bิε̃ coment il ad auow le priſe en le haut eſtrete,
le quel lieu eſt haut chimin le roy, Et eſt defεด̃
per eſtatute , que nul prendε̃ diſtε̃ en le haute
chimin,ſi non le roy & ces miniſterℨ,per que del
heuε̃ q̃ il ad conus le priſe,iudgement.C̃Hill.no⁹
auonmus auowe en lieu q̃ eſt appellℓ̃ highſtrete,
& ne coniſomus paℨ q̃ il eſt haut chimẏn.C̃Wad-
ham.il eſt enter en le roulℓ̃,q̃ il eux priſt in Re-
gali via, per que iudgement per ſon conuſauns.
C̃Belk. ſĩ ſoit iſſint come vous parles,donques
de ceo accion a vous eſt done per eſtatute,& nemy per voye de reſpons en Repleuin , come
                                                                eſt

eſt icy, per que quaunt a ceo reſpondes. ¶Holt,
ſi home ſoy pleyne de ces auers a tort priſes en
lieu appell' Auncien demeſne, & lauter auowa
en ũ le liew, & conuſt bien, que il eſt aunc̄ deſh,
comēt que le pl' ſuffera lauowē, vnc̄ lauowzie
abat, Iſſint en ceſt cas le pl' auera ceo p voie
de reſpons. ¶Belk. nous ne potomus ſauer, le q̃l
le liew ſoit haut chimin, ou non, Et ico ſay biē,
que ad eſtre fait en tiel cas deuaũt ces heures,
per que reſpondes. ¶Charlton. ſi home auowe le
priſe de certene auers, & ſoit chal' per cauſe que
le priſe ſoit outragious, il recou damages maint
ſans prendē accion & leſtat, per quel eſt defend
q̃ home ne prendē outragious diſtē. ¶Clopton,
eſt defeē p ſtat, q̃ hōc ne predza boef de ſõ carue,
ne barbetz, ſil ad aut diſtres, Nient meins comēt
q̃ il ad aut diſtē, bon auowze eſt don en le cas,
& il nauer mie reſpons a ceo, eins eſt miſe a ſon
accion, Iſſint en c̃ cas. et puis Wadham. paſē
ouſt, & reſpond al auowze, &c. T. 11. R. 2. Fitzh.
Auowzie. 87.

Si le roy done, ou vende ſon garde a vn ho=
me, Ou leſſa vn maner, ou Caſteil a luy a terme
de vie, ou dans, ou en fee, il ne poet diſtē hozs de
ſon fee, Sicome le roy fra, ſil fuit en ſon maine,
&c H. 12. R. 2. Statham Diſtreſſe, 2. fo.

Wēe iſſiſt hozs del Eſchequer de c̃ certein bi=
ens queux fuēt a vn H. que fuit attaint de trea=
ſon, Le def. dit que il m̃ leſſa certein terre a le
dit H. pur terme de ſon vie, renõ certein rent, et
pur tant arrere deuaunt lattainder & deuaunt
le treaſon fait, il priſt les biens, Iudgement &c.
¶Wade. et entaunt que vous auez conue le pro=
pertie a luy al temps, iudgemēt &c. Et ſic ad iu=
dicium. Quere ſil beſoign a dire deuaũt le trea=
ſon. T. 12. R. 2. Statham Diſtreſſe. 3. fo.

Home diſtreine ſon termoz pur rent arere, &
puis le termoz eſt attaint pur felony fait de=

K 3   uaunt

Marginal notes

Auncient
demeſne.

Exceſſiue.

Aueria caruce.

Barbitts.

Roy, & ſon
patentee.

Extra feodum.

Hoc̄ diſtrein, &
apres lowner eſt
attaint de treaſõ.

Diſtr priſ. & puis
le owner eſt at=
taint de felony.

uaunt le diſtres p̃iſe, Et opinio Curiæ, que le
roy nauera le diſtres come fo2feit, Niſi ſatiſ-
fecerit parti qui diſtrinxit, car ceo fuit loyalment
p2iſe tempo2e captionis, Contrary ou le dono2
diſſ̃ le teñt en taile pur r̃et,& puis le t in taile é
att pur felony fait deuaunt le diſtres, Car la le
dono2 poet diſſ̃ le heire del teñt en taile ap2es
eᵡcc̃ del pere, Tamen in primo caſu, il nad aut
r̃et.13.R.2.Br.Pledges.31.

Pendant reple-
uin.   Repleuin, Le def. auowe, le pl̃ pled ho2s de
ſon fee &c. & pend ceſt iſſue le def. ne poet di-
ſtreine arere.18.R.2. Br.Diſtreſſe,62. Et hic
Aſſiſe. é Recaptiõ. Quere,Quia dicit alibi q̃ pend
Aſſiſe, ſi home diſtreine, il abatera ſon aſſiſe,
Mes Contrary de Repleuin,per Br.
Plus. Plus iſtarum,hic tit Auow2ie p totum.& 22.
R.2.hic tit Diſcont de poſſ.

¶Diſtringas.

Quid iuris cla-
mat. Quid iuris clamat, Le def. voil auer fait at-
tourney.Et non potuit.Le def.fuit dd̃,& ne vient, Per que Diſtr̃ fuit ag̃ vers luy. 5.R.2. hic
title Attourney.2.

Apres imparlãce. Det, le def. fuit vtlage, & purchaſe ſon charter de pardon, et Scire facias vers le pl̃, a quel
iour le pl̃ vient,& count vers le def. que imparle, a quel tour le def.fiſt default, Per que Diſtr̃
fuit agard vers luy. 6.R.2.hic title Charter de
pardor.

Puis imparlans
in Quare impedit. Quare impedir,Le def.appeare, & imparle,&
puis fait default, Per q̃ Diſtr̃ fuit ag̃ vers luy.
6.R.2. hic title Default &c. et hic title P2o-
ces. Quere quel Diſtr̃. ſ.Ad reſpondendum,
vel ad audiendum iudicium.

Annuitie.
In lieu de petit
Cape. Annuitie vers perſon,que fait default ap2es
apparans, Per q̃ Diſtr̃ in lieu de Petit cape, direct al Eueſq̃, fuit agarde vers luy.8.R.2. hic
title Annuitie.

Diſtr̃

Diſtᵗ Juratoᵉ. 8. R. 2. hic tiᵗ Chall̄.

Diſtringas en Quē redditum reddit. 10. R. 2. hic title Attoᵣny. | Vers Iury. Quem redditum reddit.

Diſtᵗ aᵈ habendum coᵣpus vers launᵉ vīᵗ. 11. R. 2. hic title Attoᵣny. | Ad habendum corpus.

Diſtringas in Audita querela per Marcam. 11. R. 2. hic tiᵗ Briefe. | Audita querela.

Curia claudenda, vers baron et feme, queux a= uoint le bieu, et puis fueᵗ eſſoiñ, ꝗ iour donē, a ꝗͭ iour ils fiēᵗ default, per que Diſtᵣ in lieu de Petit cape fuit agard, et al iour fiēᵗ default, per que Diſtᵣ pur faire reparaᵗ iſſiſt. 13. R. 2. hic tiᵗ Curia claudenda. | Curia claud̄.

Diſtringas in briefe de diſceit. 13. R. 2. hic tiᵗ Diſceit. | Diſceit.

Donc.

Done de biens. 6. R. 2. hic title Double plee. | Biens.
 | De biens.

J. perſon del eſgliſe de L. poᵣt briefe de trñs vers R. perſon del dſgliſe de W. de ſes bñs ꝛc. ¶ Weſton. nous leſſ a vous ñ rectoᵣie a fin de x. ans per ceo fait eudent ꝛc. commeñ ꝛc. et voᵘ nous graunta p̄ fait, que nous poiomus diſtᵗ, ſi ne ſoiomus paie deins le terme de trois ſeptimanes ꝛc. et ſi ne paye al ſine de trois ſeptima= nes, que nous poiomus entᵣ en le rectoᵣie, ꝗ teñ les biens la eins troues cōe ñᵉᵉ bñs ꝓpᵣies, ꝗ pur ꝛc. noᵘ diſtᵗ, ꝗ pur ꝯ que vous ne ſiᵗs grᵉ a nous, nous priſomus ceux biens, cōe ñᵉ pro= pᵣies, iudgemᵗ de bᵉᵉ Vi & armis &c. Et non al= locatur, car leſſaᵗ ple eñᵗ ſeigniour ꝗ t. Mes en ceo cas le leſſour aᵈ tonts iours intereſſ eñ ſͥ la terre, ꝑ que ¶ Galc. per mediation des amies nous accoᵣdomus que nous deuomus reauer noſtᵉ biens arere, et paieᵗ a vous le reᵗ ꝛc. ꝗ nous per cauſe de ceo accoᵣᵈ happamᵘ les bñs, tuᵍ, ꝛc. ¶ Wodrof, nous accoᵣdomus ſur certein

condicion &c. et pur ceo que vous ne perfor-
mastes le condiē, nous les prisomus &c. p cause
de cest accord. ¶Gasc. simplemēt, & nient en le
mañ come vous all' prist &c Et nota que il prist
cest acē de trespas sur le accord &c. M̃. 19. R.2.
F.tzh.Done.10.

Double plee.

¶Trñs port p exeē, v̄s exeē, et count q̄ ilz prist
biēus de lour testat' hors de lour possession, les
def. dist que le testator les pl' dō les biens al testator les defendantz par le fait que cy est, & a-
pres le mort l' testatour dez pleintifes, nous ve-
nemus a les pleintiffes, & monstramus le fait a
eux, & le pl' nous liueratz m̄z les biens per se-
ueranz fait entē nous, & le pl', iudgement si acē.
¶Ham. cest double, vn le fait l' testatour, Et auē
le liueē apres son mort fait per les pl', per que
les def. fueront chaē a tener a lun. M̃. 6. R.2. F.
Double plee. 18.

Annuitie vers prior, & monstre fait de graūt
son predeē Prior & le couent ¶Ham nient le fait
le prior & couent, Et alii e contra. ¶Belk. lissue
semble double, mes il est bon asses hardement.
H̃.6.R.2.F.Issue.161.

Double ple pleē in barre in brē de Rescous,
per q̄ il fuit oust de lun, 6. R.2. hic tiē Rescous.

Double ple in Quid iuris clamat, 6. R.2. hic
title Quid iuris clamat.   [D]

Waste suppos per le brē q̄ il auer fait wast in
tenements que il tient pur ans &c. ¶Wadh. in
tēps de terre mot les mes eschuont p soden a-
uenture, et puis le dit tempest, nous surē les
tēts al pl', iudgement si acē. ¶Rick. ceo ple est
double. Un le sodein auenture &c. Et lauter le
surrender &c. Per q̄ il se tient al tēpest pur ple,
& prist lauē per protestatiō. 8. R.2. hic t Waste.
Repl' de vn chiual a tort prise, ¶Rick. auowa
pur

pur le def. per reason que al datrein parlemt
tenus al S. vn T. & W. fuet eslies chl'ers de
ñ le com ou &c. Et fuet al dit parlement tanꝗ
fuit termine, et auer briefe al vic de leuer lour
costages in pleine countie, lou chescun ville fuit
assesse, issint que ñ le ville ou 'ꝗc. fuit assesse a
18 d. de quel le pl' fuit assese enter auters a 2. d.
et pur ceo que il ne voil' my payer, nous prisomus ñ le chiual &c. ¶Finch le pl' è resiant deinz

le precinct del maner de A. de quel Euesꝗ de
London est sei, et tient certeyne terre del dit
Euesꝗ per virge et court rolle, sans ceo que il
tient tre auteriment, Et Leuesꝗ in que fran=
tenemt il demurt, vient a chese pariemt in p=
per person, sans ceo que le pl', ou ceux ꝗ ount
tenus issint ascun terre deins le manner, vnꝗ
paiet as costages os chlees de countie de teps
dount &c. ¶Rik. priomus que il soy teigñ al titl
de prescripc, Ou a ceo, que le sor a que frankt
est, vient al parlement. ¶Belk, le title de pre=
scripc il don pur ple, Et le rem p protestation. 8.
R. 2. hic title Distres.

Repleuin vers le Maiour de Linne &c. Le
def. iustifie &c. ¶Marcam. il iustifie le prise pur
2. causes, Vn per le custome, auter per chee
&c. et puis il fuit chase a tener a lun, Per que
il soy teigñ al charter, et fuit discharge del cu=
stome. 8. R 2 hic title Patent.

¶Tus de son seruat prise et amesne. ¶Wadh.
cesty que il ad dit este son seruaunt ne fuit sor=
ꝗ dage de 4. ans, et nos troñ luy vagarant in le
ville, ꝛ hors de chescun fuice, p ꝗ nous prisom°
pur almoigne, et pur troñ ces necessat. ¶Rick,
cē plee est double, vn que lenf. nē que dage de 4.
ans, que nest matt in fait, Auter que il est va=
gatant &c. Issint tenus double per Thirn. iu=
stice. Per que Wadham dit ꝗ il luy troue vaga=
rant, ꝛ hors de &c. 12. R. 2 hic title Laborers.

R 5   Annuitie

Replication.

Title de prscripc
& or del frankt
vient al parlemt.

Protestation vo-
dera double plee

Custome & chat-
ter le roy.

Barre.
Enfant de 4. ans
& vagarant.
2. matters dune
lun nē plee, ne
material.

Coūt en an-
nuitie.
Sein p ma-
nus p̄deceſſ.
& p manus
defenđ

Reſceit pcel
del ter̄ in dđ
Droit de
dower.
Aſſignm̄ de
cē in reuſ. p
aſſẽt le tenãt
pur vie.
Ne vnques
accōple &c.

Admeſurm̄t.

Aſſigne per
gard in fait.

Admeſurm̄t.

Cancellaria.

Nieſe ans.

De ſ̄ le ſe
pur vie.

Annuity ẽs perſō & pꝛeſcriptiō, & alſ ſein p le main le
pꝛedeceſſoꝛ l' def. Et auxi per my le main le dcſ.ꝭ, et ad-
mittitur.13.R.2. hic title Ayde.

Dower.

Dower Vnde nihil habet, ꝓ ei in reuſiō þe đẽ reſẽ & ſuit
reſẽ, & dit ꝗ le dōãt ad reſẽ xx.acres de tre in m̄s lez vꝟs
in nōe đ dower, ꝗ ſōt pcel đ l' man̄ doūt &c. Iudꝗ đcē þ
Holt.il aū l' pſ,car ē al acẽ, & le dōaūt mtē a bẽ đ đẽt đ
dower.per ꝗ &c. Thir.pur deliū l' court dit ꝗ il voil m̄tē
matẽ pluis larg,& dit ꝗ cē ꝗ ē reſẽ p aſſẽt đl t aſſigne vn
mez & cert tre,& dit l' quãtity,a ly in allꝰ đ tout ſō dower
in m̄ l' vꝟ,ꝗl l' reẽ &c.iudꝗ &c. et bō ſãꝫ m̄tē fait đl aſſig
Pin.il nꝑaū nul aſſignm̄t a ꝗl il agrea.7.R.2.hic.& Reſẽ

Dower. Le t plede, Ne vnꝗꝫ accouple in loial matrimony,et le pſ dit que cy.7.R.2. hic title Trial.

J.D.moẽ p ꝗ ſcez tres ſōt ſeiz in main le roy p ŝtue đ
offiẽ,& puis ſa fẽe ſuit endow in l' Chaun̄,vn T.traūſe
loffiẽ,& auoit liūy hoꝛꝫ đꝫ mains l' roi cōe garđ,& apꝛ poꝛt
admeſ đ dow,vꝭ l' fẽe. Mark.& Bel.ſi al tẽps đl endow-
m̄t l' hẽ ſuit đ pꝛ'm age,il nađ cãe daū le garđ, p ꝗ il naūa
cẽ acẽ. Et p Bel.ſi deūꝫ aꝗ,& in ſō garđ il nē a nul m̄ſẽ,
car ihẽ poet aū aſſ & reẽ al ocpꝛ le garđ. Holt. Aſſig đ
Dower p garđ in fait ē bō.Et il naūa paꝫ admeſ,ſin̄ō ꝗ l'
fẽe ſoit endow p luy m̄,cōe ſi l' roy ſoit garđ in đ,& dow.
ē aſſig in l' Chã̄ & puꝫ gẽ l' ꝗ ouſter. Bel.admeſ đ dow.
ne giſt pur labatoꝛ,mes leire aūa admeſurm̄t de dower
aſſig ī tẽpꝫ ſō aun̄ qđ ſuit coc'.7.R.2.hic & Admeſ đ dow.

Le garđ aūa bẽ dadmeꝫ đe ſon endowm̄t, ou đe lendowment lheire. Et leire auera le bẽe ſi el ſoit endow
in le Chaun̄ deūaūt ꝗ il ſue liūy.7.R.2.hic & Admeſ.

De endowment in Cancellaẽ per Markam et Holt.7.
R.2.hic title Admeſurement,1.et 2.

Dower,le t dit ꝗ ei ne ſuit foꝛſꝗ đ age đ 6.ãꝫ al tẽpꝫ de
moꝛaūt đ ſō baē &c. Finch. el ſuit đ age đ 9.ãꝫ,& pluiꝫ.
Hil ne mitꝫ my en cert l' pluiꝫ,p ꝗ iudꝗ &c. Hulſ.il luy
ſuffiſt a diẽ ē ꝗ il ađ dit. Hil.el ne ſuit dage đ 9.ãꝫ,quãt
ſon baē moꝛuſt pꝛiſt,& aliꝵ econt.P.8.R.2.F.Dower.122

Dower đe cert fẽe tẽ. Char.quãt al ē ſon baē leſſẽ la tẽ
đōt &c.deūãt lꝫ eſpouſ a ẽm̄ đ vie,ꝛẽđ a luy cert ẽ,ꝗ ē m̄
la t đōt &c.iudꝗ ſi đe cẽ eſtate &c. Clop.taūt amōt ꝗ vꝭ

ꝗs ſei ꝛc. ⁊ diomꝰ ꝗ ꝑſt ꝗ⁊cp ꝿCur. il ad conꝰ c eſt eſtate ⁊
ꝑꝺe baꝛ de la ꝛ, de ꝗ il entend ꝗ̃bꝰ neſtz dowabl̃, en ꝗl il
ꝛouiet vꝰ conuſtre tiel eſtate cõe il dit, ⁊ demurꝛ û ꝺ ꝛ cꝛ
late dow. deues aũ, ou ꝺ moſtꝛ comꝛ vꝛe baꝛ fuit ſei ꝺ
nit eſtate, ꝗ dow ꝛc. ⁊ ꝑ Clop. el aũ lauerm̃t general, ꝗ
ꝺow. luy puit ꝛc. ꝑſt, ⁊ alij econt. P.8.R.2.ꝰ. Dower. 184

ꝿComt le ꝺꝺ aũa exeꝛ in bꝛ de dower. 8. R. 2 hic ⁊ Exeꝛ.

Si vn nief ꝑſt baꝛ ſei ꝺ cert terre, oꝛe el eſt dowabl̃, ⁊
ꝑuis l̃ baꝛ entef le ſõꝛ ꝺl tre ⁊ ꝺei, oꝛe l̃ nief ne poet aũ
ꝺe ꝺ dower ꝯs le ſõꝛ. Mes ſi el pꝛiſt baꝛ puiz, oꝛe el ⁊ en
ꝛachiſ, vnꝛ el naũa pas dower, purꝛ ꝗ ꝑ le feꝛm̃t ꝺl pꝛim
baꝛ le dower fuit exꝛ, car el ne poet aũ bꝛ ꝺ dower quãt
il fuit ſole pur ꝛ ꝗ el fuit nief, ⁊ le ſõꝛ ne puit claime pur
eo ꝗ il m̃ fuit ſei, a iudge. 9. R. 2. Ex quodã veteri repoꝛt.

ꝿUeſſ. vn feꝛ ſuit bꝛ le dower ꝯs gard en chlꝛe, ⁊ reꝛ ꝑ
ef. ſaũz ſucꝛ exeꝛ ꝯs le ꝗ, ⁊ al pꝛ age le hꝛ, le hꝛ ꝛf, ⁊ oꝛe
a feꝛ fuiſt Sꝛ facꝛ ꝯz le heire daũ exeꝛ ꝛc. ret oꝛe, ⁊ l̃ hꝛe
ꝛarniſh dit ꝑ Hil. ꝗl fuit deins age en la ꝗ vt ſuꝑ, ⁊ comꝛ
ꝛ receoũ ſe tail̃ ꝑ def. ꝛc. ⁊ dit ꝗ ſon baꝛ de ꝗ dowm̃t ꝛc. ne
nit vnꝗz ſei ꝛc. ꝗ dower ly puit ꝛc. ꝿtlank. ceo neſt rñs
iz rñꝺꝛ al reꝛ, ꝑ ꝗ iudꝗ ꝛc. mes noſa dcm̃, Mꝛz dit ꝗ le
aꝛ fuit ſei ꝗ dower ꝛc. ⁊ alij ecõt. P. 10. R. 2 ꝰ. dower. 18ꝛ

ꝿDow. ꝯs plus ꝑ diũz Precꝛ, ꝗꝛ diſõt ꝗ la feꝛ ne fuit vn=
ꝛs accoupl̃ in loial matꝛ, ⁊ alij ecõt. 10. R. 2. hic ⁊ Trial

ꝿDower vers 4. Trois fueꝛ pꝛiſt de render dower. Le
ꝗuart ꝺꝺ le vieu. Et fuit ouſt. Et ſein ꝺel terre agard al
ꝺ vers les trois. 11. R. 2. hic title Vieu.

ꝿDower, ꝺid fuit gꝛ del heire le baꝛ ⁊ cõdiꝛ ꝗ il ne vou=
ꝛera aꝑs, mez la lꝛe fuit in gard le rey. 11. R. 2. hic ⁊ Aid.

ꝿDow. ⁊ l̃ ꝺꝺ fuit ⁊ plus vil̃ ꝺꝺr vn fuit ⁊ Halꝛ, l̃ ⁊ ꝺꝺ l̃
ꝛiew, ⁊ fuit ouſtꝛ, pur ꝛ ꝗ l̃ baꝛ l̃ ꝺꝛãꝛ moꝛ ſei, ꝑ ꝗꝛ ⁊ dit,
il ꝑ ad ⁊ m̃ l̃ cõm Haltõ, ꝗ ⁊ aꝑel̃ û vil aꝑly, ⁊ per Halꝛ
⁊ aũꝛ vil aꝑly, ⁊ dit ꝗ pꝛzi dꝛ ⁊ ſõꝛ ⁊ pꝛ Halꝛ, iudꝗ de bꝛ
Gal. vꝰ aũꝛ ꝺꝺ l̃ view, ⁊ ꝑ ꝛ aũꝛ aſſurme l̃ bꝛ bõ. ꝿCh. il
ꝑ ꝰ ſebl̃, ꝗ cel pꝛ viet naturalm̃t ꝺi view ꝑ ꝗ ꝿGale, ilz 2.
it tout vn vil, iudꝗ û l̃ bꝛ ne ſoit bõ ꝿHal. Halꝛ ⁊ vil aꝑly
is ⁊ ꝗ lꝛ 2. ſõt vn m̃ vil, ⁊ al̃ cõꝛ gꝛa ⁊ alreſm̃ꝛ Hul. ⁊ ba
tout l̃ bꝛ, ⁊ ꝛeo voil ꝺmuꝛꝛ, ⁊ ꝺꝺ iudꝗ de tout l̃ bꝛ ſãz rñꝺ
l reꝛ. ꝿThirn, voil̃ vꝰ quant ſõ bꝛ ⁊ bõ, ꝗ ꝑ pꝛel ꝗ ⁊ en
aũꝛ vil̃ aꝺa=

Auerment.

Eexecution.

Extinct ꝑ feff-
ment le barõ

Vers garden
in chl̃re.

Sei que do-
wer,

Niet accou-
ple in loial
matrimony.
Lun conceſſe
& lauꝛ ꝺꝺ le
vieu.
Ayde.

Vieu.

Brieſe.

Barre per
Ne vnques sei
&c.

abater le bře par vostre dit, pur ceo que il est en
auter vil: quasi diceret non, par q̃ rñs al rem,
par que Huls. dit quant a cel parcel, q̃ vnques
seisie que dower &c. M. 12. R. 2. F. Brife. 640.

Age del feme
destre endowe.
Age del baron.

Dower, ¶ Wad: nous diom⁹ que le dd al tẽps
de murrant son barron ne fuit forsq̃ dage de ri.
ans, ₰e m cesti son barrõ ne fuit forsq̃ dage de
r. ans, iudg̃. si de tiel age dower, ¶ Clay: bo⁹ co=
nus que la feme fuit dage de r. ans al temps
del murrant son baron, ⁊ issint de tiel age que el
puit auer dower, Et quant al age del baron

Damages.

nul ley &c. et sur ceo demurra. ¶ Thirn. ag̃ siin
pur le dd. Et bře pur les dam, ¶ Charlton dit l'z
espousail⁊ sont tout temps tanq̃ defait per dis=
agreement. P. 12. R. 2. F. Dower 54.

Vers lheire in
gard le roy.

Dower. ¶ Hank. cesty de q̃ dowement &c. mo=
rust seisie, les tenementes dist a J. piere le tẽ
que fuit seisie et morust seisi, et tient de roy en
chiefe, per que les tenements fucẽt seisies en
mayne le roy, et vnẽ sont siiez &c. iudg̃ de briefe,
Et tenus per le court bon plee &c. M. 13. R. 2. F.
Bře 646.

Tenant pur vie
lease a cei en rem
en fee pur vie
cesti en rem.

Terre fuit done a vn J. a terme de vie, le rem
a vn T. en taile, le t a terme de vie less a cesty
T. en rem a terme de sa vie, et T. prist feme, ⁊
deuie viuant J. le t a terme de vie, Et adiudge
fuit que la feme T. naũa dower, mes lentre J.
que fuit t a terme de vie, fuit adiudge cong, si
come il auer lesse la terre a vn estrange &c. et
nota que cel less fuit lauus fait. H. 13. R. 2. F.
Dower, 55.

Barre.

Dower, Le tenant plede barre per force dun
fine leuie a son pere in taple deuaunt le title le
baron le ddant. ¶ Hilling luy partie ne laut ne

Replication.

fuẽt seies al temps del fine leuie, iudgement et
priomus nẽe dower, Et bon plee sans dire qui

Issue.

fuit sei. ⁊ Wol. nous diomus que lun partie et
lauter fucẽt seies al rempes &c. Et alij econtra.

19.R.2.hic title Replication.

Si le bre lin le moitie in execution pur le 3. par te, leire naua aff ratione del recouery, Mez aña Scire fac' bs le fee. 22. R.2. Brooke Dower 83. et hic title Execution. — *Per vic. pluis.*

Dower. Le tent vouch estrange, Et le dдant dit, que cei &c. fuit le pmer q abate apдes l' mort nдe barд &c. de que poss &c, Et opлnio que ē nē counterplee, pur ē q son titl' ne cōmence solemēt p le moдant son baron, car puit este q son baron fist fefiment al vouch, et puis auient al terre, et murrust sēi, Per que il dit que cei &c. naū rienz puis les espousels. ¶Rick. ē nē coūterple, car le title le dдant poet cōmencer apдes lespousels per purchase le baron, donq vous couient dire in ceo case, q il nauer riens puis le titl' del bдief, pur ceo que vēe titl' nē pas certein, car vēe titl' est lespousels, le poss, & le murrant. Per que appiert, que Troies choses sont cause, et done titl' de dower, ã, lespousels, le poss le baron, et son moдant. 23. R.2. hic t̄ Coūterple ã Voucher — *Voucher.* *Queux sont causes de Dower.*

Plus istae. 8. R.2. hic titl' Ayde. — *Plus.*

Droit de aduowson.

Per Burgh en bдiefe de dт dauowson, le pт duit aū all' sein per les mains le person &c. de mainder disines et offringes &c. 8. R.2. hic titl' Annuitie. — *Esplees.*

Droit close.

Uide de ceo 19. R.2. hic title Aunt demesne,
Droit de dower Uide Dower.
Droit de Garde. Uide Garde.

Droit de recto.

Juris vtrū est le bдiefe de dдoit pur person desgт, ou vicar. 6. R.2. hic titl' Collusion, — *Iurisutrum.*

Un pдiour poдt bдiefe de dдoit, (en que bдiefe le iudgement fra final apдes le mise ioine,) que pend le bēe, est fait Abbe de ñ le lieu, le iudg — *Iudgement final.*

em

en ceo case ne poet este done pur labbe, pur ceo
que il est nōe prioꝛ, per Markham 22.R. 2.hic
title Briefe.

Duresse & Manasse.

Pl.procure. Det sur obligac̄, le def. dit que le Prioꝛ de
D. par abettement et counsel le pl', et a son ꝓ=
curement poꝛt briefe de det vers le def.oꝛe,pꝛo=
ces continue tanꝗ cesty oꝛe defenð vient en
garð, ᷤ fuit liū al Fleete, et la deteinus tanque
il auer fait cel obligac̄ al pl', et issint per cause
de cel detinue et impꝛisonment, il fist lobligation
Skip�w. dit que le pl' fuit pluis a blame que le
prioꝛ,pur ceo que il est all' que lobligation fuit
fait a son pꝛocurement, et le plc fuit enter,et is=
sint per Dures et incounter sa volūte, il ne pu=
it en nul maner aler hoꝛs de ᶓc.tanꝗ il auer fist
lobligation a le pl'. Clopton veritie est que il
fuit en Fleete, et pur este deliū del suit le pꝛioꝛ,

Obligation pur son deliuerance. il pꝛie le plaintife de pꝛenð pur luy, et luy offer
de son gree de faire obligation al pl' de C. s. ꝗl
est m̄ lobl', issint que lobligation ent le pꝛioꝛ et
luy purroit este adnull', sur ꝗ le pl' pꝛie al pꝛioꝛ ꝗ
il purē este deliū, et lobligation ent le pꝛioꝛ et
luy adnull', et en suertie de cel obliḡ, il fist cē
obl' al pl' de son bon gree, et aliꝰ econtra, come
deuant. M.6.R. 2. F.Dures,12.

Obligation sait p dures, et deliuer a large. Escript sayt per dures et deliū a large est
aiudge void.6.R.2.B.Durez 20 in fine.Quere.

Mes si home per dures fist vn sayt,et mesme
deliuer come son sayt, et apꝛes quant il vient
a large, auter foits deliuer ceo come son sayt,
cest seconde deliuery est void.M.1.H.6.4.et P.
1.H.7.14:

Dures. Det sur obligation,Le def.dit,que il fuit fait
per duresse denpꝛisonment ᶓc.Le pl', de son bon
gree, sans ceo qui il fist per impꝛisonment per
nous

nous priſt, Et alÿ econtra &c. 8.R. 2. hic title Iſſue.
Eſtopell.

Det ſur obligation ¶Pinch vn tiel nous ma= Manace de vie &
naſſe doccis ſi nous ne feſomus le fait, per que de member.
pur doubt de mort nous le feſomus &c.¶ Belk.
coment manaſt il? et a ceo fuit il chace de mēe.
¶Pinch,il treit ſon eſpee & nous, et nous manaſt
doccis. ¶ Rikel.de ſon bon gree priſt,et alÿ ecō=
tra.T.11.R.2.F.Dures. 13.

Releaſe auoide per dures. 13. R. 2.hic title Releaſe per dures
Receite   in fine.

Eiectione cuſtodie.

Briefe de eiectment de garde puit eſte port p
le baron ſole,coment que il ſoit de droit le feme, Baron & feme.
pur le tort fait al baron,per Marcam,22 R. 2.hic
title Briefe.

Eiectione firmæ.

Nota per Belk,que vn Eiectione firmæ neſt q Damages.
vn accion de Treſpas en ſa nature , et en Eic- Ne recoū le
ctione firmæ le pľ ne recoueť my ſon terme que terme.
eſt a bener,nient pluis que en Trūs, que home
reť damages pur trūs nient fait mes a feſeť Vers que giſt.
Mes il couient a ſueť par acē de couenāt ai co-
men ley a reť ſon terme, qð Tota Cur conceſſit. Giſt vers eſträge.
¶Belk.dit nous ſcauomꝰ bien,q la comen ley eſt,
lou home eſt ouſte de ſon terme per eſtraunge il
auer Eiectione &c.vers ceſty que luy ouſte, et ſil
ſoit ouſte per ſon leſſour bť c de Couenant, et ſi
par le feffe ou grauntẓ de reuerſ brief de coue=
nant vers ſon leſſour , et counť eſpecial count.
&c. M.6.R.2.F. Eiectione firme.2.

Election.

Election daccion. 19.R.2.hic title Attaint. Daccion.
Per que cueſque ſerra elect.Temp.R.2.hic Deueſque.
title Aſſiſe.

Elegit.

en ceo cafe ne poet efte done pur labbe, pur ceo
que il eft nôe pziour, per Markham 22.R. 2.h tc
title Briefe.

Dureffe & Manaffe.

Pl.procure.

Det fur obligaç, le def. dit que le Pziour de
D. par abettement et counfel le pl', et a fon p=
curement pozt briefe de det vers le def.oze, pzo=
ces continue tanq cefty oze defenô bient en
garô, e fuit liû al Fleete, et la deteinus tanque
il auer fait cel obligaç al pl' , et iffint per caufe
de cel detinue et impzifonment, il fift lobligation
¶ Skipw. dit que le pl' fuit pluis a blame que le
pziour, pur ceo que il eft all' que lobligation fuit
fait a fon pzocurement, et le ple fuit enter, et if=
fint per Dures et incounter fa bolûte, il ne pu=
it en nul maner aler hozs de ɋc.tanq il auer fift
lobligation a le pl'. ¶ Clopton beritie eft que il
fuit en Fleete, et pur efte deliû del fuit le pzioz,

Obligation pur
fon deluerance.

il pzie le plaintife de pzenô pur luy, et luy offer
de fon gree de faire obligation al pl' de C. s. ɋl
eft iñ lobl' , iffint que lobligation enț le pzioz et
luy purroit efte aonull', fur ɋ le pl' pzie al pzioz ɋ
il purê efte deliû, et lobligation enț le pzioz et
luy aonull' , et en fuertie de cel oblig, il fift cê
obl' al pl' de fon bon gree, et alɉ econtra, come
deuant. M.6.R. 2. F.Dures,12.

Obligation fait p
dures, et deliuer
a large.

Efcript fayt per dures et deliû a large eft
aiudge boiô.6.R.2.Br.Durez 20 in fine.Quere.
Mes fi home per dures fift vn fayt,et mefme
deliuer come fon fayt, et apzes quant il bient
a large, auter foits deliuer ceo come fon fayt,
ceft feconde deliuery eft boiô.M.1.H. 6.4.et P.
1.H.7.14:

Dures.

Det fur obligation,Le def.dit,que il fuit fait
per dureffe denpzifonment ɋc.Le pl', de fon boň
gree, fans ceo qui il fift per impzifonment per
nous

nous pzitt, Et alij econtra ꝗc. 8.R. 2. hic title Iffue.
Eſtopell.

Det ſur obligation ⸿ Pinch vn tiel nous ma= Manace de vie ꝛ
naſſe doccis ſi nous ne feſomus le fait, per que de member.
pur doubt de mozt nous le feſomus ꝗc. ⸿ Belk.
coſit manaſe il ꝛ et a ceo fuit il chace de meſ.
⸿ Pinch, il treit ſon eſpee ꝓ nous, et nous manaſe
doccis. ⸿ Rikel. de ſon bon gree pzitt, et alij ecō=
tra. T. 11. R. 2. F. Dures. 13.

Releaſe auoide per dures. 13. R. 2, hic title Releaſꝛ per dures
Receite   in fine.

Eiectione cuſtodie.

Briefe de eiectment de garde puit eſſe pozt ꝑ Baron & feme.
le baron ſole, coment que il ſoit de dzoit le feme,
pur le tozt fait al baron, per Marcam, 22 R. 2. hic
title Briefe.

Eiectione firmæ.

Nota per Belk. que vn Eiectione firmæ neſt ꝗ Damages.
vn accion de Treſpas en ſa nature, et en Eic- Ne recouꝺ le
ctione firmæ le pꝉ ne recoueꝛ mꝑ ſon terme que terme.
eſt a bener, nient pluis que en Trñs, que home
reꝛ damages pur trñs nient fait mes a feſeꝛ Vers que giſt.
Mes il couient a ſueꝛ par accꝛ de couenãt ai co=
men ley a reꝛ ſon terme, qꝺ Tota Cur conceſſit. Giſt vers eſträge.
⸿ Belk. dit nous ſcauomꝰ bien, ꝗ la comen ley eſt,
lou home eſt ouſte de ſon terme per eſtraunge il
auer Eiectione ꝗc. vers ceſtꝑ que luꝑ ouſte, et ſil
ſoit ouſte per ſon leſſour bꝛe de Couenant, et ſi
par le feſſe ou grauntæ de reuerꝛ bzief de coue=
nant vers ſon leſſour, et couñꝛ eſpecial count.
ꝗc. M. 6. R. 2. F. Eiectione firme. 2.

Election.

Election daccion. 19. R. 2. hic title Attaint. Daccion.
Per que cueſque ſerra elect. Temp. R. 2. hic Deuesꝗꝰ
title Aſſiſe.

Elegit.

Elegit.

Des damages. Elegit pur les dam in briefe de dower. 8. R. 2. hic title Execution.

Encumbent.

Plenartie. Nota per Belk. q̃ plẽtie nẽ ple en bouche lencũbent, car il nẽ ple en nul ſi non en le bouch le p̃on, ou leueſq̃ ou il pꝛeſ per laps, et leſtatute

Roy. Dõe q̃ lencũbent aũ rñs al titl' le roy lou le p̃on pl'd feintm̃t, lou le roy ẽ pty. Mes nemy en auſ Quare impedit per auſ de people. ¶ Perley, al cõen ley lencumbent puit dſ que il eſt eins al pꝛeſ l' pl', ꝗ vnc̃ ẽ, mes nemy del pꝛeſ vn eſtrãge ¶ Belk, conſ M. 2. R. 2. Fitzh. Encumbent. 4.

Reinſtitution. Ne beſoigne nouel inſtitutiõ et inductiõ puis iudgment de pꝛiuation reuerſe per Appeale. 2. R. 2. hic titl' M. impedit.

Miſcreant. Encũbent miſcreant. 5. R. 2. hic titl' Pꝛeſẽtaſ.

Mead. Ple pur lencumbe nt. 8. R. 2. hic titl' Quare impedit.

Enditement, vide Inditement.

Enfant.

Diſcent. Enfant lye p diſcent 2. R. 2. hic titl' Diſcent.

Waſt. Waſt poꝛt per enfant. 5. R. 2. hic titl' Waſt.

Obligation. Si hõe de pleine age ꝗ vn enfant ſoint obliꝯ dette giſt ꝯs ambideux, car le bꝛiefe ne mſe, le q̃l il fuit de pl' age, ou non, per Burgh. 8. R. 2. hic title Bꝛiefe, 22.

Partition. Particion p enfãt 11. R. 2. hic titl' Particion

Waſt. Waſt poꝛt p infant ꝯs ſon garden. 11. R. 2. hic title waſt.

Seruaunt. Si hõme pꝛiſt enfant q̃ eſt foꝛſq̃ dage de 4. ans, hoꝛs de ſuicc dauter, il ſra puny p le cõen ley. 12. R 2. hic titl' Laboꝛers.

Miſliuery. Du miſliuery ſue per enfant ſra cauſe de reſeiſer. 12. R. 2. hic title Liuery.

Enfranchiſment.

Niefe. Qui ſerf dit enfrãchiſment dun niefe. 9. R. 2. hic title Dower.

Enqueſt.

Enqueſt.

Nota ſi en vn acc̃ le def. pled pcel in iudg̃, & p̃=
cel a lenqueſt, q̃ nul proc̃ iſſet ṽz lenq̃ſt tanq̃ la
mat̃ pled en iudg̃ ſoit adiudge, p Belk & Parſay,
M.2.R.2.f. Enqueſt, 2. et hic title Demurrer.
Et meſq̃ lenq̃ſt ſoit pſent, vn̄ ne fra priſe, ſi les
Juſtic̃ ne ſoit accord o lour iudgm̃t ol reman̄t:
Car tout les damages ſer̃ taxes p lēqueſt, Bu=
term̃t enſue q̃ deux enqueſtes fra priſes den=
quire des dam̄, q̃ fra inconuenient. 2.R.2. hic t̃
Eſſoine, in fine.

Iſſue pur part. &
demurrer pur le
reſidue.

Damages.

Coroner nad power de prender nul enqueſt
de mort de home, ſinon Super viſũ corporis, et ſi
fait in auter maner, tout eſt nul, q̃ eſt fait,
et coment que vn auter Coroner de m̃ le com̃
veign̄ aprez, & preigne vn aut̃ enqueſt, ceſt pur
nul, car le p̃mer enqueſt eſt ſolement de record.
6.R.2. hic title Corone.

Coroner.
Doffice.

Dette le def. get protection al Niſi prius, et al
tour in Banke il fuit repelle, per que Reſomõs
iſſiſt vers le def. Et Rehabeas corpora vers les
Jurors, a quel tour le def. fiſt default, et lenq̃ſt
fuit priſe per ſon default 7.R.2. hic t̃ Niſi prius.

Per default.

Enqueſt de Jure patronatus 8.R.2. hic titl'
Quare impedit.

Iure Patronatus.

Quant hõe eẽant arraine de mort dhome, et
acquit, Le Jure fra arcte de preſent que occiſt
le hõe: et quant nẽi. 10.R.2. hic title Corone.

Doiet troue que
occiſt le hoẽ.

Iſſiſe. Le tenant plede ret̃, ſur que fuer̃ a iſſue
Et puis le tenant fiſt def. per q̃ laſſ fuit agarde
per def. d̃ee priſe a large, et nẽi in d̃ des dam̄,
pur ceo que nul ouſter ẽ confeſſe. 11.R.2. hic ti=
tle Iſſiſe.

Default apres re=
leaſe pled in Aſſ

Un que vient en gard, p Capias pled al iſſue,
et troue mainpriſe, et al iour q̃ lenqueſt fuit ret̃,
il fiſt def. p q̃ lēqueſt fuit priſe per ſon def. Et Ca=
pias ṽs les Mainpnors, Qui fuit grãt, Mes
nẽi lẽq̃ſt per ſon def. auxi. 13.R.2. hic t̃ Proces.

Per default.

L   Enqueſt

Etate probanda. Doffice.

Enqueſt pꝛiſe in Etate pꝛobanda nē que enqueſt doffice, come ſeē. Quere ſi meins que xij. purſ eſtre in lenqueſt, eo que le triall eſt p ꝑues. 21.R.2.hic title Liuery.

Pl. ꝑa lenqueſt.

Enqueſt ne ſerra pꝛiſe, niſi al pꝛter le pꝉ. 22. R.2.hic title Chalꝉ.

Plus.

Plus iſtarum.2.R.2. hic tiꝉ Chalꝉ.

Enrollments, vide Inrollments.

Enterpleder.

Inter le pꝉ.& le garniſhee.

Nota Belk. dit oīno pur ley, ſi en Detinue le def.pꝛie garniſhment, Ꝼ ad c̄, Ꝼ le garñ vient al iour, Ꝼ le def. fiſt def. vncoꝛ le garñ enꞇpled oue le pꝉ, nient obſtant le def. le defend.H.2.R.2.F. Enterpled.13.

Entre en le Per, Cui, et Poſt.

Cui in vita.

Cui in vita en le per.5.R.2.hic tiꝉ Ayde.

Colour.

Bꝛiefe dentre en nature daſſiſe, le tenaunt dit q̄ vn J.fuit ſeiſi de meſme la terre en fee, Ꝼ fuit baſtarð, Ꝼ tient ð lur, Ꝼ moꝛuſt ſaūs hēc, Ꝼ il entre cōe en ſon eſcheitm̄t, Et vn Alice claim̄ eſtē coſin Ꝼ hēc a J. lou J.fuit baſtarð, enꞇ, Ꝼ fiſt feſm̄t al pꝉ, Ꝼ nous luy ouſtē. ¶Mark.ceſti J ne tiēt de vous ¶Lotton vous ne dedits donꝗ que il eſt baſtarð, en quel cas Alice ne puit eſtē hēc a luy, Ꝼ vous aues conus noſtē pꝛimer poſſeſſ, iſſint deuers vous auomus cauſe ꝺe reteñ la terre ¶Belk.vous pies bien certes ¶Mark. ꝑpter opꝫ

Iſſue.

Cui dit,q̄ J.fuit mulier pꝛiſt, Ꝼ alij econtra.¶T. 7.R.2.F. Iſſuc.162.

Entre ſur diſſeiſin de ſon poſt.deñ.

Entre ſur diſſeiſin dun diſſeiſin.fait a luy meſme par le tenant, le bꝛiefe chalꝉ, pur ceo que il puit auer aſſ, Et Non allocatur &c. T. 7.R.2.F. Entre.55.

En nature daſſ. de diſſeiſin fait al ð. ſn.

Entre en nature daſſiſe de nouel diſſeiſin &c. de quibus le ꞇ diſſeiſi le ðð. 8.R.2. hic tiꝉ Bꝛe.

Entre ē naꞇ daſſ. Poſt.

Entre en nature daſſ. ¶Wad. il nað ꞇ ð frākꞇ noſine in le bꝛē, Ꝼ ſi troue ſoit, Ne diſ pas. Et nō allocatur, Per q̄ il pleð que le tenant nað ꞇ en le

frank

frankt tour de bē, ne vnꝗ puis, Et ſi troue ſoit,
il ne diſſ point ꝛc.8.R.2.hic title Bēe.

Enter in le quibus de diſſin fait al aunē de dō
per le tāt m̄. Le teāt bouch vn C. ⁋ Belk. ſuy
ouſt de voucher, pur c̄ q̄ il ē ſuppoſe eins de ſon
toꝛt demeſne.11.R.2.hic title Voucher. _En le quibus. Voucher._

Enter ꝑ diſſin en le quibus dun diſſin fait al
Juncceſter per le teāt.11.R.2.hic title Ayd. _En le quibus._

Charlt.en bēe dentē ꝑ diſſin de ſō diſſin dem̄, le
ꝑ naūa le vieu.12.R.hic title Vieu. _Vieu._

Entre ſur diſſin de rent.12.R.2.hic title Ayd. _Rent._

Entre in nature daſſ ꝝs baē ꝯ fēe, ꝗ le fēe reſc̄
pur def.ſō baē, vouch. et par agard fuit ouſt de
eeo.12.R.2.hic title Voucher. _Voucher._

Bēe dentre ꝝs le baē ꝯ ſa fēe, ꝯ lentre le baē ꝯ
ſa fēe fuit ſupp. ⁋Marcam. ꝉ baē troua ſa fēe ſēi,
iudgm̄t ꝺ bēe ⁋Crosby.ceſt vn bē denē,en le q̄l,le
fēe ne puit my entē ſans ſon baē, Et non allocatur ⁋Crosby.le fēe naū riens deuāt le couerture
iſſint le baē ꝯ ſa fēe entrōt,cōe le bēe ſupp pꝛiſt.
⁋Nedhā maintein vē bē, q̄ le baē ꝯ ſa fēe enter
gen̄alment.⁋Thirn a Marcam.ieo aie viewe de=
uāt Finch.et Auters que il ne fuit tenus plee a
dire q̄ le baē troua ſa fēe ſēi,ſauns traūs,ſans ē
que le baē ꝯ ſa fēe enter ꝛc.et la cauſe fuit pur c̄
que puit eſtre q̄ le baron troua ſa fēe ſēi, et que
puis le baē ꝯ ſa fēe entre vnē ꝯ ē vn tiel ple, per
que auiſes vous ꝛc.M.13.R.2.F.Bē 647. _Vers Baron & Feme._

Counterple de boucher in bēe dentre ꝯ diſſin.
23.R.2.hic ꝯ Cōuterple de voucher. _Counterplee de voucher._

Entre congeable.

Seignioꝛ ꝯ ꝯ, le ꝯ fuit diſſeie, le diſſōꝛ enfeffe
vn auter en fee, le ꝯ deuie ſās hēe, le ſōꝛ enter ꝯ
le feffee ſon teāt.et Lopp de tout le Court, q̄ ſon
entre ne fuit congeabꝉ, pur c̄ que il auer teāt, q̄
fuit eins per title en le vie ſon teāt, ſur que il
poet faire auowꝛie, ꝯ iſſit fuit aiudge ꝛc. Tamē
il ē foꝛt, ſinon que le feffee vſt luy fait notice ꝛc _Sōr p eſchere._

L 2

Et vncoz il poet estier dauower sur luy, nõ obs̃
que il luy fist notice, coẽ seẽ. H. 2. R. 2. Statham
Entre congeable. 16. fo.   Et vide hic title
Auowrie pl̃.

En asẽ. fuit troue p verdit que vn T. fuit seisi
des tñtz mis en view en fee per purchaz, et fuit
bastard et fuit ouste p vn H. parker, le quel H.
parker graũt ⁊ rend l'z tents a vn E. en tail, le
rem al feme q̃ oze est pl̃ ẽ fee, et fuit troue q̃ E.
que fuit tenant en tail mozust sans heire de son
cozps, et le feme oze pl̃ ent, et puis le bastard
mozust sans heire de son cozps, et le segnioz de
que le terre fuit tenus mozust, p que vn P. sitz
et hẽe le seignioz de q̃ le tẽ fuit tenus enterj sur
le feme que oze est pleintife, et pzeia discrec̃ des
Justices, Et puis per auis des Iustices fuit agard
que le feme recouer seisin per view des Iur-
tozs, pur ceo q̃ per cest feffement p le fine il a-
uera tenant a luy en le vie le bastard ⟨Hasty. si
le bastard vst estre disseisie, sil vst deupe, esteant
le terre en le maine le disseisour, ieo, die q̃ lentre
le seigniour serẽ maintẽ vers ledisseisoz, quod
fuit Concessum per Curiam ⁊c. Et vide libzum.
Car semble par loppinion la, q̃ sil fait feoffemẽt
per fait, que le seignioz nentẽ, pur ceo que il ad
tenaunt p title ⁊c. H. 3. R. 2. F. Entre conḡ. 38.

Dicitur que si bastard purchas en fee, et est
desseisie, et le dissõz donẽ en tayle p fine, le rem
ouster en fee, le tenant en tayle dei sans issue et
cẽt en rem enter, la lentre le disseisie est conḡ,
Mes quãt le bastard dẽi sans issue puis lentre
cesti en rem, lentre le sõz per eschete nẽ conḡ
car il auoit tenant per title en vie le bastarde,
⸱rõne del fine, Mes dzoit dentre poet eschete. 3.
R. 2. Br. Entre congeable 17. in fine. et hic pl̃.

Admittitur que leire quant il vient al pl̃ age
poet enter sur son garden in chiualrie, 10. R. 2.
hic title dower.

                              Lesse

Dissõr done in
taile le rem al pl̃
per fine, ⁊ in taile
dei ⁊c.le pl. en-
ter, disi mor sans
heire, le sõr ne
ent sur le pl̃, si le
fesment fuit per
fait.

Dissin.

Diuersitie.

Title dentre, po-
et eschete.

Sur garden.

Leſſe pur vie, le reſñ in tayle, le tenant pur
vie leaſe a cēi in reſñ pur ſa vie, que pꝛiſt fēe ꝯ
vēi, leſſe pur vie enter, et ſon entre aꝺiuꝺge cõ=
geable. 13. R. 2. hic title Dower,

Plus iſtarum 11. R. 2. hic title Eſchete
Errour.

Nota per Belk. Skipvv. et tout la court, que ſi
home pꝛie aiꝺe ꝯ ſoit ouſte per aꝵ, il nauer bēe
ꝺerrour ꝺe cel agarꝺ, auaūt ꝗ le pꝛinc̄ plee ſoit
trie, cõe fuit tenus per eux clerement. C. 7. R.
2. F. Errour 68.

Home fuit vtlaꝵ in acc̄ perſonel, per que bēe
iſſiſt al Eſchetoꝛ ꝺe ſeiſer ꝯc. ꝯ oꝛe le recoꝛꝺ ē fait
bēñ in bank le roy per cauſe ꝺe errour. et Suꝑ=
ſeꝺias fuit pꝛie al Eſchetoꝛ. Belk. non ꝺeuaūt
que le choſe ſoit reūſe. 8. R. 2. hic ꝯ Superſeꝺeas

Treſpas vers baron ꝯ fēe ꝯ 2. auters, pꝛoces
continue vs eux tanꝗ le barõ ſoy renꝺ al Ex=
igent, et le fēe et les auters fuēt waiues, Et l̓z
2. poꝛt̄ bēe ꝺerrour entant ꝗ le Exigent fuit aꝵ
apꝛes les 2. Capias, et pur cel cauſe le vtlaꝵ fuit
reuerſe et agarꝺ que le fēe aūa auantage, comñt
ꝗ el ne fuit ꝑtie al reūſal. 8. R. 2. hic ꝯ Vtlagary.
Precipe quod reddat, Le tenant vouch vn ꝗ enꝼ
ꝯ vouch vn T. que vient ꝯ trauerſe le ꝺone, et
al Venire facias ret̄ Rick pur le pꝛimer tēñ p le
garē ꝺit ꝗ T. fuit moꝛt. Chalton vous eſtes
hoꝛs ꝺel court, per ꝗ Rick ſi ne poiomus auer le
ple nous ſumus a miſchief, car noꝰ ne poiomus
ret̄ in balue. Charlton comñt que voꝰ alꝯ ꝗ il ē
moꝛt, vncoꝛ poet eſtc que il eſt in vie, et noꝰ ne
volomꝰ faire inconueniens, Mes pluis toſt voꝰ
ſuffres miſchief, et miſchicf nē il, Car voꝰ a=
uers bēe ꝺe errour en ceſt caſe, Per que lēqueſt
fuit pꝛiſe. 12. R. 2. hic title Vowcher.

Bēe ꝺerrour eſt bñ maintenable vs ceſti que
recoñ, comñt ꝗ il ne ſoit tenaunt. 18. R. 2. hic title
Diſceit in fine,

L 3   Si

Marginal notes (right column):

T. pur vie.

Plus.

Aiꝺe pꝛie ꝺeñ

Vtlagary.

Vtlagary reūſe.

Exigent ꝺeuant
3. Capias fuēt
iſſue.

Vouche.
Mort.

Vers que giſt.
Vers partie.

Ioinder.

Si aſſ ſoit poꝛt ħs 3.in cõen, ⁊ paſſ couⁿt eux
⁊c ils auer̄ bꝛiefe derrour in cõen, ou ſeueral=
ment a lour electiõ, p̃ Marc.19.R.2.hic ⁊ Bꝛiefe

Plus.

Plus iſtaruⁿ.19.R.2.hic title Faux de reꞇ.2.

Escape.

Dette ſur eſcape.

Seigniour aſſigne Auditoꝛs a vn que fuit ſon
Baill, ꝙ accõpt deuaũt eux, ⁊ troue fuit in arre=
rages., per que eux luy cõmit al Gaole, et pu=
is le garden ſuffer luy dal alarge, ⁊ le ſõꝛ poꝛt
acꞇ de det ⁊ leſcape.2.R.2.hic title Dette.

Auers.

Si laũs eſcape hoꝛs del poiⁿd de lour gree
demeſne ⁊ viendꝛont al oⁱner, vn̄ aũa treſpaꝛ
pur le p̃ſel de cux ⁊c.et loⁱner ne fꝛa puny pur
poiⁿd bꝛeach.11.R.2.hic title Treſpas.

Escheate.

Droit dentre.

Nota ꝙ dꝛoit dentre poet eſchete.3.R.2.Br.eſ=
chete 4.in fine. Et hic ⁊ Auoⁱ.2.⁊ Enꞇ cong.3.

Eins p̃ title ſerra
priſe pur tenant.

Du le ſõꝛ fra arcte de pꝛend vn pur ſõ tñt pu=
is diſſeiſin, ⁊ puis que le diſſei ē moꝛt ſans heire
Et econꞇ, Ideo quere de receite de rent.3.R.2.
Br.Elchete 17. Et hic title Entre cong.3.

Misereant.

Belk.Si hõe ſoit miſcreãt,ſa tre ē foꝛfeitable, ⁊
le ſõꝛ ꞇ aũa p̃ voy de Eſchet.5.R.2.hic ⁊ Trial.

Accion del terre
que vient in lieu
ces ſeruices.

Home ſei dun mañ en fee leſſ ꝙ le mañ a vn
I.a terme de vie, ℓ rem̄ a vn W.en taile,le rem̄
a vn C.en taiℓ,le rem̄ as dꝛoit heires I. Et l̾s
tenants del mañ atꞇ,⁊ vn fee ꝙ tient õl dit mañ
pſt vn Nicol a baron,et aũ iſſue vn C. la feme
moꝛ, ⁊ le baꝛ ſoy tient eins cõe ⁊ p̃ la curteſſe,et
puis C. moꝛuſt ſãs hꝛe,biuant le ⁊ p̃ le curteſſe
⁊ puis I.le ⁊ a fⁱie de vie del mañ moꝛ,⁊ w. dꝛi
ſaũs hꝛe,⁊ puis le tenat p̃ la curteſſ moꝛuſt, per
per C.enter en le mañ,⁊ voile auer le tenancy
p̃ bꝛ̄ deſcheit ₵ Belk quãt moꝛuſt le tenant del
⁊re?₵Clop. en la vie le ⁊ en taile. ₵Belk. doⁱ=
ques eſt cleꝛ que il naũ iammes bꝛ̄ deſcheit,Car
ne veiſtes vnques bꝛ̄ deſcheit,ꝙl ne ſupp,que le
⁊ tient de luy, ou de ſon auñc, per nul ley al tẽps

Qui de eo tenuit.

quãt la terꝛ̄ fuit eſcheteabℓ, Meꝛ cel ſupp icy fⁱe

faur, car il ne tient a cel temps del C. mes del
w ꝙ fuit tãt en la tail'. ¶Marcã non ē dubiũ mes
ſi liſſu vſt ſuruefquiſt le ꝑ la curtefi ꝗ ,vſt iſſue
deins age ꝗ deuie , le ꝗ a terme de bie aũ bēe de
gard,ſupp ꝙ launꝯ lenf.tiēt de luy, ꝗ ꝑ conſequēz
bēe deſchet .Car ſi terē ſoit dõ en tail',le rem en
fee,ꝉ ꝙl deui ſãȝ iſſue,viuãt le tñȝ ē tail',p⁹ le tñt
en taile deuie , ſauns hēe de ſon coꝛps, le ſeigñ
aũ bēe deſcheate ¶Belk. non ē mirũ, ꝗre bene.   Leſſee pur vie.
Et fuit dit que ꝗ a terme de bie dun ſñoꝛ aũ vn
general bē deſcheit et countra ꝑ ſon caſe, qd fuit
cõc'.M.7.R.2.ḟ.Eſcheat 4. ꝗ hic tit Scire faꝯ.   Count.
    Un baſtard moꝛ ſãs hēe ð ſõ coꝛp,p ꝙ ſõ ſõꝛ   Baſtard.
enḟ,cõe ē ſon eſchcat.7.R.2. hic ꝉ Entē le per ꝗc.
    Hõe fuit vtlagꝗ ꝗ inditemt ð feionꝛ,p que ꝉ ſõꝛ Vtlagarie.
enter,cõe en ſon eſchete.11.R.2.hic.titl' Colour
    Eſchete pur ꝗ que A.tient de ſon pere p cerꝗ   Tenuit de pate.
ſeruices,des ꝗux il fuit ſeı,le ꝙl a luy duiſꝛ reũꝗ   Quia Baſtardus.
pur ꝗ que A. fuit baſtard , ꝗ fiſt diſꝗ de ſon pere
tãꝗ a luy ¶Scrop.ſon pe fuit ſſi ðs ſuiccs ð m ꝉȝ
teñtȝ,s.ꝗ.s. ꝗ fealte, ꝗ moꝛ ſſi,ꝗ il ſſi apꝛȝ ſa moꝛt
tfiint que ꝉ Dēt ðl ſuice diſꝗ ꝗ il ab ſupp p coũt ꝙ
ꝉ Dē demurē ꝗc.et il eſt impoſſible que Dē del de-
meſnc et Dē des ſeruiꝯ diſꝗ, de vn m aunꝯ a vn
hēe,p que iudꝗ ¶Deuon cẽ al acꝯ et no⁹ diom⁹ ꝙ   Sõr accept ho-
ſõ pere ne moꝛ ſeı, pſt des ſuicc ¶Scrop. ccontra   mage per mains
¶Berr.ꝗ nē iſſue,Car ſſin ð ſuiꝯ nextiēt mꝑ acꝯ,   laʋator.
ſil ne ſoit hoṁ , per que ¶Scrop . mēe fine ſur   Fine leuie per
renð que leua ꝗc.nient reclaı̃ deinȝ lan ꝗ iour,   tenant.
a que le pꝉ fuit chaſe a rũõ M.11.R.2.ḟ.Eſ-
chete,13.   Nota que ꝗ caſe eſt M.11.E.2. in le
aunꝯ pꝛinted Abꝛidgṁt.Mez in ꝉ pluiȝ darrein
impꝛeſſion ē 11.R.2. Jdco ꝗc.
    Uide plus de iſtis, hic title   Plus.

Auowꝛie.2.   3.R.2. | Entē congꝗ.2.R.2
Coũterple ð vouꝗ.   23.R.2. |
    Echctor.vide Officer.
    Eſcoce, vide Cynke poꝛtes.
                    L 4   Eſſoin

Formdon ꝗs vn t̄ , ꝗ deuant auer pled a issue de pcel, & de pcel auer vouch, & le t̄ aū, ꝗ. Att, et oꝛe lappaf de lun Att̄ fuit resceu, pur c̄ ꝗ le dōāt entend que il vist estre essoin, & puis le t̄ dō, & vn rūd cōe essonoꝛ de laut att, sur ꝗ le dō chall lessoin, pur c̄ ꝗ laut Att̄ apparust, car cesty ꝗ appiert puit r̄ꝛd pur tout le besoigñ, ꝑ ꝗ il pꝛeta ꝗ le t̄ rūd per laut, que appiert. Due ꝗ le t̄ soit dō & Petit cape aꝣ pur sō def. ¶Belk. et Skip. ne poiez auer Petit capias mesꝗ il fist def. ne mesꝗ il ne voit mꝑ rūd cōe att, Car il puit este ꝗ cesti att ꝗ appt, ꝗ ñe essoin, est remoue, et cel matt̄ ne puit lessoiñ conust ꝑ ꝗ mettez v̄fe chall sur lessoin, & al iour ꝗ vo⁹ aūez, cel matt̄ puit eē sur v̄fe chall & nꝑ a oꝛe, Car si c̄eꝑ Att̄ ꝗ oꝛe appt ē remoue, donꝗs gist lessoin pur laut, ꝑ ꝗ mettes v̄fe chall sur lessoin, & il fra aiourñ sub calūnia ad qd Cuf concordat, Et sic fecit ꝛc. P̄. 2. R̄. 2. F. Esson. 158.

En Formdon les partes fuē t̄ a issue, & al Distrret ꝗs les iure ils viend pꝛistē a pass a ꝗl iour latē le dōt fuit essoin & less. qualf. pur c̄ ꝗ le pꝛece dattoꝛnep fuit recoꝛd, en le recoꝛd. Mes vide si le pꝛesence datt̄ nust este recoꝛd en le court, ꝛc. ꝗ lessoin vst estē adiudge & aiourn. (et vide Aū. 20

E. 3.   adiudge accoꝛd, et an. 21. E. 3.) ¶Belk. dit que lestatute de Marlebꝛidge cap. 13. dessoiñ est entend en plee psonel, et de pt le def. & West. 2. cap. 27. de plee real de part d̄ ambideuꝛ. quod Skip. denie. ¶. 2. R̄. 2. Fitzh. Essoin. 160.

Al Distr̄ ꝗs le Iurꝑe, le dō fuit essoin, et ceo en Formdon ꝛc. 2. R̄. 2. Statham Essoin 62. fol.

En Formdoꝛ les partes fuerunt a issue, pꝛoces issist ꝗs les Iuroꝛs tanꝗ al distē, A ꝗl iour le dō fuit essoin. ¶Rick. c̄ est le 3. v̄fe apꝛes issue, ꝑ ꝗ lesson ne gist. ¶Char. lestatē entēd de pt le def. et

ñei de parte le pl: et issint fuit adiudge an. 20. E. 3. Idꝗs Cuf cōt̄. 2. R̄. 2. Stath. Essoin. 43. fo.

Nota

F Nota en vn accion ſi latturney ſoit eſſoin , ¶
¶ a cheſchun iour puis leſſoine ent en roll il ad
eſtre vieu en court , meſoꝫ il ne ſoit my view le
quart iour en court,leſſoin ne ſerra allow, mes
tout quaſſ, Quod tota curia conceſſit,&c.T.2.R.
2.Fitzh.Eſſoine.161.

Repl,al Habeas corpora ret ꝫs le Jurē,le Ju=
ry vient priſt a paſſ , ¶ le brief ſeruy en touts
points,¶ le pl fuit eſſoin, ¶Kirt.Juſtic cē eſſoin
ne giſt pur ceo ꝗ ceſt al ij.iour,Et leſtatute eſt,
Poſtquam aliquis poſuer &c.ad proximū diem,&c.
¶ le pl le miſt en iſſue,cꝫ bn come le def.Et auꝛi
leſtat fuit fait pur auantage del Jurie. ¶ Skip.
non,mes leſtatut futt fait pur le delay que puit
aueñ al pl, Et leſtatute voit , Quod ad plures
dies ſequentes non deferat par eſſoin cape´ inqui-
ſic´, ¶ ceſt entend ꝑ eſſoin le def.Car ſi Leſſoine
le pl ſoit diſſalow al 2. iour,ou al 3. iour,le Ju=
rie ne fra priſe,Mes le pl fra nonſue, iſſint le=
ſtatut reſtraine leſſoin le defend,mes neiny leſ=
ſoin le pl,iſſint l pl al comē ley fra eſſoin meſoꝫ
le Juē veign par Diſtr al 4. iour.¶Parl ē proue
ꝑ le record,ꝗ de parcel ils ount plede en iudge=
mēt,et de parcel al enqueſt, et leſſoin eſt de Ju=
rat et Judic tout ē vn, iſſint que ſi duiſſomus
aiudge leſſoin de parcel , il fra aiudge de tout,
¶Belk: nul proc doit aū iſſue ꝫs eux del enqueſt
auant ceo que le choſe pled ē iudg,vſt eſtē iudge,
Car touts les dam ſerē taxes par lenqueſt,au=
termt enſuer ꝗ ij.enqueſtz ſerē prit venꝗre des
damꝫ,que ſerē inconuenient, ꝑer ꝗ ſur le matē
meſoꝫ lenqueſt ſoit icy, ¶ le pleintife neſt eſſoin,
vncore lenqueſt perauenture ne ſerra priſe ſi le
court ne fuit aſſent de lour iudgement en lour
coer de rend del remanent, Quod Parſay.con=
ceſſit, Et hic title Enqueſt, Et pui : lenqueſt
fuit command daler a Dieu ¶ de garder lour
iour al viij. de ſaint Michael, Quere pur quel

L ꝝ   cauſe

Attourney.
Nul eſſoine quia
vſus in curia.
Quaſſ.

Pl alhabeas cor-
pora.

cause, et semble pur ceo que les Justices ne fu=
eront auises de lour iudgement del remañ pled
en iudgement &c. M̃. 2. R. 2. Fitzherbert. Es=
soine. 159.

Prie in aide.
Le pl̃ en Repleuin pria en aide, Et le p̃tie
fuit essoin al Som &c. P. 6. R. 2. Statham Es=
soine, 59. fol.

Pleintife essoine,
ou prist Prece
partium, le def.
serra atourney.
Dette, le def. vient per Capias, & le pl̃ est es=
soine, per que fuit prie que le def. puit faire at=
tourney, Et sic fecit per agarde. Issint si le
pl̃ vst prise Prece parcium. 12. R. 2. hic title At=
tourney.

Mainprise al=
per Essoine le pl.
Dette, le def. vient per Capias, et ore le pl̃ est
essoine, per que il ad delay luy mesme per son
fait dem̃, & il ad discharge le def. del mainprise.
Mes lou vn vient per Capias ou exigent, & pled
al issue, & lesse a mainprise, et al tour de Venire
facias retourne, le pl̃ est essoine, come il poet, Le
Puis issue & de=
uaunt issue di=
uersitie.
def. ne serra discharge per ceo de son mainprise,
Car apres issue, il ad son purpose, & puit delaier
luy mesme, et auxi il poet auer essoine per esta=
tute, & nemy deuaunt issue, 12. R. 2. hic title At=
tourney.

Cesti que vient
in garde.
Lou le def. vient en gard, & plede al issue il
nauera passe essoine apres. M̃. 13. R. 2. Statham
Essoine 42. fo. et hic pl̃. 10.

Curia claud.
Puis le vieu.
Cur Claudenda, le def. auoit le vieu, et puis
fuit essoine, & iour done ouster per essoine &c. 13.
R. 2. hic title Cur claudenda.

Mainprise.
Cesti que vient per Capias in gard & pled al
issue, & troue mainprise, nauera essoine, ne de=
fault apres. 13. R. 2. hic tit proces. et hic pl̃. 8.

Precipe quod reddat, Le tenant sue Sequatur
Sequatur sub suo
periculo.
sub suo periculo returñ &c. le quel ne fuit ser=
uie, a quel iour le teñt fuit essoine &c. 13. R. 2. hic
title Voucher.

Darreine pre=
sentment.
Assise de dar̃ presentment vers baron & fẽe,
le

Le briꝰ reꝰ, que le feme fuit moꝛt, et vn eſſoine Aiudge &
fuit gette pur le baron. Fuit prie pur le pl', que adiourne.
leſſoine ſoit adiudge & adiourne. Et iſſint fuit.
21. R. 2. hic title Briefe.

Eſtates.

Home leaſe pur vie ſur condiꝰ que ſil gꝛ le re= Sur condicion.
uerſion, que le leſſe eit fee, & puis il gꝛ le reuer=
ſion per fine, le leſſee nauera fee 6. R. 2. hic title
Condicion.

Leaſe pur ans ſur condicion, que ſi le leſſee
pay certeine deniers deins le terme, q̃ il auera
fee, ſil perfoꝛm ꝑ condiꝰ il ad fee, Eadē leꝛ ſi leaſ,
ſoit fait ſur condiꝰ q̃ ſil ſoit ouſt deins ſon tm̃ q̃ il
aua fee, Per Hul & Belk. 6. R. 2. hic t̃ Condicion.

Burgh. ſi terre ſoit done al baron & femme Tayle.
& as heires de lour coꝛps iſſuants, ſi la femme
ſine herede de ſe infāto diſcedat, quod tunc &c.
le baron & feme ount eſtate tayle & nemy fee
ſimple, non obſtant ceo clauſe ſine herede de le
&c. ¶ Skipw. contraꝛ. 8. R. 2. hic title Tayle.

Si hōe ſēi in fee leſſa pur vie rend reꝰ, & puis De qui eſtate fee
p̃ iſt fēe & deuie, le fēe ne ſcr̃ endow del rent, auera Dower.
car neſt inheritaunce &c. 8. R. 2. hic tiꝰ Dower.

Si home leaſe al A. pur vie, le rem al B. en T. pur vie leaſe a
fee, & puis le tenant pur vie leaſe al dit B. pur ceſti en rem̃ en
terme de vie B. & B. dēi, & ſon feme fuit barre fee pur vie ceſty
de dower. Et ſic vide que B. ne fuit ſeiſie en̄ en rem̃.
fee, Ne ceo ne fuit ſurrender, Car ſi A. ſuruiue
B. donque A. reauera le terre. 13. R. 2. Brooke
Eſtates. 67. et hic title Dower.

Terre deuiſe Eccleſſe ſancte Andꝛee in Hol= Deuiſe Eccle-
boꝛne, ceo va al perſon & ſeꝛ Succeſſoꝛs. 21. R. 2. ſie de A.
hic title Deuiſe, Fee ſimple.

Plus iſtarum. 6. R. 2. hic title Fines leuies. Plus.

Eſtoppel.

Foꝛmdon vers trois, et count q̃ vn H. done
a T.

a T.ꝭ K.ſa feme ꝼ as heires de lour ij. cozps,
ꝭ de T.ꝭ K.diſc le dzoit a vn Hugh, ꝼ de Hugh
a vn A.cōe ſoer le dit Hugh,ꝼ de A. diſc le dzoit
al demaundant come fitz ꝼ heire.¶Ham. pur vn
des tenants dit que il eſt tenant del entier,ſans
ceo que les auters riens ounꝼ,ꝼ dit que T.ꝼ K.
auer iſſue vn T.que lour ſurueſquiſt,ꝼ fuit ſei=
ſie par fozce del taile, de que omiſſ.fuit fait en le
bꝛe, iudgement de bꝛiefe. ¶Holt.pur les auters
ii. diomus que ilz ſōt tenāts come le bꝛiefe ſup=
poſe, ꝼ plede m̄ le plee deuant.¶ Clopt.quant a
ceſtꝑ q̄ pꝛiſt lentier tenaūcy, il eſt tenaunt come
le bꝛiefe ſuppoſe, et quant a les auters diomus
que Hugh noſtre aunꝼ poꝛt Formdon vers les
deux de meſmes les tenementes ꝼ fiſt le diſꝼ de
T.ꝼ K.ſa feme a luy come deuaunt eſt ꝛc.a quel
les deux viendē,ꝼ conuſt laccion,per q̄ il reꝼ,iſ=
ſint le diſꝼ entꝼ eux affirme per iudgem̄t.¶Holt.
ceſt bꝛe eſt poꝛt vers eux ꝼ auters, ꝼ ceſt nouel
oꝛiꝼ,per q̄ iudgement. ¶ Kirton, le plee al com=
mencement ne fuit my plee dauer alꝼ la ſeiſin
T.ꝼ que omiſſ fuit fait de luy meſꝗ il fuit en
poſſeſſion , car nad miſchiefe al tenaunt de ſon
garꝼ.Mes oze le dō ad accept que il eſt bō pleꝼ,
Et a parler ſil ſerra eſtoppel ou nemi,ieo ne die
q̄ il ſerra eſtoppel , car vn ſuppoſel que neſt af=
fermꝰ per iudgement neſt eſtoppel, Car ieo veie
en aſſiſe de Nuſance poꝛt, Quare exaltauit Sta-
gnum,ꝼ puis le plꝰ fuit diſconꝼ per nōſuit,ou en
auter maner,ꝼ il poꝛt auter bꝛe, Quare leuauit
ꝛc. et le bꝛe fuit aꝛ bon, ꝼ vncoze le pꝛimer bꝛe
ſuppoſe le enhauncement malues,ꝼ le leue bon,
et le ſecond bꝛiefe ſuppoſe le leue malues, ꝼ lou
il auoit ſuppoſe le leue bon a deuaunt. ¶Skip-
wꝛth ad idem il eſt aiudge en termes que home
poꝛt acꝼ aunceſtrel ſuppoſe que ſon aunceſtoz
aña noſme John,ꝼ puis le plꝰ fuit diſcontinue
ꝑ nōſuit,ou auterment, ꝼ il poꝛt auꝼ bꝛief ſup=
poſe

poſe que ſon aunc auera noſme Robert, & fuit
reſceiue, pur ceo que il nauer iudgement en le
pꝛimer. ¶ Fulth. mes icy il recouer & auer iudge=
 mt̃. ¶ Belk. il neſt eſtoppel, car leffect del accion
eſt le done que fuit conus, iſſint de ceo que eſt al
ſubſtance del matter, il eſt eſtoppel oꝛe, car il ne
dirra oꝛe que il ne done pas, ne q̃ Hugh q̃ recẽ
baſtarð, car ceſt leffect del iudgement. ¶ Parſ. ad
idem, cheſcun choſe que eſt ſubſtance del iudge=
ment eſt accept per le pꝛimer recouerie, car il
ne pleð miſnoſmer del ville, ne del perſon, cauſa
qua ſupꝛa. Mes icy il ad verray done & verray
diſcent, per que le diſcent de T. a Hugh neſt a
charge, per que il auoit le ple ¶ Belk. a Clopton,
quant a c̃ point reſpond ¶ Clopt. voluntierz. M.
z. R. z. F. Eſtoppel. 210.

Dicitur, ſi home ſoit vtlage per noſme J. Ba=
ſton Clerk, & il purchaſe charter de pardon ac=
coꝛdant al vtlagary, il ſerra foꝛcloſe adire que il
neſt pas clerke. ſ R. z. hic tr̃ Voucher.

Pur purchaſe de pardon.

Aſſiſe vers vn W. Garden, le tenant dit que
vn J. & E. ſa feme fueront ſeiſies en fee de meſ=
mes les tenements, & ceux conuſter eſt̃ le dꝛoit
vn W. come ceux q̃ W. & Jehan auoit de lour
done, a auer a W. & Jehan aunc &c. pꝛ & as heirz
W. & W. moꝛuſt, & puis Jehan moꝛuſt, & vn Jc.
fil & heire W. enter, & enfeſſe le tenant, iudge=
ment ſi encounter le fine, le pꝛ dit que deuaunt
ceſt fine que J. & E. ſa feme enfeſſe le dit W.
& Jehan noſtre aunceſt, a auer a eux & a lour
heires, & W. moꝛuſt & Jehan ſuruesquiſt & mo=
ruſt, & nous entramus come heire Jehan, Et
al fine nul ley nous mit a r̃n̄ð, del heuẽ que ceſt
fine eſt vn fine ſur rel̃, p̃ q̃ fine eux ne furẽ eins
p le ſi̅n̄, pur ceo que le fine eſt fait en lour poſſ.
¶ Ham. Jehan voſtre aunc per le fine, accepẽ
eſtate a terme de vie ſolemt̃, iudgement ſi en=
countez le fine ſerra reſceiu a claim̃ auẽ eſtate.
¶ Skip.

Fine.

Priuiles.

¶Skip. ex affensu Belk. et Soz suozum de cōent banke, sir auant le fine leuie les deux auer fee, ą p cest fine sur rel' ils ne prillet̄ nul estate, et le fine est q̄ le baron ꝗ sa feme conustē ceux tene= ments est̄ le dzoit lun, cōe ceux q̄ les deux aū d lour doñ, ꝗ c̄ rel' del baron ꝗ sa fee ꝗ des hēes la fee, ꝗ les 2. ꝗ as hēes lun, les ꝗuz parolz pur= ront bn̄ est̄ oue lestate q̄ les deux aū deuant le fine, ergo lour estate nest change per le fine, car ceo que ils conustre les tenements estre le dzoit lun, est boier, car les tenements fueront le dzoit lun ꝗ lauter, ergo le dzoit lun, et auxint nous ne poiomus prendē auters fines, car co= uient determine le fee simple en bn persson cer= teine per le fine, ꝗ le fine nest execut̄, mes pur extinct̄ le dzoit le fee sole, per q̄ ceo nest estop= pel, per que bous pl' sues last̄ ꝗc. M. 6. R. 2. F. Estoppel. 211.

Quid iuris clamat bers bn come termoz, Qui bient ꝗ dit que il fuit tenant de franktenement tour del note ꝗc. del lease J.B. ꝗ bncoze est, ꝗ dō iudgemt̄ si ꝗc. ¶Holt. a claime franktn̄t ne serē receiue, car per cest fait endent de bēe scale le dit J.B. gē a bous ꝗ a J.E. a terme de 11. ans, quel terme dure bncoze, per qui iudgemt̄ si ꝗc. ꝗ mit auant le fait, quel boil que il auer lease a terme de 11. ans, ꝗ en case que le lesloz alienast̄ que les lessees auer franktenemēt ꝗc. 6. R. 2 hic title Quid iuris clamat　　[L]

Dette sur obl' ꝗc. le def. dit q̄ il fuit fait per duē denprisonment ꝗc. ¶Rik. longe temps puis le date del obl' per ceo fait endent q̄ cy ē accozd soy prist entre nous, que sil payast a nous x. li. a cer= tines limits en lēdēture q̄ lobl' perdza sa fozce, per que adire q̄ lobliģ fuit fait per enprisonmēt ne gist en sa bouch encounter c̄ fait endēt, q̄ pozt date bn mois puis ꝗc. le def. dit que lun ꝗ lauter fueront faits p enprisonment ꝗc. ¶Rik. il sīd
lenden

lendenture de son bon gree sauns ceo que il fist
per imprisonment per nous prist. et alij econtra
&c. T.8.R.2.F. stoppel.283.

Un home & sa feme port rauishment de gard
en socage vers J. ¶Pinch. vn B. port briefe de
Trespas vers les pl' et auters deux, proc̄ sue
tanq̃ al exigent et le baron soy rend al exig̃, & la
feme & les auters fuer̄ vtciues, iudgement si &c.
¶Skrene vo⁹ aues eu lessoine et appel' en court,
per que &c. ¶Belk. ceo ne charge cel. per que passes ouster ¶Thirn. longe temps puis q̃ il suppose ceo weyuer m̃ la feme oue son baron cy en
cest court port briefe de Dower del dowment
son prim̃ baron ret a certene iour vers m̃ les
defendants en ceo briefe, a quel briefe ils appe-
ront et pled a issue, quel pend vn̄ a terminer,
issint ount ils accept que ils sont respondables
vers eux &c. ¶Pinch. et de puis que ne pledes
riens fors̄ vn accept de nous a vn auter brief,
que nest a purpos en c̄ b̄, iudgement &c. Et puiz
'l him. weiua ceo plee, et dit que c̄ vtlagary est
reuerse per errour. T.8.R.2.F. Estoppel. 284.
Quod vide in title de Vtlagary. pl'.

Essoine.

Admittans dua chose.

Trespas, def. dit que le pl' fuit vill' reg al
mañ de D. de que il est seisie in iure vxoris, Le
pl' dit frank &c. Le def. pria aide de sa feme, &
habuit. et fuit dit sil nust prie en aide de sa fēe,
mesque le pl' vst estre troue franke, ceo ne con-
cludera le feme. H.11.R 2. Statham Ayde 35.fol.
et hic pl'.

Baron & teme.

Ayde.

Trespas, Le def plede villenage in le pl' regard al mañ de D. de que il est seisie in iure vxoris. Et ddant a issue sur frank et nient franke
auoit aide de sa feme, Et troue pur le pl'. Semble que cest. trial concludet le feme puis le mort
son baron, Auterment sil nust este prie in ayde.
11.R 2. hic title Attaint.   et hic prim̄ deuāt.

Estranger al trial.

Formed en dist, le tenant vouch, le demandāt
dit

Voucher.

dit ꝙ cesty que il bouch, ne nul de &c. naū riens.
¶Huls. a ceo ne serra resc̄, car auterfoits mes=
me cesty dō poꝛt autiel bēe vers nous de mesme
la terrt & de mesme le doñ, & nous bouch a garē
m̄ la person ꝙ nous bouche a oꝛe, a ꝗl temps il
accept le bouch, & pꝛoces sue ōs le bouche, tāꝗ
il vient et enter en le garē, & bouche ouster, pꝛo=
ces sue tanque le parol fuit mise sanz iour per
demise le roy, per que iudgement ū encoūt cel

Acceptans.

recoꝛd il serra resceiue de countple le ꝗ̄n cesty
de que il auoit graunt le bouch. deuaūt & Gasc.
& nous iudḡ &c. ¶Charlton dō de Gasc. ū voile
auter chose dire, que dit ꝙ non, per que Charl. a
Huls estoiet le boucher &c. Et ceo fuit adiudge
bon estoppel. M̄.12.H̄.2.F. Estoppel.212. Stath.
22.fo.

Foꝛmd ōs deux, lun dit que il est tenant del
entier, sans ceo ꝙ lauter & ad, et laut dit ꝙ il est &

Prece partium.
Several tenancy.

del ent, sans c̄ &c. ¶Markham, autē. nous cosē
ōs vo⁹, & vous aues prise iour per Prec̄ pcium
cōc tenantz en cōen, iudḡ ū encount serres resc̄.
¶Thirn. apꝛes Prece parcium, ioint, ou non te=
nuē ilz nall, mes seueral tenancy ilz purē, & pu=
is Termino Hilary le bēe fuit aḡ bone, & issue
pꝛise sur le done, que pꝛoue que cest bone estop=
pel, car ils demurē en ley sur estoppell. M̄.12.
H̄.2.F. Estoppel.213. Statham.13.fo.

De pled r̄ culpa-
ble.

Quere ū ne doit estc̄ estoppel de pleder & culp.
in Appeale de robbery puis que il fuit pꝛise oue
le maynoꝛ.12.H̄.2.hic title Appeale.

Trespas vers baron & feme. queux pled vil=
lenage in le pl̄ regaꝛd al maner que il auer in
iure bꝛoꝛis, Sur que fuet a issue, et al Nisi prius lattourney del def. conust que le pl̄ fuit frāk.

Confession de
Attourney.

Et issint iudgement done pur le pl̄. Dubitatur
ū per cest conusans la feme serra conclude im=
perpetuum.12.H̄.2.hic tit Attourney.

Per defence fait.

Trespas le def. fist pleine defence, et dit que
il fuit

ti fuit abbe nient noe, iudg de briefe. ¶ Croffe ti
ad fait defense, per que ¶ Wad il e def. per que il
fait bn, Per q rndes a luy. 12. R. 2. hic t Defenc

Cesti que ne priuie al trial ne fra conclude p
ceo. 12. R. 2. hic title Trials.

Estoppel per acceptans, per Charleton. 13. R. 2.
hic title Refceite.

J. et M. fa feme port brief daccompt vs Wi.
¶ Hert. M. fuit Nonne profeffe en lord de my-
nore a Lound, iudg fi &c. ¶ Hank. auterf. cefty J. & M. port brief Dentr vs vn B. ql all p-
feffe en la perfon M. & que briefe iffift al euefq
de London &c. que certiffe que il ne fuit Nonne
profeff. &c. et b ceo mea exemplifie &c. iudgm fi &c.
¶ Gafc. fumus eftrange a ceft iffue et a ceo record. ¶ Thirn. il eft de record que il ne fuit p-
feff, iffint ceo demurt de record vers touts, car
ne poyomus maunder al euefq auterf. pur t q
eft de record deuaunt nous, et auxint pur len-
conueniece que puit auener &c. per que moy fe-
ble que il ne ferra refceu &c. non obftant que il
eft eftrange a ceo rec, A que fuit dit que il puit
eftre que el fuit profeffe puis ceft temps. ¶ Gafc,
ceo biendra per boy de rns de le defendant. Et
Thirn. agard q il accopt &c. & iffint bon eftoppel
P. 19. R. 2. F. Eftopell 282.

Un fuit endite de trefpas, et fift fine, et puis
le party port brief de trefpas, et loppinio clerement que il ferra eftoppe de pleder de rien culp.
M. 10. R. 2. Statham, Eftoppell 35. in fine. fo.

Plus iftarum, hic titulis.

Apd	12. R. 2.	Cae d remou ple	6. R. 2
Affife	6. R. 2.	Faits enrolle	19. R. 2.
Briefe.	8. R. 2.	Faux iudgemt	13. R. 2.

Eftranger al fait ou recorde.

Eftranger al iffue charge oue Damages &c.
2. R. 2. hic title Damages.

M.   Rept

Eftranger.
Triall.
Acceptans.

Certif. de pro-
feffion.

Eftranger.

Fine fait fur en-
ditement de tref-
pas.

Plus.

Iffue.

Ne infeffa pas | Repleuin, le def. auowe ꝶ le pl̃, come ſur ſon
per le fait. | very tenant pur rent ꝗ ſeruices auers. ⸿ Gaſc.
vn T. q̃ eſtate vous aues en le ſo̅ꝛe enſeſ. vn
D. p le fait, q̃ cy eſt, que eſtate nous auomus
in le tenancy rend a luy xij. d. pur touts ſuicez,
iudgemẽt ſi pur pluſoꝛs ſeruicez auowee. ⸿ Caſly
nous ſumus eſte al fait, car il ne fait nous pꝛiuie, per que a ceo nul ley nous mitt a r̃der. Et
non alloca. ur ⸿ Caſly il ne enfeffa pas per le fait.
⸿ Gaſc. pꝛiſt que cy ꝗc. 12. ꝶ. 2. hic tit Auowꝛie.

Trial. | Eſtraunger al trial ne ſerra conclude. 12. ꝶ.
2. hic title Trialles.

Recorde. | Uide de eſtẽ al recoꝛd. 19. ꝶ. 2. hic ꝶ Eſtoppel.

Etate probanda.

Giſt. | Lou giſt, A qui ſerra direct, En quel com̃ ſra
Direct. | ſue, Et returne ſur ceo. Et cheſcun que paſſe
Countie. | del enqueſt ſra dage de 42. ans al mcins, iſſint
Retourne. | que il fuit de pl̃ age al temps, que ceſty que ſuit
Age de Iuror. | le bꝛiefe fuit nee ꝗc. 21. ꝶ. 2. hic tit Liuery. Et
plus inde ibidem.

Plus. | Plus iſtarum. 21. ꝶ. 2. hic title Enqueſt, 8.

Eſtrepement.

Damages. | Nota que Charlton dit que bꝛiefe deſtrepem̃t
puit eſtre purchaſ pend le bꝛiefe, Mez il ne vey
bn̄s que le pl̃ rec dam̃ deuaunt iudǵ, rend ꝋs
le ꝶ del terre ꝗc. H. 12. ꝶ. 2. F. Eſtrepement. 6.

Waſte. | Eſtrepement fuit ſue pend vn bꝛe de waſte,
Barre. | ꝗ aſſigne leſtreꝑ in arbꝛes coupes, Et le def. dit
que il nad fait aſcun waſte puis le bꝛiefe a luy
deliuer, Et bon plee per Curiam. 12. ꝶ. 2. Brook
Eſtrepement. 13.

Conuſans. | Nota que in bꝛiefe deſtrepement h̄ẽ naꝼa
my conuſans de plee, pur ceo que le iudgement
eſt cy heinous que il ne puit eſtre execute in le
franchez per Parſy, in fine caſus. Temp. ꝶ. 2. hic
tiꝶ Conuſans, 3.

Eueſque

Euesque.

Del capacitie dun euesq̃ &c. 22. R. 2. hic title Briefe. — Capacitie.

Per que Leuesque serra esliẓu, ẽ auter cho= les de lup. Thmport R. 2. hic tit Assise. — Election.

Plus de T.ꝺ. R. 2. hic tit Auncien demesne. — Plus.

Examination.

Nient attache per 15.iours fuit trie per exa= mination del baillie que fist lattachment in as= sise. Et troue ꝫs le tenant, ẽ vncoꝛe nient per= emptoꝛp.6.R.2.hic tit Assise. 1. — Bailie in Assise. / Peremptorie.

Disceit, al Distr les def. fuẽ dꝺcs sur paine ꝺaler al examinatiõ del disceit, et ils ne vienꝺẽ, per que les Soin ẽ Ueioꝛs fuẽ examines &c. 13.R.2.hic tit Disceit. — Disceit. / Soin & Veiours.

Pꝛecipe q̃ reddat al petit cap reẽ, latẽ le ẽ dit q̃ il fuit enpꝛisõ a B. iij. iours deuant le default fait, ẽ iij. iours apꝛes &c. ¶ Hil nous pꝛomus q̃ lattourny soit examine et nous mittomus la terre en parꝺ ẽ lexaminement ¶ Wadam pꝛeig= ngẓ lauerm̃t sil ne soit issint, car noᵹ ne voluiñ chaunge le iep.Ḥ.13.R.2.F.Examination 22. — Attuorny. / Peremptory.

Disceit, le tenant pleꝺ iointenancy , que fuit troue incounter lup, per q̃ il perꝺ sa terre sans ascun examination. 18.R.2.hic title Disceit. — Disceit.

Exceptions en pleꝺ.

Wast, le def fuit pmitt de pꝛenꝺ excepcoñ al count apꝛes excepcoñ al bꝛiefe adiudge ꝫs lup. 5. R. 2. hic tit Wast.

Hoe bouchet puis que il fuit oust de apde. 5. R.2.hic tit Apde 1.Et hic.6. — Voucher puis ayd prier.

Loꝛder de pleꝺ est, pꝛimes de pꝛender excep= tion al count,ẽ puis al bꝛiefe. 6.R.2. hic title Briefe. — Ordo placitandi.

Apꝺe pꝛie apꝛes que il fuit oust del ple al bꝛiefe. — Ayd per puisple al briefe.

M 2

bře.7.R.2.hic title Admeasurement de Dower.

Quare impedit, le def. prist exception al bře pur cause que fuit rule vers luy, Et puis il prist exception al count, Et non allocatur, car fuit passe lauantage de ceo.8. R.2. hic title Quare impedit.

Al count puis le briefe.

Voucher puis aide prier, in fine casus. 8. R.2.hic title Aide,6. et hic pł.2.

Voucher.

Exception al auowrie.8.R.2 hic tit Distres. et 11.R.2. Ibidem.

Auowrie.

Home au aide apres que il fuit oust de voucher.11.R.2 hic title Ayde.

Ayd apres voucher.

Home ne pled al bře puis que il ad prie en ayde.13.R.2. hic title Ayde.

Ayd.

Home ne pled al bře puis especialtie monstre. Temp.R.2.hic title Assise,

Briefe.

Aide plus de ceo 19.R.2. hic title Auncient demesne. et Temp.R.2.hic tit Conusans.

Plus.

Excommengement.

Lrés leuesque monstre.
Certiie in Cancell'.
De record.

Oyer & termin ¶ Pinch. le pł est excommeng p leuesque de N. & cel excommengement certif. en la chanc que demurt illong de record iudg si &c. ¶ Holt. vous ne veilles vnq̃ q̃ home pled excommengement sans mře letterz leuesq̃z ¶ Pinch. ieo ne voił &c.sans bře a@. ¶ Skip. si voiles demř a touts perils, vous aueres tour dauer le ret lendemain, p q̃ propter oppinionem Curie Pinch. pass oustř, & demaunde iudgement de briefe &c. P.7.R.2. Fitzherbert Monstrans de faits 162.

Sans iour.
Iudgement.
Absolue.
Resoniuas.

Quant le def. ałł excommengement, le iudg est que le def. ala a Dieu,& quant le pł est assoił, il auer Resom ou Reattachment cõe le proces fuit al temps,car le briefe ne pas abat &c. P. 11. R.2. F. Excommengement,25. Statham 4.fo. et hic title Iudgement.

Fuit

Fuit dit, que bulles del pape del Excomenge= Pape.
ment ne feront allowes in court le roy. 21. R. 2. hic
title Quare impedit,　in fine.

Execute et Executorie.
Uide de ceo. 6. R. 2. hic title Monstrans de
faits, &c.

Executors.
Trñs port par exec vers exec, et count que　Morust poss. pur
les def. aueç prises les biens de lour testatour　title puis graunt
hors de lour poss, les defend dit q̃ le testatour　son testator.
les pl' don mesmes les biens, p le fait q̃ cy est, al
testatour le def. iudgement si encounter le fait
lour testatour acc dcues auec. Et am. nostre te=
statour morust seisi de mesme les biens apres
que mort no° les happamus & de eux seisie suo=
mus tanq̃ les def. les priste hors de nostre pos=
session iudgement &c. et les defend dit, et nous
iudgement si encounter le fait voustre testator
par quel il done l's biens, accion &c. Supwith.
nient contristeant cest fait, puit estre que le te=
statour le plaintife auec dcc occupacion de les
biens de puisne temps, per que lissue que les
plaintifes ount tend que lour testatour morust
seisie de mesmes les biens, puit estre oue le fait
par que &c. Mes si le defendant auera conclud,
& dd iudgmt si encounter cel fait ils serront res=
ceiu adire que le testatour morust seisi de mes=
mes les biens sans monstre comet, ceo vst estre
bon conclusion a demure en ley & cest matter, et
nemy a conclud, iudgement si acc. Belk. les de=
fend ount refus issue que est accept. Per que ex
assensu. Fulth. Skip. & Halty, agarde fuit que le
pl' recouer damages taxes par le court, et que
les defend sount prises, pur ceo q̃ ils refus. lis=
sue &c. Issint vide que morant poss. de biens est
material. M. 6. R. 2. F. Replication 60.
　　　M 3　　　　Home

Execution vers executors.

Home sue execuť hors de Recognisãs ĝs terre tenant. ¶ Hil Il doit aũ sue ĝs lexecuť le Reconisoz dauer execution de ses biĕs plus tost que de sa terre. ¶ Kickel ĕ expzessemť pue per reť del biĕ que il ad nul execuť, et melqz il auer execuť, nous purroius eslier daũ cĕ sunt ĝs son execuť, Ou vers auter ɫc. a nostre volunt. 7. R. 2. hic title Execution. 8. in fine.

Qar l'act serra dit administration.

Sequestration.

Dette ĝs execuť, le def. dit que cesti que est sup= pose testatour fuit fermour le roy dun manner, et pur ceo que son serme ne fuit pay, bzief vient al bicount de leuer le det le roy et sequesť les biens del mozt, p que le bicount nous liũ cer= teiñ biens ɫc. del dett de les vend, et a liuerer les deñs al bicount, et issint fesoius, et le roy est serue des deniers, sans ceo que nous admi= nister en auter manner. ¶ Cich. il iustif. per cause de garĕ de bicount que chiet en espeč, ɛ de ceo ne monstĕ rien, iudgement. ɫc. ¶ Skipw. il entende coment le biĕ luy commaunde par par= olz que ceo est garĕ assets suff. per que, ¶ Cich. past ouster, et dit que il auer administer come execuť ouster le some que amount al det le roy M. 8. R. 2. F. Executozs. 122.

Exec. soĩ & se= uer auet execuťiõ dun rec' p lauter.

Trois executozs poztont accion, 2. sont soĩ et seueres, et le 3. reť, et dĕi, les auterĕ 2. aũ= ont execution. 11. R. 2. Br. Executozs, 148. et hic title Priuiledge. 1.

Apparell dun troue mort in cã= pis.

Ordinarie.

Saint esglise.

Skip Do si hoĕ soit troue mozt in le chãpe, qui nũa sa vesture ou apparel adongĕ. ¶ Belk. cez exeř, ou lozdinary, sil nad execř, Ou auteret eux sĕ deliũ al esglise pur fair diuine fuĕ pur lalmĕ le mozt, Mes ppersĩt tĕ done a Saint esgł. 11. R. 2. hic title Inditement.

Accompt.

Feme sole seĩ de terre, lessa ceo renď rent, et puis el pzist baron, apzes vn estrang resceine le rĕt, le barõ fait cez execř ɛ dĕi, le feĕ pozt acĩ ɛ biĕ maintenable, non obstant quod dictũ fuit, que el
fuit

fuit coũt al tempz del receite, Et ꝗ el nad forſ= | Chattell.
ꝗ chattel, quel fuit due al baron, iſſint que lacci=
on attiendĕ al executozs, pur ceo que il fuit done
al baron, et nēi al feme. 11. R. hic t Accõpt. 10.

Si le baron et feme ſoint acquittes in Ap= | Damages in Ap-
pele pozt ꝭs eux, iſſint que ils ſont de reꝯ dam, ꝗ | peale.
puis le baron deuie, le feme aucrã les damages,
et nēi lexecutozs le baron. 12. R. 2. hic title Barõ
et feme. 23. et Damages 3.

Lun executoz ne poet auer accion ſans ſon | Ioindeꝯ in acciõ.
companion. 12. R. 2. hic tiꝯ Auowzie, 10. Et vide
hic pꝯ 9.

Det ſur obligaꝯ pozt per Executozs. 12. R. 2. | Det per eux.
hic title Condition,

Nota per la Court, ſi home pꝛiſt bñs hozs de | Treſpas de ſoꝯ
poſſeſſiõ lun exeꝯ, il puit auoir bꝛ de Trñz en ſon | poſſ. demeſne.
noſm ſoꝯ ſauns noſme luy execuꝯ ꝗc. M. 12. R. 2. | 2. et luu ad trãs.
F. Executozs. 75. vide hic 8.

Executions.

Hõe añ iudg. ꝟ reꝯ ē bꝛe de detinu ces chateux | Detinue.
ꝗ dam, ꝗ ꝗ exeꝯ fuit aꝗ ꝗ Diſtꝯ ꝭs ꝯ def. a deltũ cez | Diſtꝯ.
chateux, ꝗ aut exeꝯ ne puit il añ quãt as chateux | Fieri facias.
ꝗc. Et quãt as dam Fieꝯ fac'. M. 6. R. 2. F. Ex=
ecutions. 45.

Home ſue execution hoꝛȝ dun reconiꝰ ꝭs vn | Recogniſans.
Robert conꝯ ꞇre tenãut le reconiſour ꝗc. ꝗ viĕt | Scire facias
ꝑ Scire facias, ꝗ dit ꝗ ceſt bꝛe duiſt pꝛimes añ iſſue | Vers terre teꝯt.
ꝭs le heire ꝟ reconiſour, ꝗ puis ꝟȝ ꝟ tē t Rich.
A vous alꝯ en fait ꝗ il añ heire, ꝗ ꝗ il añ aſſets,
donquez voſtre reaſon lyeꝯ Treſilian. ꝑ la reco=
nuſãȝ ꝯõ bꞁe nē lie par expreſſe parolꝝ, mes ge=
neralmĕt toutȝ ces biens ꝗ chatcux, ꝑ ꝗuꝯ parolꝝ
cez tres ſõt lies, ꞇ ꝗ maines ꝗ ꝗc. ꝗ voꝰ ne d편dꝫ
ꝗ voꝰ eſtes ꞇre tenãut, par ꝗ a cel entent reſpõ=
des Hyl. vncoꝛe il doit añ ſue ꝭs lexeꝯ le reco=
nuꝰ dañ execution de cez biens pluis toſt que
de la terre Krikel. eſt expꝛeſſement ꝑoue per
retoꝛne del biꝛ ꝗ il nad nul executour, ꝗ meſque

M 4
il

Vers executors.   U an̄ execut̄, no⁹ purromus eslier dan̄ ce̅ suit Ba
son executour, ou vers autre &c. a nostre volūte.
T. 7. R. 2. F. Execution. 46.

Dauter chose.   Ou execution fra dauter chose que ne̅ con-
teine in le iudgment. 7. R. 2. hic title Fines leuies, 4. & 6.

Dower.   Pynch. vient al barr̄ & monstra come̅t auterfoitz vn feme auer port briefe de dower et rec̄,
ensembl' oue damages, et auer briefe al vicount
de lup liuer seisin, et le bicount lup liuer seisin p
parcel accord a son demaund, et nemp par metz
et boundes, et priomus sur ceo remedy, et auxi
briefe al vicount dauoir execution dez damages
Belk. vous aueres vn nouel briefe al vicout
de vous deliuerer seisin, co̅e le ley voit, si vous
voil', ou auterment briefe al bicount de lup fait
ben̄ de ra̅der, pur q̄ il vous ad delay san̄s cause,
et auxi de ra̅d pur que il nad duement fait exe-
Damages.   cut̄, et quaūt a les dam̄ sues Elegit, ou Fieri fa-
Elegit.   aias Pinc. ceo ne poiomus fait, car il nad nul
Fieri facias.   terre ne chattel, Mes si le ley le voil' suff̄, nous
priomus Cap ad satissac' Byrt. clerke, donq co-
uent que vous attend tanq̄ il eit terr̄ ou cha-
Capias ad satis-   tell', Car home nauer Cap ad satissac' e̅ nul suit,
faciendum.   mes lou Cap fuit grauntable en le primer oriḡ.
T. 8. R. 2. F. Execution. 164.

Recognisans.   Scire facias hors dun recognisans. 8. R. 2.
hic title Apd.

Ale per Suruiuor.   Baron et feme tient ioints̄it deuāt le couerture, & apres le baron est lie en recognisans, que
dei, lexecution est ale. 8. R. 2. hic title Apd,
in fine.

Disturbans.   Execution disturbe. 8 R 2. hic title Surmise.
Habere fac' sei-   Habere fac̄ seisnā sicut alias. 8. R. 2. hic title
sinam.   Surmise.
3. Executors, &   Lou 3. exec̄ port̅t bn̅e de dette, & 2. so̅t som̄ &
2. sont som̄ & se-   seuer, et le tierce rec̄, et dei, les 2. q̄ fuer̅ som̄ et
uer, ils touts sue-   seuer̄ auer̅t execut̄, et si les trois biue, to̅nts les
ront execution.   trois

trois poent suer execution.11.R.2.Br.Execution.
137.Et hic pł.12.

Judita querela vers.2.si lun deⁱ,lauter auera
execution per le suruiuoȝ.11.R.2.hic tit Judita
querela. ⁊ Briefe.

Suruiuera.

Lou 2.reč ⁊ lun deⁱ,lauter auera execution per
le suruiuoȝ.11.R.2.hic tit Aud.querela.

Suruiuour.

Execution sur statute merchant.11.R.2.hic tit
Supersedeas.

Statute merchꝶ.

Executoȝ somm̄ et seueȓ auera exeč dū reč per
lauter.11.R.2.hic tit Priuiledge.Et hic pł.8.

Executor seueř.
suruiuor.

Home reč damages en trespas, Et Wich.vient
al barr,et monstr̄ coment son client auer reč xl.
li.de dam̄,⁊ ꝗ il aū Fieri facias al vicount ⁊ le vič
luy liū que x.li.pur ceo que il nauer pluis biens
⁊c.⁊ oȝe le defendant est mort, par que priomus
Scire facias vers le heire le def.꒰Cur.parauentuȇ
il ad exeč queuȝ ount assets,en quel case son acct=
on est done vers executoȝs,Mes si voiles a vostr̄
peril vous laueres,꒰Wich,nous priomus a nostr̄
peril ⁊c.p ꝗ il auer.M.19.R.2 F.Execution.263.

Fieri facias.

Scire facias vers
leire.

Vers executors.

Scire facias hoȝs dun reč e Det vers aut ⁊c.le
Uič reč que il naū riens doūnt estre garny,per ꝗ
Hil.pria Capias ꒰Cur:naueres,car br̄e suit ne dō
riens forsꝗ exeč dū iudgem̄t,per que ⁊c.car poiez
auer briefe de Det,⁊ donꝗ Capias,⁊ ceo est done
per estatute,mes nemi Scire facias.M.19.R.2.F.
Proces.222.

Det sur recoueȓy
in br̄e de dette.

Si feme pȝ br̄e de dower,⁊ le vič liū al feme en
exeč le moity des tres dount el dō dower,si cesty
vers ꝗ el reč vient en court, ⁊ mr̄e ceo matt al
court,⁊ preia sur ceo remedy,sur son suggest.il a=
uer Scire facias ꝉs le fem̄ ꝗ reč si el sache riens dir̄
pur ꝗ el ne sra recouȓ ⁊c.⁊ č agard.Et dit fuit p
Skrene que le ꝉ ne purr̄ aū lasr̄ pur le iudgment
done.M.12.R.2.F.Execution 265.

Dower.
Viceūt liū moity
in execution.

Fine suit leuy al vn home per son nosine d̄ bap=
tisme,⁊ il sue exeč accorȝ son nosine de confirma=
cion,

Fine.

cion, ⁊ bⁿ, per Hank. 22. R. 2. hic tit Brlefe.

Execution ð ſine. hic tit Scire faꝛ per totum.

Plus iſtarum. 6. R. 2. hic tit Audita querela.

12. R. 2. hic tit Dam .   10. R. 2. hic tit Dower.

Fine.

Plus.

Ex graui querela, vide Deuiſe.

Exigent.

Mainpernours.

Nota ꝙ Hornby fiſt dꝛicerꝛ mainpnoꝛs a crier vn exigent ⁊ eux p leſtatut fait I. 7. Regiꝫ nunc, ꝙ voit, Que ſi le princ' ne veigñ, que les mainpernoꝛs porter tiel penance come le court voit ordeigñ Et vn deux fuit illonques en pꝛoper perſon, ⁊ il fuit mainteñt command al fleete, ⁊ Exigent iſſuit vers les auters, ⁊ tout temps deuant cē ſtatute Cap duiſt auer iſſu ðs eux ⁊ nul auter pꝛoꝛ H. 7. R. 2. ꝉ. Exigent. 9.

Baron ſoy rendⁿ & le feme eſt wayue.

Treſpas vers baron et feme, ⁊ 2. auters, ꝑces ſue tanꝗ le baron ſoy rendⁿ al Exigent, et le fem ⁊ les auters fuerunt wayues. 8. R. 2. hic tit Utlagarie.

Puis ʒ. Capias

Exigent ne iſſet deuaunt ʒ. Capias agardⁿ in loꝛiginall pꝛoces 8. R. 2. hic titꝉ Uoucher.

*Superſedeas.
Exigent de nouo.
Idem dies.
Mainpriſe.*

Det ðs iij. al Exiꝗ. ij. auer Superſed. et le iij. ſoy rendⁿ en comⁿ, ⁊ al iour ⁊c. cēp ꝙ ſoy rendⁿ en comⁿ ⁊ lum que auerꝛ le Superſed. apperūt, ⁊ lauter fiſt defaut par que Exigi faꞇ' de nouo fuit aꝓ vers lauter que nappere, ⁊ Idem dies don a les ij. par mainpꝛiſe. H. 12. R. 2. F. Det. 5. Et hic tit Pꝛoꞇ.

Baron et feme.

Det ðs le baron ⁊ feme, ꝑces fuit ſue tanꝗ al Exigent que ils appeꝛ , ⁊ auer Superſedcas, ⁊ al tour del Exigent retourne le baron vient, ⁊ la fēe fiſt defaut, per que Exigi faꞇ' de nouo fuit agardⁿ ðs la fēe, ⁊ Idem dies don al baron ꝑ mainpꝛiſe ⁊c. H. 12. R. 2. F. Pꝛoꞇ 160. Statham. 46. fol.

Exigent de nouo

Dette.

Exigent in det. 12. R. 2. hic ⁊ Attourney   ⁊ 12. R. 2. hic titulꝉ Charter de pardon.

Plus.

Plus iſtarum 11. R. 2. hic titulꝉ Appeale. ⁊ 11. R. 2. hic titulꝉ Ineptitate nominis.

Et

Ex parte talis. Vide title Accompt.

Explces.

Vide de ceo. 8. R. 2. hic title Droite de advowson, 1.

Droit de auowso.

Exposition de certain parols, termes et sentences.

Vide bon exposition de grauntes 2. R. 2. hic title Barre 1. et Comen. 1.

Grauntes.

Exposition del statute de w. 2. ca. et Marlbridge ca. de essoin 2. R. 2. hic tit Essoin, &

Statute de W. & soine

Exposition de statutes, hic title Parlement &c. per totum.

Statutes.

Extent et Extenders.

Si le vir mist le moitie en exec en dower per 3. partie, lheire naucra assise rône del recouerp, Mes auera Scire tac' vs le feme. 22. R. 2. Brooke Extent, 13. et hic title Execution, 15.

Scire facias pur surplusage.

Extinguishment & suspention.

Dower extinct per sesineut le baron al sor le feme que fuit niese. 9. R. 2. hic title Dower.

Dower.

Fayler de recorde.

Formdon, Le tenant pled recorde in barre, et an tour de faire vener &c. et a ore le t fist default, Per q le dd prie seiu &c. pur ceo que il auer faile de recorde per statute, Et fuit touch que p estatute est entende dassise de nouel dissin, si faile de recorde heatur per disscisitore, et en nul auter briefe, Per que le Petit cape fuit agard 13. R. 2. hic title Recorde.

Failer in Formdon.

Assise de nouel disseisin.

Faites.

Lou faits de graunt ount reasonable exposition,

Exposition,

ction. 2.R.2.hic title Barre,1.

Seale debruse. Le seale dun auncient fait mēe auāt, fuit de‑
quasħ a pop.et per Belk.le fait est assets bon pur
launcient scripture, ꝫ auxi il y ad part del seale,
et le seale de nouel debꝛuse. 6. R.2. hic t̄ Means
ꝫc. Et plus de faits ibidem.

Part del seale.

**Pluis fort encoū‑
ter le fesor.** [N ¶Clop. bn fait ꝺ̄ra pꝛise pluiꝫ foꝛt encoun‑
ter cēi que le fist,ꝫ fi foit afcun contrarietie en
le fait,il ferra pꝛife en plus difauantage cesti ꝗ
fist le fait.6.R.2.hic tit̄ Quid iuris clamat.

Reuersion. Reuersion ne poet eē ḡ sans fait. 6. R.2. hic
title Monstrans,ꝫc.

Sans date.
Priuie.
Rent seruice. Fait sans date.8,R.2.hic title Annuitie.4.
Pꝛiuie al fait.12.R.2.hic title Auowꝛie.11.
Rent fuice ne poet eē ḡ sans fait.22.R.2.hic
title Difcont de pofſ.

Garde. Un gard poet eē ḡ sans fait.22. R.2. hic tit̄
Bꝛiefe.

Vnion. Union des efglifes ne poet estre sans fait,per
Belk.Temp.R.2. hic title Affife.

2.Deliueries. Quant bn fait est bon al commencement, et
pꝛist afcun effect, ꝫ puis est deliuer al partie ar‑
termain,le 2. liuerꝑ riens bault, hic title Du‑
res,2. in fine.

Plus.   Plus istarum hic tit̄.
Auowꝛie   12.R.2. | Dower   13.R.2.
           13.R.2. | Monstrans de faits, ꝑ
Auncien deſħ. 19.R.2. | totum.

Faux imprisonment. bide Impꝛisonment.

Faits enrolle.

**Lenrollement
feruera pur le
faıt.** Si bn fait foit enrolle,le partie auera ṁ la‑
uantage ꝑ lenrolment,come si le fait ṁ fuit ē fa
poigne ꝑ lestatute,ꝑ Belk.in fine cafus. (Quere
quel stat̄ il entend) 6.R.2.hic tit̄ Monstrans.
Sur Cui in vita ꝭs bn aut¶ Gal.acē ne ꝫc.car
                                        Ʒgnes

Agnes voſtre mere releſſa oue garrauntie que
eſt enrolſ, ¶ alledge lenrollement en certaine,
iudgemt ſi action ⁊c. ¶Huls al temps de confecē
del fait noſtre mere fuit couert de baron oue vn   Feme couert.
Thomas, les queux eſpouſ continuerunt lour
vies ⁊c. iſſint le fait void. ¶Grene del heure que
il ad conus le releaſe enrolſ, le quel ne puit eſte
aiudge, mes quant el fuit ſole, iudgmt ⁊c. Car en
vn fine ceo ne ſerra ple, Nec hic. Et puis iſſuit
denparle ⁊c. Car il noſa demurre, Mes reuiē
ent, Et dit que troys ans auaunt le releaſe,
et puis le releaſe, el fuit ſole ⁊c. iudgement ⁊c.
Et alij econtra. ¶Huls pria pays de Lonð, car la
le fait poꝛt date ¶Gaſc. pꝛiomus pays ou la terre
eſt, car le fait neſt dedit, ⁊ pur ceſt cauſe il auer
ou la terre fuit ⁊c. T.19.R.2.F.Eſtoppel.281.

Fauꝛ impriſonment, vide Impꝛiſonment.

¶Fauꝛ iudgement.

Bꝛiefe de fauꝛ iudg fuit poꝛt de iudgmēt rend   Tenant per co-
pie.
en la court leueſꝗ ð Lonð a Stepney en le com
de Midð, Et le recoꝛd fuit retourn ciens, ⁊ le reē
fuit lee, ꝗl fiſt pꝛoteſtaē de ſuer en la nature daſſiſe de Moꝛtð, Et aſſign le fauꝛ iudg. ¶Brynch.
iudgment de bꝛiefe, car la cuſtome del maner et   Al briefe.
la nature ðl tenauncy eſt tiel, que ceux ðl maner
teigñ lour terres foꝛſꝗ al volunte le ſeignioꝛ et
ils ⁊ lour heires ſerē enherit al volunte del ſoꝛ
ſolonꝗ la cuſtðe del maſi, iſſint ꝗ les ⁊s oꝛe noūt
riens foꝛſꝗ al volunte le ſīr, ⁊ le frankē eſt en le   Eſtoppel.
ſīr ¶Hank. ⁊ ne giſt en voſtre bouche, ðl heure ꝗ
poꝛt aſſiſe de Moꝛtð claim fee ſimple, ¶Rickhil,
vous nauē aut remedy en ē cas, mes de ſuer al
ſoꝛ, ꝗ ad le franktemt p petiē, ꝗ̄ Thirn: & Chart.   T. en auncien
demeſne.
cōceſſ. ¶Charlt. dit ꝗ ſi le ⁊ en aunē demeſne ſoit
ouſtre p lð ſoꝛ, il añ alſ vers ſon ſeigniour, Mes
icy il nad remedy vers ſon ſeigniour, Et le tēt
en aūcien demeſne auer bꝛiefe de fauꝛ iudgemt,
¶Thirn:

❡Thirn.bɾe de faux iudgement ne fuit vnques
view en ceſt caſe icy, Mes ieo vey en bank le
roy ou plee fuit pend e court le ſeigniour enɏ ti.
que fueɾ ɾʒ al volunte, que bɾife fuit graunt al
ſɾɾ a diſɾɏ le ſɾɾ de faiɾ dɾoit enter eux, e fuie
deuant Caund, Et ceo ne fuit ſemble a ceo cas,
car le ſɾɾ puit eſtre conſtrein de faiɾ dɾoit. Et
puis per aɾɾ le bɾief fuit abaɾ, pur ceo que ſem=
ble as Iuſtices, que il ne giſt e la matɾ. et nota
ɋ le ſuit fuit par billɾ ɾc. ſauns bɾiefe. ꝑ. 13. R.
2. F. ꝼaux iudgment. 7.

Fauxefier de recouerye.

Nota ɋ le heir e fauxeɾ recoueɾ eɾ en bɾief de
Doweɾ vers ſon garden, en le Scire facias poɾɾ
ɾʒ luy e ceo recouerye, ſi le recouere ſoit ꝑ de=
faut. ꝑ. 10. R. 2. F. ꝼaux. de recouerɏ. 47. Vide
tout le caʒ en title de Dower pɾ. 9.

W. poɾɾ Formeɾ vers I, et dɾ vn meaɾ et 40.
acces de terre, e fiſt le diſɾ dun Alice tanɋ a luy
ɾc. ❡Hil. auterɏ. noꝰ meſmes poɾtamus Formeɾ
vers ſɾ ceſty Alice, pɾoces ſuc tanque nous re=
couerr par aĉɾ trie, et le done meſne per entɾ le
title compɾiſe et noſtre bɾiefe, iudgment ſi acciɾ
ɾc. ❡Wod: ne poionuʒ aſɾ Ittait, car les Iur=
tours ſont moɾts, et parauentuɾ il nad eɾɏ en le
cas, et ſi nous naueɾ ceo rɾs, parauentnre noꝰ
ſumuʒ ſans recoɏ, par que nous diomus que ti
nauer nul tiel done ɾc. ❡Hill: nous diomus ɋ
W. e I. que fueɾ iuroɾs fueɾ en bie ɾc. iudɏ ɾc.
ꝑ. 19. R. 2. F. ꝼaux. de recouerɏ. 46.

Faux latine.

Formdon, le bɾiefe fuit, Heredis pɾo Heredi, et
exception priſe puis le vieu, et non allocatur. 7.
R. 2. Br. ꝼaux latine. 120. in medio. Et hic tɾɏ
Bɾiefe. 12.

Feɾɾ.

Fees de chiualers &c. del parlemt, &
leuier de eux, & auter fees.

Un prifon deliu hors del fleet fans fee. 5. R. Prifoner.
2. hic title Utlagary.

Repleuin, def. iuſtifie côe Southuit de leuier
lexpenſes de chiualers del parlement &c. Le pl'
dit, q̄ il eſt reſſant deins le pcinct del mañ de A. Tenant per copy
de court rolle ne
paiera fees del
chiualers de par-
lement.
de que leueſq̄ de London eſt ſei, & tient certeine
terre del dit eueſq̄ per ſ̄ge et court rolle, ſans c̄
que il tiēt terre auterment, et leueſq̄ c̄ q̄ franktī
il demurt, bient a cheſcun parlement in pper
perſon, Sans ceo que A. ou ceux q̄ ount tenus
iſſint aſcun terre deins le maner, vnques paiec̄
as coſtages dez ch'res de Countie de tēps dout
&c. Le def dit, q̄ le pl', & ceux, que ount tenus p
le maner, oun paie de temps dount &c. Cibñ côe
auters franktenantz, et ſic a iſſue. 8. R. 2. hic tit
Diſtres.

Si home ſoit endite al Seſſions deuant les Prifoner deliuer
paiant ſes fees.
Iuſtices de gaole deliuy, et pur c̄ qui ſeble a eux
que lenditment ne fuit ſufficient, ils luy leſſerōt
daler alarge, payant ſes fees. Ore ſils oūt miſ-
fait, ils poīt luy remaunder, & faire luy d̄ce a ſa
deliūans de nouel, nient obſtant le payment de
ſes fees, pur c̄ que le roy c̄ partie. Et pur doubt
de ceo, ils parlont enſemble arerc̄, deuāt que c̄
iudginent fuit engros. 11. R. 2. hic tit Inditmt.

Fefments,

[I.L.] Leaſe pur ans ſur condic̄ que ſi le leſ- Lou leaſe ſur condicion performe,
ſerī fee.
fee pay certain deniers a certaī iour apres defs
le terme, que il auera fee p le condic̄ pimpl', il ad
feeſimple, per Hul & Belk. Uncor per Belk. ſi deuāt le iour le leſſor leuie fine, & le leſſee attourn
per proteſtac̄, & pape les deniers al iour, le co-
niſee les aūa. Meſme ley p Illos d̄ tñ & condic̄ q̄
iii

ſi ſoit ouſt per le leſſoꝛ deins le terme, que ti a=
uer ſee. Tamen per Belk, il nauera aſſiſe de ceſ
ouſter, ne de nul poſſeſſion ewe deuant louſter,
mes couient de happer vn poſt apꝛes le ouſter,
et de ceo auera aſſ. 6. R. 2. hic title Quid iuris
clamat.

Si hõe infeſſe 3. per ſait ⁊ deliuer ſeiſin al vn
de eux in noſme de touts, ceſt bon ſeſmt a touts
13. R. 2. hic title Jointenancy   Auterment ſi
ſans ſait. T. 28. H. 8. fol. 14. numero 71. et T. 29.
H. 8. fol. 35. ſi 26. en les Repoꝛtes de Dyer.

Lſe dattourney ⁊ ſeſmint, per Hill in ſine ca=
ſus. 22. R. 2. hic title Diſcont de poſſ. 1.

Plus iſtarum. 12 R. 2. hic title Auowꝛie.
et 22. R. 2. hic title Diſcont de poſſ. 1. p Thirn. ⁊
Hil in ſine caſus.

Feme couert, Uide hic title Baron et
feme, ⁊ title Couerture.
Fines leuies.

I. et E. baron ⁊ ſee enfeffe Wi. et Jo. a aſi a
ent et a lour hẽs, ⁊ puis ils conuſteſ leʒ tenemtʒ
eſte le dſ le dit Wi. cõe ceux que Wi. et Jo. auoi=
ent de lour done a auera Wi. ⁊ Jo. et as heires
Wi. et releaſe del baron et ſa ſee, et deʒ heires la
ſee al Wi. et Jo. et al heires Wi. et apꝛeʒ Wi. mo=
ruſt, et Jo. ſuruequiſt, et moꝛuſt, et ſon heire enſ
⁊ enfeffe Wi. G. ⁊ leire Jo. poꝛt aſſ. Ham. launc
le dõ accept eſtate a terme de vie ſolement per lſ
ſine, per que le dõ ne ſerra reſceiue a claim auſ
eſtate. Skip. auaunt le ſine leuie les 2. aueſ ſee
et p ceſt ſine ſur releaſe ils ne pꝛiſteſ nul eſtate,
ne eux ne ſueſ eins per le ſine, pur ꝺ que le ſine
⁊ ſait en lour poſſ. et le ſine eſt que le baron et ſa
feme conuſteſ ceux tenementes eſte le dſ lun,
cõe ceux q lʒ 2. aſi de lour dõ, ⁊ ꝛ releaſe õl baſ ⁊
ſa ſee ⁊ õʒ hſeʒ la ſee a lʒ 2. ⁊ as hſeʒ lun, lʒ ꝗꝛ p=
ols purſ bñ eſtoier oue leſt ꝗ lʒ 2. aſi deuſſt lſ ſine
ergo

ergo lour estate nē changē per le fine, Car ceo
que ils conustē les tenements eē le dzoit lun, est
boier, car les tenements fuēt le dē lun et lauter,
ergo le dzoit lun. Et auxint no⁹ ne poim⁹ pzen=
der auters fines. Car couient determine le fee
simple en vn person certein p le fine, et le fine nē
execut mes pur extinct le dzoit le feē sole, per q̄ ē
nē estoppel. Et issint fuit loppinion de les auters
Iustices. 6. R. 2. hic title Estoppell.

Parol fuit remoue extra auncien dem, Quia   ^{Partes finis na-}
clamat tenere tenementa per finem. A que le pľ ^{uer riens &c.}
dit, q̄ ceux que fuēt parties al fine nauēt ē in ceo
temp finis &c. Mes vn I tout temps continua   ^{Cōfesse & auoide}
post. 6. R. 2. hic title Cause de remoū pľe, 1

[G] Holt, chescē fine est vn iudgment en luy m̄,   ^{Iudgement.}
et cest iudgment ne poet eē defete, nosmēt quāt
ceux q̄ fuēt parties al fine, ou ascun de eux fuēt
tenāts del fraktenemēt al temps &c. [L] Welk.
si home fait lease pur ans f condiē que si le lessee
pay certeine deniers deins le terme, que il aiet
fee, si pay les deniers, il ad fee: Mes si deuaunt
le iour de payment, le lessoz leuie fine a auter, le
lesse doit atē per protestation, & si pay les deni=
niers al iour le conusee les auera 6. R. 2. hic title
Quid iuris clamat.

R. sēi de 10. acres de terre tenus del maner
de D. le quel maner oue les appurtenances fuit   ^{Fine del manner,}
rend per fine a Isabel pur vie, le remaind a Wī. ^{& terre vient pu-}
in taple, le remainder a I. G. in taple, le rem̄   ^{is in lieu des}
as heires Isabel in fee, R. auoit issue vn R. &   ^{Cruices.}
mozust R. enter & pzist a baron N & auer issue.
I. & R. mozust N. se tient eins cē per le curtesy,
I. mozust sans heire I sabel mozust, sans heire
son corps N. & per le curtesy mozust, Wī. moē I.
G. enter in le maī, & pozt Scire fac' del 10. a=
cres vers T. F. Et pur ceo que ceux 10. acē ne
fuēt bnqs executes en lieu des seruices en nul
de eux in le remainder deuaunt le pľ per entre

N   ne

ne per recouerp, Coment q̃ per conscience poet bien estre maintein, fuit agard que il ne preigne riens per son bře. 7. R. 2. hic tit̃ Scire facias, et hic pł. 6.

Scire facias agrer oue le fine.

Scire fac' dexecuter fine de tenements in C. et F. nest ple que F. est hammel de C. non obstant que il demaunde vn chose 2. foits, car il ne poet varier del fine. 7. R. 2. hic tit̃ Briefe, 9.

Fine leuy de seruices & execució nel terre.

d Parties al fine naueř riens &c.

Fine est leuie dun maner, e deuant execution vu tenancy eschete, le conusee nauera Scire facias del terre in lieu del seruices. 7. R. 2. hic tit̃ Scire facias. Et hic pł. 4.

Scire facias dauer exeč hors dun fine. ¶ Clopt. les parties al fine naueř̃ e &c. al temps del fine leuie, mes vn R. fuit seisi al temps del fine leuy, deuant e apres, que estate nous auomus. 7. R. 2. hic tit̃ Scire facias.

Claime.

Fine eiant toutz perfections leue deuaunt lestatute de nonclaime Anno. 34. E. 3. serra barre si le conisor ne mist son claime deins lan e iour puis le fine leuy. 8. R. 2. hic tit̃ Continual claime.

Claime.

Eschete, ¶ Scrope pur le tenant mēe fine sur render que leua &c. nient reclaime deins lan et iour, e q̃ le pł respond. 11. R. 2. hic tit̃ Eschete, 6.

Baron sole.

Baron e feme seisie in fee, le baron leuie fine, e prist estate al baron e feme, cest remitter al feme. 11. R. 2. hic tit̃ Remitter.

Cõfesse & auoid.

Dower, Le tenaunt pled fine in barre. ¶ Hilling, lun party ne lauter ne fueř seisiez al tēps ðl fine leuy &c. Sanz dire qui fuit seisi. Mes sil demaund exeč, si le tenaunt voil' pled vt supra, il dira qui fuit e, pur ceo qui cesti qui est tenaunt doit auer conisans qui fuit tenaunt deuant luy. 19. R. 2 hic tit̃ Replication.

Partes finis nihil habuerunt.

Per feme couert.

Fine leuie per feme couert liet luy, non obstãt le couerture. 19. R. 2. hic tit̃ Faits enrolle. 2.

Per quel nosme Execution tena.

Fine leuie a vn home per nosme de Joce, et puis est confirme per nosme de Joceline, il doit auer

auer execution per noſme de Jocelyne, coṁt ſ
il nacē al fine p Hank.22.R.2.hic tit Bīe,71.

Tenaunt en taile de terre gē ſ render ceo p
fine en fee, ſi le fine ſoit execute in le vie le te=
naunt en taile, donqʒ le taile eſt diſcontinue
per Markam.22.R.2.hic tit Diſcont de poſſ,1.

Plus iſtarum.2.R.2.hic tituľ Auoẇry.1. ſ 2.
3.R.2.Ibidem, ſ 3.R.2.hic tituľ Entre conǵ.

Per tenaunt in taile.

Diſcont del taile

Plus.

Fines pur contempt & offences.

Appeale de robery, le plaintife conuſt ſon ap=
peale faux deuaunt Clopton Juſtic̄, ſ dit que il
ſuit purchaſe luy nient ſachant ſ Clopton, le ley
eſt tiel, ſi home conuſt ſon appeale faux, il alee
al priſon ſ fcrē fine, per q̄ vous ales al priſon, et
ferra fine, Et le pľ tendē mainpriſe ſ auxint de
faire fin, maint. Clopton,ne voile graūt le fine
eſtre meind que 100.s.P.11.R.2.F.Fines.2.

Fine pur omiſſion de part in ſuit de liuery, vt
tout ne ſerra reſeiſie: per Gaſcoine in fine caſus.
Et quo ſequitur, que ſi parcel del terre ſoit omit
en ſuant ſon liuery, que tout le terē ſerē reſeiſie.
12.R.2.hic tituľ Liuery

Si home face fine en la Chaunc̄ pur bīe de tē
que paſſe xl s. ou pur det ou dam̄ que paſſ xl.li.
et cel fi̅a̅ ſoit ētē de recoʒd en la Chaunc̄,ſi puis
ceſt bīe ſoit abate, il auer nouel briefe ſans ſairē
fine,cōe ſuit adiudge in le caſe Plūpton , 20.R.
2.F.Fines.114.ſ Statham.14.ſoľ. Br.50. En
diſtinguend ē pur q̄l cauſe le bē abatera.Car en
34.aſſ.9.per Shard, Si le bīe ſoit abate in ley,
pur def.de matter, ou per auter cauſe de forme,
la il ne fra fine, Contra ou il eſt ſon proper def.
Come nonſuit, Ou per miſnom̄ le pľ ou def. J.e
ſint per miſnom̄ del ville,per H.4.H.6.16.

Fine al Roy in Rauiſhm̄t de gard,22.R.2.hic
tituľ Rauiſhm̄t de gard.

N 2   Foreſt

Appeale.

Liuery.

Fine en le ham=
per pur terre ou
det demaunde,
Et ou meſin le
briefe eſt abatet

Rouiſhment de
gard.

Uide de Parke 2. R. 2. hic title Barre.
Forfeiture.

Treaſon.

1 Si hõe ſoit adherẽt al enimies le roy in frãuc, vel alibi, ceſt fozfeiture de ſa tre. Et eadem lex

Miſcreant.

per ſelk. ſil ſoit miſcreant, 5 R. 2. Br. Fozfeture, 54. Et hic title Trial. 1.

2. R. P. post Quid iuris clamat vers Wil. M. & J. S. cõe termozs &c. Wil. M. dit, que il fuit &

Terme.

del frãktenemẽt tour del note &c. Holte il ad fozfeit ſon terme, pur ceo que il claime frnktenement et iſſint fuit adiudg, [M.O.] 6. R. 2. hic title Quid iuris clamat.

Per vtlagary in acc' perſonell.

3 Un fuit vt'ag in dette et iutlag reſ cies, hoz de que bziefe iſſiſt al eſchetoz de ſeiſer ſez biens & chatells, & terre auxi: Car Aliqui dicebant q̃ les iſſues de ſa terre ſerẽ pziſes al oeps le roy. 8. R. 2. hic title Superſedeas.

Maſſa terræ.

4 Nota q̃ vn office fuit reẽ ẽ le Chauncẽ p quel fuit troue, que eſt vn oueraigñ deſtaine ẽ le cõte de Cornwall apud L. & quedã maſſa tre cecidit ibidẽ ſup q̃nd hominem & ipſum oppzeſſit, & que il moꝛ, per q̃ le roy done tout loueraigñ del dit eſtein a vn W. entend q̃ lentier oñaigñ ſra fozfeit, & puis viend cert perſon que aũ lour oñaigñ illõꝗ, monſtẽ tout que fuit troue per offiẽ, ne fuit mes vn pece & cert quantitie de terre que chiet, & fuit le caule ðl moꝛt &c. et ẽ ceo Scire faci-

Deodand.

as fuit graunt vers W. ſil ſache dire pur que ſon patent ne ſerra repeľ, que vient et þe que tout loñaigñ ſoit fozfeit, et al darreine per auiſe de touſ les Iuſtices fuit agard p le Chauncelor, que le patent Ł roye ſerra repeľ, et bziefe douſter le maine, et auxint faire reſtitution des iſſues, iſſint que riens fozfeit fozſ q̃ chiet, s, maſſa tre, quoꝺ nota &c. T. 12. R. 2. Ł. Fozfeiture. 20.

Alienation per tenant pur vie a cestu en rem.

5 Tenant pur terme de vie, le reĩ a Wil. ẽ fee, alien a ceſti en le reĩ pur terme de vie de cẽi ẽ
le reĩ

le rem̄, et cesti ē rem̄ dēi, ⁊ le tenant pur terme
diē reenter , ⁊ le fēe cesti ē rem̄ poꝛt briefe de
Dower, et fuit barre , car alienation nē forfei=
ture, Ne surrender, eo que fuit a cesti en le ꝑ=
chein rem̄, Quere legē inde, 13. R. 2, Br, Foꝛ=
feiture, 91, et hic title Dower, 16.

Plus de his ,hic titulis.

Forfeiture de mariage.

1 Intrusion de gard uers I. Et count q̃ launē   *Count.*
lenf. oꝛe def. tient p̃ suice de chēr ⁊c et moꝛust,
ⱪ cēi I. eēant deinz age: et il sēi le gard, ⁊ ten=   *Tender.*
der mar̄ a m̄ti I. ⁊ il ē refuse, et ailloures mary
luy, et puis a sō pl' age enf, ⁊ gree nient fait del
mar̄ ⁊c. ¶ Rede dit, que le pl' gē le gard al mere   *Barre.*
cesti I. oꝛe def. ⁊c. ℂ Cokain, il ne mēe fait del
graunt, p̃ que iudgemt ⁊c. ℂ Rede et nous iudge=
ment ⁊c. ℂ Cokain nosa demurre, Mes dit, q̃ il   *Issue.*
ne graunta pas in le maner ⁊c. Et alij econtra.
22. R. 2. hic title Briefe.

2 Markham Si enfant soit rauy et mary infra
annos nubiles, il poet agreer, ou disagreer a ceo
mariage, a sō election, et si le sōr tender luy ma=   *Tender.*
riage en ceo case, ⁊ il le refuse, le ꝟoꝛ recouē ie
double value bers luy, 22. R. 2. hic tit Rauissh=   *Double value.*
ment de gard.

Formdon.

1 Lissue en tayle ne fra barre en Formdon p̃r   *Barre per Gar̄t*
fesment son pere oue gar̄ sans assetz. 7. R. 2.   *oue assetz.*
hic title Aȳd de roy, 3.

2 Belk si tenant in tayle reē in value ⁊ sue exe=   *Recouē in value*
cution, ⁊ alien ⁊ deuie, son heire aua Formdon de
ceo terre reē in value, Mes si deuie deuant que
il sue execution son heire naia Formdon, par ceo
que cē terre nē ven⁹ in lieu de lauter sans exe=
cution suer. 7. R. 2. hic title Scire fac̄.

P 3   Voucher

Veu cher.   3 Uoucher in Formdon, 12.R.2.hic t Uoucher.

Statute.   4 Formdon in Difcender eſt done per leſtatute

Damages.   de Weſt.2. En que liſſue in tayle ne recou dam=

maiges p Rede.22.R.2.hic t Rauiſhmt de garde.

Plus.   Plus iſtarum, hic titulis.

Aſſets p diſcent.	5.R.2.		23.R.2.
Briefe.11.	7.R.2.	Detiñ d chtez.11.R.2	
21.	8.R.2.	Fauxifier d rec.	9.R.2
58.	19.R.2.	Garranties.	8.R.2.
Couépl d vou.12.R.2.			19.R.2.

Forme.

Eñ tenentis ver-   1 Forme del bre port p le t Hs ſon ſeignior de

ſus dñn.   ſes auers priſes.7.R.2. hic title Briefe.

Feme neſt ſeruät   2 Le baron naña treſpas del ameſner ſa femme

al baron.   Per nomen ſeruientis, ſed per nomen vxoris ſux,

Car il eſt bon pie, ou el eſt noſme ſeruant, a dire

que meſme le perſon eſt ſa feme.7.R.2.hic title

Treſpas.

Waſte.   3 Feme dun briefe de Waſt port per le baron

t feme &c.8.R.2.hic title Waſte.

Fermor neſt ſer-   4 Treſpas de ſon ſeruant batus ¶ Gale. ceſty q

uaunt al for.   il ſuppoſe eé ſon ſeruant eſt ſon fermor, t nép ſó

ſeruant, iudg &c.13.R.2.hic title Treſpas.

Scire facias.   5 Form del brief de Scire facias de rent ſeruice.

13.R.2.hic title Ayde.

Dñe in Aſſiſe.   6 Forme del pleint in Aſſ.s, primes d mez, dóq̃

de terr, rent, prec, t bois.19.R.2. hic tit Aun=

cient Demeſne.

Fourcher.

Couenaunt.   1 Couenaũt Hs ij.ils poient fourcher ineternũ

T.2.R.2.t Fourcher.14. t Statham.7.fo.

Franchiſes & Liberties.

Uide de his, hic titulis

Plus.

Aſſiſe.s.	6.R.2.	Conuſans,2.	12.R.2.
Briefe.	19.R.2.		3.Temp.R.2.
			Frank.

Frankmariage.

1 Le ſoz gē leʒ ſeruiceʒ de ſon tenant per fait a
bn C. in frank mař oue J. ſa file. 22. R. 2. hic ti=
tle Diſtont de poſſ in principio.

Seruices.
A vn C. oue file le donor, & nēi a eux ambideux.

Frankalmoigne.

1 Nota que tenure de frankalmoigne ē bon
cauſe de acquittail, 12. R. 2. hic title Meſne,
& 13. R. 2. Ibm. 3.

2 Uide plus de ceo. 7. R. 2. hic title Apd de roy,
et 12. R. 2. hic title Counterple de voucher,

Meſne.

Plus.

Franke fould.

1 Uide de ceo. 8. R. 2. hic title Ap de. 8.

Franketenement.

1 A que le franktenement de copiholde terre
attient. 13. R. 2. hic title Faux iudgement.

Copiholde.

Gage deliuerance.

1 Repl, le def. auow ℂ Markh. gage le deliue=
rance ℂ Pinch. le deliuerance eſt fait per pleint,
per que ℂ Holt ceo neſt rīs oze, per q̄ ne voiles
gage le liuerance ℂ Pinch nous gagconus le de=
liuerance volentiers ℂ Mark. oze pziomus bře
de faire le deliuerance ℂ Holt ſues &c. H. 7. R. 2.
F. Gage deliuerance. 2.

Def. in repl.
Bře a faire del

Gard & garden.

1 Waſt vers garden 5. R. 2. hic title Waſt.

2 En bziefe de gard lenqueſt paſſa pur le pł,
& puis vn bziefe vient hozs de Chaunē oue vn
recozd recitē que il fuit troue deuant leſchetoz
que launē lenf. tient del aunē vn que eſt deins
age et en gard le roy v. acres de terre, iſſint que
le roy ad cauſe dauer le gard, come par cauſe de

Waſt.
Ou ſerra gard per cauſe de gard, Et econtra.

gard, mes pur ceo que il ne fuit troue, ne plede
que le roy auet serue le gard en fait, ne leschetor
en son nosme, fuit aiuidge que le demaund ret,
ment contruseant &c. Mes auter vst estre si le
roy vst seisie lensant en fait auãt iudg rend, Car
en tiel case l's Iuste duist surcese d rendē iudg
pur le seisin le roy, Mes en cest case fuit dit al
Attourney le roy pur suer per Scire facias vers
le party que ad recouer, sil sache rien dire pur
que lenf. eit ore mort, pur q̃ le roy nauer les dam̃
recouer, pur ceo q̃ launcestour lenf. tient de luy.
Et eas iez quant al seisin deuaunt iudg si lenf.
fuit en vie Belk. dit, si home tiēt def. en gard
le roy, & deut son heire deins age, le roy naũ en
gard per cause de gard, & non le tert q̃ est tenus
del hēe, q̃ est en gard le roy: Ad quod Cur concordat. M. 6. R. 2. F. Garde. 105.

3 Admeasurement de dower port p Garden
en chiualric. Et garden in fait nauera admeasurement, si non q̃ le fee def. soit endowe p luy M.
7. R. 2 hic title Admeasurement.

4 Un hõe & sa fee port br̃ d rauishmt de socage
vs I. de B. & aues Locton. vn R. pe lenf. fuit
trak hõe d la vill d N. &c. & aũ t chatt in la vill
resscant &c. ou lusage est que chescun orphan, &
de tout temps ad eure, q̃ il serra en le garde le
Mayre tanq̃ a son age oue ces biens & chattels, Et pur ceo que son aunceto mo̅t tllon̅s,
le Mayre serist vt supra, Et puis profert al pr̃
come prochein amie lēf. dauer oue la garde vt
supra & de ceo auer rend accompt a son pleine

age as dits Maire &c. & ils refuse, per q̃ il luy
retient, iudgement si &c. Et pur les auters ils
biendront en aide de luy &c. Thirn de si come
per lestatut est done que le heire en socage serra en garde, & que vous parles dusage de chescun que est nees deins la bille, ne puit estre cãe
de vous oust̃ de nost̃ gard, per que iudgement.

ment. Et opinion de Belk. tiel vsage, come vous
dits des biens sauns franktenement, ne puit
estre cause dauer la possession encounter lesta=
tute, car ceo que vous pledes ne serra my plee
encounter garden de chiualrie , ne per conse=
quens vers luy, Et mesꝫ son auncestour morust
leisse de certeine tenementz deins la ville, il ser=
ra fort pur vous &c. Unt ceux de Lound ount London.
tiel vsage, que per cause de franktenement & bi=
ens, les orphans serr en gard illonꝗ. Et sic vide
per oppinionem Belk. ꝗ le pl' puit auer demure,
& issint voille il auer fait,pꝗ ❡ Locton pur le de=
tendant diomus oue nostre plee auaut, que laun=
cetour lenfant deuaunt son moriant se demist a
certein persons de mesme la terre, issint ne mo=
rust seisi, iudgement si accion &c. ❡ Thirn. prist
dauerrer que cy, & priomus pays ou le terre est Visne.
❡ Finch. ceo nest reason , car les vsages del ville
sount percel de nostre rñs, per que couient estre
enquile cy bien coe lauter. ❡ Skipwith. les vsa=
ges ne serrount la enquis en ceo case, mes sole=
ment le quel il morust si ou nient , per que per
aꝗ, Venire facias issist solemet ou la terre fuit.❡.
8.R.2.F.Garde.166.

5 I.port bñ de gard ꝫz W.& autz, & dd le gard
del mañ de M.p cae de nonage de R. fitz & hee
C.ꝗl C.ꝶ le mañ de luy teñ per seruñ de chr,
& morust en son homage. ❡ Rik. cesti C. launt
lenf. per ceo fait que cy est, en feffe les def. en fee
&c. sauns ceo que cesty C. vnꝗ puis riens auer
forsque a lour volunte ❡ Marcam. ceo feoffement
fuit fait per collus de nous toller de ñe gard,
car cesy C. aū issue ij. fitz, s.R. leisne, & W. puis=
ne, R. de age de ij. ans, & W. de age de vn an , &
cesty C. deuant son murt declar son volunte a
les def. que ilz duist aū le terre tanꝗ al terme
de xx. ans,& que touts les profites en le temps
serra gard al otps lenf. & si R. tuit en vie al fine
₦ 5   de

de xx. ans, que ils lup duiſſ enfeffe, Et ſi nẽp que
ils enfeff. aut. &c. iſſint que lun & laut ſẽ de plein
age, & iſſint ceo colluſ̃ &c. ¶ Kik. il ad dit que C.
declaẽ ſon volunte vt ſupza, & q̃ R. fuit dage de
ii. ans, & W. dun an, iſſint que R. ne ſerra en-
feoffe tanq̃ apzes les xx. ans, a quel temps il
ſerra per vn temps paſſe ſon age , quel ne puit
eſtre colluſion per leẽ &c. Et non allocatur. p que
il dit que le feffeament ceo fiſt per meſme le fait
&c. ſauns tiel condic̃ pzuſt, & alij econtra &c. M. 8.
R. 2. F. Colluſion. 47.

Socage.
Procheine amy.

6 Si tenaunt in ſocage ad iſſue & dẽt, ſon iſſue
eſtreant deins lage de xiiij. ans, le pzochein amy
aua le gard &c. q̃ patet. ʼo R. 2. hic & Accompt.

Lenfant moruſt
pend le briefe.

7 En bẽe de garde, comẽt que le gard dẽt pẽd le
bẽe, vnẽ le bẽe ne abatera. ii. R. 2. hic tit̃ Briefe.
Quere, car auẽs liuers ſont al contrary.

Droit de garde.
Ple al briefe.

8 Bẽ de dẽ d̃ gard, le def. dit q̃ le gard enẽ en re-
liẽ, en le meſõ de Nonnes long tẽps auaũt le bẽ
purchas, & illõẽs fuit pzofeſſe, iudẽ de bẽ ¶ Hank.
ceo neſt ple, car puit eſtẽ que fuit pzofeſſe iour
d̃ bẽe purchas, & oze nient ¶ Thirn. ſil fuit pzofeſſe iour de brief purchaſe, il ſerra entend̃ tout
temps pzofeſſe, & auterment ieo ne vepe vnquez
¶ Hank. vncoze ceo nẽ forſ̃q nõtenure del cozps,
per que nous bolumus auerrer nẽe bẽ ¶ Charlton. ſil voill̃ dire que il fuit mozt iour de briefe
purch. ceo fra bon ple &c. Et ſi el eſt pzofeſſ, el
eſt mozt ¶ Thirn. a Hank. paſſe ouſter ¶ Hank.
iour de brief. purchaſ el ne fuit dage de xii. ans,
ne vnẽ eſt, iudẽ ſi de tiel age el ſerẽ aiudge pzofeſſe , ouelẽ ceo que bolumus auerrer que il ne
fuit pzeſſe p lozd d̃l lieu vnq̃ &c. Et non allocatur
¶ Charl. comĩt q̃ el ne fuit pzeſſe p lozd, il poet eẽ
pzeſſe p ſõ deputy. Et cẽ pzeſſiõ ſẽ trie p paȳs,
pur c̃ q̃ el ne fuit ptiẽ, Coine baſtardie allege en
eſtrange pſõ fra trie p pais, Pur c̃ q̃ ſil ſerẽ trie
per leueſquẽ, il ſerra peremptoẽ a touts en le
monẽ

Nontenure.

Lenf. moẽ deuant
le brief purchaſe.

mond. Et nota que cesty que port cest brief, fuit
gard en socage, & Thirn. teigñ clerement que le
bē ne gist pur luy, mez le dcf. ne prist auantage
de ceo, M.12.R.2.F. Garde. 106.

9 Briefe de gard de corps del heire vn T. que
morust in son homage ¶Wadham le sōr Audley
per le fait, que cy est (recitant le dit T. tient de
luy per seruice, de chēr cerf.terē) gē le gard del
terre & del heire,s, le gard & marriage le dit T.
a cesti ore def. sans parols de garē, per que il
bouch. ¶Thirn. ou est le garē? ¶Wadham nous
bouchomus per force del lease. ¶Hank. le sōr
Audley neit, ne vnques auer riens in cel garde,
issint que il puit faire lease, iudgemēt si le boucher. ¶Thirn. le sōr puit gē le gard per fait a vn
auter denaunt sein in fait.¶Hank. ieo gē bien,
en case que vn garde soit eschue in dē, si soit
gē a vn home per fait ouc garē, que il puit seiser,& bouch per force del gē, pur ceo que il ad
garē in le fait. Mey icy il ad bouch per cāe dun
posē per force del lease sans garē, quel posē ieo
ay trauerse & distrue.¶Wadham le posē nest tra-
uerb, car quant le dē dun gard est eschue al sōr,
il fra adiudge in son poss.12.R.2.hic & Voucher.

10 Euesqꝰ de H. port brief de gard verz Alice, et
demaund la gard del corps & heire w.&c. et coūt
que w.pere lenfant tient del euesqꝰ per homage
et per les seruices &c.Mes il ne count que il ti-
del euesque per escuage, & le briefe voile,q̄ il tient de luy per escuage, Mes il alł seisin en les
gard a diuers temps,¶Hank. vn T.predccessour
leuesque done mesme les tenements al aunce-
tour lenf. a tener de luy et ces successors p homage & fealtie pur touts seruices issint socage,
et nous cōe mere lenf.seisi la gard &c. ¶Cur.nꝰ
semble que bostē count est abate, car bostē bēe
voet que il tient de bous per homage &c. et bos-
tre count que il tient de bous forsque en socage
&c.

&c. ¶Brinch Nous auomus seisin &c. ¶Wad. ceo
ne fuit forsq̃ accrochment de tuice, p̃ que la p̃tie
auer a ceo respons sur le fait de discharge de sa
terre, que la escuage eu seruice darmes inter
Gal' et Engl' q̃ Escuie, et c' ẽ fait darmes &c. et
nest chiualry, q̃ ne fuit p̃ voitre fait p̃ q̃ ¶ Brin.
gard d castel ẽ Englett ẽ chiualrie. Si cõe gẽts
doñ pur gard de castell, et il est chiualrie, et vn=
core il ne serra nul armes hors Denglet, mes
gard de castell, et ceo est cheualry, auxi icy per
q̃. ¶ Cur, gard de castel, counteruault escuage,
q̃ sõt dun nature, et cy nẽ graund seriauntie es=
cuage, mes sp̃ graũd serianty nul hõe aña forsq̃
que le Roy mesme, ou de done le roy, et vouz na=
uet count q̃ il tient de Roy p̃ nul seruic &c. p̃ q̃
ne p̃nes riens p̃ bree bree. M.19.R.2.F.Gard 165.

11 Un q̃ poet ẽe gẽ sãs fait.22.R.2.hic t Bẽ.72
¶Tamen loppiñ de plusors Sages del ley ẽ, Que l
gard q̃ mar̃ del bre tantũ ne poet este graũt ou=
ster, sans fait.P).22.Eliz. fol.370.ħ 57.en les
Reportes de Dyer.

12 Rauishment de gard, ¶Markh si soit tro=
ue que lenfant fuit infra annos nubiles, q̃ que il
fuit mary per son rauisher, en tiel case le seigni=
our ne char̃ lenfant de luy mary auterfoytz en=
counter son gre,pur ceo que lenfant en tiel case
pur̃ agreer a sa fẽe p̃ cãe d cõsciẽce, issint in tiel
le seignior rẽ forsque le veray value del mar̃
vers le Rauishor per que &c. Le quel enfant si
soit infra annos nubiles, il puit disagree a ceo
mariage, q̃ si le sõr tenð luy mariage in ceo case,
et il le refuse, ĩ est le def. del enfant, et per taunt
ẽ reason que le sõr rẽ le double value vers luy.
22.R.2. hic title Rauishment de gard.

13 En bẽ de gard conusans de ple ne serra my
graunt, pur ceo que le iudgemt̃ est cy heinous q̃
il ne poet este execute in franches, per l'arty in
sine casus. Temp. R.2. hic title Conusans, 3.

Plus

Escuage.

Chiualrie.
Castel gard.

Sans fait.

Assent ou disa=
gremt al mariage
celebr̃ infra an=
nos nubiles.

Mariage.

Conusans.

Plus istarum hic titulis.

Gardein defglifhe.

1　Gardein dun chappell, 22. R. 2. hic tiꝏ Bꝏe.

Garnifhee & Garnifhment.

1　Uide de ceo. 2. R. 2. hic title Enterpleder.

Garrantie Dattourney.

1　Un attourney poet plede ꝗ dire que fo maifter　ſon maſter uſt
eſt moꝛt, en repleuin. H. 6. R. 2, Statham It=　mort.
tournp. 19. fo.

2　Uide plus de c̄. 12. R. 2. hic tiꝏ Difcont de pꝛo=　Plus.
ces, 3. ꝗ 13 R. 2. hic title Judgment.

Garranties.

1　Si home vend vn chtual ꝗ luy garꝏ deꝯ bon,　De chattel.
fane ꝗ fuffic̄ pur toutz maladies, de traueler, fi le
vend ꝝ foit deceiue, il aua acc̄ ꝓ le cafe. 7. R. 2 hic
tiꝏ Acꝏ ꝓ le cafe.

2　Garrantpe mult fauour in le ley, quod patet.　Fauour.
7. R. 2. hic tiꝏ Scire facias.

3　Formꝺ c̄ difcend de don fait a fon apel en tail̄,　Formedon.
ꝗ fift l' difc̄ al pere, ꝗ del pere al def. ꝏHil vn R.
vꝷ vncle frere vꝷ pere, que hꝯ vous eftes, nous
enfeff. de m̄ la tre oue garrant, tudꝗ fi encouſt le
garꝏ. ꝏ Clop. ceſtp R. fuit frere nꝯ pere et iffue　Taile.
en le tail̄, et per poffibilitie per le taile en fa viꝷ
fuit inheritable, et leutent de ceux ꝗ fieront le
ftatute, ꝗ ceux que fuerunt iffues en le taile ne
purront faire alien, et de fleome il ad pleꝺ nul
difꝏ per m̄ launc̄, iudgement ꝗc. ꝏ Belk. quant
ceſtp ꝗ fuit fitz puifne fait le garrantie, ꝗ ꝡ en fa
bie voꝰ ꝗ ees iffues le fitz eifne vfſes deuie fauꝯ
iffue, cel garrantie ne ſerra barre bs lez iffues
le puifne fauns difꝏ, car il fuit a vn tꝑps theri=
table p le taile, ꝗ c̄ loialmꝑt, Mes bs voꝰ il ſerra
barꝏ, car voꝰ ees tout en auꝏ courfe, ꝗ ſes iffues　Collateral.
ne feꝏ, per que auifes voꝰ bn̄, per que il difꝏ ni=
ent

Formdon.

4 Nota p i hir.ꝗ si t en taile alieñ,et son fits
poꝛt form,que le garrant la mere, ne nul aunẽ
de pt la mere nẽ barr si m laũnẽ de part la mere
ad hẽ ꝺ pt le pere, pur ẽ ꝗ laũnẽ de pt le pere est
plius digñ ꝗ plius ꝑchein,ꝗ auxint le disẽ vient
de part le pere,et sic nota,vnẽ ꝗ ieo sue disẽ, ma
mere rel' oue garrant ꝗ deuie,ieo sue barẽ,ꝗ ceo
fuit affirm par la court. ꝗre diuersitie P.19.R.
2.F. Garrantie.100.

Diuersitie.

Plus istarum hic titulis.

Querelle.

Ayde.   8.R.2. ⎫ Voucher per totum.
Disc.de post. 22.R.2. ⎭

Plus.

Generall brẽ, et speciall declaration,ou pleint.

Wast.

1 Wast.et count que il auer fait wast in Es=
tanks ꝗBargh le briefe ne parle de Estankes,
mes de domibus, boscis ꝛc. Per que iudgement
de count.Et non allocatur. 5.R.2.hic title Wast.

Couenant.

2 Lou hõe ẽ ouste de son terme per le graun=
tee de reusion, brẽ de couenant sra poꝛt vers
son lessoꝛ,et count especiall count.6.R.2. hic ti=
tle Eiectione firme,1.in fine.

Rescous.

3 Un poꝛt brẽ de rescous, et count que le def.
tient de lup et de sa feme. ꝗLocton le brẽ est que
il tient de lup,Et il count que il tient de lup et
de sa feme, iudgement ꝛc. ꝗBelk.le brẽ.et count
est bon. 6.R.2. hic title Brẽ. 6.

Rauishment de gard.

4 Rauishment de garde per gardẽ in socage,
et count que il estoiet posiesle del garde vn Alic
sile vn I. pur ẽ que I. tient in socage.Et le brẽ
fuit, Cuius maritag.ad ipsum pertinet,et nul mẽ
cton fuit fait in le brẽ,que le terre fuit tenus p
socage, Mes il declare in son count ꝛc. ꝗ i hirn.
per le brẽ est supp que il duist auer le mariage
a son pꝛofite demesne, ꝗ nemy al pꝛofit lenfant.
ꝗ Holt pur ceo que vous aues suppose per le
brẽ que le marẽ a vous appent, quel brẽ ne po=
et

et estre maint per ley, le Court agard, que vous
ne pzeignes t̃ p b̃e b̃e. 7. R.2. hic t Bñe, 10.

5 Cessauit vers Chaplen dun Chaunterie Cessauit.
sup̃ p le b̃e q̃ il tient del f̃ee le d̃d p les suices
de chãt chescũ lundy et samady p tout lan mess.
et count q̃ le def et sez pdecess ount ten⁹ les te=
nem̃ts per tiel suice de temps ec. Et semble al
Court que il ā special b̃ p lestatute, et n̄ĩ ge=
neral cõe t̃ t̃, per q̃ Holt abate le b̃e 7. R.2. hic
title Cessauit, 1.

6 Tenant pur vie dun fõzp auera vn general Escheate.
b̃e descheate, et count et̃ sur son case. 7. R.2. hic
title Escheate, 3. in fine.

7 Assise, le b̃e fuit de libero tenemento. et le Assise.
pleint fuit fait de reasonable estoũs ec. Temp.
R.2. hic title Ass, 27.

8 Plus istarum 13. R.2. hic title Mesne. Plus.

General issue, et auter issues.

1 Dette sur escape, Rieu luy doit n̄ē ple, mes Rien luy doit in
doit respond al especial mat̃e. 2. R.2. hic t Det. 1. dette sur escape.

2 En dette t taile enseale, rien luy doit ē bon Rien luy doit in
plee: Cont̃e in dette sur obligatiõ. 2. R.2. hic t́e dette sur taile, et
Dette 3. obligation.

3 Rien arere n̄ē ple in b̃e de Rescous, per Rescous.
Cur. 6. R.2. hic title Rescous. Rien arere.

4 Acc̃ t le case, quare le def. vende a luy vn Accion sur le case
chiual ec. CCha i lt. dit q̃ il ne bargaina en le Ne bargana pas.
maã ec. pzist Daũr per le pais 7. R.2. hic title
Acc̃ t le case.

5 Trespas, Coment le ple amoũt al vsual Ple amountant
siue, il ne fuit arct a t̃. 7 R.2. hic title Trespas. al general issue.

6 Det t lease a tme dans, le def. pled rien luy Rien luy doit in
oit per pays. 7. R.2. hic title Ley. dette sur lease.

7 Ne diss pas en b̃e dentre t diss. 8. R.2. hic ti= Ne diss. pas.
tle B̃e   et Entre en le per ec. Ne vnq; sei ec.

8 Ne vnqnes sei, que dower la poet. 8. R.2. hic in dower.
title Dower, 7. 12. R 2. Ib̃m 13. in fine. Mesne.

9 Mesne, Le def. dit, nient diss̃ in son def. Nient diss̃ in
pzist. son def.

pxiſt.11.R. hic title Meſne.

Formdon.
Ne dona pas.
10 Ne dona pas in Fozmdon. 12.R.2. hic title Uoucher.

Non culp. in Appeale.
11 Rien culpable in appeale de robbery.12. R. 2.hic title Appeale.

Treſpas.
12 Treſpas quare vi & armis debzuſe le meaſon le pl̄, le def.pled, de rien culp.12.R.2.hic t̄ Labozers.

Non culpable in Trepaſſe.
Rien arrere.
13 Rien culpable fuit plead in treſpas.12.R.2. hic t̄ Mainpziſe. et 13.R.2. hic t̄ ũ̄nt cont̄.
14 Ceſſauit,le tenant pled rien arrere.19.R.2. hic title Ceſſauit.

Ceſſauit.
Ne point in Champertie.
15 Champertie, le pl̄ count, q̄ lou il pozt bziefe dentre,Le def. au pziſe 40.s.puis le bziefe dentre,pur mainteiſti le quarrel. Le def.plede q̄ il ne pziſt point. 19. R.2.hic t̄ Champertie.

Non culp.in Conſpiracie.
16 Rien culpable in Cõſpiracie.22.R.2.hic title Conſpiracie.

Graund cape.

Terre in maine le roy.
1 Sur le Graund cape le terre ſerra ſei in manus regis.12.R.2.hic t̄ Diſceit.2.

Graund ſeriantie, vide Tenures,.

Guerre.

Uide de ceo.13.R.2.hic title Ayde.

Graunts.

Expoſition.
1 Pluſozs bone caſes de graunts, et le reaſonable expoſition de ceux. Et lou p graunt dun

Choſe implie.
choſe le grauntee auera pluſozs choſes queux ſerra implie in le graunt.2.R.2. hic t̄ Barre.

Reuerſion que 2. tiendr̄.
2 [G]J.B.leſſa pur ans a J.E.& W.M.oze le frankt̄ in J.B. & ceſt frākt̄ puit il grāfe, mes nemy p auters polz,ſi non ſuppoſ,q̄ ils ſont t̄ a terme dans &c.[H.¶Clopton quant 2.eſtatez ſont graunt p le ley per ceſty que ad power d̄ graunt, cēi q̄ ad leiſne eſtate reteinef,& lauter
ſerra

ſerra nul, car title eiſne diſproue title puiſne.6.
R.2.hic title Quid iuris clamat. [H]

3 Si vn garde ſoit eſchue in dē, le ſōz puit
gē ceo a vn auter deuant ſein in fait,& le graū=
tee poet ſeiſer, per Totam Curiam, 12, R.2.
hic titl' Voucher.

Garde deuant ſeiſer.

4 Si graunt ſoit fait al vn hōe que eſt bap=
tize p le noſme de Thomas,et puis eſt confirme
p le noſme de John,oze ſon noſme de baptiſme
eſt chaunge,& vncōz le graunt fait a luy deuāt,
eſt bon. 1.R.2. hic tit' Noſme.

Purchaſe per vn noſme, & puis confirme p auter noſme,

5 Home poet gē le garde de terre & de corps
dun infant ſans fait 22.R.2. hic title Bēe in
fine,et hic title Forfeiture de mar̄. 12.R.2 hic
title Garde per Hank.

Garde ſans fait.

Plus.

Plus iſtarum hic titulis.

Atturnemēt & Patēts per totum.	Aūr dem.19 R.2.p Skren
Aſſiſe 27.Temp.R.2	Diſcont d̄ poſſ. 22.R.2.
	Monſtrans &c. 6.R.2.

Hariotte.

1 J.port briefe de Treſpas ḡs R. de ij. boefz
¶ Gaſc.iuſtif.en droit lun come baile J.par rea=
on que vn Wl.tient vn meaſe de J.par certeine
ſeruic̄, et pur hariot nous priſomus lun boeſe
come hariot apres le mort Wl.iudgement de bē
que ſuppoſ vi & armis. ¶ Hank. nad dit que le
priſe fuit fait deins le fee le ſeignor,iſſint le bēe
bon &c. ¶ Gaſc. nous iuſtif. per cauſe de ſeigni=
ozie. ¶ Thirn.quant ſeigñ,ou bail' priſt aſ' beſt
pur hariot, il prent cōe ſon pper chattell',iſſint
il le puit prenḋ deins ſon fee, ou de hozs ſon
fee,lou il puit troue,quel nē en cas deſtatute,ou
le ſeigñr diſtē deins ſon fee pur ſeruice3 , per ḡ
rīdes. ¶ Gaſc.Wl. purchace le terre a luy et
a ſa fēe, et as heires Wl. et le fēe eſt en vie &c.
¶ Horn.Wl. moruſt ſole tenant pſt, Et alij ecō=
tra.¶ Gaſc.pria ayde de J.&c. ¶ Hank, naues iu=

Seiſer hariot ſeruice.

En quel lieu hari-ot poet ē priſe.

Ioint ſuruiuor ne paiera.

D   ſtit

iuſtif.ſoꝛſꝗ pur hariot,le quel neſt que chatel,et
nemp ſeigniozie. ℭ Thirn. hariot eſt ſeigniozie,
car par cauſe de moꝛt le tenant, le ſeignoꝛ auer
hariot,p ꝗ eit laiꝺ ⁊c.Et al auter boeſte il dit,ne
pꝛiſt poit, ⁊ alij ecōtē.⁊c. P.19.Ꞧ.2.F. Hariot,5.

Heire.

1 Lou leire ne ſerꞇ lie ſãs ꝺe expꝛeſſement nōe.
7. Ꞧ. 2. hic tiꞇ Execution, 2.

2 Plus de ꞇ. hic tiꞇ Diſcent,

Homage.

1 Uiꝺe de ꞇ.2.Ꞧ.2.hic tiꞇ Auowꝛie,1.et 13.Ꞧ.2.
Ibm̄, 12.

Homine replegiando, vide Repleuin.

Hors de ſon fee.

Auowrie. 1 Nota ꝗ ꞇ auowꝛie pur amcenꜩ de lete ℭ Iot-
Leete. ton.pleꝺ hoꝛs de ſon fee.ſ Belk. ꞇ nꞇ a purpoſe en
auowꝛe de lete, car tout le Iuriſꝺ ꞇ ꝺꞇis ſõ fee.p
ꝗ Lotton.dit ꝗ le lieu.ou ⁊c. ꞇ hoꝛꞅ de iuriſꝺ ꝺe ſõ
leete.fiꞇ, Et alij econtra.P.8. Ꞧ.2.F. Auowꝛie.
261. Et hic tiꞇ Diſtres.

Formdon. 2 En Formꝺõ de rent, hoꝛꞅ ꝺe ſõ fee fuit pleꝺ
8. Ꞧ. 2. hic tiꞇ Apꝺ, 6.

Repleuin. 3 Repleuin.le def.auowe, le pꞁ pleꝺ hoꝛꞅ de ſõ
fee.18 Ꞧ. 2. hic tiꞇ Diſtres.

Plus. 4 Plus de ꞇ,19, Ꞧ.2.hic tiꞇ Hariot, 1.p Hank.

Hoſtler.

1 Uiꝺe de ꞇ.8.Ꞧ.2. hic tiꞇ Acꞇ ⁊ le caſe,4.

Idemptitate nōis.

1 Sydenham monſtre al barē,comēt vn aꝰ poꝛt
bꞇe de Truſ ꝰs vn Iohñ Ꞧ pꝛoꞇ cõtinue tãꝗ
al Exig'. et dit ꝗ fuerõt ij. Iohñ Ꞧ.ceſt aſſauoit
I. Ꞧ. ꝺe S. ⁊ I.Ꞧ.de N. ⁊ cꞋp ꝰs ꝗ le bꞇe eſt
poꝛt eſt I. Ꞧ.ꝺe S.Mes le bꞇe eſt geñal I.Ꞧ.
p que

per que icy eſt J. R. de N. et pꝛia remedy per
cauſe del vtlagaꝗ. ¶Charlton. dꝛ ou le pꝉ eſt, ⁊
vn rñꝺ pur luy, ⁊ dit que ceſty ꝭs ꝗ le bꝛiefe eſt
poꝛt eſt J. R. de S. et ceſty que appert eſt J. R.
de N. ¶Charlet. ſues auant donꝗz le diuerſitie
en voſtre bꝛe, Et laut dit que Lexigꝰ fuit iſſu,
¶Charlet. auant lexigent eſt iſſu il ne puit nul
remedy faire, Mes dit que ſi ceſty J. R. que oꝛe
appꝉ voile ſoy rendꝛe en court, come meſne le pꝛi
ſon vers que le bꝛiefe eſt ſue, ⁊ troue mainpꝛiſe
de gard ſõ iour, ꝗ il auer Superſed, ⁊ dõꝗs quãt
le Superſed eſt reꝑ ⁊ le bꝛe, et le pꝉ conuſt que
vous neſtz m̃ le pſon vers que ⁊c. donꝗs le diũ=
ſity ſerra enter, et nouel Exigꝰ iſſeꝛ vers lauter,
Et iſſint auer le pꝉ cel delay par ſõ default de=
meſne, ⁊ auter remedy ne poiomus faire, quod
nota ⁊c. P. 11. R. 2. F. Jdẽptitate nominis, 4.

Ignorance.

Imparlances, vide Continuanꝫ.

Impriſonment

D 2   Tñꝫ

Margin notes:
Adde differens de noſmes.

Treſpas.

Refuſe iſſue tend̃

Mainpernour.

Pl. in Appele.

Diſceit.

Ths.

5 Tñs, le def. vient per Capias, et troue culp̃ per enqueſt, per que ag̃ fuit que le pl̃ rec̃ ſes damages, et que le def. ſoit priſe. Si le def. fuit p̃ mainpriſe deuañt, il demur̃ in gard ſi ſoit priſe: comt q̃ le mainpriſe ſoit diſcharge per le iudg= ment. 12. R. 2. hic title Mainpriſe.

Diſceit.

6 Diſceit vers baron et feme, &c. et le diſceit troue, per que fuit adiudge, que le pl̃ rec̃ &c. et les auters priſes. 13. R. 2. hic title Diſceit.

Plus.

Plus iſtarum hic titulis.

Attourney.	7. R. 2.	Challenge	2. R. 2
	11. R. 2.	Exigent.	7. R. 2
Baron et fẽe.	12. R. 2.	Superſedeas	11. R. 2
Bille	1. R. 2.	Utlagary	11. R. 2
Briefe	19. R. 2.		

Incidents.

1 Vide de ceo. 13. R. 2. hic title Auowry.

Inditements

Vn Coroner.

1 Un Coroner tantum poet prender enqueſt de morte hominis, 6. R. 2. hic title Coron.

Furatus ſans felonice.

2 Nota per Skipw ſi vn ſoit endite, quod furatus fuit vnum equum, coment que lenditement ne parle expreſſemẽt, quod Felonice furatus eſt, vñc lenditemẽt eſt bon, et il ſerra penð, car ceſt parol Furatus fuit compʒent a taunt en luy m̃: ad q̃ cur concorð &c. M. 6. R. 2. F. Enditmt. 26.

Coã coronatore.

3 Inditement coram Coronatore, Et deuant autẽs Juſtices diñſtie. 10. R. 2. hic tr̃ Corone.

Ignotum mortuam.

4 Skipw. dð de Belk. ſir ſeo home fuit endite deuãt moy en mon Seſſion, quod inuenit querð ignotum mortuũ, & furatus fuit duas tunicas, et

Diſcharge.

put ɛ que il ſemble a moy que lenditement, ne fuit ſuffic̃, ieo luy leſſ paier ces fees, ɛ puis aler. &c. Et puis al nuit ieo regarð lenditement, et commaunð mon clerk, que cẽ iudgement ne fu= it engros, auaunt ceo que ieo ay pãrle oue meẓ
com=

cēpaigñ,et la cāe q̄ semble a moy que lenditemt
nest suffic est ceo, pur ceo que sil fuit endite,q̄
furatuɀ est duas tunicas, et ne dit de qui,lendite=
ment ne fuit d̄ value, auɀi icy quant il fuit en=
dite q̄ Furatus est duas tunicas, et ne nosine nul
nosine desēē,per que lenditement nē bon,et sir si
ieo ap misfait, ieo puiss remaund apɀes, et luy
faire desīē a sa deliuerans de nouel, ment con=
tristeant ces fees, ⁋ Belk.cy poies,pur ceo que
le roy est party,Mez semble a moy que lendite=
ment nest de value, ⁋ Skipw. que auer sa ves=
tuē adonq̄ ? ⁋ Belk. ces exēē ou auterment loɀd,
sil nad exēē ou auterment eux serē deliuer al es=
glise pur faiē diuine seruice pur lasme le moɀt.
⁋ Skip.ascūs bouldē diē que ceux biens fra deo=
dands.⁋ Belk.non sout car deodand ē chose q̄ est
la cause del moɀt le home,mes pɀremēt fra don
a saint Esgr̄ ꝛc.M.11.R.2.F.Enditement. 27.

Induction,Uide Quare impedit.

Institution,Uide Quare impedit.

Intent.

1　Uide ceo in issue 6.R.2.hic title Rescous.

Inrollements,Uide Faits enrolle.

Intrusion in terre & gard.

1　Uide de ceo. 22.R.2. hic tit Bre.　⁋Foɀf.
De maē,22.R.2.hic title Lieu ꝛc　⁋Joinɒ in acē.

　　　　　Ioinder

Ioinder in accion, et plee.

Coperceners.	1 Du Copceners ſeũont in vn accion. 5.R.2. hic title Coperceners,1.
Aſſ.de tũ & rẽt.	2 Aſſ ſuit port de tre et ẽ.6.R.2. hic tiẽ Aſſiſe.
Baron et feme ioine in Rauiſhment de gard.	3 Rauiſhmẽt de gard per gardein in ſocage &c. ¶Thirn.il ad count q̃ il dõ l' gard p cãe de ſa fẽe, & la feme neſt noſiue,iudgement de bẽe, p̃ q̃ ſuit abate.7.R.2.hic title Bẽe.10.
Abbe & moigne.	4 Un priour & ſon Confrere port bẽe de Accompt vers vn reſceiuor de lour deniers , & le briefe abate, Car le priour ſolement doit auer laccion.7.R.2.hic title Abbe.
Dower de rent & teñe.	5 Dower de cerí rẽt & tre.8.R.2.hic ẽ Dower.
Dette vers barõ & feme.	6 Si le baron & fẽe ſount obliǵ a vn aut , lacẽ de dette giſt vers le baron ſole,& nẽt vers ambideux.8.R.2 hic title Bẽe.22.
Vers 2. et Per 2.	7 Queux font ioine in vn accion. Et q̃ux nẽt. 8.R.2 hic ẽ Bẽe.22. Et queux ioinderont in vn bẽe, et queux nẽp.8.R.2.hic title Briefe 23.
Pluſ.treſp.	8 Cñs de ſon meaſon debruſe,& ſon ſeruaunt illonq̃ priſt.12.R.2.hic title Laborers.
Baron et feme.	9 Si le baron ſoit ſẽi dun ſõri in iure vxoris, conuſãs fra fait p le bailie in auowry, cõe bailie a ambideux,& ne conuſtẽ cõe bailie al baron ſole, p Wadham.12.R.2.hic title Auowrie.10.
Dette per le baron et feme.	10 Le baron ſole port dette & obliǵ fait a luy,& ſa feme duẽ le couerture,& bñ,non obſtãt que le fẽe ne fuit nõe.12.R.2.hic title Briefe.37.
Pluſors treſpaſſes en vn m̃ briefe.	11 Cñs ſur le caſe pur diſturber hõe d' ſõ leete, coler ſes diſmes,& prenð ſes offrings, et auxi de ſez fuants priſez & cerí boefs &c. ioine en vn m̃ briefe.19.R.2 hic title Accion ſur le caſe.
Conſpiracy.	12 Deux indites & acquiíẽ, & ils port bẽ d' cõppiracy,et pur c̃ q̃ lour greuãce ẽ ſeũal,car lenpriſonmẽt lun ne poet eẽ lenpriſonmẽt laut, Ideo le bẽ abate. Et deux ne poiẽt aũ bẽ de tñs d' bat
Treſpas de batery.	fait a eux en cõẽ,car le batery lũ nẽ batry laut. p Gaſc. Mes ſi aſſiſe paſſe encoúí 3.&c. ils aueõ

Attaint

Attaint in cōen, ou sesial mt a lour electiō. Ea=
dem ley de errour, p Mark. Et si attach. p phib.
soit poyt p 3. en cōen, le bē est bon p Rik. 19. R. 2.
hic title Brief. 59.

13 Si obligʒ soit fait al roy & a ces customers,
ilʒ ioindē oue le roy, come fuit aiudge en lesche=
quer chamber &c. 20. R. 2. Statham, Ioinder in
acē, 4. et T. 21. R. 2. F. Ioinder in acē. 3. Et p
Fortescue. M. 19. H. 6. 47. Si obligʒ soit fait al
customer m sole pur custome, le bēe fra poyt en
le nosme del Roy & le Customer.

14 Le barō & fēe doient ioinō in tūs darbres
coupes & le fre le fēe. 21. R. 2. hic tit Bēe. 66.

15 Intrusion de gard fuit poyt p le barō & fēe,
Et bā: Et gist pur le baron sole. Et Eiectmt
de gard, & Quare impedit poet ē poyt per le ba=
ron sole. 22. R. 2. hic title Briefe, 72.

16 Lou le baron & fēe ioindē in vn acē. hic pl
3. 9. 10. 14. 15. Et lou nemy pl. 6. & 15.

17 Lou le baron & feme ne se front ioin in vn
accion, mes le baron sole, hic pl. 6.

18 Lou le baron & fēe ioindē in vn acē, et lou
nēi. 12. R. 2. hic & Baron & fēe. 6. R. 2. hic & Bē.
6. 22. R. 2. Ibid, 72. & hic & Baron & fēe, 31.

19 Lou le baron et fēe sont ioine in vn briefe,
et lou nēi. 8. R. 2. hic title Baron &c. et 13. R.
2. hic title Detinue de chēes.

20 Plus istarum. 12. R. 2. hic title Auowrie. 10.

Ioinder in aide.

1 Annuitie vers person ʒ pria aid del prōn &
oydinet laid graue, ʒuy fuce soin, & viendē pust
de ioinder p Attourney. 8. R. 2. hic & Annuity. 5.

2 Cūs, def. pled bill en le pl reg al mañ d D.
de ʒ il ē sēi endē sa fēe, le pl dit frank &c. Et le
def. habuit auxilium de sa fēe. Et tuit dit quant
el viendē en aide, ʒ ne poet varier del plea son
baron. H. 11. R. 2. Statham, Aide, 35. fo.

3 Plus ist. 8. R. 2. hic & Aid, 5. 8 & 9. & 12. R. 2. ib. 18

<table>
<tr><td>Attaint, Errour. Attachmt sur pro-hibition.</td></tr>
<tr><td>Roy & subiect iondē.</td></tr>
<tr><td>Baron & feme ioin in Trespas, Intrusiō de gard,</td></tr>
<tr><td>Eiectment et Quare impedit.</td></tr>
<tr><td>Accion per barō et fēe.</td></tr>
<tr><td>Accion vers ba-ron et feme.</td></tr>
<tr><td>Accion per ba-ron & feme.</td></tr>
<tr><td>Accion vers ba-ron et feme.</td></tr>
<tr><td>Plus.</td></tr>
<tr><td>Ioinder p attur-ney.</td></tr>
<tr><td>Baron & feme Qui pl sera prise ou ils dis-agree in ple.</td></tr>
<tr><td>Plus.</td></tr>
</table>

Ioin-

Iointenants.

De garde, & lun prist les profites.

1 Si 2. ont gard iointmēt, cōent q̄ lun sole prīst lez profits tout tēps, ꝯ ad sole medler del garde, vncoꝛe si waste soit fait, laccion serꝓ poꝛt vers ambideux. 7. R. 2. hic tīt Jointenancy. 1.

Baron & feme.

2 Baron ꝯ feme iointenants durant le couer= ture. 11. R. 2. hic tīt Cui in vita.

Fesint a 3. & li- uery a lun.

3 Si ieo enfeffe 3. ou 4. per fait ꝯ liuer seisin a vn de eux en nosme de touts, sōt iointēts tanꝗ ils ount disagree en court de recoꝛd. Et meseꝓ soit troue p̄ verdit qui vn ad disagree en pais, ceo ne vault, eins il demurt tenant. C. 13. R. 2 Statham Jointenancy, 12. fol. Et hic tīt Joint. 5.

Hariot.

4 Vide p̄ Gascoin, ou sont 2. iointē, ꝯ lun deuȳ, si le futuoꝛ paicra hariot, 19. R. 2. hic tīt Hariot. 1.

Plus.

5 Plus istarum. hic tīt Charge. 5. ꝯ 9.

Iointenancy.

Waste.

1 Wast poꝛt vers gard in fait, q̄ pled iointenā= cy, Et opinio Cuꝛ, que cē bon pł, Per q̄ le pł dit, q̄ le def. ad sole medler del gard, ꝯ ad sole prist les profites tout temps, issint sole charge, Et c̄ aiudge nul ple en maint̄ ꝺ bꝝ, per q̄ le bꝝe abatē. H. 7. R. 2. F. Jointenancy. 7. En bꝝe de waste, iointenancy est bon plee. Quere entaunt qui il est contrary al bꝝe en waste ꝯc. Tamen distingꝓ super hoc, &c. Et quere cōmt il serra pled. C. 7. R. 2. Statham. Jointenancy. 13. fo.

Scire facias.

2 Scire fac. hoꝛs de fine des tēnts en Charleton ꝯ Fedington ꝗ Thirn. pur le ꝯ pł̄ iointē p̄ fait de tenements en Charleton, ꝯ dit que Fedington est hamel de Charleton prist ꝗ Locton Feding= ton est vn bilł aparluy, cōe le fine ꝯ le bꝝe sup= pose, quel chose nouȝ volumus auerrer, Jssint le charter que vous metꝝ auaunt dez tenements en Charleton ne puit auer relacion as tene= ments en Fedington, que est bilł aperluy, Per
que

que propter opinionem cuꝫ, Thirn. all' ioint
sans fait, et le pl' conust le ioint quant a parcel,
per que en droit de ceo le briefe fuit abate, et al
resꝑ, il mainteyne sole tenancy prist, et alij e=
contra. H. 7. R. 2. F. Iointenancy. 8.

3 Scire fac. Vꝫ deuꝫ, queuꝫ pled iointenancy oue
le tierce, le dd dit que autꝫ, il port auter briefe
de Scire fac. vers lun de leꝫ deuꝫ, ꝗ le briefe a=
bat pur ioint pled oue lauter, per que iudgemꝫt
sil serra resceiue dal' ioint oue le tierce, Et non
allocatur, et pur ceo que il ne dedit la ioint, le
briefe abat. H. 11. R. 2. F. Iournes accompts. 10.
Vide m̄ le cas au iudge accord. T. 45. E. 3. 17.

4 Apꝛes Prece parciꝰ le teñ ne pledera Ioin=
tenancy. 12. R. 2 hic title Estoppel.

5 Assise p 3. en pais, et fuit all' ioint oue quart,
Et troue per verdict dal̄ que le feffement fuit
fait a le pl' ꝗ al quart, ꝗ per vn fait de feffement,
ꝗ que seisin de terre fuit liuet as pleintifes, ꝗ ꝗ
le quart vient apꝛeꝫ le seisin deliū, ꝗ auer viewe
del fait, ꝗ dit per parol que ne voile auer riens
del terre, ne agreer al fait, einꝫ disagreer, per
que les pl' apꝛes claim lentier a lour oeps dem̄,
ꝗ le mainorie lentret, et troue fuit que leꝫ plein=
tifꝫ furē seisies et disꝫ. et ꝗ ceo fuꝫ atourne, le ꝗl
le brē abatē, ou leꝫ plaintifꝫ reꝯ ⸿ Char. si leale
soit fait a term̄ d̄ vie, remaindē a terme de vie p
fine sauant le reuerciō, ꝺ cestuy ꝗ le rem̄ a term̄
de vie voil' disagre p parol, cē void ⸿ Wadham ꝗ
le remaindē fuit en tail', si cēꝑ en le rem̄ en tail'
voil' disagree per parol, cest voide sans questiō,
Assint icy ⸿ Rikhil il semble a nous, pur ceo que
cest feffement fuit per fait a les quatres, que le
quart ne puit oustre le frankꝛenement horꝫ de
son parson per disagreement per parol en pais,
Per que ne pꝛeigne rienꝫ ꝗc. Et nota que Fuit
tenus per les Iusticeꝛ, que disagreement per pa=
rol sans estre en court de record ne vaute rienꝫ.

D 5   T. 13.

Scire facias.
Ioint puis ioint.

Puis prece parciꝰ

En Assise.
Ex parte quæ-
rentis.
Fofm a 4. ꝗ 3.
entr.

.13.R.2.F. Iointenancy.9.

Disceite.

6 Si le tenant pleade Iointenancy in bře de
disceit, q̃ est trie encounter luy, il perð sa terre
sans examination.18.R.2.hic title Disceit.4.

Attaint.

7 Attaint,le tenaunt alledge iointenancy,Et
admitte.Temp.R.2.hic title Conusanz.

Plus.

8 Plus istarum.12.R.2 hic title Auowrie.

¶ 13.R.2.Detinue de Charters. de bailment.

Iours in Court.

Nisi prius & iour in banke.

1 Tñs,fuit troue pur le pł p Nisi prius,& puis
il release al def. que bient & alľ ceo al iour in
banke, Et le Court ne prist nul regarde al re=
lease, mes done iudgement pur le pł,pur c̃ que
le iour de Nisi prius & le iour de iudgement sont
tout vn iour.6.R.2.hic title Audita queř
Concorð.6.R.2.hic title Assise.

Iour de grace.

2 Trespas vers labbe de C. le pł pria iour
de grace vers luy ¶Holt.il tient per Barony,&
Pere de realme partie.
est pere del Realme, per q̃ semble, que vous a-
ueres comen iour, & nemy iour de grace, come
vous ðes.8.R.2.hic tit Supersedeas.

Iour perolle et le pčts nient ret.:

3 Al Capias le bř ret̃ Cepi, & al iour il na=
uer le partie, p q̃ fuit amcie, & bře issist dauer le
corps a certeine iour,a q̃l cep̃ q̃ fuit prise,bient.
Et le pł count vers luy,p agarde, & bene,comt
que le bř ñe fuite, Et que il bient hors de garð,
11..R.2. hic title Default.

Capias.

4 Sur Nihil returne,le def.poet appere pur
mischief del Capias.11.R.2. hic tit Apparance
in fine.

5 Tñs,le def bient,les Bailies de Franches
ð conusans, et agarð que le def.garð son iour
en le Franches.12.R.2.hic title Conusans.

Plus.

Plus istarum hic titulis.

Amercement	2.R.2	C̃se de remoñ pł.6.R.2
	8.R.2	Cessauit	19.R.2
Issise	6.R.2	Parol demuř.	12.R.2
			Iourne

Iournes accompts.

1 Formdon vers 2.lun morust, per que le bre Mort lun tenant.
abate. Et le pl' purchace auter bre vers lauter p
Iournes accoumpts.12.R.2. hic tit Counterpl'
de voucher.

2 Attaint, Si le tenaunt all' iointenancy, Et Sur bre abate p
le pl' conust ceo, per que le bre abate, il auera no= iointennancie
uel bre p iournes accompts, Temp.R.2.hic tit confell' p le dd.
Conusans. Et il serra dit come dun original, Conusans.
En ql case quant le fraunches ne fuit chall' in
le primer bre, il nest reason, q il eit a ore. Plus.

3 Plus istarum.11.R.2.hic tit Iointenacy.3.

Issues ioines enter parties.

1 Uide de ceo hic tit Accion ß le case,1.2.6.7. Accio sur le case.
et 8.

2 Quant les parties ount demurre en iudg, Ex assensu partiu
tout temps deuaunt iudgement per assent des puis demuri ioin.
parties prende issue, & relinquishce l' demurrer.
H.11.R.2.Statham,Issue, 29.fol. et Fitz. 146.
Quere sil soit adiourne tanq auter terme, Car
si soit un foitz enter en rolle, il ne poet chaunge
le case per Statham.

3 Du les parties sont a issue pur parte, Et Issue ne serra trie
alldemurrer pur le rest, nul pcez istera vers len= pend demurrer.
quest tanq le demurrer soit determine. 2. R.2.
hic tit Enquest.

4 Issue in Dette sur escape vers gardein.2. Dette sur escape.
R.2.hic tit Dette.

5 Issue in bre dentre in nature dass.& issue ß Entre in nature.
bastardy en estranger al bre.7.R. 2. hic tit En= dass.
tre in le p &c. Bastardy.

6 Alienation in issue en Rauishment de gard Garde.
8,R.2.hic tit Gard.

7 Plus istaru hic tit General issue. & en les Generall issue.
Auters Titles per totum.

8 Intent in Issue in bre de rescous. 6.R.2.hic Intent.
tit Rescous.

Parcel

218 Issues ioines.

9 Parcel et nient percel in issue. 19. R. 2. hic
tit Presentmentes in courts.

10 Issue sur prescriptio̅ in Repleuin. 19. R. 2.
hic title Ayde.   8. R. 2. hic title Distres.

11 Issue de voidans per priuation in Q. impedit. 21. R. 2. hic title Quare impedit.

12 Issue de le tenure in Rauishment de garde.
22. R. 2. hic title Rauishment.

13 Issue in Bre de rescous sur enchaser del distres. 6. R 2 hic title Rescous

14 Issue in wast. 5 R. 2. hic tiile Wast.
8. R. 2. Ibm̅   11. R. 2. et 12. R. 2. Ibm̅   et

Plus istarum hic titulis.

Accompt	11. R 2	Double	6 R 2
	13 R 2	Dower	8 R 2
Ayd de roy	7 R 2		10. R. 2
Aiuse	11 R 2		12. R. 2
Temp R 2		Dures	6. R. 2
Attourney	12 R 2		8. R. 2
Attournement	2 R 2		11. R. 2
Auncient dem	19 R 2	Escheate.	11. R. 2
Auowry	6, R 2	Faits enroll	19. R. 2
Barre	2 R 2	Forfeit de mar.	22 R. 2
	12 R 2	Garranties	8. R. 2
Champertie	19 R 2	Hariot	19. R. 2
Condition	7 R 2	Laborers	10. R. 2
Conspiracy	22 R 2		12. R. 2
Contpl' de vouch.	12 R 2		13. R. 2
De so tort dem	13 R 2		19. R. 2
Dette	2 R 2	Mesne	12. R. 2
Distresse	8 R 2	Mortuary	13. R. 2
Done.	19. R. 2	Scire facias	7. R. 2

Issues et profites de terre.

1 Auerrement encounter le retourne de vic
gist de trope petit issues retournes sur les Iurors, Iuxt bn̅ co̅e de le partie. 2. R. 2. hic title A-
uerrement contr̅ ret &c.

2 Sur vtlag in acc psonal bre ist al Eschet
de

oe seiser ces biens, chattels & terre, quia Aliqui dicebant que les issues de sa terre serr prises al oeps le roy. 8.R.2.hic tit̃ Supersedeas. Forseit per vlgar in acc'persõnal.

3 Quem redditum reddit, bre issuist a dictẽ le def.&c. Et le vic̃ ret issues sur luy. 10.R.2.hic tit̃ Attourney. Sur distringas en quem redditum reddit.

4 ¶Nota que vn vic̃ ret issues sur vn, Et le partie prist auerment que il purr ret plusors issues, per que br fuit ag̃ al Justic̃ Dassise denquerer de ceo. 10.R.2.Statham, Issues d̃s terres ret I.in fine. fol. Trope petit issues ret̃, & inquir̃ de ceo.

5 Distr̃ ad Habendum corpus vers vic̃. que bient per attourñy, & dit q̃ al tẽpz que son Successor fuit esleu, il deliuer le corps a luy, & prie destre discharge. Et opinio fuit, q̃ il ne doit faire attourney, mes couient estre in proper person, que il serra adiudge al prison, Per que ils agard que le vic̃ duist estre demãd, & forfeit ses issues. 11.R.2.hic tit̃ Attourney. Sur distr̃ ad habendum corpus.

6 Disceit. Le pl' pria restitution del terre & les issues. ¶Markham, le roy auera les issues. Credo la cause est, pur ceo que la terre serra prise in le maine le roy per le Graund cape. 12.R 2.hic tit̃ Disceit. Disceit. Roy.

7 Ascun del suitors sur Distr̃ appere, Et ascuns nemi, lapparance de ceux q̃ appere, serra record̃ pur sauer lour issues. 12. R. 2. hic titul' Proces. Suitors de court baron.

8 ¶Tenaunt le roy deui seisie, & J.N.abate in part des tenements, le heire le abatour serra charge oue les issues de ceo, & nemi lheire &c. 12. R.2.Br. Issues retournes &c. 20. & hic titul' Lyuerie. Abator sur leire le tenant le roy. Qui respondera des issues.

Iudges, & Iustices, & lour power & authoritie.

I ¶Skip. Lou home fuit indite deuaunt moy en mon Session, pur ç que il sẽble a moy que leditem̃t

ditmt ne fuit suffic, ieo luy leff paier ces fees,
& puis aler &c. Uncoz ff ieo ay miffait, ieo puis
remaund apzes,& luy faire deftre a fa deliueras
de nouel, nient contrifteant ces fees. ¶ Belk. cy
poies, pur c q le roy eft party.11.R.2.hic tit In=
ditement.

Iudgements.

1 Iudgement quaunt vn bfe eft abate, hic
titulis.

Annuitie.	8.R.2.	Ley gager.	12.R.2
Affife.	6.R.2.	Repleuin.	21.R.2
Briefe.	7.R.2.	Sañ d default.	12.R.2
	19.R.2.	Scire fac.	7.R.2
	21.R.2.	Trefpas.	7.R.2
Def de chees.	13.R.2.		

2 Annuitie, & count b vn fait, Et pur c que
il nad count en quel lieu le fait ceo fift, Ag fuit,
q il ne pzift riens p fon bfe &c.8.R.2. hic tit An=
nuitie   vide ibid.pf.

3 Afr pozt p le baron & fa feme vs plufours
&c.le teñt dit q la feme le plaintife fuit enter en
religion en la meafon de B.&c. & la fuit Nonne
pfeffe &c.iudgemet ff el ferr refpond, p que laf=
fife fuit atourñ en comen bank, Et bfe mañd al
euefq de certif.que certify que el fuit pfeffe, p q
le defendant pzie, que le baron & fa feme fueront
barr a touts iourz, Et fuit ten⁹ Per tout la court,
pur ceo que ceo fuit plee fozfq non abilitie del
perfon la feme le pleintife, en quel cas fi le bar=
ron & femme purchaff iointment, vncoze le ba=
ron auer laffife del entiff, Et fuit tenus que le
iudgement ne ferra iny,que le barr ferra barre,
Et fuit dit, fi le baron & feme pozt aff, & fait de
feffment,ou releas de fa feme foit plede en barr,
ou de launceftour la femme, que ambideux ferr
barr, Et auxint econtra fi afcun releafe, ou fait
foit plede en barre vers le barron, ou par fon
                                    aunc,

aun̄, semble que le baron ⁊ sa feme serr̄ ambt̄
barr̄. ¶ Thirn. dit que ſi le barr̄ ⁊ ſēe port aſſ. ꝟs
pluſours, ⁊ ſoit all' que nient la fem̄ le pł, le baē
ne ſerr̄ barr̄ , eins auer auter aſſ. ſole. ¶ Wad. `Nihil' cap. ꝑ bre.`
dit q̄ ſi ij. homes port aſſ. ⁊ ꝑfeſſ. ſoit all' en lun,
vn̄ lauter auer aꝑs auter aſſ. ⁊c. Et puis Ryk.
ꝑ auiſe de tout la court aꝫ, q̄ le baē ⁊ la ſēe nihil
rapiat per br̄ ſuum, ſed eſſent in miā. Ꝑ. 21. R. 2.
F. Judgement. 263.

4 Judgement en Aſſ. 6. R. 2. hic titł Aſſ.   et `Aſſiſe.`
13. R. 2. Ibid.

5 Judgem̄t pur le pł in Auowry. 13. R. 2. hic `Auowrie.`
tit Auowry   et 21. R. 2. Ibid.

6 Judgm̄t in Ceſſauit. 19. R. 2. hic titł Ceſſa= `Ceſſauit.`
uit. ⁊

7 Judḡ condicional in Rauiſhm̄t de gard. 12. `Conditional`
R. 2. hic titł Rauiſhm̄t de gard. `Rauiſh. de gard.`

8 Conſpiracy vers 1. lun pled nō culꝑ, ⁊ troue `Conſpiracy.`
culꝑ, Et puis lauter deuie, le iudḡ ne ſerr̄ ren̄,
pur c̄ que troue eſt que lauter eſt mort ꝑ l hirn. `Ou iudgement,`
Mes ſi le pł releaſe ſon ſuit vers lauter, il auer̄ `poet eſte releaſe`
iudgement ꝟs luy q̄ eſt troue culꝑ, per Thirwith `a lun def.`
quod Rick conceſſit. 22. R. 2. hic titł Conſpiracy.

9 Judgem̄t en bre de Couenant. 5. R. 2. hic `Couenant.`
titł Couenant.   ⁊ 6. R. 2. Ibid.

10 Detinue, ſuit troue pur le pł, ⁊ iudgement `Detinue.`
done, non obſtant que le def. alledge en extort ꝺl `Coment q̄ le att`
iudgement, que le attourny le def. naū garr̄. 13. `defend. nad garr̄.`
R. 2. F. Judgement. 71. in fine.

11 Judgement in detinue de biens. 6. R. 2. hic `Detinue.`
titł Detinue de biens ⁊c.

12 Judgem̄t in Dette. 12. R. 2. hic titł Ley. `Dette.`

13 Judgement in bre de Diſceit. 12. R. 2. hic `Diſceit.`
titł Diſceit.   13. R. 2. Ibid.

14 Judgement ſur proces diſcontinue. 12. R. 2 `Diſcont de ꝓces`
hic titł Diſc de proces.

15 Deux iudgements, 12. R. 2, hic titł War= `2. Iudgementes.`
ron ⁊c.

16 Treſpas

Excōmengment.

16 Trespas, le def. pled excommengment en le pl̃, per que le Court ag̃, que le def. ala a dieu sans iour, ẽ nag̃ pas que le bẽe abatẽt. P, 11, R. 2. F. Judgement. 106.

Final.

17 Judgement final. 22, R. 2 hic tit̃ Droit.

Mesne.

18 Judgm̃t in bẽ de m̃. 12. R 2. hic t Mesne, 2.

Judgement ne serra rñd al prier le pleintife.

19 Scire facias, le Jury passe pur le pl̃, per q̃ il prie iudgem̃t, 7, R. 2. hic tit̃ Discont̃ de proces, 1. Concord, 12. R. 2. Ibid 3.

Quid iuris clamat.

20 Judgement in Quid iuris clamat. 6, R. 2, hic titul̃ Quid cluris clamat.

Rauishm̃t de garde.

21 Judgem̃t in Rauishm̃t de gard, vide hic, 7.

Release.

22 Release de iudgem̃t, vide hic, 8.

A tener in seueraltie.

23 Nuper obiit, le tenaunt auer iudgment de tẽn in seuealty. 21, R, 2, hic titul̃ Nuper obijt.

Trespas.

24 Judgem̃t in trespas, 2, R, 2, hic tit̃ Barre, 12, R, 2, hic tit̃ Attourney, et 12, R, 2, hic titulo, Mainprise.

Plus.

Plus istarum hic titulis.

Audita querela. 6, R, 2,	Droit,	22. R, 2,
Damages. 12, R, 2,	Judges.	11. R, 2.
Discont̃ d̃ pces, 12, R, 2,	Ley.	12. R, 2,

Iure patronatus.

1 Enquest de iure patronatus. 8. R. 2. hic tit̃ Quare impedit.

Iurisdiction.

Banc' regis.

1 Banke le roy. 1. R. 2. hic tit̃ Bill.

Power del bank le roy.

2 In banke le roy vn plee fuit pled in le terme de Seint Hillar̃, ẽ rien de ceo enter de recorde tanque al terme d̃ Trin̄ prochein ensuant, quel fuit all' pur discont̃. Et non allocatur, car cẽ lusage de cest court, pur ĉ que cest place est ey remouable, q̃ ĉ q̃ ne poet ẽe finie deuãt iour leue, sĩt pforme aps assets per tẽps. Que ĉ cẽ place ẽ reseant tout temps in quel lieu q̃ il soit, Et puit faire deliuerance, Et prender billes, Secus est

Cõe bancũ.

in le Comen banke. 7. R. 2. hic Discont̃ de pro. Scire

3 Scire facias sur fine in banco regis. 7. R. 2. hic tit Disc de proces. Bank le roy.

4 Jurisdicc̄ de vicount. 7. R. 2. hic tit Ad= measurement. Vicount.

5 Escoce est un realme a per luy. 8. R. 2. hic tit Continual claime. Escoce.

6 Auowry pur am̄ de Leete. ¶ Locton pled hors de son fee. ¶ Belk ceo n̄ a purpose, Car tout le Jurisdicc̄ est deins son fee. ¶ Locton dit q̄ le lieu ou &c. e hors de Jurisdicc̄ de Leete. Et a= lij ecantra. 8 R. 2. hic tit Hors de son fee. Leete.

7 Assise de nouel dissesin in bank le roy. 11. R. 2. hic tit Wee. Banc. regis. Assise.

8 Trespas des blees &c. le defendant dit que il mesme est person, e les blees fueront cressants deins &c. e il les prist come dismes seueres iudḡ si la court &c. ¶ Charleton le pl̄ est lay person, et bous ne dedits q̄ il ne̅prist auer accion ailloŗs, p̄ que, Mes si bo̅les mon̅stre que le pl̄ est p̄son dauter esglise, ou aut tiel chos̄, donques il serra bon r̄ns. Et puis pur loppinion del court. Mar= kam mon̅stre coment le pl̄ fuit person dauter es= glise aioinaunt a sa paroche, iudgeḿt si la court &c. per q̄ la court fuit ouste del iurisdiction. Et en un auter bр̄e de trespas des blees, Markham dit, que le def. fuit parson de &c. e les prist come dismes, e que le pl̄ fuit fermer dun tiel esglise q̄ est aioinant e demaunde iudgeḿt si &c. per q̄ la court fuit ouste de &c. M. 12. R. 2. F. Jurisdicc̄ 17. Dismes enter person & p̄son. ou 2. spiritual p̄= sons.

Inter person & fermor dun auter person.

9 Jurisdiccion del Ordinary. 12. R. 2. hic tit Administ. Ordinarie.

10 Trespas port per labbe de T. d son clos de= bруs e xx. agnels, le defendaunt dit q̄ il fuit pro= curator del vicaр̄ del esglise ou &c. e les agnels fueront dismes, p̄ q̄ il eur seisist cõe dismes, iudḡ si la court &c. Et le pl̄ dit de son tort dem̄ saũns tiel cause, Et Nō allocatur saũns mainteiner la iurisdicc̄ p̄ matр̄ especial com̄t lay chatel, per q̄ Dismes agnels enter Abbe per= son & p̄curatoр dun vicar.

quant al agnels fuit aꝶ ꝗ il suist en court chriſ=
tien ꝛc. pur ꝓ que il ne voil auꝓ choſe diꝰ, Et le
defenꝺ dit quant al clos ꝗ cꝰ cloſe eſt le cemitery
del vicarage del ſ̄ leſgliſe , ꝗ labbe eſt ꝑſon de
ſ̄ leſgliſe, ꝗ dit ꝗ le deꝼ. ſiſt oꝰeꝶ ꝕ le ſanctuary
ꝗ miit les agnels eins, pur ceo que ils fuerēt les
diſmes le vicar, iudꝶ ſi la court ꝛc. ꝓThirn. comꝶ
que le pꝉ ſoit parſon, ꝗ le defendāt vicar, vncoꝛe
le frantenemꝶt eſt a vn de eur, Et ſi treſpas ſoit
fait en icell, il couient que ceſt court eit iuriſdicꝶ
ꝓCherlt. ſi vicar ſoit dowe en vn eſgliſe, ꝗ puis
debaꝶ eſt enter la perſon ꝗ vicar del terre ꝗ eſt
del glebe de meſme leſgliſe come des blees ſcies
ꝗ enpoꝛts, il couient que il ſoit trie ciens. ꝓRik.
ſi vicar ſoit ouſte del cemitaꝶ, ou daſꝶ ꝑcel per vn
home, nauer il aſꝶ: ꝓHill. non deuers la parſon.
ꝓPerr. il y aꝺ grāꝺ diuerſitie inter ꝉ cemitary ꝗ
le glebe. T. 13. R. 2. F. Iuriſdiction. 19.

Enter fermer dꝰ
perſon, ꝗ vicar
Mortuary.

11 ꝓTreſpas de chiuall pꝛis poꝛt vers vn vi=
caꝶ ꝓMark. le chiual fuit a vn I.ꝗ moꝛuſt deins
ſa peroche, p ꝗ il leiſiſt come moꝛtuaꝶ, Et le pꝉ
come fermour dauter eſgliſe aioinant claime da=
uer le chiual come moꝛtuaꝶ, iudꝶ ſi la court. ꝛc.
ꝓWodrof. moꝛtuary nē ꝗ p cuſtome, Et nē ſēbla=
ble as diſmes, p ꝗ pꝛiom⁹ ꝛc. ꝓCherlt. home auer
Conſultation de moꝛtuaꝶ, p ꝗ ꝓWod. il fuit nēe
ley chatel. ſaunꝛ ꝶ que il fuit la lay chattel Iohn
al tēpꝛ de ſon moꝛt ꝓCherlt. ceſt bō iſſue, car dōꝗ
ne puit eſtre moꝛtuaꝶ, p ꝗ il dit a Mark. maintē̄
la ꝓpꝛete ꝛc ꝓMark. il moꝛuſt en poſſeſſ ꝺꝉ chiual
pꝛiſt, Et non allocatur. ꝓMark. il moꝛuſt ſeiſie del
chiual, ſaunꝛ ꝶ que il fuit ſo chiual en ſa vie ꝑſt.

ꝓWod. noſtē chiual ē ſa vie pꝛiſt ꝛc. Et ſic ad pa=
triam ꝛc. Quod nota. M. 13. R. 2. F. Iuriſdicꝶ 20

Dette pur rent
reſerue ſur diſ=
mes.

11 Dꝶt, ꝗ count ꝗ il leſ̄ al def. certen poꝛꝶ des
diſmes ꝛc. renꝺ cerꝶ rent ꝛc. a terꝶ des ans ꝛc.
ꝓGaſc. iudꝶ ſi la court ꝛc. defoꝛꝶ que il count ꝺꝛ
diſm̄ꝛ ꝗ c. Et non allocatur, pur ꝓ que les deniers
ſont

sont lez chattel, & aillours ne puit aū acꝑer. M̄.
13.R.2.F. Iuriſdicꝭ. 21. Statham. 17. fol.

13 Det vs I. de 10. l̃. & miſt auaunt fait endẽt
in proffe del det, ꝫ, ꝗ ūl prend la file I. a fẽe quod
I. ſoluat et. 10. l̃. Le def. dō iudꝫ ſi le court voile
conuſter, pur ꝧ que ſound in matrimony, Et non   *Mariage mony.*
allocatur, car le fait mainteine lacꝭ. 19. R.2. hic
tiꝭ Dette.

14 Iuriſdiction del Seigniorꝫ de Corꝭ. 19.   *Power del Con-*
R.2. hic tiꝭ Trauers doffiꝭ.   *ſtable de Caſtel*
                                                         de Corꝭ.

Plus iſtarum hic titulis.

Accompt.	12. R.2.	Attach.& phib.	8. R.2.
Annuitie.	11. R.2.	Cink ports.	6. R.2.
Iuncien dem̄,	19. R.2.		

Plus.

Iuriſvtrum.

1 Iuriſutrum, fuit troue ꝗ les teñints fueꝭ   *Colluſion.*
del.& del eſgliſe, Et ne beſoigne denquere del
Colluſion, Car quant le point del acꝭ ẽ troue, il
ne beſoigne denꝗt̃ pluis, Come icꝟ quant eſt   *Droit.*
trous que le terre ẽ ōl dẽ deſgliſe, ſuffiſt, & vncoꝛ
cẽ bꝫ de droit 6. R.2. hic tiꝭ Colluſion.

2 Iuriſutrum de rent done al predeceſſoꝛ in   *De rent.*
Frankalmoigne. 12. R.2. hic tiꝭ Voucher.

3 Iuriſvtrum vers vn home pur vn chaplẽ dū *Chaplen dun*
chāt ¶ Brinch alleg. pur le def. vn recꝭ en Aſſ̃ vꝫ   *chauntrie.*
meſme le pl̃, Et non allocatur per Cur̃, pur ꝧ que
ceſt ſon bꝫ de dẽt, & iſſint ẽ pl̃ forſꝯ al Iuꝭ, Auꝭ *Droit.*
ẽ ſil vſt pleꝫ, & l̃ eſtate l̃ pl̃ m̄ &c. ꝓ nota ¶ Brinch.
les ts ount l̃ tẽ ꝑ diſc, & ſont deins age, & ꝗa lour *Age.*
age, & hūeꝭ ꝑ aꝫ, non-obſtant ꝗ le pl̃ claime ꝗ a
tme d vꝫ en mañ &c. M̄ 19. R.2. F. Iuriſutrū. 17.

4 Plus iſtarum 6. R.2. hic tiꝭ Chal̃.   *Plus.*

Iurors & Iury.

1 In bꝛe de Etatẽ probanda, cheſcun iuroꝛ ſra *Etatẽ ꝓbandꝭ.*
dage de 42. ans. 21. R.2. Br. Iuroꝛs. 42. Et hic tiꝭ
Liuerꝟ.

2 Un Iuroꝛ fuit chal̃ ꝑ le def. pur ceo que *A anger & boyes.*

P 2   ii

il auer manger & boyer as cottages le pl̃, pend̃
le suit. Et ideo fuit trahe hors. 22. R. 2. hic tit
Chall.

Iurie prie per le Pl.

3 Le Iury ne serra prise, si ne soit prie perde
pl̃. 22. R. 2. hic tit Chall.

Plus.

Plus istarum hic titulis.

Attaint.	19. R. 2.	Chall.	6. R. 2.
	22. R. 2.		11. R. 2.
Issues & pl̃its.	2. R. 2.		

Iustification.

Pur quinzisme.

1 Iustificacion in trespas de chiual prise p̃
vertue d̃u commission de Quinzisme graunt. 8.
R. 2. hic tit Quinzisine.

Plus.

Plus de ceo hic titulis.

De son tort dem̃.	13. R. 2.	Hariot.	19. R. 2.
Discont de poss.	22. R. 2.	Mortuary.	13. R. 2.

Laborers & Seruaunts.

Retein pur 2. ans

1 Bre sur lestatute, Et count q̃ il reteign le
defendant p̃ ij. ans en loffic̃ &c. ¶ Markham. destat
ne pl̃e q̃ d̃em an, ou de auter termez vsuels, issint
le count nient garraunte de estatut, iudg̃ &c. ¶
&c. ¶ Belk. passes oustre &c. H. 6. R. 2. F. Laborers
43.

Baron & feme reteine.

2 Bre sur lestatut de laborers port ħs le baron & sa feme, supp que le bar̃ auer fait couenãt
oue le pl̃ destre son esquier, Et que sa feme serra
damusel al feme le pl̃ p̃ vn an &c. & q̃ ils depart.
¶ Sith. le briefe port ħs le bar̃o & sa feme de lour
depart̃ ou le depart le baron ne puit estre le dep̃t
le fee, iudg̃ de bre. ¶ Belk. ieo scay bien que il nest
bone, p̃ q̃ rn̄d pur le baron & sa fee del departur le
fee, Et del rem̃ il fuit discharge. H. 8. R. 2. F. Laborers. 59.

Deteiner.

3 Trñs ħs vn sur lestatut de laborers d̃ le deteiner d̃u fee son seruant, Et count q̃ le fee fuit
retenus en son seruic̃ de tiel tēps, tãq; al tiel tēps
& dep̃t

& dept sauns căe dens le terme, & le defend luy
detiēt &c. ¶ Loct. le fēe cesti oze pt deuant le dep=
tiē oue vn bastō batist le fē q̄ il supp ēe so seruāt,
pĕ el dit al pleintife, q̄ sil ne voit chastise la tēe,
q̄ el ne luy batist &c. q̄ el ne puit seruir luy plus
auāt,& mēt cōtristeant c̄, le fēe se pt a auter iour
q̄ il ad supp le deptiē luy voit aū batus auterf.&
el pur c̄ căe dept, & se enala al Det. q̄ fuit so vat,
& il luy detiēt cōe sa fēe, iudg &c. ¶ Thirn. et nous
iudg en taūt q̄ il ad conue q̄ el fuit nēe tuant & q̄
il luy detient &c. ¶ Belk. il ad monstra căe assets
de luy reteñ, Car en c̄ cas si vn seruāt ad căe de
depart hozs de seruic son maist, le plus estrange
de mound luy puit reteñ. Per q̄ Thun. dit, q̄ m
le iour del dept cesty fēe nēe seruāt fist assaut al
fē le pt, & si ascū dam el aū, c̄ fuit d so assault deiñ
& depart de nostre seruic, & vous luy reteigñ &c.
¶ Lotton vostre fēe luy batist de son tozt dem, sas
c̄ que el fist assaute prist, Et alij econtra, &c. ħ.
10. R. 2. F. Laborers. 60.

4 ¶ Trespas Quare vi & armis debzus le meas
le pt, & vn son seruāt illonqʒ pst & ameñ, ¶ Wad.
al meb de rien culp, Et quant al seruant diomus
q̄ nous venomus a m le vilt, & cestŷ q̄ il ad dit cē
son seruant ne fuit forsqʒ enfant dage de niij. anʒ,
& nous trouc lenfant vagat en le vilt, p q̄ nous
prisomʒ pur almoigñ & pur trou cez necesi. ¶ Rik
cest ple doubt, vn q̄ lefant nest q̄ dage de iiij. ans
que nest matter en fait, Iuter q̄ il est vagat &c.
Issint tenus double par Thirn. Iustic ¶ Wadā.
donqʒ diomus p protestat q̄ il fuit vagat, & hozs
de chest seruic, Et pur ple diomus q̄ il fuit forsqʒ
dage de iiij. ans, car ne puit este entend que en=
fant de tiel age puit este seruaunt a ascun, ne
faire seruice a ascun. ¶ Thirn. cest accion nest
prise sur lestatute de Laboz, quod potens in cor-
pore, Mes est accion que est al commen ley, &
puit este entend, que coment que il ne fuit que

de

Margin notes (right column):

Maistres batiz so seruant.
Caule de depar-ture.

Barre.

Replcation.

Issue.

Enfant.
Vagarant.

Barre.

Potens in cor-pore.

de tiel age, que ſi puit faiſ eaſe ⁊ auantage, como de gard mes, ou auꝛ tiel choſe. Et puis Wadam. nola demurꝛ. Mez dit pur pꝉ q̃ il luy trou vagaꝛ ⁊ hoꝛs de ⁊c. T.12.H.2.F.Laborers.44.

§ Bꝛe ⁊ leſtatut, Et count q̃ vn E.fuit reten⁹ oue luy p̃ Lans, ⁊ fuit en ſon ſeruiꝛ, ⁊ depꝛ hoꝛz d̃ ⁊c.⁊ le def.luy reteigñ ꝗ Gale. il ne declaꝛ nūe que il aū luy requiſt, iſſint naū ſi my aſſigñ nul toꝛt en luy, iudꝗ de coūt. ꝗ Thirn. ꝛeo meruailꝉ qui vo⁹ demuꝛres cy longemꝶ ⁊ c̃ matꝛ, car meſm̃ declaꝛ ount eꝛ fait per ꝉ maū ciens, ⁊ tenus bõ, per que Gale. pleꝺ en barꝛ, H.12.R.2.F.Laboꝛers.45.

Diſcharge per
morꝛ ſo maſter.

6 Bꝛe ⁊ leſtatut, Et count q̃ vn W.fuit reten⁹ oue luy ⁊ ſa fꝰe de eux ſerū, ⁊ que il depꝛ hoꝛs de ⁊c.deins le terme, ⁊ que ꝉ def.luy retiꝶ ⁊c. ꝗ Wad no⁹ dio⁹ al tꝶps que el fuit ſole, q̃ el luy retient a luy ſerū p̃ lã, ⁊ diom⁹ que deins le terme le feme moꝛuſt, p̃ q̃ il fuit a ſouth, iudꝗ ſi acꝛ ꝗ Hank.⁊ del heuꝛ q̃ vous aues con⁹ le retem⁹ del fꝰe, ⁊ le de=part deins ⁊c.iudꝗ ⁊c. ꝗ Thirn. a Hank. voiꝉ la de=murꝛ. ꝗ Hank.nola demurꝛ, Mes dit que el fuit reten⁹ per le baꝛ p̃ſt ꝗ Wad. le fꝰe qꝰ. el fuit ſole luy retiꝶ, ⁊ puis moꝛ deins ꝉ ꝶ, ſaꝛ c̃ que il fuit reten⁹ oue le baꝛ a ſon ocꝓs p̃ſt ⁊c. H.12.R.2.F. Laboꝛers.6.Statham.10.fol.

Baron & feme.

Iſſue.

7 Du hõe aūa lacꝛ q̃ fuit al comen ley.12.R.2. hic pꝉ 4.

Cõen ley.

8 Arbitermꝶt ⁊ box pꝉ in acꝛ ⁊ leſtatut de la=boꝛers 12.R.2.hic tiꝛ Arbiterinent,⁊.

9 Home poet iuſtifier pur ꝺparꝛ de ſo maſter, pur c̃ q̃ ſõ iour ou ſalary eſt aderere. Quere ſi le maſter poet diſcharger ſõ ſuꝛt ſaūs ſõ agreemꝶt Semble que non.M.13.R.2.Stat.Laboꝛes.11.b.

Arbiterment.
Non payer de!
gages Cauſe de
departure.
Maſter diſcharge
ſon ſeruaunt.
Agrement.
Reꝛeiner ſur con=
dition.
Deteiñ de ſõ iour
cauſe de depꝛ.

10 Bꝛe ⁊ leſtaꝛ, Et count que il retiꝶt le def ⁊ depart deins ⁊c. ꝗ Brinch. no⁹ fuim⁹ reteine oue luy ⁊ cõdiꝛ, que il doit pay a no⁹ cheſꝛ ſemaine xx. deniers, ⁊ a quel hour que nꝼe ſalary fuit arere, que mo⁹ puiſom⁹ departꝛ, Et diom⁹ q̃ nꝼe ſalary fuit

fuit arere p̃ 2.ſemaignes et no⁹ depart.¶Hank. **Iſſue.**
rien fuit arere,cõe il ad count p̃iſt, et alii ecõ=
tra.T.13.R.2.F.Laboʒers,47.

11 Bʒefe ſur leſtatute de laboʒers bʒ bn, et **Reteiner pur 20**
count q̃ il dept hoʒs de &c.ↄ q̃ il auer fait couent **ans.**
oue luy de luy ſeruer xx.ans ¶Hank. ſir leſta=
tute don q̃ hõe ſerueꝰ per termes bluelz,ↄ ceo eſt
don per bn an ou ij,en q̃l cas il duiſt auer ſon
bʒefe al cõen ley,iudg̃.&c. ¶Wad. ceo eſt al acẽ **Apprentiſe.**
¶Hank.hõe naũ acẽ bʒ appʒentiſe ſur leſtatute
d laboĩ, et ↄ fuit affirm̃ per tout le court. ¶Wad.
leſtatute parle que hõe ne ſerra arcte de ſeruir
foʒſoʒ per termes bluels,ↄ nemy auterm̃t,Mes
hõe per ſon bon grec puit faire couenant de ꝑ
en le mañ cõe luy pleiſt per q̃ ı ſidez.¶Hank.nı= **Iſſue.**
ent reten⁹ en le maner come il ad count, ↄ alii
econtra.M.19.R.2.F.Laboʒers.58.

Enfant.

Laches.

1 Nul folie ſerra adiudge in bn enfant.12.R. **Conuſans.**
2.hic title Liuerie.

2 Laches in dʒing conuſans de plee.Temp.
R.2.hic title Conuſans.

Laps.

1 Pʒeſentment per Laps. 2.R.2. hic title
Plenartie.

Leaſes.

1 Perſon leaſe ſon rectoʒie pur 10. ans. 19.
R.2 hic title Done.

Leete.

1 Si home ſoit amercy in bn Leete,le ſoʒ luy **Amerciament.**
poet diſtĩ per tout le pʒecinct,ↄ faire Auowʒie. **Diſtreine.**
8.R.2.hic title Diſtres,4. et Hoʒs de ſon fee, **Auowne.**
et plus inde ibidem.

2 Dette pur amercement de Leete.12.R.2. **Dette.**
hic title Ley. **Amercement.**

3 Leete eſt bn francheis.19.R.2.hic t Bʒief. **Francheſſe.**
Decẽn.
4 Doceners.19.R.2. hic title Bʒiefe.

P 4 Ley

Ley gager.

Detinue per au-
ter maine.

1 Detinue dun chiual, Et count dū baił̃ per
auť mai ꝛc.ꝗ le def.fuit reꝼ a fa ley ꝛc.H̃.6.łi.2.
F. Ley. 39.

Leafe de terre.

2 Det,ꝗ count ꝗ il leꝼ al def. cerꝓ ꝓe a terme
dans renꝺ rēt,le def.dit,rien luy doit pꝛiꝼ a faiꝓe
per fa ley Et loppinion del court fuit ꝗ il naū fa
ley,ꝓ ꝗ il dit,rien luy doit ꝓ paijs ꝛc. M̃.7.R.2.
F. Ley. 42.viꝺ 11.R.2.aiudge accoꝛꝺ ꝛc.

Acciō fur le cafe.

3 Acꝰ ꝓ le cafe eo ꝗ le def. venꝺ a luy vn chi=
ual,ꝓ luy garꝓ deꝶ bon ꝓ fane ꝓ fuffiꝓ pur toutʒ
maladies,lou le def. fache le dit chiual eē pleine
de maladies ꝛc,℘Charlton, il ne bargaina pas
en le maū coē ꝛc. pꝛiꝼ a faire per nꝓe ley.℘Ful-
thorp a Charltō voił la demurꝓ. ℘Charlton no
fa, mes dit que il ne bargaina ē le maū ꝛc.pꝛiꝼ
daūr per le pais.7.R.2. hic tiē Acꝰ ꝓ le cafe.

Lun faile & lauꝓ
performe la ley.

4 Detinue de chēʒ vers ꝗ̃. ꝗ̃ux gage lour ley ꝓ
comen,ꝓ al iour ꝛc. lū vient,et lauter fiꝼ def.ꝓ l̃
pꝓ pꝛia iudg,ħs lun ꝓ lauter ꝓ le def.lun,ꝓ ꝗ ils
demurꝓ,Nient meins ceꝼꝓ ꝗ vient fiꝼ fon ley ꝓ
aꝗ Charlt.ꝓ Thirn. Et puis ꝓ auife auꝛiꝑt funt
agarꝺ ꝗ le pꝓ ne pꝛiꝼ rienʒ ꝓ fon bē ꝛc.T.12.R.
2. F. Condempnacōn. 16.

Dette pur amer-
cement en leete.

5 Det,Et count que le def. fuit amerce en fon
leete ꝓ affeꝓ a xl.s. le defendant tenꝺ de faire fa
ley ꝗ riē luy doit,Et fur ceo le plaintife demurꝓ,
ꝼil doit faiꝓ fa ley ou non,par ꝗ le court ag.que ł̃
plaint reꝼ fō det ꝓ fes damag. quod nota bn̄.P.
12. R.2. F.Ley.43. Iꝼunt adiudge que le def.ne
auera fa ley.

Dette pur amer-
ciament en court
baron.

6 En dette fur amciament afferre ꝓ pꝛefēt=
ment ē court baron, il nē ple a dire,que nul tiel
pꝛefentment.℘Tamē quere,℘Car ꝼil ne poet gager fon ley, le plee eꝼ bon, Mes il poet gaꝗ ley,
coē femble. P.12 R.2. Statham, Dette,35.fol.

Detinue.

7 Detinue ħs 2.ꝗ̃x gage lour ley ioinꝓ,ꝓ al iour
lur

lun fist det,et lauter fuit resceiue de faire so ley,
Et hic ante, 4. Auter est en dette T. 12. R. 2.
Statham Ley. 13 fo.   *Dette.*

8 Precipe quod reddat, al Graund cape ret le   *Nonsomons.*
dant soy tient al default, Le tenant tend sa ley
e auer iour &c. et a cel iour le dant vient et dit
que il voil release le default, et que il fuit prist a
counter, ¶ Charlton demaud del t sil voile faire
sa ley. Le tenant pa luy record q le demaund voil
release le def. et count. Per que Charlton pur c
que le tenant ne voile faire sa ley, ne l' dant ne
voil prier sein de terre ne auter chose dire, Per
que il agard que il ne prist rienz per son briefe.
12. R. 2 hic tit Dau de default.

9 Det sur are daccompt del temps que il fuit   *Dette sur arrer*
son baill', le defendant fuit ouste de sa ley &c. H.   *daccompt.*
16. R. 2. F. Ley. 40.

Licenses le roy.

1 Uide de ceo 8. R. 2. hic tit Appropriation, 1. et
Temp. R. 2. hic title Union, 1.

Lieu & Countie

1 Briefe port in comen bank de terre e gales   *Gales.*
&c. 6. R. 2. hic title Cynk ports.   *Annuitie.*

2 Annuitie p vn fait, il doit mee en so cout, e ql   *Fait ou ceo fist.*
lieu le fait e fist, pur le visne et trial, si le fait soit   *Obligation.*
dedit, Issint en chescun acc de dett p obligac,   *Dette*
ou sas obligac, accompt, ou trespas, le pl' couiet   *Ou contract ceo*
mee e so count le lieu, ou l' contract e fist p Belk.   *fist.*
¶ Wad, voier e ou le det e sondue e contract, car   *On Tresp. fuit*
de c il couiet cout pur ql cause il deuiet so dett,   *fait.*
et assig l' lieu in cert. Auterm̄t ol oblig q e cōte   *Replic'*
in luy m̄, car aps e trauz, il poet assetz p temps
assigne lieu, 8. R. 2. hic tit Annuitie 4.

3 Acc p le case e Kent, de c q ceux q teigne tiel
terr gis. en sure, doiet clos vn tiel close e certein   *Acc. sur le case*
vil e Kent, Et bn, etat q cest vn bre de trespas,   *pur faire closier.*
                                    per

per que il est a recou soz̃ les damages, de que les
gentes del pais ou le close est, poient aū melioz
conusans: Mes ũl fuit a poz̃ter Curia claud, ceo
doiet eē en le com ou le terre est. 11. R. 2 hic tit̃
Acc̃ ꝗ le case, 6.

Cur̃ claudenda.

4 Home ad terre in com Kant̃, per ꝙ il et sez
auncest, et ceux que estate ꝛc. ont vse de faire
hay, et dencloser le terre in com Surrey, ꝗ pur
le nō feisanz, le party greue poz̃t accion ꝗ le case
in com Surrey, ou le close fuit, Et le bzief a=
gard bon, pur ceo que riens est def recou mes
damages, Car nest en le dē come bzief de Cur̃
claudenda est. Et est bon plee, que la sont bushes
ꝗ ferzes, sans ceo que vnꝗ fuet ascun hay la, car
si hay ne vnꝗ fuit la, il ne poet repaire le hay.
11. R. 2. Brooke Lieu ꝛc. 84.

Terre in vn com he de faire hay en auter com.

Cur̃ claud.

5 Si Surgion assume in London, de cure le
pl̃, et mette contrary medicines in Midd, acc̃
poet eē poz̃t en lun com, ou lauter. P. 11. R. 2.
Brooke, Lieu ꝛc. 84 in fine. Et hic proxim poss.

Acc' en lun com ou lauter.

6 Un poz̃t accion de ceo que le def. empzist de
curer le pl̃ de cert maladies en Londzes en tiel
gard et comt il vient al pleintif a le Strond, ꝗ
illonꝗ lup dona contrat̃ medic̃ a sō infirmitie, ꝗ
mitte ēcertein le infirmity, Et le bē fuit poz̃t en
Londē. ¶Rick. il suppose le toz̃t eē fait en auter
com que le bzief nē poz̃t, per que le bē couient
eē poz̃t la. Et le bzief fuit aꝗ bon. H. 11. R. 2.
Statham, Action sur le case. 16. fo.   Et hic
tit̃ Acc̃ ꝗ l' case 7, Lou Thyrn. iustice dixit vltra,
que le pl̃ puit estier, de poz̃t le bē en lun com ou
lauter. Et hic proxumo deuant.

Acc. sur le case de curer malady

Election En lun com ou lauter.
Annuitie.
Scire facias.

7 En quel countie Annuitie fra poz̃t. 11. R.
2. hic tit̃ Annuitie.

8 En quel countie Scire facias hoz̃s de reē dā=
nuitie fra poz̃t. 11. R. 2. hic tit̃ Annuitie.

Couenant.

9 En quel countie bzief de couenaunt fra
poz̃t.

po2t.11.R.2.hic title Acc̄ ꝑ le casē.

10 Attaint tra po2t in m̄ le countie,ou lo2igiñ Attaint.
fuit,12.R.2.hic title Attaint.

11 En quel countie p2oces fur a2d p2ayer, &, Som̄ ad auxili-
Som̄ ad auxiliand̄ iffera.12.R.2.hic t̄ P2oces. and̄.

12 Dett po2t en Lond̄ fur vn recoñif.fait en le Detti fur recog-
Chaunc̄ a weftm̄ &c. et le br̄ abatē, pur c̄ que il nifans.
duift eftē po2t en le com̄ de Midd̄ &c. Ꝑ.13.R.2.
F.B2iefe.649.Et hic title B2iefe.

13 Intrufion de gard in com̄ S.C R ede iudg- Intrufion de
ment de br̄, car il po2t ceo en le countie de S. garde.
ou le terre eft, et il ad fuppofe le refufel e le con-
tie de D,le q̄l e caufe del acc̄.Et non allocatur per
Curiam,pur c̄ q̄ le refufel ne fuit pas caufe datē
del Intrufiō de gard,mes lentre e le terre,gree
nient fait del mariage. Et per Hank. in fine ca- Forf.de marr.
fus, fi foit br̄e de fo2f. de double value, & vn tē-
der eft fait al heire deins age,et il refufe et foy
marie ailours en auter com̄ que le terre ñ,fil
enter in ceo cafe en le terre, gree nient fait del
double value del mar̄,vnc̄ le b2iefe fra po2t, ou
le terre e. 22.R.2. hic title B2iefe.

14 En q̄l lieu ou countie br̄ ferra po2t,Hic pl̄. B2iefe.
1.3.4.5.6.7.8 9.10.11.

15 Ou hōe alleger lieu en fon cout, et ou in fo Count.
replicacion,Hic pl̄ 2. Replicacion.

16 Lieu ou ꝑcinct en que diftres ferē p2ife,hic Diftres.
title Diftres.2.4.7.8.

17 Vide de ceo. 12.R.2. hic title Adminiftē,2.
12.R.2.hic tit̄ Condit̄,5. et 19.R.2.Ibñ,8. Plus.

Liuery,& Oufter le maine le roy,

1 Liuery fue per Gardein in chiualrie ho2s
des mainsle roy. ꝑ Hill.7.R.2.hic title Adme-
furement de dower,1.

2 Nota q̄ vn offic̄ fuit ret̄ en la Chaunc̄ q̄ vn
A. fuit t̄ al roy en chiefe, & mo2uft ffi de certein
teneñtz & dun maū, le quel auer iffue vn fite le
que

quel fuit deins age, & espouf al baf ôl plein age,
& q̃ apꝛes la moꝛt le tenant la tre, & le mañ fuit
feiſi en main le roy, de quel mañ le baf de plein
age & ſa feme fueꝛ hoꝛs de main le roy & auer li=
uerie, Et coñt apꝛes le moꝛt laune bn eſtrang
abaf en les auters terres & teñts , & q̃ le baron
ne ſua pas liuery de ceſt tenemt, per que leſche=
tour auer ſſi les teñts en main le roy p cauſe de
ſon office, Et tout ceſt matt reꝛ en la Chaunꝛ,
Et le baron et feme biendꝛ, & monſtra tout ceſt
matt en la Thauncery,& coñt laune la feme ti=
ent del roy,& coment troue fuit per office que bn
eſtraunge abaf, Et auꝛint entaunt que la feme
fuit deins age,en quel cas nul foly,ne pꝛeiudice
ſerra adiudge en luy , per que il pꝛie liuery de
ceux te ñts hoꝛs de main le roy, Et que le roy
foit reſpond des iſſues bers labatoꝛ, Et les ſeri=
iaunts le roy pꝛieꝛ, entant que il fuit troue p of=
fiꝛ,& eſt de recoꝛd que ils nount ſuꝛ luy de tout
foꝛfoꝛ de parcel, q̃ le roy reſeiſſer, Et que le baf
et feme reſpondꝛ des iſſues del mañ , Et labaf
des iſſues des auꝛs teñtz,Et que ils ſuꝛ nouel
liuery de tout &c. Fuit longement debat le quel
tout ſꝛa reſſi ou non,ou le quel ils añ liuery de
cel parcel. ¶Clopꝛ. ſi le tenant le roy moꝛuſt ſei
de certain tenemts,q̃uꝛ ſont ſeiſſes en main le
roy,& bn auter ſuꝛſt Diem clauſit extremum cōe
heire a meſme le teñt,& ad luñy hoꝛs des mains
le roy, Et puis bn auꝛ bient & ſuiſt Diem clauſit extremum per ſugg̃,et eſt troue pur luy,que il
eſt beray heire,ſi Sciꝛe fac. foit ſue bers lauter
pur que tout ne ſerra reſeiſi en main le roy,ſi iſ=
ſint foit que tout ſerra reſeiſi , ceſty que pꝛimeꝛ
ſuiſt,ſerra charge des iſſues ꝏs le roy, Tamen
hoc fuit dedictum per multos, que ils fuiſſent de
plein age iammes ne ſerra reſeiſſe , Et que ſo=
uent foits ad eſtre auidge en ñ la place.Et fuit
dit,que ſil fuiſꝛ deins age,aſꝛ colour ſerꝛ.¶Hill.
ꞇ

Omiſſion de pte-

Office tꝛauers.

De terre dont a-
batement eſt
fait.

Liuy ſerra entier.

Qui reſpoñꝛ des
iſſues.

Reſeiſer.

ble q̃ le roy morust seisie dasc tentz, q̃ vn estrãge abat en m̃ les tentz q̃ continua sa possessiõ tãq̃ al pl age le hre, q̃ le hrire a son plein age recoñ p assise de Mordaune, ꝯs labat, riens serra seie en maine le roy, Quod fuit negat p les Iustices, et que tout en cest cas serra seisie, q̃ q̃ le hre au li- uerie, q̃ ferra homage, Mes q̃ labat en cē cas fra charge de touts les issues del tr, ¶ Gasc. pur le werost, le quel tout serra reseisi, ou non, prie q̃ ilz duist faire vn easie sine al roy, q̃ q̃ ils puis- sent au liuie de ses tres, q̃ que nient pluis serra reseisie, Et les Iustices dilont, q̃ ilz voil auiser. **T.12.R.2.F.Liuerye.28.**

Lheire que reco uer suer liuery.

Abator.

3 Uide de Ouster le maine. 12.R.2. hic title Forfeiture.

Ouster le main.

4 Deuaunt q̃ le tent le roy aiet liuery, il co- uient suer bre de Etate probanda, q̃ fra direct al bicount del com ou il suit nee, non obstant que la terre suit en auter countie, Et chesc que passe del enquest fra dage de xij. ans al meins, issint q̃ il suit de pleinage al temps q̃ cep q̃ suit le br, fuit nees, q̃ il dira signes de prouer le temps de son neisser, s. que m̃ lan suit vn graund thonõ, tepest ou pestilre, q̃ si qua siiit similia, Et touts ceux signes fra ret p le bicount, et auxint tiel bre de Etate probanda ad estre souent direct al Es- chet &c. Quere si meins q̃ xij. purt estre en leãlt, eo que le trial ē per proues. 21 R.2. F. Liuery, 5. q̃ Statham, 11.

Etate probanda deuaunt luery.

Liuery de Seisin.

1 Uide de ceo, 22.R.2. hic tit Discont de post p Thin q̃ Hil. in sine casus, q̃ 13.R.2. hic title Feofments.

London.

1 Hõe implede in bank le roy, puis est arrest in London p force dun pleint, q̃ q̃ bre de priuilege issist, p q̃ le prisoner ē am̃ al bar, q̃ il est disinisie, q̃ les offic de Lõdõ dist de luy. 11. R.2. hic t Wil. 1.

Pleint.

2 Nota

Capias.

8 Ou cesty q̃ bient p̃ Capias, ala sans main-p̃rise. 12. R. 2. hic title Couusans.

Baron & feme.
Vtlagary.

9 Baron ⁊ feme fuerunt vtlaÿ in Dette, le baron fuit hozs de la mere, Et le feme bient p̃ Cap. vtlagat ¶Curia le fée doit demurre in p̃risõ tanq̃ le baron bient, Mes pur le mischiefe pur ceo q̃ poet eē q̃ le baron ne boet vnques bener, fuit agard que le feme troue mainp̃rise tanq̃ a certaine iour. 12. R. 2. hic title Vtlaÿ.

Exigent.

10 Dette vers 2. ou vers baron ⁊ feme, ⁊ al exigent ils auēt Supersedeas, ⁊ al tour del exigent reē lun appeare, ⁊ lauter fist default, per q̃ Exigent de nouo fuit agarde vers luy, et idē dies done a lauter per Mainp̃rise. 12. R. 2. hic title Exigent. 4. ⁊ 5.

Capias.

11 Un que bient p̃ Capias, pled al issue, ⁊ troue mainp̃rise, ⁊ al tour fist def. p̃ q̃ le p̃ auēt Capias vers les mainpernours. 13. R. 2. hic ⁊ Pzoces.

Plus.

12 Plus istarum. 11. R. 2. hic title Idemptitate nominis.   et 12. R. 2. hic title Vtlagary.

Maintenaunce.

Issue.

1 Maintenance vers P. Et count q̃ lou il pozt bzief dentre vers W. le dit P. auer p̃rise 40. s. puis le bēc dentre, pur mainteiñ le quarrel. et il dit que il ne p̃rist point, et alii econtra. 19. R. 2. hic title Champerty. 1.

Maintenance de briefe.

Entier tenancy.
pur lun, &c.

1 Fozmdon vers 3. ¶Ham pur vn des tenants dit, que il est tenant del entier, sans ceo que les auters riens ount ¶Holt pur les auters dit q̃ ils sont tenantes come le bziefe suppose ¶Clop-ton pur le Dj, quant a cesty que p̃rist lentier te-nancy, il est tenaunt come le bziefe suppose. 2. R. 2. hic title Estoppel.

Resceite.

2 Maint de bze ⁊ plee pled p̃ tenaut p̃ resceite. 2. R. 2. hic title Resceit.

3 Maint

3 Maint del brief de admesurement de dower
&c.7.R.2.hic title Admesurment.1.

4 Quod ei deforc, Le tenant dd iudgment de
briefe, car son pere que heire il est, port Cessauit
vers vn A. et vers cesti ore dd, et rec &c. le quel
A. e in plein vie, iudgment de briefe. Le dd dit
que A. nauer t, eins cei ore dd fuit sole tent, Et
bon maint del bee. Per q le tent dit, que A. fuit
t in coen al temps &c. 8. R. 2. hic titl' Bee.

5 Briefe dentre vers baron & fee, supposant
lour entre en coen. ¶ Marcam le baron troua sa
fee cei, iudgment de bee. ¶ Crosby le feme nauer
riens deuant le couerture, Issint le baro & feme
entront, come le bee supp prist. ¶ Nedham mait
bee bee, q le baro & feme entront, generalment,
13.R.2. hic titl' Entre en le per &c.

6 Plus istarum, 12.R.2. hic titl' Briefe, 41.
7.R.2. hic titl' Iointenancy.

Manasse.

1 Home aboidera obligacion per manasse de
mort. 11.R.2. hic title Dures, 4.

Mariage.

1 Les espouselles dun enfant eeant infra annos
nubiles sont bons, tanq soint destats per disa-
gremt al age de discretio. 12. R.2. hic t Dower.

2 Coment agrement & disagrement a e sta.
22. R. 2. hic title Gard.

Maister, Aide Laborers & Seruants.

Mesne.

1 Lessee pur ans nauera briefe de Mesne. 8.
R. 2. hic title Ayd.   et.

2 Mesne, Et count q il tient del def. en frank=
almoigne, & q il fuit distr pur les suices le defend
¶ Hill. nient distr en son defaut prist ¶ Hulls pst
q cy, & preiomus iudg d rec lacquitt de sa conis,
et voit maint lissue pur rec dam &c. ¶ Thirn. rec
lacquitt. P. 12. R.2. F. Mesne. 22.

3 Labbe de S. port be de Mesne vers le baro
D   et sa

Prankalmoigne.

et sa femme, et counte que il tient en frank almoigñ del baron et sa feme, cõe en droit del fẽe,
& p le b̃ fuit supp, le baz et sa fẽc estre Mesnes.
Count & bĩ vary ¶Frank.l' bĩ doit supp q̃ le fẽc ẽ Mesne sole, & nep
q̃ l' baz & sa fẽc ĩdt Mesnez, car la fẽe ẽ mesne ẽ
dĩ, iudg v̄ bĩ, Et nõ alocat'.M.13.R.2.F.Bĩ.642

Mesne issues & prohtrs.

1 Aide de ẽ,12.R.2.hic tit̃ Issues & psitz.6.& 8.

Misnoimer.

Baptize I. & cõ-   1 Du hõe baptize per nosme Jhon, purchase
firme T.   terre, et puis fuit confirme p nosme Thomas,
                  et le purchase ben, Et vncoz le nosme donc al
                  confirmaciõ per leuesq̃ demurre. 12.R.2.Broke
Quere.   Misnom,75. Et hic title Nosme,   Quere pur
                  q̃ cause le nosme de confirmation ẽ prefere de-
                  uant le nosme de baptisme.
                  2 Misnom apres pleine defence fait.12.R.2.
                  hic tit̃ Defence.1,

Moygne.

Obligation.   1 Si abbe et moigne sont lies in vn obligaẽ
                  a moy,ieo naua accion forsque vers l'abbe sole,p
                  Skip with.8.R.2. hic title Briefe,22.

Monstrans de faits & recordes

Fait dauowson   1 En Quare impedit fuit tenus clereñt,q̃ lou
executed.   ieo grant auowz, cõe vn engrose al estrauge,&
Q. impedit.   l'estrauge psẽt p foz de &c. al pch.auotõ, fi foit
                  distourbe, il au Quare imped' sans mẽanz le fait
                  pur le graũt vestus p pĩ &c.Et mesq̃ il parle de
                  graũt,il ne besoigñ de mẽe fait tĩ graũt &c.M.
                  6.R.2.F.Mẽans.157.
2.gĩ de reuersiõ. 2 Prec' quod red',le t̃ fist def. aps def.vi̓ẽt vn &
                  pzie dẽẽ resẽ, & dit q̃ vn J. fuit sẽi en fee de &c.&
                  eux lesẽ al t a tm̃ de vie,et puis graũt la reuerẽ
Resceit.   a vn pster, q̃ graũt le reũẽ a lup,& pzie dẽe resẽ,
                  et fuit chaz de mẽe lũ fait & lauter &c.del reuerẽ
                  quod nota &c.M.6, R.2. F. Mẽans de faitz &c.
                  158. Meũ le case tit̃ Resceit.pĩ.
Over del record   3 Scire fac' hoz dun recẽ ẽ bĩe danĩ poztẽis
damnitie.   vn

vn p̃io2,q̃l ap2es aiꝺ p̃ie ꝺe Roy, Procꝭ bient,
Et auer oye ꝺel reꝭ ꝺoūt le Scire facias iſſiſt, Et
ꝺꝺ oye ꝺel fait, par quel lannuitie fuit graunt,
car le reꝭ fiſt mencion ꝺun fait, et aux̄t lānu=
itie fuit recouer ſur vn fait ¶ Burgh. le reco2ꝺ fiſt
menꝭ ꝺun fait, ꝯ aux̄i le fait eſt enꝭ ꝺe yol en auꝭ
¶ Ham. vnꝭ no⁹ conuiꝭt aū oye ꝺel fait, q̃ comꝭt
q̃ aues eſtre ſeiſi ꝺel reꝭt charge, ꝯ aues reꝭ ſo=
uꝭt la rent, ſi bous ꝑꝺes aꝑs l̃ fait, bous ꝑꝺes la
rent, Et pu⁹ Brugh. biꝺez opꝑtā Curie contra
eum, miſt auant le fait. Uiꝺe 7. R. 2. hic ꝑ Oyer
ꝺe reꝭ ꝯc.   Et le ſealꝭ fuit tout ꝺe quaꝺ a
poy, mes l̃ fait fuit a muit aūꝭ ſcripture ¶ Belꝭ.
Dit q̃ le fait fuit bon aſſes pur launciꝭ ſcripture,
Et auxi il y auꝭ part ꝺel ſeaic, a le ſeale ꝺe no=
uel ꝺeb2uſe, ꝯ ꝺit al pꝉ, que il neſt bſe ꝺenter vn
fait ꝭ rolꝉ tanque la partie aꝺ reſponꝺ, Et aux=
int pauenture bo⁹ purꝭ ꝭe aiꝺ ꝑ nouel eſtatut, q̃
ſi vn fait ſoit entrolꝭ il aū m̄ lauātage come q̃ le
fait fuit en ſa p2iꝯ̃ , ꝑ q̃ rāꝺs al fait ꝯc. W. 6.
R. 2. ꝭ. Weans ꝯc. 159.

4 Quiꝺ iuris clamat bers W W. q̃ bientꝭ ꝺit
que I B. le conis ꝺeuēt le Mote, leaſe le maꝭ
a luy ꝯ a I E pur 11.ans ꝯc Et gꝭ a no⁹ q̃ no⁹
auerom⁹ chaꝭ a terme ꝺe n̄e bie per ſon fait ꝯc
et q̃ nous purrom⁹ couꝑ boiez et ſubbois, Et en
caſe q̃ il alienaſt le maꝭ, ou ꝺeuie ꝺꝭs l̃ terme,
q̃ no⁹ auerom⁹ frankꝭ, Et ſauant a nous ceux
conꝺiꝭ ſum⁹ p2iſt ꝺatꝭ, Et le Court luy chaſe ꝺe
mꝭe fait, ſil boil pleꝺ ceux conꝺiꝭ. 6. R. 2. hic titꝉ
Quiꝺ iuris clamat.   [B.C.]

5 Hōe aūa accꝭ ꝭ l̃ caſe ſās m̄e eſpecrialꝭ, mes
nemꝑ bꝭ ꝺe couenant. 7. R. 2 hic tiꝭ Accꝭ ꝭ le caſe.

6 Celly q̃ pleꝺ excōmengeꝭt ꝭt l̃ pꝉ, m̄a lꝭes
leueſꝭ ꝭ teſtmoigñ. 7. R. 2. hic tiꝭ Excōmēgeꝭt.

8 Formꝺon ꝺe rent, Le tenant pleꝺ ho2s ꝺe ſō
fꝭe, Iuꝺgement ſi ſauns eſpecialtie ꝯc. 8. R. 2.
hic tiꝭ Iyꝺ.

D 2   Compoſiꝭ

Composition.
Annuitie.
Fait.

9 Composition sur que brẽ dannuitie fuit port fuit mře auant. 8. R. 2. hic title Annuitie Issit dun fait, eodem an. Ibm.

Iustifie per cōmaundement le vic' sāns mře &c.

10 Repleuin ď vn chiual a tort prise, Le def. auow per reasō que al darrein parliament ten' al S. vn T & W. fuer̃ eslieus chlr̃s ď m̃ le com, ou &c. & fuer̃ al dit parlement tanq; fuit termine, et auer̃ vn briefe al vic̃ de leñ lour costages in plein countie, lou chescun ville fuit assesse, issint que m̃ le ville ou &c. fuit assesse a 13. ď, de quel le pleintif fuit assesse enter auters a 2. ď, et pur c̃ que il ne voile my paier, nous prisomus m̃ le chiual. ¶ Finch. il iustifie per commaūdement de vic̃, q̃ auer briefe vt supra, & ne mře my le brief, ne le garr̃ de vic̃, per que &c. ¶ Skipw. il semble que il ne besoigne de mře &c. 8. R. 2. hic title Distres.

Garr̃ de vic.

11 Dett vers exec̃ que diouñt que le testator fuit fermor le roy, & pur c̃ que son ferme ne fuit pay, brẽ vient al vic̃ de leñ le dett le roy, & sequester les biens del mort, per que le vic̃ no' liũ certaĩ biens &c. del dettor, de les vender & a liuerer les deniers al vic̃, & issint fesomus, et le roy est buie des deniers, sãs c̃ q̃ no' administr̃ in auter mañ ¶ Cich. il iustifie per cãe de garr̃ de vic̃ q̃ chiet in especial, et de c̃ ne mře rien, iudgment ¶ Skipw. il entend coment le vic̃ luy cõmaũd p parols, q̃ c̃ ẽ garr̃ assetz suffic̃. 8. R. 2. hic titl' Exec̃, 3.

Indenture de couenaunts.

12 Det sur simple oblig. le defendant mist auant vn defesauns endent q̃ recit lobliḡ, & voil oustre en cas que le def paya x. li. a certeĩ iour et auxint tenust certein condic̃ compris. en vn auter endenture, que adonq; l' dit obligac̃ pard son forc̃, & dit que il auer pay vt supra, & tenus toutz les auters condicions, iudgment si accion ¶ Marcam. il ad mise auant vn endenture c̃ defesauns del oblig. q̃ reherse q̃ tiend cert condic̃ comprise c̃ auter, de q̃ il ne mõstre riẽs, p q̃ sãs

ceo

ceo monſtre &c.nul ley moy miſt a reſponð ¶Belk.
ſi vous poꝛts bꝛiefe de dette vers moy,& ico miſt *Defeiſans referre*
auaunt vn defeſauns que voit que certen couc- *al Indenture.*
naunt ſoit tenus enꝑ Thirn. & Cherlet. come eſt
contenus en vn auꝑ endenture enter eux fait q̃
adonque &c.ieo auer bien le pl̃, ſans mꝛe l' ſecõd
endenture, auxi icy,& le defeſauns que il ad inis
auant ne pꝛoue mie que lauꝑ endentuꝛ fuit fait
enter meſme le parſons,car lez paroꝛx ſont tielx,
vt patent en auꝑs endentures de ceo fait, per q̃
quant a ꝑ rñs &c.Ⱨ.8.Ⱦ.2.F.Ⱦonſtrans &c.183.

13 ¶Trñs poꝛt par vn chaplen ꝟs vn perſon *Compoſition ſuꝛ*
ꝟun eſgliſe de S.de cloſe debꝛu ſe & miſſale pꝛiſe *fundacion dun*
&c.¶Pinch.il y auer vn T.parſon ðl eſgliſe ð T. *chappell.*
quel T.puis temps de memoꝛy per licens ð roy
found vn chapel en S. & oꝛð vn meaſon puꝛ le
ðit chapell' en m̃ le ville, & oꝛð auxi q̃ il & touts
ces ſucꝛ apꝛez luy ð m̃ l'ſgliſe duiſſ,oꝛð vn chapl̃
a Chaunt en m̃ le chapell,& q̃ il ſerra remouca-
ble ꝑ luy & ces ſucceſſours a touts iours, ſi iſſint
ſoit que ils ne ſont my ables,ou q̃ il ſoy miſpoꝛt,
& diomus q̃ ceſti q̃ eſt pl̃ tuit chaplen aſſiñ ti-
longꝛ ꝑ nous come parſon de S.& puꝛ ꝑ que il ne
voile mie chaunt en le ðit chappel cõe fuit oꝛð,&
& auxi ſoy miſpoꝛt, nous luy ouſtamus et miſſa-
mus eins vn auter, & pꝛiſomus le miſſale, que
fuit oꝛder puꝛ le ðit chappell, iudg̃ ſi &c. ¶Ryk.
nous diomus que il fuit foundue q̃ il ſerra per-
petuel puꝛ ſa ꝟy,& que nul ne meller foꝛſq̃ Loꝛð,
iudg,&c. ¶Pinch. remoueable come auonius dit
pꝛiſt,& alꝯ econtra. Et fuit dit ꝑ Belk. ꝗ ceo plee
que il beſoiñ al defenð ðauer aſcun compoſici-
on ou euið teſtm̃ le foundacion & oꝛdinã̃ tiel cõe
il fuit,quar eſt q̃ aſcun ne ſe meller ð remouc tiel chaplein iſſint founð ſaunz matꝛ eſpecial inꝛe,
ſil ne fuiſſoit Oꝛð a que &c.ꝑ que &c. Ⱨ.3.Ⱦ.2.F.
Ⱦonſtrans &c.184.

14 ¶Quant home chal̃ iuroꝛ per matter de re- *Challeng Iuroꝛ.*
                                        coꝛð, *Record.*

                    Ð 3

cord, il mſe ent recorde. 11.R.2.hic tit Chalr.

Record de vtla-
gary.

15 Quant home entitle luy meſme per vtla=
garie de felony, il couient mſe record de ceo.11.
R.2.hic tit Record.

Gard.

16 Le gard del terre & de corps fuit graunt p
fait.12.R.2.hic tit Gard.9.

Executor.

17 Repr fs vn des auers a tort pris, le def.
conuſt la priſe, pur t que vn W. fuit leiſſ ol gard
del terre dun heire & ieſſ. la gard &c.al pleintife
rend certen rent, & W.fiſt vn R. ſon executour
& moruſt, & le def. come baile R. lexecut conuſt

Teſtament.

la priſe pur rent arrē Hill. oyer del teſtament.
Thirn. voiles aue choſe dire? Hill. non ſans
voſtre aſſ &c.q Thirn. auties vo², car iſ agard ne
ferra auter mes que ils ciant ret, p q Hill. paſſ.

Baillie.
Seruant.

ouſtre.M.12.R.2.F.Mē ans.163.Iſſint vn baily
ou ſeruant ſerē de melior condit que ſon maſter.
Tamē ſee q ſō maiſter ne beſoigne d mſe teſta=
ment en tiel caſe.T.12.R.2.Statham Monſtrās
pr.25.fol.

Cſe de voucher.

18 Cauſe de voucher mſe in bre de gard.12.R.
2.hic tit Voucher.

Formdon en reſm

19 Formdon en reſm vers le barron & ſa fēe et
count accord, & monſtr fait, Et apres iſſu ioint
la feme fiſt def.& le baron auxint,& Petit cape aſſ
& la fēe vient, & prpe defſſē reſceiu, & fuit reſceu,
& le dd count de nouel vers la feme, & el dd oyer
del fait,& le dd voir auer demē q il ne doit mon=
ſtre le fait arcē al fēe, p q la fēe pled ē barē ſauz
auer oye del fait, & vncore le dd diſ. que il auoit
le fait,& diſ.q il voir demē pl² toſt q il voir mſe
t arcē &c.M.13 R.2.F.Monſtrans.164.

Fait de conditiō.

20 Trās, & count q vn tiel leaſe a luy certen
terre dount le lieu ou &c. a terme de xl.ans, & le
def.ent & debruſe &c. Et le def.dit q le leſſor leaſe
al pr f condir, & dit q le condit fuit enſr p q il enter
p cōmaundmt le leſſor. Marc.iudg del heure q
il pled vn condit & ne monſtre fait, per que le
def.

def. nofa demurt. ¶Ryhil Juftice dit al def. Mo-
dicę hdei quare dubitafti: Per que le def. pleð le
leafe fur condicion vt fupza, fans mêe le fait, Et
le pľ dit que il auer performe les condicions ęc.
Et aliǰ econtra, quod nota, ę fic ad patriam ęc.
P. 13. R. 2. F. Monftrans. 165.

   21 Du home ferra title al chattell real, come   *Fait de gard.*
gard, fans mêe fait. 22. R. 2 hic tit Bť   ę For=
feiture de mariage.

   22 Du home fait title al eftouers , il couient *Eftouers.*
monftre fait ęc. Temp. R. 2. hic tit Aff. 27.

   23 Plus iftarum 19. R. 2. hic titľ Auncien De= *Plus.*
meine.

Mordauncefter.

   1 Mozð poet gifer ð copihold p pteítač in na= *Copiholder.*
ture daff. ð Mozð. 13. R. 2. hic tit Faut iudǥ.

   2 Rede, liffue in taile p le comen ley aû aff. De *Liffue in taile*
Mozð. 22. R. 2. hic ę Rauifhmñt ð gard.   *deuant l. ftatute*
                                                                             de Weft. 2.

Mortmaine.

   1 Vide inde, tit Collufion   et Quale ius.

Mortuarie.

   1 Trefpas de chiual prife vers vn vicar.
¶Markam. le chiual fuit a vn Johñ que moruft deins fa paroche, p que il feifift come moztuarie. (Nota le vicar auera ceo per feifer) *Seifer.*
¶Wodroffe il fuit noftre chattell, fauns ceo que
il fuit le chattell John al temps de fon mozt.
¶Cherlton ceft bon iffue, Car donq ne poet eê *Iffue.*
moztuarie. ¶Markam John mozuft in peff. del
chiual prift. Et non allocatur. ¶Markam ti mo= *Trauers per.*
ruft poffeffe del chiual, fauns ceo que il fuit le
chiual de pľ in la vie John prift. ¶Wodroffe
noftę chiual in fa vy prift. Et fic ad pťiam. No- *Cuftome.*
ta que Moztuary ę per cuftome, Et Confulta= *Confultation.*
tion gift de ceo. 13. R. 2. hic titľ Jurifdiction.

Negatiua pregnans.

   1 En Q. impedit iffue fuit þfe, ǭ lefglife ne voið *Q. impedit.*
                         D 4   per

Quare impedit.

per priuatiō.21.R.2.hic tit̃ Q.impedit. Quere, Car semble q̃ il est negatiua pregnans.

Plus.

2 Plus istarum.13.R.2.hic tit̃ Mortuary. ⁊ 5.R.2.hic tit̃ Trial, per Burgh.

Nientdedire, vide Confession.

Nisi prius.

In consinio eom Iissue de 2. com adioin.

1 En Annuitie, latê in̄c̃ com̄t les parties fuēt a issu ē diuerse com̄ aiom̄antz, ⁊ prie Nisi prius in cōfinio ⁊c. Et non puit, car Chok. dit q̃ ne fuit vnq̃ fait, mes fuit bon de mitt̃ ē cas ē le parlem̄t pur auer ent remedy.M.2.R.2.F.Nisi prius.12.

Release enter le Nisi prius et le iour in banke.

2 Pr̄ quod redd', al Nisi prius il passa pur le dd̄, q̃ relessa tout son droit al tenaunt mesme enter l̃ Nisi prius,⁊ le iour in banke, Et puis ad iudgm̄t ⁊ enter encounter son release, le tenaunt auera assise ⁊c.6.R.2.hic tit̃ Ass.

Pl. aua iudgem̄t nō obstā̃t release puis Nisi prius.

3 Trespas, fuit troue pur le pl̃ al Nisi prius, ⁊ puis le pl̃ release al def.⁊ le def. vient, ⁊ all̃ q̃ le pl̃ auer release a luy, Et le Court ne prist nul regard al rel̃,mes done iudgem̄t pur le pl̃,pur ē que le iour de Nisi prius,⁊ le iour de iudgm̄t,sont tout vn iour.6.R.2 hic tit̃ Aud querela.

Iour de Nisi pri- us, et iour in banke.

4 Nota que le iour de Nisi prius, ⁊ le iour in bank sont tout vn quant a pleder matter mesme enter le Nisi prius,⁊ le iour in bank.6.R.2.hic tit̃ Audita querela.

Trotection. ?

5 Det, al Nisi prius le defendaunt get protec̃ tiō,et al iour en bank il fuit repell̃, p̃ que Som issist vers le defendaunt, ⁊ nouel Habeas corpo- ra vers les Iurrours ret̃ ore. ⁊ ore le defendant fist defaut, ⁊ l̃equest fuit prise per son defaut ⁊c. quod nota ⁊c.T.7.R.2.F.Nisi prius.13.

Plus.

6 Vide de ceo.6.R.2.hic tit̃ Ass. 12.R.2.hic tit̃ Attourney, ⁊19.R.2.hic tit̃ Cessauit.

Nonclaime, vide Continual claune.

Nonabilitie.

Moigne port accion.

1 Un Priour ⁊ son moigne port briefe Dac= compt

compt de lour deniers, et le bře abate, car le pri=
our sole doit auer laction. 7. R. 2. hic titulo
Abbe.

2 Entre sur disseisin per feme, Alledge fuit q̃
el fuit professe en lord de Nonnes de Londres
&c. Et el dit que non &c. 8. R. 2. hic titł Triall.

Nonne.

3. Baron & fẽe port Rauishmient de garde. I e
def. dit q̃ cert iour & añ vn C. port Trespas vs
les pł's & auters 2. & pces continue tanq̃ le bař
soy rend al Exigent, & le feme & les auters fuẽt
waiues, iudg̃ si le bař et fẽe sra respond. ¶Thirn.
auterfoitz cel rec̃ dount il parle, fuit reūs p̃ Er=
rour al suit les 2. et lutlagac̃ annul, Et issint su=
mus recciuable. Et le femme aucra auauntage
cõmẽ q̃ el ne fuit al reūsal. 8. R. 2. hic titł Utlag̃

Vtlagary in lun
pł.

4 Rauishmient de gard vs le priores de W.
¶Wad. iudg̃ de bře. car il dit q̃ el ẽ pores de m̃ le
meason de q̃l meason le prior de seint John est
commoigne, & dit q̃ñt ast priores fra fait en m̃ le
meason, et fẽ fait p̃ le cõmoign̄, & obedient al cõ=
maund, & remoueable a sa volunte, & si ast acc̃ fẽ
bře, il serra bře vers le prior q̃ ẽ cõmaundour et
nemp vs le priores, iudg̃ de bře. ¶Et il. p̃ p̃testa=
cion. mient conis. &c. mes diom9 q̃ mesme le pores
ount vse de less. lour terre a term dans & auters
termes de tout cel tẽps, & ount couent & comẽ
seale, & lour poss. seueral a p̃ luy, p̃ q̃ a c̃ q̃ il ad dit
nul ley &c. Et puiz Thirn. ex assensu sociorū suorū
ag̃ q̃ il ne pst riens &c. P. 12. R. 2. F. Monabilit. 4.

Accion ne serra
vers Cõmoigne.
ou priores sans
son soueraigne.

5 Det & oblig. vs R. de W. ¶Mark. R. W. est
moign̄ pfess. &c. le prior mient nosme &c. iudg̃ &c.
¶Claim. vous ẽẽs obł p̃ nosme seculers, par q̃ ne
fres resc̃ a disabler &c. bře nosme dem̃. ¶Charlet.
& Richil rñdes &c. M. 13. R. 2. F. Monabilitie. 5.

Moïgne ne serra
impled.

6 I. & M. sa fẽe port bře daccompt vs Wi. le
def. dit q̃ M. fuit Nonne professe en lord de Mi=
nores a Lond, Judg̃ si &c. p̃ que bř issist al Eues=
q̃ d̃ Lond d̃ certifier &c. 19 R. 2 hic tit Estoppel.

Baron et feme.
Profession.
Nonne.

D 5   Ass. p̃

Baron & femme.
Nonne.

Profession.

Proffessiõ in luñ pl.

Plus.

Det fur obligation.

Abbe et Couent.

Formdon en difcender.

Roy ne ferra nonfue.

7 Aff. p̃ baron et fẽe , Le tenaunt dit que le fẽe le p̃r fuit enter in religion in la meafon d̃ W. e la fuit nonne p̃feffe, Judgemt̃ fi el fra refpõdue, Et bẽe maunde al Euefq̃ de certifier, Qui certifie q̃ el fuit p̃ofeffe, per que fuit aḡ q̃ le baẽ e fẽe nihil cap̃ per bẽe fuum. ℂWad. fi 2. homes port aff. e profeffiou ẽ alt̃ in luñ, vncor lauter ap̃es auera aut Aff. 21. R.2. hic tit̃ Judgement.

8 Plus de ceo hic tit̃ Abbe.

Non eft factum.

1 En dette fur obligation , nient fon fait eft le proper refpons, et ḡẽi rien luy doit, 2. R.2. hic tit̃ Dette.

2 Annuity vs priour fur fait fon predeceffor fouth le Couent feale, Nient le fait le priour et Couẽt ẽ bon p̃r. 6. R.2. hic tit̃ Double plc.

3 Formd̃, le dd̃ant count de done fait a fõ aile en taile, e del ayle al pere, e del pere a luy m̃. Le t̃ pled Nient le fait launcefter pr̃ft ꝛc. Et fic ad patriam 8. R.2. hic tit̃ Garranty.

Nonfuit.

1 Quare impedit per le Roy vers vn encumbent, ilz fueẽ a iffu, e lenq̃ft charḡ e iurẽ, e quant lenqueft vient a dire lour verdit ℂHam. feriant le Roy voil̃ auer depart de fon briefe, e prie que lenqueft foit difcharge a ceo temps. ℂBelknap nous ne bolomus chauḡ la ley auaũt vfe ℂHolt. comẽ perfon purr depart de fon briefe ℂBelk. dits voftre d̃dit, queux chauũt pur lencumb. verz le roy. ℂBelk. al encumb. ales a dieu fauns iour, faue le d̃t le Roy: mes vid̃ q̃ le roy naũ iammes acc̃ de cẽ boid̃: Et quid̃ dixer q̃ la cãe eft que le roy ne puit depart de fon bẽ, pur c̃ que la ley entend̃ quant le roy prent vn acc̃ q̃ cẽ a fon p̃fet, e fi p̃ defaut Latto??? le roy, ou per fa conufans le d̃t le roy tẽ perd̃, ceo tẽ mifchiefe al roy, e pur c̃ fait

fait la ley estabł que per def.latē le roy, ne per sa
contz q̃ le roy ne depart de son brē ꝛc. M̃.6.R.2.
F. Nonsuite. 13.

2 ¶ Skip. mēa a Belk, comēt vn Nisi prius fuit
a pzendē deuaūt luy a saint Martins ⁊ vn issue
de pleinm̃t administrē, ⁊ le pł ałł q̃ ils aū assets,
⁊ le pł fuit dd̃ q̃ bient ⁊ lēq̃st iurē ⁊ le pł fuit dd̃ q̃
appeē,⁊ lēq̃st reuiēt, ⁊ trou q̃ pleinm̃t administrē
si non x.F.⁊ vn cofre, ¶ Skip. dd̃ del enquest de q̃l
balue ē le dit cofre,⁊ ł enq̃st lour auise, ⁊ b̃ c̃ latē
le pł pzie q̃ le pł soit dd̃.¶ Skip,nous volumus de
bene esse,⁊ nemy de rigore iuris, ⁊ le pł fuit dd̃ ⁊
ne bient,⁊ lēq̃st dit apzes q̃ le cofer balust demy
Mark,⁊ oze il dd̃ si le pł fra nonsut en cest cas.
¶ Belk. oył certez, car a chesē temps auant plein
ꝟdict dit, le pł puit eē nōsue,Et en Esk si le verdict soit difficultie,ou en asē auē mañ, les Iustices
mitē hozs lenq̃st pur enquez plʝ auant,le pł puit
eē nonsue, Et vnē fra pluis sił soit destē enquis
des Dam̃ ⁊ ne soit plein enquis,le pł purē estre
nonsuit auaūt c̃ quil soit enquis des damagez,ad
quod Breton clerke conē.¶ Skip.des damages ieo
croy q̃ non,quant le pzincipal est troue.¶ Belk.
oił certez,¶ Breton clerke dixit quod pzimo termino q̃ vn nonsuit fuit ag̃ ꝛc. M̃.6.R.2.ꝉ.Non-
suite 15.bide infra 8.R.2.pł.5.

3 ¶ Nota p Belk.quāt deux sōt demurē ē iudgemt
⁊ matē ꝛc.al pzim̃ iour dł terme, tout cest tērme
apzes le pł ne puit estre nonsue tāq̃ auē iour soit
de a lez pties, ⁊ dit q̃ quāt il fuit Plcō, il autent
eñ le case q̃ quāt ils aū dispute long tēps il voiłł
aū eē nōsuit,⁊ nō potuit,Mez al iour q̃ il ad p a-
tournmt̃ sił nappeē,il purē eē nōł.Mez ē le pzim̃
case lou iour nē don̄ ne default ē les ptiez mes ē
la court,pur c̃ q̃ ils ne don̄ iudgemt mainē , p q̃
il ne fra nōł.M̃.6.R.2.F. Nōsuit.16.⁊ ꝛath.1.fo.

4 ¶ Appel bers vn cōe pzinē ⁊ auēs cōe acē ⁊ a-
pzes q̃ le pzinē soit vtlage le pł pzie pzoē vs les
accēł.

Pł.dd̃ de bene
esse.

Nonsuit puis ap-
paraunce.

Deuaunt pleine
perdit.

Demurrer.
Lou cēi que ap-
peare ñ le term̃
serra nonsue Et
ou nemy.

Appele vers
princ.et lacceſſ.
et nonſuit vers
lacceſſ.

acceſſ.& puis l' pl' fuit nonſue vz les acceſſ.& oze
biet Gaic.pur le przint & mẽe coment le pl' fuit
nonſue bers les acceſſ.en ql cas lozig, fuit deter=
minc & mẽe chartẽ l' roy pur le przint & prie q il
ſoit allow.¶Clopt.Juſtice quant le pl' ſuit vs
luy tãz il fuit vtlag. il ne puit auant aler,iſſint
ſa ſuit determine vers luy, et comẽt q apzes il
fuit nonſue vers les Acceſſ,vnẽ ceſt nonſuit nẽ
riens vers le przint,pur ceo q il fuit attaint , &
apces determine vs luy per q ¶ Clopt. ne voiẽ
allow la chẽ,mes leſſe a mainpzilz tanɡ al pzo=
chẽ terme tãz il fuit auiſe,& dit q ne vo iẽ cẽ en
cẽ cas.p.7.R 2ᵗ.Nonſuite 9. et hic t Chẽe.
pl'. anno.ı .m̃ le roy.　　Quere ſi ceo caſe ne
doit eſtẽ.7.E.ı.Car le pzım̃ impzeſſion ɗl Fitz.
Abzidgement eſt iſſint.

Puis verdit.

5 Aſſiſe quant lenqſt vient a dire lour vdict
le pl' fuit ɗɗ, & apparuſt,& laſſ.aũ dit lour vdict
pur le t,& la court fuit ẽ oppoſ.eu　ɗe circũſtãz
de lour charge,vn pur le pl' pzia que il fuit ɗɗ.
¶Car t ne beſoigñ quãt laſſ.aɗ dit lour verdict,
& fueẽ aiourñ a Weſtm̃,& la per bon auiſ.fuit a=
iudge q il ne purẽ eſtre nõſue p bon vdict &c.
M.8.R.2.F.Nonſuit 34. vide ſup 6.R.2.pl' 2.

Repleuin.

Aſſiſe.

6 Si hõe ſuc repleuin, & puis eſt nonſue,re=
tourne ſerra agarde.8.R.2 hic t Ret Dauers.

7 Nota p Bcl:. Si hõe aɗ 2.bẽes ɗaſk pend &c.
& il ẽ nõſuie in lun,lauter eſtoiera &c.11.R.2.hic
title Bziefe.30.

Treſpas vers 2.
et nonſuit vers
lun.

Quare impedit.

Lnn pl.

Repleuin.

8 Cñs vs 2.ſi lun vient & plede,& puis le pl'
eſt nonſue vers luy,lauter aũa auantage ɗẽ ceo
per Charl.12 R.2.hic title Diſcont ɗe pzoces.

9 Trois ſueẽ 2.bẽes de Q. impedit vers vn
m̃ pſon dun m̃ elgliſe, Et en lun bẽe toutz fueẽ
nonſues,vnẽ le def. naũa bẽe al Euelɡ, comẽt
q il offeẽ de faire title. Et en lauẽ les 2.appere,
& ne voiẽ purſueẽ,et le 3 purſuite,cõe il põet,et
aũa bẽe al Euelɡ. Mez ſi hõe ſue.2. repleuins
ɗe

de vn pꝛiſe ꞇc.verȝ vn,ꞇ puis ſoit nōſue en lun,
ret fra agard p Wadh.12.R.2.hic ꞇ M. impedit.

10 Monſuit apꝛes adiournemt in aſſiſe. Tēp. *Puis adiourneīnt.*
R.2.hic title Aſſiſe.27.

Plus de his, hic titulis. *Plus.*

Accompt.13.	12 R.2	Bꝛiefe,30.	11.R.2
Appeale,4.	11.R.2	58.	19.R.2.
Aſſiſe,27.	Temp.R.2	Chē de pꝛdon.5.12.R.2	

Nontenure.

1 Entre in nature daſī Wad.le tenant nad *Entre in nature*
E in le frankt tour de bē,ne vnꝗ puis ꞇc. 8.R.2, *Daſſiſe.*
hic title Bēe.

2 Le tenant ne pledera nōtenure puis Prece *Puis prece parc.*
parcium. 12.R.2.hic title Eſtoppel.

3 Nontenure del coꝛps in dē de gard. 12.R. *Garde.*
2.hic title Gard.

4 Diſceit ē bien poꝛt vers cēī ꝗ recoū,melꝗ *Diſceite.*
il ne ſoit tenant.18.R.2.hic title Diſceit.

5 Bꝛiefe de errour eſt bon vers cēī, qui fuit *Errour.*
partie al iudgemt,coment que il neſt tenant ōl
franktenemt.18.R.2.hic title Diſceit in fine.

Noſme, & Noſme de dignitie.

1 Nota p Charl. ſi home ſoit baptiſe per vn *Noſme de bap-*
nōe ꞇ purchas p cel noſme,ꞇ puis il eſt cōnfirm *tiſme change*
p leuelꝗ,cel noſme eſt change,vnē ſon purch.de= *per confirmation.*
uant fuit bō Quod nota, Et liſſue en le cas fuit
pꝛiſe accoꝛd H.12.R.2.F. Feſments.58.

2 Nota ꝗ parſon neſt noſme de dignitie,ꞇ ne *Perſō neſt noſme*
beſoine deſtre appeale parſon mes clerke.12.R.2 *de dignitie.*
F. Nomen dignitatis.5. Et aiudg accoꝛd. H.14.
H.4.14.En dette.

3 Tūs,le def. dit ꝗ il fuit Abbe nīēt nōe iudg *Abbe.*
de bēe. Et admitt.12.R.2.hic title Defence.

4 Si terre ſoit done a M,in taile,le remaind *Surnoſme.*
a I.ſon fitz in taÿle, cē bon ſans auē ſurnoſme
de I.car ceſt pol (fitz) neſt ꝗ ſurnoſme,p Belk,
13.R.2 hic title Scire facias.

5 Lou

Roy.

5 Lou le roy fer̄ nofme & ioine oue auter in vn accion. 21. R. 2. hic title Joinder in acc̄, 10.

Prior fait Abbe. Change.

6 Si vn priour foit fait Abbe de m le lieu, sō nofme eſt change. 22. R. 2. hic title Abbe.

Fine leuie al vn per tō nofme de baptiſme & il fue execution accord ſō nofme de confirmation.

7 Terre eſt done p fine a vn home p nofme de Joce, & puis il eſt confirme per nofme de Joce-line, vncore il doit aū exec̄ per nōe de Joceline, com̄t que il naccorde al fine, per Hank. 22. R. 2. hic title Briefe, 71.

Notice.

Auowrie.

1 Lou notice ſerra fait in Auowrie, Et ou nemy. 2. R. 2. hic title Auowrie, 1.

Darbiterment.

2 Notice del arbitrement. 7. R. 2. hic title Condicion.

Ignorancia facti excuſat.

3 Si vn prent ma nief a feme, nient ſachant a luy, q̄ el eſt mon nief, ieo nauera treſpas vers luy. 7. R. 2. hic title Villenage.

Plus.

4 Vide de his 2. R. 2. hic title Auowrie. 3. R. 2. Jbid. et 7. R. 2. hic title Villenage. et Entre congeable.

Nugation, vide Surpluſage.

Nuper obiit.

Iudgement.

1 En Nuper obiit le t aū iudgem̄t de tener eſt ſeueraltie &c. D. 21. R. 2. F. Judgem̄t. 227. & Statham Nuper obijt, 6.

View.

2 Le view ne giſt in Nuper obiit, per Charl. 12. R. 2. hic title Viewe.

Nuſons.

Exaltauit.

1 Aſſiſe de nuſance, Quare exaltauit ſtagnum, & puis le plc fuit diſcontinue per nonſuite, & il port auter brē, Quare leuauit ſtagnum, Et le brē fuit aḡ bon. Non obſtant le contrarietie que le

Leuauit.

primer briefe ſuppoſe le enhauncement malues, & le leuer bon, Et le 2. brē ſuppoſe le leuer ma-lues, lou il ad ſuppoſe le leuer bon deuaunt, per Kirton. 2. R. 2. hic title Eſtoppell.

Obli-

Obligation.

1 En dette & obligation, le def. ne plee Rien luy doit, mes il respond al fait, côe a dire, nient son fait. 2. R. 2. hic title Dette, 3. *Barre*

2 Obligation est contract en luy m̃, p Wadh. 8. R. 2. hic title Annuitie. 4. *Contract.*

3 Si. 2. soint obliges per ceux parols, Obligamus nos & singulos &c. Cest bon obligation ioint & sealt. Eadem lex si soit, Obligamus nos singulariter. Quere. 21. R. 2. hic title Briefe. *Ioint & seuerall.*

Plus istarum, hic titulis sequentibus.

Baron & feme.	12. R. 2.	Condicion. 4.	7. R. 2.
	8. R. 2.		12. R. 2.
Briefe. 22.	12. R. 2.	Dette. 3.	2. R. 2.
37.	12. R. 2.	Duresse.	6. R. 2.
Condicion. 3.	7. R. 2.	Liew.	8. R. 2.

Octo tales, vide Tales.

Office del Court.

1 Si hõe soy plein de ces aũs a tort prises en lieu appeale Jun̄ demesne, & lauter auowa in m̃ le lieu, & conust bñ q̃ il est auncient demeine, Cõst que le pl' suffer lauowzie, vncoze lauowzie abatee per Holt. 11. R. 2. hic title Distresse. *Ere ou Auowrie abate, coment que le partie ceo adiuit bon.*

2 Replevin in com̃ Surr̃, Et count de prise in certeine ville in com̃ Kent & Mark. de son conisans demesne iudgement de bre, Et pur ret auer fist auowzie. ¶ Briche si le bre soit abate ne potes auer ret. ¶ Thirn. le briefe doffice de court est abate. 21. R. 2. hic title Returne dauers. *Replevin. Ere abate.*

3 Plus istarum hic title Judges &c. *Plus.*

Officers, & Offices.

1 Gardein de parke, & son power. 2. R. 2. hic title Barre. *Garden de parke*

2 Authozity de vic̃. 7. R. 2. hic & Admesuremt. *Vicount.*

3 Patet que si vtlag ret bñ issera al Escheto de seiser les biens & chattels &c. vutlag. 8. R. 2. hic title Supersedeas. *Escheto.*

4 L

Vicount.

4 Le vic auoit prise vn per Capias vtlagat̃, que deli̅u̅ c̃ a son Successo2, quant il fuit esleu, ꝗ nad le co2ps al iour, launcient vic fra discharge per ceo in Dist̃ ad habendum corpus vers luy. 11.R.2. hic title Attourney

Deputie de Vicount.

5 Uide de vic̃ & son deputy 11 R 2 hic title Accompt.

Eschetor.
Eschetour.

6 Escheto2 & son autho2itie. 12 R 2 hic t Liu̅y.
7 De Escheto2. 19. R. 2. hic title Tra̅us doffice. per Hornby.

Coroner.

8 De Co2oner. 19. R. 2. hic t Trauers doffice.

Office deuant Eschetor, & huiusmodi.

Virtute breuis.
Trauerse.

1 Office troue deua̅t Lescheto2 virtute bri̅s, et trauerse a ceo p Markam & Hill. 7. R. 2. hic title Admeasurement. 1.

Diem clausit extremum.

2 Uide de Diem clausit extremum. 7. R. 2. hic title Admeasurement et 12. R. 2. hic title Liu̅ery. 2. per Clopton.

Plus.

3 Plus istarum. 12. R. 2. hic title Fo2feiture, 4. 12. R. 2. hic title Liuery, 2. & 19. R. 2. hic title Trauers doffice.

Oyer de recordes, & faits.

Note del fine.

1 Le tenant a̅u oye del note in Quid iuris clamat. 6. R. 2. hic title Quid iuris clamat   [B.]

Rec. dannuitie.
De fi̅r in Scire facias.

2 Scire facias sur rec̃ en bre̅e dannuitie us le p2ede̅c l' def. le def. do̅ oyer del rec, Et habuit, et puis il do̅ oye del fait del annuitie, per ꝗl il fuit grau̅t, Et la court do̅ del pl' sil auoit fait, & le pl' me̅e fait. ¶ Belk. dit ꝗ il a̅u vieu en ce̅ plac̃ Scire facias suc ho2s du̅ iudg̃, en bre̅e dannuitie & auoit exec̃, & aut̃ fuit arec̃, & aut̃. Scire facias, & issint vj. chec̃ ap2 aut sa̅z fait me̅e. M. 7. R. 2. ⊢. Me̅t̃a̅z 161. Conco2d P. 2. H. 6. 9. Uide 6. R. 2. hic title Monstrans de faits, &c.

Plus.

3 Plus de Oyer de faits. 12. R. 2. hic title Auowrie.

Oyex

Oyer & terminer.

1 Vide de T.7.R.2.hic t Bre.11. et Excommengement.1.et Pledges.1.

Omission de choses.

Formdon.

1 Formdon, le dd count q vn H. done a T. & R. sa fee, & as hies de lour 2.corps, Et de T. & R. discend le droit a vn Hugh, & de Hugh a vn I. come soer le dit Hugh, et de I. discend le droit al ddant, cde sitz & hie. Le tenant dit q T. & R. auer issue vn T. q lour suruequist, & fuit sei per force del taile, de q omission fuit fait en le brief, iudgement de bre. Kirton le omission de T. nest material mesq il fuit in possession, car nad mischiefe al tenant de son gare. Quere, 2.R.2. hic title Estoppel.

Dascun que tiend estate.

Ordinary.

Present p laps. Plenartie.

1 Leuesq ordinat presentee p laps, & issint plenartie p six mois, bon ple pur luy, in Quare impedit. 2.R.2.hic tre Plenartie.

Bona intestat.

2 Du lordinat auera chattels del mort, sl nad exec.11.R.2. hic title Executors.

Profession.

3 Profession poet ee deuaunt le Ordinarie del lieu &c.ou p son deputy.12.R.2.hic t Garde.

Dette.

4 Si lordinary committe ladministration, & nient obstant il m administer, accion de dette lintestate gist vers luy, quod patet arguendo. Et per Thirn. Le ordinat dun dioces ne medlera oue les biens del mort en auter Diocesse.12. R.2.hic title Administrators.

Son authoritie.

Plus.

5 Vide plus de ceo, hic title Patron &c. et.8.R.2.hic title Monstrans.13.

Ouster le maine, Vide Liuy extra manus regis.

Pannel & array.

1 Vide de T.6.R.2.8.R.2.& 22.R.2.hic t Chalr.

Pape. (3.5.6.11.

1 Vide de ceo.5.R.2.hic title Triall

Depriuation.

2 Quare impedit, dicitur q si hoe mee bulles del pape de priuation, q ils ne sere allowes in

B   court

Excōmengement	court le rop, Nient pluis que bulles Dexcom=meng.ĩt.21.R.2.hic titł D.impedit.
Creation dabbe.	3 Un Priour fuit fait Abbe per le pape et le Roy.22.R.2.hic titł Abbe.

Parcel & Nient parcel.

1 Vide 19.R.2.hic titł Presentments in courts.

Pardon, vide Charter de pardon.

Parke, vide Forest &c.

Parlement et Statutes.

Encumbent.	1 Lestatute de 25.E.3.cap.7. pro clero, q̃ done q̃ Lencumbent aucra respons al title le rop, lou le patron pleẽ semtmĩt, Ne extend al Comen p=son.2.R.2.hic tĩ Encumbent.2. Quere.
Garden de fleete	2 Veyes lestatute de W.2.ca.11 de seruientib̃ & balliuis q̃ done action vs garden del prison s escape &c.2.R.2.hic tĩ Dette.1.
Essoine.	3 De lestat de Marlbe cap.3. & W.2.cap.27. queux don essoines in plees Reals & personals, & entendment de ceux.2.R.2.hic titł Essoine 2.
Issues ret.	4 Lestatut de W.2.ca.39. de issues ret &c.coment ceo serra intend,2.R.2. hic tĩ Iuermt,1.
Mortmaine.	5 Pur lestatut de W.2.ca.32 que done, Quale ius quant religious &c ret per default, & lintēdment de ceo.6.R.2.hic titł Collusion,1. in fine.
	6 Quant home de religion ret per act trie, cest hors del stat W.2.mes rẽi p statut de religi=osis fait denaunt.6 R.2.hic titł Quale ius.
Cessauit.	7 L estat de W.2.ca.46.qui done Cessauit do=natori aut eius heredi pro cantat, luminari &c. 7.R.2.hic titł Cessauit.
Mainprise.	8 Quel paine les Mainpnours portet s de=fault le principal p lestat de 7.R.2.ca.17.vide 7. R.2 hic titł Exigent.
Nonclaime.	9 Vide pur lestat de 34.E.3.ca.16.per q̃l non=claine

claime eſt ouſt.8.R.2.hic titľ Continual claime.

10 Uide de Wl.2.ca.1. de donis condicion a= Taileͬ
libus.8.R.2. hic title Garrantie.3.   et 22.R.2.
hic title Diſcont de poſſeſſion.

11 Uide de Chiualers de parliment.8.R.2.hic Chľrs de parle=
title Diſtreſſe.5.   ment.

12 Quinziſme aſſeſſe p̃ parliament. 8.R.2.hic Quinziſme.
title Quinziſme.

13 Ueies leſtatute de Marlbꝛidge cap.4. que Diſtres.
pꝛohibit outragious diſtres. Et cap. 5 per quel
eſt defend que nul pꝛendꝛa diſtreſſe in hault chi=
min, Et le ſtatute que parle que home ne pꝛen=
dꝛa boefs, ne auters beaſtes de caruc, ne bar=
bittes, ſil ad auter Diſtres.12.R.2.hic title Diſ=
treſſe,7.

14 Uide de leſtatute de 23. E.3.cap. de La= Laborers.
borers.6.R.2.12.R.2. et 19.R.2.hic title Labo=
rers. 1. 4.et 11.

15 Coment ceuꝛ parols (Habeatur pro diſſeiſi= Diſſeiſor.
tore) en leſtatute Weſtm̃ 2.cap 25. ſerra entend.
13.R.2.hic tit failer de recoꝛde.

16 Lou leſtatute de Marlbꝛidge cap 3. parle, Dominus.
Non ideo puniatur Dominus: bepes que ſerra dit,
Dominus, deins ceſt ſtatute. 19. R. 2. hic title
Done.2.

17 Quel pꝛoces ſur recouery in dette per leſtat Proces.
25.E.3.   quod vidd hic,19.R.2. hic title Exe=
cution.15.

18 Leſtatute de Weſtm̃ 2.ca.35. que done Ra= Rauiſhment de
uiſhment de garde, parle, que Licet le Rauiſher gard.
reſtituat heredem non maritatam, tamen punia=
tur pro delicto, ex quo ſequitur q̃ il rendeꝛ dam=
nages non obſtant le redeliuꝛ del heire. 22.R.2.
hic title Rauiſhment,4.

19 Ueies leſtatute Weſtm̃.1.cap.37. et 1.E. Attaint.
3. cap 6. que done Attaintes touchant franke=
tenm̃t, ⁊ auxi in Treſpas. Temp.R.2. hic title
Attaint.8.

R 2   Parnoꝛ

Parnor dè profits & rents.

Rent .

    1 Parnoʒ de rent p̃ resceit son baillie, 6.R̃.2.
hic title Assise.4.

Profites.

    2 Uide de parnoʒ de pʒofits,21.R̃.2.hic t̃ Bē.

Parol demurre & Parol sans iour.

Nonage le T.per
resceit.

    1 Parol dem̃ p̃ nonage lun tenant p̃ resceit.5.
R̃.2. hic title Age.

Plus.

    2 Plus istarum 7.R̃.2.hic tit̃ Pʒotection.
& 11.R̃.2.hic title Excommengement.

Nonage le prie.
Per nonage le
vouche.

    3 Per nonage le pʒie en aid.12 R̃.2.hic t̃ Aid.

    4 Formdon, Le ten̄t vouch vn heire deinʒ age,
& pʒia q̄ le parol demurre, le dd̄ counterplede le
poss, et troue fuit pur le ten̄t, p̃ q̃ pʒia q̃ le pa=
rol soit mise sans iour, ¶ Wad, dit q̄ le vouchee ē
de plein age, Et pʒia Venire facias d̃ce vieu in

Counterpled que
est d̄ pl. age.
Resommons.

Court. Et auoit, car poet ē que il est oʒe de pl̃
age, Et si voucher vst ē gē al commencem̃t,& le
parol demurre sans iour, il puit auer Resom̃ons
a oʒe, Et p̃ m̄ le reasõ il dira oʒe q̃ il ē de pl̃ age,

Iour in court.

quant il ad iour in court sans suer Resom̃on.12.
R̃.2. hic title Voucher.

Nonage le vou-
chee.

    5 Quãt le t̃ vouch vn cõe hē & deins age,& pol
dem̃ sãʒ iour.12.R̃.2.hic t̃ Voucher.& 13.R̃.2.ib

Parol remoue.

Recordare.

    1 Parol remoue hoʒs dauncien demesne per
Recordare.6.R̃.2. hic title Cause de remoũ ple.

Pone.

    2 Bre dadmeasurement de Dower remoue
hoʒs del countie per vn Pone.7.R̃.2. hic tit̃ Ad=
measurement de dower.

Parol ou plee remaund.

Assise.

    1 Du lassise serra remaund apʒes ladiourn̄m̃t,
Et coment il fra remaund.11.R̃.2.hic t̃ Assise.

Parson.

Annuitie.

    1 Bʒiefe dannuitie poʒt vers parson q̃ pʒia
ayde &c.8.R̃.2.hic title Ayde, 7. et 13.R̃.2. I=
bidem 24.

               2 ¶ Tres=

2 Trespas darbres coupes ös parson &c.12.
R.2 hic title Ayde,16.

Trespas.

3 Annuitie & prescription vers parson &c. 12.
R.2.hic title Ayde.22.

Annuitie.

4 Nota q̃ parson nẽ nosme de dignitie, issint
q̃ in vn acẽ vers luy ne besoign dẽe nosue plon
mes clerke.12.R.2.hic title Nosme.2.

Nosme de digni-tie.

Patron, Parson, & Ordinary.

1 Le Patron & Ordinary soles potent char=
ger lesglise tempore vacationis sans aẽ aut,q̃l
charge liera le Successor,&c.8.R.2.hic t Annuity

Charge.

2 Le person p assent de patron & Ordin grant
lannuitie,& bien.11.R.2.hic title Annuitie.

Graunt.

Partition.

1 Partition enter 2.Coperceners dont lun ẽ
deins age,& in gard.11.R.2.hic title Waste.

Enfant.

2 Apres partition cẽt q̃ est disseisie aña lassise
sole,p Thorp.19.R.2.hic title Briefe.

Assise.

Patents & Graunts le roy.

1 Un auncient graunt del roy, al vn priour
& ses successors, Itã libere sicut Corona illud te-
nuit.7.R.2.hic title Aide de roy.

Sicut Corona tenuit.

2 Patent dalẽ,vide 8.R.2.hic title Assise.

Assise.

3 J.P.port Repl vers le Maire & certaine
parsons de Linne, et count p Mark.q̃ ils a tort
pristeẽ hering, ling & blank,& aut merchand &c.
¶Rik.vous aues icy le Maire & les auters que
avow le prise per reason q̃ il y ad vn custome &
vsage en plus Burghes & villes deins le realm,
q̃ ceux que deuer estre quite de tolt sil soit pris
de eux,que ils purrount deins lour iurisdiction
prendẽ auterf.withernam,cestasauoir al value.
de mesme ceux biens de ceux que prist auterf.
tolt de eux,et diomus onstre que le roy John p
la charter,que fuit mis auaunt,graunt a eux de

Dẽe quite de tolt.

R 3   Linne

Corporat.
Prouost.

Maior & Baillies.

Linne que ils serront Burgesses, & q̃ ils auer vn Prouost en m̃ la vill', & q̃ ils sont quites de toll per tout le realme, & graunt auxi per m̃ la ch̃e q̃ ascun prist toll' de cux encou̅t m̃ la charter q̃ ils purra prender withernam de mesmes ceux auterfoits deins la iurisdicc̃ &c, & issint ount ils fait souent deuant ces heures, Et puis le roy Henry p sa charter q̃ fuit mis auant, rehersãt la chartre le roy John son pere, graunt a cux que ils auer Maire & baill', & que ils fra quite de toll p tout le realme, & si ac̃ fuit prise deux, q̃ ils prendront withernam vt supra, Et diom̃9 q̃ certein gents del dit vill' certein iour & an viendront oue lour marchaundies a Nouel castel sur Tine & illonq̃s ils prist toll deux encounter la custome de ch̃e auauntdit, & pur c̃ q̃ le pl' est frãke hõc & burges del dit vill' de Nouel castel sur tine, & viendra al dit ville de Lynne oue les dits biens, des queux ils ount pleint, le Maire & les auts les prist en lieu de withernã, pur c̃ q̃ ils ne voilent les auts biens del dit̃, iudgm̃ si ac̃, & feront notice a eux sur la pursuit de lour ch̃e, & dõm̃9 restitu̅c̃ de nre biens prises deua̅t, & ils ne voil &c. ¶ Mark. il iustific le prise per 2. causes, vn per la custome auter p la ch̃e &c. Et puis il fuit chasse a tener a lun, p q̃ il soy teigne al charter, & fuit discharge del custome. ¶ Mark. ils ne vnq̃s rese nul biens de ceux, ne vnques fueront Maire, Baillie ne minist̃ deins la vill' de Linne &c. issint le priz des biens torticus, oue eco fesomus protestac̃ q̃ le def. naunt tiel fraunchise, ne conusom̃9 nul prise de lour bienz &c. ¶ Ri. de puis q̃ ne dedits la ch̃e &c. ne que notice fuit fait a vous sur le prise d̃ nr̃ fraunchise, & de c̃ que ditz q̃ vous ne prises toll de nous, de lieõe nr̃ dedits q̃ vo9 ees burges del vill de Nouel castell, ne que il prist toll vt supra iudg̃, Et priomus re̅c̃, Et sic ad iudic̃. H.8.R.2. Fitz, Graunte,105.

4 Di

4 Si le roy gñ mou terre per patent, ieo auera
assise vers le patentee. 20. R. 2. hic title Asf. 22. & | Assise vers pa-
22. R. 2. hic title Disseis, 3. | tentee le roy.

5 Plus istarum. 12. R. 2. hic title Forfeiture. | Plus.
et Temp. R. 2. hic title Conusans & Recorde.

Peace.

1 Vide 5. R. 2. per Belk. hic & Vtlagary, 1. in fine. | Suretie de peace.

Peremptorie.

1 Al Graund cape vers le baron & sa feme & le | Issue peremptory
3. le feme vient & dit, que el & son baron fuet te= | quant al tenant:
nants del entier, & pria dée resceiue del entier | Mes al briefe
pur default de son barõ. Burgh, ils sont tenantz | quant al dñant.
in comen cõe le bñe suppose, Et sic a issue, Belk.
Si soit troue que le baron & feme sont sole te=
nants le briefe abatera, & el ne sra resceiue, Et
si soit troue que ils sont tenants in comen come
le bñe suppose, le dñant recouer seisin de terre. 2.
R. 2. hic title Resceit.

2 En assise le def. plea nient attache p 15. iours, | Nient attach per
que est troue vers luy per examination del bail= | 15. iours in Assise
lie, ceo nest peremptory, Et econtra si soit trie
vers luy per lassise. 5. R. 2. Brooke Peremptory, | Diuersitie.
66. Et hic title Assise, 1. Tamen nest vse a trier
ceo p assise a ceo tour, mes de faire le tenant de
responder ouster, si le baillie ne soit present dée
examine, per Brooke ibidem.

3 Si le vouche demurra en ley & le ley, il est | Vouchee.
peremptory, & ceo in Formdon. Distinguendum.
M. 6. R. 2. Statham Voucher, 64. fo.

4 Quare impedit, Le def. dit que pend le brief, | Demurrer sur ple
le presentee le pl est resceiue, institute & induct | al bñ:.
del Euesque, iudgement de briefe, Et sur ceo demurre. Skipwith, ceo nest tout le faie le patron,
mes del Euesq. Per ñ Holt p aduise del Court,
pur ceo que ne dedits le disturbans, ne le droit
del

R 4

del patron, agard que le pl' eit brē ad euesq̄. 11.
R.2. hic titl' Quare impedit.

5 Formd, le teñ vouch vn cōe heire &c. Le dō counterpled que le bouchee, ne nul &c. Et troue pur le tenāt, ceo nē peremptory pur l' dō, 12. R. 2. hic titl' Voucher.

6 Du trial per paijs ne fra peremtorie, 12. R. 2. hic titl' Trialles.

7 Disceit, proces continue vers le def. tanq̄ al dissē, & il ne vient, p q̄ les Sõ & Veiours fuer examines, et le disceit troue: per que le pl' fuit restore. 13. R. 2. hic title Disceit.

8 Le tenant vouch vn deins age, et ha que le pol de murg, le pl' dit que de pleine age, per que Venire facias isset &c. si l' vouche vient per pces, et est adiudge de pleine age, ceo nest peremptory pur le tenant, mes poet luy voucher cōe de plein age. 13. R.2. hic tit Voucher.

9 Disceit, le tenant pled iointenancy, que e trie encounter luy, il perder sa terre sans ascun examination. 18. R.2. hic title Disceit.

10 Plus istarum 13. R.2. hic tit Examination

Per que seruicia.

1 Attournement de parcel in Per que seruicia p Clopton. 11. R.2. hic tit Quid iuris clamat.

Peticion.

1 Si le sõr oust le Copiholder il nad auter remedie forsque per peticion, 13. R.2. hic tit Faux iudgment.

Petit cape.

1 Formdon ba vn t, que aū pled a issue, et auoit 2. Attournies, et orc lappar de lun att fuit receyue &c. Et puis le tenant fuit dō, & vn respond cōe essoinor de lauter att, Sur q̄ le ddant chall' lessom, pur q̄ q̄ laut att apparust, car cesti que appiert puit rñd pur tout le besoigne, per q̄ il pria que le t soit dō, et Petit cape ag per sõ def.
¶ Belk. & Skipvvith ne poies aū Petit capias mesq̄

fl fiſt def. Ne meſque il ne boit my rñd cõe at=
tourney &c.2.R.2.hic tiť Eſſoin.

2 Prec' quod reddat,penð le pces ꝭs le vouch,
le tenant fiſt default, p que le Petit cape fuit a=
gard vers luy.7.R.2. hic tiť Ꝃañ de default. Vers le tenant
puis vouch.

3 Ceſt le pzoces in Precipe quod reddat, puis
apparance,12.R.2. hic title Apð.   et 19.R.2.
hic title Ceſſauit. Puis apparance.

4 Formdon, Le ꝑ pled recozd in barre, et auer
iour de faire vener &c.et a ozc ľ tenant fiſt def.
Ꝑer que le Petit cape fuit agard, et nẽ ſein del
terre.13.R.2.hic tiť Failer de recozd. Puis failer de
record.

5 Plus de his.8.R.2.hic tiť Annuitie   et Plus.
13.R.2.hic tiť Cuſ claudenda.   et 13.R.2.hic
tiť Ꝃañ de default.

Plaints en Aſſiſe.

1 Aſſiſe de libero teñto, et fiſt ſon pleint dauer
reaſonable eſtoûs a 4. burgaꝫ in E. &c. Temp. Eſtouers.
R.2.hic title Aſſ.

2 Plus iſtarum.19.R.2. hic tiť Auñ demeſne. Plus.

Pleints in Courtes.

1 Pleint in London.1.R.2. hit tiť Bille. Repleuin.
2 Pleint in repleuin.13.R.2.hic ꝑ Repleuin. London.

Pledges.

1 Oyer et terminer pozt per vn vers pluꝺozs. Oyer & terẽi.
¶ Pinch. le bře neſt ſeruie car le pľ nad troue Inte rleſſe.
pledges de purſuer.¶Holt.ceſt bře ſemblable as
auters, & aſcun biř bſſent de reť pledges, et aſ=
cun nient,& meſque nul pledges ſoit reť,le bř eſt
aſſets bon,p q̃ ¶Skip.al pľ counts ꝭs eux &c.Ꝑ.
7R.2.F.Plegges.10 De bene gerendo
Repleuin.

2 Pleꝫ de ſe bene gerendo.7.R.2.hic tiť Cozð. Returno heñdo.

3 Pledges de Returzo habendo in repleuin.
7.R.2 hic title Withernam.

4 Si hõe gage ſes biens,& puis eſt attaiť de fe= Gage priſe,et pu=
is le owner eſt
attaint de felony
lony,vntoz le roy naûa les biẽs gages ſans pa=
per le ſome pur que fueront gages.13.R.2. Br.
Pledges,31.in fine.

R ſ   , Pleding

Pledinges.

Refceit.

1 Queux plees tenant per refceit aña ʃ le reʃ=
ceit.2.R.2. hic tit Reʃceit.

Fine.

2 Lou ʃerra bon ple in auoidãs dun ʃiue a dire
que lun partie ne lauter nauoint ʒ al temps ʒc.
6.R.2.hic tit Cãe de remoñ ple   7.R.2.hic tit
Scire faĉ   19.R.2.hic title Replicacion.

Refceit.

3 Queux plees tenant per refceit auera puis
le refceit. 7.R.2. hic tit Reʃceit   11.R.2. Ibm̃
12.R.2. Ibidem   et 13.R.2. Ibidem.

Fine.

4 Aʃʃiʃe, le tenant pled in barre per fine ante
ʃtatutum 34.c.3, de nonclaime, et dit q̃ le pl' fuit
vn an et vn iour puis le fine leuie hoʒs de pʒi=
ʃon, de pleine age, et deins le 4. meres, et ne
miʃt mp ʃon claime ʒc.Le pl' dit coment il fuit a
cel temps en Eʃcoce tout lan et le iour dount il

Fine confeʃʃe &
auoide.

parle, Sans ceo que il fuit en Engleterre, cõe
il ad dit ʒc.Et fuit chalk',pur ceo que il ne dedit
que il fuit deins les 4. meres, Et pur ceo que

Traues per.

Eʃcoce ʒ auter terre,et auter realme aparluy,
liʃʃue a ceo purpoʃe fuit tenus aʃʃets ʃuffic̃, et
puis le tenant dit, que il fuit a T. en Engletẽ

Iʃʃue.

en le Countie de N. ʒc. 8.R.2. hic tit Conti=
nual claime.

Quare impedit.

5 Plees pur le pʒõn, Lencũbeut, et leueʒ in
Quare impedit.8.R 2.hic tit Q.imped.

Aʃʃiʃe & briefe
dentre.

6 Pleding in Aʃʃiʃe et bẽe dẽtre diʃʃeĩ. 8.R.2.
hic title Briefe.

Pur auoide
Miʃchiefe.

7 Ple pur miʃchief q̃ auterm̃t eʃue.12.R.2.hic
title Voucher.

Voucher.

8 Iuris vtrum de rent vers W. Caʃʃy, B. eĩ
C. fuct̃ ʃeiʃeʃ del terre dount ʒc. in lour dem̃
cõe de ʃee diʃtharge,et enʃef chtr W. diʃcharge,

Counterple de
voucher.

q̃ bouch a garẽ m̃ ceux B et C. Hank. A. fuit
ʃei de m̃ tel rẽt q̃ done a nẽe pʒedeceʃʃoʒ in frãk=
almoigne, ʒ nẽe pʒedec̃ fuit ʃei che de frankal=
moigne,por mp l' maine vn W S.le quel infeĩ
le tenant, iudgment ʃi le voucher.Et nõ allocatur

¶ Hank dit ouster, sans ceo que les 2. fuer seies discharge ¶ Thirn puit ee que le terre fuit discharge pur certein temps, i oe pur time de vie, ou e aut man, i nei in le droit, p q il couiet que il soit mee que le terre est discharge in droit, ou in fait, ou per auter matter especiall, Car p non paymt de rent le terre nest discharge, coment q le rent ne pay a vn iour, ne a xx.iours, Issint quant il all sein per my le main ec. Nos couiet a distroier ceo per matter especial ¶ Cassi ceo ay all q ls 2. fuer seies in see discharge i nos enseffe, en quel case sil ad tiel matter especial, il couient dall ceo de son partie. ¶ Hank nos auoms all et dit, sans ceo q ils fuer seies discharges ¶ Thirn lissue ne poet ee b le discharge. 12. R. 2. hic tit Uoucher, 9 Plus istarum. 11. R. 2. hic title Utlagary. 11. R. 2. hic title Abiuration 19. R. 2. hic tit Iunc dem. et 21. R.2. Ibm.

Special matt mee

Plus.

Plenartie

1 Nul pledra, plenartie in Quare imp. mes le pron, ou cesti que psent per laps, per Belknap. Et per Parry, al comen sep lencumbent poit au pled, que il fuit eins del presentment le pr m. Mes nei del psetmet deste, quod Belk concessit. 2. R.2. Br. Plenartie, 12. Et hic tit Encubent.

Qui pledera plenartie.
Patron.
Euesque.
Comen ley.

Pone.

1 Ple remolve hors del Countie en coen Bak p Poise. 7. R.2. hic tit Admesuremt de Dower.

Parol remoue.

Pownd ouert.

1 Uide de c. 11. R. 2. hic tit Trespas p Pinch.

Precipe quod reddat.

1 Entre i disseisin en nature dassise e vn pre= cipe. 8. R.2. hic titl Bre.

Entre sur diss.

2 Per Thirn precipe gist dun fee de chree, s, quod reddat vnu feodu militare. 22. R.2. hic titl Discont de poss.

Knightes fee.

Premuni-

Premunire.

1 Premunire vs diuers pſons, & declaꝝ verꝼ aſꝼ come acceſſoꝛy, & vs vn come pꝛinꝰ ⸿ Thirn. le pꝛinꞇ ne vnꞇ attaint, p̄ que nentendomus q̄ voꝰ nous voiles mitt a r̄n̄d ⸿ Skip. leſtatut voꝰ fait touts pꝛinꞇ & le b̄e auꝛi, pur q̄ ne duiſſes r̄n̄dꝛe donꝗꝫ ⸿ Belk. nous volomus eſtre auiſ, mes ve tamenta ma entet il parle bien. ⸿ Ric. nous vo lomus b̄n ſuffer q̄ il ne r̄n̄de oꝛe, & iſſint fiſtꝭ voꝰ en la cas de R. mes nous pꝛionus que il troue ſuerty, q̄ ils ne ſueront en la court de R̄oe t le m̄ tēpꝫ, & iſſit fuit fait ꝫc. C. 8. R. 2. F. Premunire 12

Prerogatiue le roy & auters choſes
touchant le roy.

1 Si home tient denfant in gard le roy , et deuꝑ ſon heire deins age, le roy nauera in garde ſinon le terre que t tenus del heire q̄ eſt in gard le roy, ꝑ Cur. 6. R. 2. hic tiꞇ Gard Et plus inde Ibidem.

2 Quant home t vtlagꝭ in acꞇ perſonal, le roy auera les pꝼitꝫ de ſa tre ꝫc. 8. R. 2. hic t Supſed.

3 Nota que le diſtreſſe que fuit pꝛiſꝭ pur du tꝑ le roy, come pur 15. fuit venꝺ pur paier c. 8. R. 2. hic tiꞇ Quinziſme. 1.

4 Wadham, le roy & ſes Miniſꞇ poent diſtꝼ in l' hault chimin, Mes nul auter poet. 11. R. 2. hic tiꞇ Diſtres.

5 Home indite deuaūt Juſtices de Gaole de liuerꝑ, fuit diſcharge payant ſes fees, vncoꝛ ſur auter auiſem̄t, ils poient luꝑ remaunder deſtꝼt a ſa deliuerance ꝺ nouo, pur t que le roy eſt pty 11. R. 2. hic tiꞇ Inditement.

6 Si le roy done, venꝺ, ou leſſe ſon garde, ou maner, ou Caſtel a vn home pur terme ꝺ vp, ou en fee, il ne poet diſtꝼ hoꝛs de ſon fee, Si come le roy m̄ ferra ꝫc. 12 R. 2. hic tiꞇ Diſtres.

7 Coment que ſoit troue pur le ꝺꝛant in b̄e de diſceit, vncoꝛ il nana le meſne iſſues, mes le roy

Garde per cauſe de garde.

Vtlagary.
Iſſues de terre.

Diſtres venꝺ pur ducie le roy.

Diſtꝼ in via.
regia.

Inditement.

Diſtꝼ extra feoꝺ.
Grauntee nauera prerogatiue.

Diſceit.

roy eur auera, & le reason ē, pur c̄ que la terre ft̄ Iſſues de terre.
priſe in manus regis per le Graund capc.12.R.2.
hic titł Diſſeit.2.

8 Quare impedit port per le roy vers Le= Q. impedit.
ueſq̃ & auters Quod permittat preſentare ad prebendam quam &c. in Eccleſia Collegial' de B.
¶ Gaſcoin cel eſgliſe ē pochial, ſauns ceo q̃ il eſt
collegial priſt, iudg̃ de bēe, Per q̃ Thirn. agard q̃ Bře le roy abate.
les def aleē a Dieu.13.R.2. hic titł Quare im=
pedit.

9 Le roy naūa leȝ biens dū hōe attaint, eēant Biens dun hōe
en gage deuaunt, ſans payer le ſome pur eur.13. attaint.
R.2.hic tit̃ Pledges.4.

Preſcription.

1 Lou Annuity poet eſtre p title de preſcript̄ Annuitie.
12.R.2.hic tit̃ Annuity   et 13.R.2. Ibid.pł.

2 Un preſcribe daū p reaſon de ſon office de Officer.
cheſc Brewer &c. 3.gallōs d̃ melior ceruois pur
7.d̃, & que il & ceux que eſtate il ad &c. ount ēe ſēi
de cē &c. Et bene ſans mēe comēt il ad ſon eſtate
19.R.2 hic titł Acc̄ ſur le caſe.

3 Home preſcribe que il & ſes auncesters ount De eſlier bailly
bſe que les tenaunts de ſō manour doient eſlier &c.
bn Bailly &c.pur colier fermes & rents, profits
de courts & leetes, & bien.19.R.2.hic titł Bēe.

Preſentation al eſgliſe.

Si encumbent ſoit miſcreant, ceſt bon cāe de Miſcreant incū-
boidance : Et ſra trie ou leſgliſe ē, coment que bent.
le ſentence fuit done al Rome, Et iſſint de ſen=
tence de depriuation al Rome. 5.R.2.Br.Preſē=
tation al eſgliſe. 54. Et hic titł Trial.1.

2 Nota p Belk. Q̃ vn q̃ ē ſeiſſ dun auotoſ dur Forfeit per Vtla-
eſgł & leſgł ſe boid, & puiȝ ſoit btlag̃, melȝ il ſoit gary in treſpas
en bn acc̄ pſonel, vnc̄ le roy aū le pref. & Quare Q. impedit ſur ſo
impedit ſur ſo cas.P.8.R.2.F.Q. impedit.200. caſe.

3 Home ſeiſſ de terre a que aduotoſon ē ap= Diſſeiſor et
pend & preſent &c. et puis done m̃ le terre oue le Diſſeiſie.
aduotoſon a bn auter in fee, le feffee ē diſſeiſſe
&c.leſ=

&c. lefglife voiþ, le diffeifoz puit &c. le diffeiffe re=
enter &c. lefglife oze voiþ, le diffeiffe auera l' pze=
fentment. S. R. 2. hic titł D. impeðit.

Prefentments en courts.

1 Uiðe de c̃ 11. R. 2. hic titł Cuſtome.

2 Un P. Conſtable del Caſtel de Cozff. aħ
pzife un enqueſt, & troue ðcuaunt luy que W. 2=
uer encroch certein terre, le quel fuit del feigni=
oze ð Cozff. et ts demefnes le roy. ¶ Le Chaun=
celer. að le Conſtable tiel power? ¶ Hornby opel,
quaunt il eſt cins, Car le fõze de Cozff. að Co=
roner et Eſchetoz de eux mefnes, & ount ð tẽpz
&c. Le ðit W. vient & ðit que les terres fuẽ p=
cel de fon maner de T. fauns ceo que ils fuẽ p=
cel del maner de Cozff. Et liffue fuit pzife, le q̃l
il fuit parcell ou non &c. ¶ Hank. pur le roy ðit q̃
ceo ne fuit iffue, pur ceo que per tiel iffue il puit
ðiſturber le poff le roy. Et non allocatur. 19. R. 2.
hic titł Trauers ðoffice.

Deuaunt Con-
ſtable dun Seig-
niore par encro-
cher terre del
demefnes le roy
parcel del ſory.

Trauers.

Parcel.

Iſſue.

Principal et Acceſſory.

1 Uiðe de his. 8. R. 2. hic titł Pzemunire
11. R. 2. hic titł Appeale.

Priour, viðe Abbe &c.

Priour alien.

1 Uiðe de ceo. 13. R. 2. hic titł Ayð.

Priuiledges.

1 Home impleðe in Banke le roy, puts eſt
arreſt in London per fozce ðun pleint, ſur que
bziefe de Priuiledge iffiſt, per que le pzſoner ẽ
amefne al barre, et eſt ðiſmiffe. 1. R. 2. hic titł
Bille. 1.

2 Un Johñ feruaunt ðun des Barons deſ=
chequer, & fa feme, & ij. auters execut fuẽ bziefe
de ðif

Prifoner ðifmiffe

Priuiledge.
de Eſchequer.

de det en melme Lelchequer pur dutxe lour te=
ltatour, le defenð dit que les auters ÿ.plaintielʒ
ne fuet pas officers del Eſchequer, ne ſeruants
del offic Deſchequer, iudgement ſi le court ꝛc.et
puis les ÿ.pl̃ ſtée def.ꝛ fuet demaunds, ꝛ ne vi=
enðe , per ꝙ pur Iohñ ſuant ꝛ ſa fée ſuit pꝛie ꝙ
les auts ſont ſeueres per aꝵ, et il reſceu de ſuer
ſole ¶Brough. cco ne puit eſtre icy, car ſi ÿ.exe̅c
poꝛt accion,ꝛ lun eſt ſcue̅ ꝛ lauter te̅c ꝛ deuy d̅=
uaunt exe̅c ſue, ceſtÿ ꝙ eſt ſcuere ſuer exe̅c: mes
icy coment ꝙ le baron ꝛ ſa feme te̅c ꝛ deuiont,
les auterʒ ÿ fue̅t ſeueres ne poient ſuer exe̅c,pur
ceo que ils ne fue̅t officers de ceſt court, ne ſer=
uaunt doffic ¶Clopton Som ad ſequend' ſimul
ne puit eſte aꝵ vers eux que ſont def. pur ē que
lacc̅ pꝛiſe per eux en comen a nul temps fuit bon
quant ils ne fue̅t Offic,ne ſeruantʒ.et puis ꝑ aꝵ
les auterʒ ÿ.fue̅t ſeueres,ꝛ le ba̅ꝛ ꝛ feme reſceu
ꞇa ſuer ſole, ꝛ count nouel count ꝛc.P.11.R.2.F.
Pꝛiuiledge.2.

Priuies & priuitie.
1 Uide 12.R.2,hic titl̃ Auowꝛie.

Procedendo.
1 Uide de ceo.6.R.2.hic titl̃ Ayd de roy   et
7.R.2.Ibidem.

Proces.
1 Pꝛoces in Quid iu: is clamat puis apparãce.Quid iuris cla-
5.R.2.hic titl̃ Attourny.   mat.

2 Audita querela, Et puis c̄ Venire facias Venire facias
le pl̃.6.R.2.hic titl̃ Auð querela.   in Audita que-
                           rela.

3 Pꝛoces in Audita querela ē Som,ꝛ,Venire Audita querela.
facias, Et Diſtr, ou Capias quod ꝑatet. 6.R.2 hic
titl̃ Auð querela.   Et 11.R.2.Ibið   ꝛ hic titl̃
Bꝛiefe.

4 Home vtl̃ in dette auoit ꝑdon, ꝛ Scire fac'ꝛ
ceo,a quel iour le pl̃ vient, ꝛ count vers le def.
                          ꝛ iour

et iour done ouſter, a q̄l iour le defend fiſt def.et
Diſtr aiudge vers luy.6.R.2.hic titł **Charter de
pardon.**

Detinue.
Dexecution.

5 Proces dexecution in detinue de biens.6.
R.2.hic titł Detinue de biens ꝫc.

Def.puis appa-
rāce in Q.imped

6 Q.impedit, Le def.fait def.puis apparance,
le pł rec maint,ꝫ ſes dam: Mes ſil fait def.puis
continu priſe, il auera diſtres.6.R.2.Br. Proces.
27.quod videtur Diſtringas ad audiendum iudicium.

Mainpernors.

7 Quel proces iſtera ꝰs mainpernours.7.R.
2.hic tit Exigent.

Annuitie.

8 Annuitie vers perſon, q̄ pria aid del pron
et Ordinary,Et laid graūt, quex fuēt ſoꝛn,ꝫ vi-

Proces puis ap-
parance.

endē priſt de ioinder per attourny, Et le perſon
fiſt def.per que bēe iſſiſt al Eueſꝗ de Diſtł le pr-
ſon en lieu de Petit cape, et fuit retourne a oꝛe ꝫ
fuie, Et les auters auēt iour per Idem dies, et
viendront per attourny, et la perſon auterfoits,
fiſt def. per q̄ fuit aꝗ que le pł recouer lannuity,
et arreꝫ et dam ꝫc.8.R.2.hic titł Annuity.

Ayde.

9 Aide de Proces ꝫ ayd prier. 8.R.2.hic titł
Aid, 12.R.2.Ibid.

Voucher.

10 Si home vouch luy m̄ pur ſauer le tayle,
proces ſerra fait vers luy meſme. 8.R.2.hic tit
Ayde.

Venire fac. vers
le Iury.

11 Treſpas, les parties fuēt a iſſue, Et Venire facias iſſiſt al vicount de Noꝛth. ret ꝫc. Et
pur ceo que il fuit del councel le pł, le def. auer
Superſedeas del Chauncery al vic de ſurceſſer ꝫc
per que le bēe de Venire fac ne fuit fuie, Et le
pł pria Venire facias ſicut alias. Belk. dit que le

Venire fac. ſicut
alias.

vicount puit auer ſerup le bēe, et auer fait larray,non obſtant le Superſedeas, Et pur ceo que
il iſſiſt encounter ley,il nauer ſufficient garrantie de ſurceſſe, Mes oꝛe il ad riens fait, per que

Directʒ.

ꝫ auoier, le quel il auēt Sicut alias al Vic ou al
Coroners. Wadham ieo ne prie a meſme le vicount

count, mes al vicount genͥalment, et vn auter
puit eē estier. ❡ Belk sͣ cͣ Sicut alias . 8. R. 2.
hic titͣ Supersedeas.

12 Le proces versus Juratores, ē Venire fac',
Habeas copora, ⁊ Distringas. 8. R. 2. hic tit Chalꝰ.
Concoꝛd. 22. R. 2. Ibid.

Vers Iury.

13 En detinu lͤ def. vient par Cap. ret en garð ꝑ
Vic ⁊ fist dͦer le pͦͣ, ⁊ vn dit pur luy que il fuit
essoin. ❡ Belk. bn̄ puit este, mes il irra sͣz main-
priſͤ, ⁊ sic fecit. (Sͤe 12. R. 2. hic tit Attourny)
Et fuit dit par les clerkz del place, que sͤ le def. al
ꝑchē iour faē defaut, q̃ le pͦ auͥ Dist̄, ⁊ iāmes
auͤ proces en ceo bͤͤe, ⁊ cē son defaut demesne q̃
il soy fist essoñ, ⁊ issint sͤ t̄ fait si vn vient ꝑ leꝛig.
⁊ le pͦ soy essoin. T. ?. R. 2. Fͣ. Proces, 223.

Mainpriſe ale ꝑͤ
essoine le pl.
Proces puis ap-
parans.
Distͥ infinite.

14 Proces en Quē redditū reddit. 10. R. 2. hic
titͣ à tourny.

Quem redditum
reddit.

15 Vn suist Distͣ ad habendum corpus vers le
vic, ⁊ al iour de ret il vient ꝑ attourny, ⁊ dit q̃
al temps que son Successͤ fuit esticͣ il delͣn̄ le
coꝛps a luy, ⁊ pria deē discharge. ❡ Thi. ⁊ Charlton disoint, que le vic ne doit faire attourny, eīs
couient eē in proper person, Pͤer que ils agarð
que le vic duist eē dͦc, ⁊ foꝛfeit sez issues, Et q̃
nouel dist̄ isset vͤs luy. 11. R. 2. hic tit Attourny.

Distͥ ad habend̄
corpus.

Nouel distͤ.

16 Le vic ret Cepi corpus, ⁊ al iour il nauer
le coꝛps, per que il fuit amercy, Et briefe issist
al vic dauer le coꝛps a certein iour. 11. R. 2. hic
title Default ⁊c.

Proces vers vic'
suͥ faux ret.

17 Trn̄s poꝛt ē la com de N. le def. all viͨc=
nage en le pͦ reg. a son mañ en la com de L. de
quel mañ il est seisi en dͤ sa femme, ⁊ le pͦ dit
saūs ceo, ⁊c. sur q̃ le def. prie aide de sa femme, ⁊
laide graunt, ⁊ Soñ ad au iliaudum fuit ag. en
la com de N. ou le bͤ fuit poꝛt, de Soñ la fͤe,
⁊ le vic ret q̃ la fēme nad riͤz dout ⁊c. ⁊ le pͦ ꝑe
Venire fac'. vers lenquest ❡ Mark. noͥ prioͥ bͤe
de garñ la feme en ſa com ou le mañ est, car il

Sur ayd prier.

Soñ ad auxiliaͤ.

S   couient

couiēt̄. q̃ el ſoit fait partẏ de trier liſſu &c. ¶P.ick. ſoueut ad eſte aiudge en tiel cas, que baron doit faire veñ la femme ſaun3 auer p̃oces vers la femme. ¶Thirn. vous ne veiſtes iammes en ceſt cas, ꝗ ſi home ſoit vtlage et purchaſe chartre et ſuit Scire facias ꝗ le vič ret q̃ il nad riens, il naꝓ Scire facias de garñ le pleintif en auter countẏ, car riens appert per le bě lou ľ pleintif ad terē, ꝗ la court ne puit entenđ ſe q̃l le pleintif ad terē en auter coun3 ou non, mes icẏ per le pleđ appt que la femme ad terre ē auter countẏ, ou el puit eſ̃ garnẏ deſſe partẏ a ·trier liſſu que eſt en le đ3oit: ꝗ puis per ag̃. el fuut ſom̃ en la county ou le mañ eſt &c. ¶T.ii.R. 2.f. P̃oces.i59.

18 ¶Un Recordare fuit ſue al vicount, q̃ aſſuptis ſecum iiij. militibus accedas &c. & ibm̄ recordař facias loquelam &c. et le vič ret̄ que les Suto3s ne voile liuer a luẏ le reco3đ, ne luẏ ſuffř de ľ a- uer, ſur que b3iefe iſſiſt a diſtř touts les Suto= to3s, et le vicount retourne iſſues ſur touts: les queu3 fuē đđes et xviij. viendē et touts les auters. s. xxij. fiē default, ꝗ les xviij. monſtre a- uant le reco3đ al court, et diſt que ils voile a- uower ceo pur le reco3đ ¶Markam. le reco3đ ne ſerra accept, car puit eſtre que les auters voiſ diſauower ceo, et puit eſtre que ceo nē le reco3đ p̃ que eux q̃ appere ſañ lour iſſues, ꝗ nouel Diſtř iſſeř a diſtř les auťs Suto3s dauer le reco3đ. ¶Rikil ſi iiij. de les Suto3s vſſent bail le re- co3đ al vič ľ q̃l vſt retourn le reco3đ cẏen3, nuſt pas cel eſte ten⁹ pur reco3đ? quaſi diceret ſic: q̃ concedit̄ p̃ Curi. et ieo poſe q̃ ne ſount que xviij. Suto3s et q̃ le vič retourne q̃ il3 ſont xl. Suiť aſ̃ per eſtrang noſme iſſit q̃ ne ſont tiel3 in rerū natura, cōent q̃ ľ3 xviij. viendē ꝗ po3t ľ reco3đ, ꝗ les auters tāmes viendē, iſſint la partie fra de- laẏ a tou3 iours. ¶Markā dōꝗ aũes vře ačč vs ľ vič ¶Charlt. ſi tou3 ľs Suitors vſſet ven⁹ ꝗ aſ̃

aſſ ount mēe vn recoꝛd, ⁊ aſſ auē recoꝛd, cōent
fra la court ⁊ ❡ Markam ag. foꝛſ̨ vn nouel diſtē
vers les Suitoꝛs daſi le recoꝛd a certein iour. ⁊
puis Cherlton, ſues diſtē Es touts l̨ Suitoꝛs
q̇ ne vieñ ꝑ ⁊c. qd nota. T. 12. R. 2. F. Recoꝛdare, 7

19 En dette vers 2. tanꝗ al Exig̃, et ils auer
Superſedeas, et al iour, lun de eux fiſt deſ. et ſau=
ter apparuſt, et le ꝑl añ Exig̃ ce nouo vs ceſti
q̇ fiſt def. et Capias vers mainꝑnours, Et idem
dies done a lauter. Et hic titł Exig̃ 4. Quere
ſil ſoit de toit cōtract, ſi fra mis a reſponð tanꝗ
lauter ꝓces ſoit determine ꝑ Exigent vs ſon
compaig̃. H. 12. R. 2. Statham ꝓces. 45.

20 Quel ꝓces iſtera in Precipe qd reddat, puis
apparance. 12. R. 2. hic titł ꝁ yd.

21 Quant ꝓces fra agarð vs les teſtmoignes.
12. R. 2. hic titł Iuowne.

22 Formdon, Le tenant bouch vn cōe heire ⁊
deins age, et pria que le parel denurre ſanus
iour, Si le ðant dit q̇ le bouchee ē de plein'aḡ,
il auera Venire facias de faire lup veñ deē vieu
in court. 12. R. 2. hic titł Voucher.

23 Le tenant bouch a garē vn deins age, Et
ꝑa q̇ ł pol denuure, Le ꝑł dit que de pleine age,
ꝑ que vn venire facias iſſiſt, ꝓces continue tanꝗ
al Sequatur, le q̇l ne fuit ſuie, et oꝛe le tenāt lup
voile añ bouch cōe de pleine age, Et non potuit,
eins ſein ol terē fuit aḡ, Car i hirn dit, q̇ il fuit
le folie le tenant, que le Sequatur ne fuit my ſer=
uie, ⁊ uꝛibien cōe lou ꝓces iſſiſt vers le bouche
de garē ⁊c. T. 13 R. 2. Statham Voucher. 57.
fo. Et hic titł Voucher.

24 Diſtring' in bꝛiefe de diſceit. 13. R. 2. hic
titłe Diſceit.

25 Proces vers Soñ et Veiours, in bꝛiefe de
diſceit. 13. R. 2. hic titł Diſceit.

26 Nota al Cap. ret le Tiſł ret que il auer vs le

Exigent de nouo.

Puis apparance in precipe quod reddat
Teſtmoignes

Venire facias de faire enfant vouch deē vieu.

Venire facias de faire enfant deē vieu

Diſceit.

Soñ & Veiours.

Vers abbe sur contempt.

corps, & liu al castell' de A. en m̃ la com̃, & labb. de B. vient & lup prist hors de son gard, per que Cap̃ fuit ag. ẽs laub. M. 13. R. 2. F. pces. 161. Et hic tit à uerment contra reẽ.

Vers mainpnors

27 Hank. monstre que vn q̃ vient par Cap̃ en gard pied a issu, & troue mainprise, & ore lẽquest fuit reẽ, & le Def. fist defaut, par q̃ il prie lenquest

Capias manucaptores.

per son defaut, & Cap̃. vers lez mainpernours. ¶ Cur. bous naueres que Cap̃. vers lez main= pernours, & nemy enquest par son defaut, Et en tiel cas le Def. apres issu nauer essoñ, ne defaut &c. M. 13. R. 2. r. Proces. 12.

Cur claudenda. Proces puis ap- par. Diuẽ. Briefe denquer des dam. Vniẽ infinite.

28 Cur claudend̃, le Def. fist def. puis apparance, sur que issist vn Dist en lieu de Petit cape, a quel iour il fist def. Et le pleintif pria briefe denquest des damages, Et briefe a dist luy pur faire re= paracion, Et t habuit. Quere si le defendãt nust apparue, car donque semble que le Dist issẽt in= finite. M. 13. R. 2. Statham Proces, 47. Et hic title Curia claudenda.

Dette. Dex cution in Cap̃.

29 Scire facias hors dun reẽ en dette vers auter &c. Le biẽ reẽ que il nauer riens doũt cẽ garnp, ¶ Hill. pria Capias, Quod fuit ei negatum, Car son suit ne do riens forsq̃ execution dun Iudg= ment &c. Et poet auer briefe de Dette, et donq̃ Capias, et ceo est done per estatut. 19. R. 2. hic tit Execution.

Plus.

Plus istarum hic titulis.

| Capias | | Inditment 11. R. 2. |
| Cessauit | 19. R. 2. | Petit cape. |

Prochen amy, Vide tiẽ Gard.

Proclamation.

Dower. Action confesse.

1 En Dower vers. iiij. vn appere per att̃ q̃ fuit prist de rend dower, & les auters fount de= faut, & proclam̃ fuit fait pur que il ne doit rend Dower, & le do reẽ la iiij part &c. H. 12. R. 2. F. Proclamation. 13. Statham, 2. fo.

Profession.

Profession.

1 Si home ou feme enter en religion, et soit
vnfoits professe serra entend dec touts foits la,
per Thin. Et admittitur que feme dage de 12.
ans, ou south ceo, poet estr professe Nonne. Deuaunt qui profession serr fait. Et coment e serr
trie, 12. R. 2. hic titl' Gard.
Vide plus de ceo hic titulis.

Continuans de ceo.

A quel age.
Deuant qui.
Trial.

Plus.

Proofes, vide Proues.

Prohibition.

1 Prohibicion al Euesq̃ que il ne presentē
le presentee dun auter pend le Q. impedit, 8. R. 2
hic titl' Q. impedit.

2 Vide de ceo. 8. R. 2. hic titl' Attachment sur
prohibition.

Al Euesque.

Plus.

Propertie.

1 Si home soit tue, le propertie de ses biens
sont en ces executors, ou administrators, et ne
sont deodand per Belk. 8. R. 2. Br. Propertie. 42.
Et 11. R. 2. hic tit Inditement.

Biens de home occise.

Protection.

1 Rauishment de gard vers vn Dame e ij. auters, le Dame pled que launc lenf. tient e toint
oue luy al temps d̃ sa mort, e le pl' dit que il fuit
sole seisi iour de &c. et les auters pled ne rauish
point, proces continue tanque lenquest vient
¶Burgh pur vn mist auant protection, et preia q̃
le parol soit mise sans iour vers touts ¶Belk.
il semble que il serra issint, car le pl' ne puit a-
uerer son suit vers eux que ne gett protection, e

Rauishmēt vers plusors, lun gist protection. ceo ne seruera par touts.

S 3   weiuer

weiuer son suite ꝫs auter que gett pꝛotecꞇ, et
lenqueſt ne puit eſtre pꝛiſe vers lun ꞇ nemp ꝫs
lauter, quant ils ount pleb al enꝗſt tout a vn
temps ⸿ Skip. per ceſt enqueſt les bam del entier
ꝼre trie, ꞇ quant le tour de pꝛotecꞇ eſt venus, ſil
voit ſuer vers lup que gett le pꝛotecciõ, il aueꞇ
nouel Venire facias de trier le point del rauiſ=
ment, mes les bam ne ſerra auterfoits enquiſe
ꞇc. ꝙ Curia conceſſi, per que lenqueſt ſuit pꝛiſe
vers le Dame ꞇ lauter, ꞇ le parol miſe ſauns
tour vers le tierce per pꝛoteccõ ꞇc. ⸿ T.2.R.2. F.
Pꝛotection. 45.

Pur cē que vi-
ent priſoner al
court.

2 Det ie def. bient en garb, ꞇ miſt auant pꝛo=
tecꞇ pur lup ⸿ Skip. le lep eſt tiel ꝗ il ſerra allow,
mes il ſemble encountꝛ reaſon ⸿ Belk. ieo veie vn
auter choſe en ceſt matꝛ, car le pꝛotecꞇ eſt, quia
profecturus eſt ſuper mare ouꝫ I R. Admiral, et
bous ne beiſts vnques pꝛoteccion allow, ſi le p-
tp ne aier hoꝛs de ligeans le roy Dengl come ꝫ
ſon coꝛõ Dengleterre, come in partibus Deſ=
cocie, Gaſcoiñ, ou Fraunce, mes le mere eſt ꝺl
legeauns le roy come de ſon coꝛõ Dengleterre,
per que ſemble le pꝛotecꞇ neſt allowabic, ꞇ bous
ne beieſts tanmeꝫ tiel pꝛotecꞇ allow auaunt cez
iours, Et puiꝫ bient bꝛ del Chancery ꝺallower
le pꝛotecꞇ. M.6.R.2. F. pꝛoteccion. 46.

Profecturus ſuper
mare.
Scotiande.
Gaſcoiñ.
Fraunce.

3 Scire facias hoꝛs ꝺun fine vers I. de W. que
auer pꝛic aide ꝺeiroy et ſuit ouſt, Et al fine ꝺel
terme vn pꝛotecꞇ fuit mys auant pur lup quia
profecturus en verſus partes Scocie ibidem in mu-
nicione caſtri noſtri Carlehill moraꞏ. ⸿ Belknap
Charlehill eſt ꝺeins le Realm Dengleterꞛ per
que ꝺallower la pꝛoteccion, ꞇ il ſerra en En=
glcterꞛ, il ſerra encounter reaſon, ꞇ pus il poꝛt
la pꝛoteccion ꝺeuaunt le counſeil, ꞇ reuient et
biſalow, cauſa qua ſupꝛa, p qué Rik. plede barre
ꞇc. P. 8 R.2. F. Pꝛotecꞇ. 25.

Scire fac. ſur fine

Profecturus.

4 Al Niſi prius ie def. gett pꝛotecꞇ, per que le
parol

Niſi prius.

parol fuit mise sauns iour & al iour in banke il   Repeale.
fuit repeale 7.R.2.hic tit̃ Misi prius.

5 En Q̃ ei deforc̃,aꝑs que le def.ad maintein   Quod ei deforc'.
son title vn protection fr̃ allowe pur le dd̃, mes
auter est en Repl̃ &c.pur c̃ que le pr̃ rec̃ dam̃ &c.   Repleuin.
P.20.R.2.F.Protecc̃.106,& Statham.44.fol.

Protestation.

1 Uid ð r̃.6.R.2.hic tit̃ Q.iuris clamat.[P.M.]

2 Protestacion in vn barre in bc̃e de Wast,   Barre.
8.R.2.hic tit̃ Wast.

3 Protestacion in barre al auowrie. 8.R.2.   Reliefe.
hic tit̃ Distres.

4 Protestar̃ en Replication.12.R.2.hic e Ad=   Replication.
ministrat̃.

5 Uide de ceo.19.R.2.hic tit̃ Cessauit.

Proues, vide Testmoigne.
Purgation.

1 Uide de ceo.12.R.2.hic tit̃ Appeale,   et
Clergie.

Quale ius.

1 Si assise de nouel disseisin port p vn Abbe,   Assise per def.
soit prise per def.riens serra enquise forsq̃ seisin
& disseisin, pur ceo q̃ nul dr̃ ne title nest suppose
en son br̃e,sinon le poss.tantum. Tamen le con=
trarp ad ee vse.M.6.R.2.Statham Quale ius.5.
Et hic tit̃ Collusion,1.

2 Lestatute West 2.ca.32.de Quale ius ē sole=   Rec.per def.
ment dentendē lou le rec̃ ē p def. 6. R. 2. hic tit̃
Collusion.1.

3 Lou home de religion rec̃ p acc̃ trie, le col=   Accion trie.
lusion fra enquise p m̃ lenquest,car poet ee faux
issue p assent,ou issue q̃ ne tria l' droit,& ē perēp=
torp.Tamen il nest en case destatute Wl.2.ca.32.
de Quale ius, Mes per case le seignior poet enter
p laux estatut de Religiosis, &, Arte vel ingenio.
M,6,R,2,Stath.Quale ius.5.in fine.
       S 4   Quare

Quare impedit.

Appeale puis iudgement de priuation.

1 Nota per Pache & Belk. si vn iudgement de Priuation soit done en court Christian sur vn person de son benifice, sil maintenaunt sur cel iudgement fait son Appeale, leglise ne void, mes il demurre person touts temps durant cest Appeale, Car sil reuerse le iudgement, il ne besoigne nouel Institution & induction, Si come iudgemēt fait done de Diuorce en court Christian, & puis est reuerse per Appeale, ne besoigne nouel espousels &c. M. 2. R. 2. F. Quare impedit. 143.

Roy.
Count.
Voidans per Miscreancy.

2 Quare impedit per le roy vers vn P. clerke dun Esglise deins leueschery de Durham, Et count coment leuesq̃ que ē mort present vn son clerke, & le clerke morust, Et le Pape fait collation a vn Cardinal, et nosme son nosme, Et per cause de miscreancy et scismacy lesglise se voide, eēant les temporalties in mains le roy, & issint appent al roy de present.

Barre.

¶ Burgh lesglise se void en temps leuesq̃ que est mort, & nous sumus person imperson ē temps meim cesti Euesq̃ del prouision le Pape &c. sauns ceo que lesglise se void

Issue.

per miscreancy le Cardinal &c. eēant les temporalties in maine le roy prist, Et aiij ecoutra pro Rege. 5. R. 2. hic titl' Trial.

Miscreāt incūbēt Voidance.

3 Si encumbent soit miscreant, cest bon cāe de voidance. 5. R. 2. hic proximo deuaunt.

Def. puis apparāce, en puis continuaūns.

4 Q. impedit, le def. fait def. apres apparāce, le pl' recouera maint, & son dam, Mes sil fait def. puis continuance, Distresse issera. H. 6. R. 2. Br. Q. impedit. 43. & 151. in medio & Stath. pl. 1. fo.

Count.

5 Q. impedit verz leuesq̃ de E. & R. & vers incumbēt, Et count q̃ vn John fuit seisi dun boue d' tre a q̃ lauowf est append & present vn Peerz q̃ fuit resē &c. & puis John m̄ la boue d' terē oue lauowf don al pl' &c. en fee, & puis cesty R. diss. le pl' del

pł del terre a q̃ lauows̃pn ꝼc. lesgł voide ꝼ ꝝ.
preſent vn ꝼ. q̃ fuit reſẽ ꝼc. ꝼ puis le pł reẽt en
le terre a q̃ ꝼc. et lesgł void oꝛe p la moꝛt ꝼ. ꝼc.
iſſint app̃ ꝼc. ¶ Pinch. ceſt vn bꝛ de poſſeſſ. ꝼ il oꝛe
ad conus la darrein poſſeſſ. ꝼ pꝛeꝺ en nous, iudg̃
de bꝛe. ℭ Belk. quant a cel chałł au bꝛe rñꝺ.
¶ Pinch. il naꝺ ałł en certen a q̃ł temps il recn̄t
en la tꝛꝛ. ¶ Skip. ceſt exceꝑ̃ ba al count ꝼ nemp al
bꝛ, ꝼ ceo eſtes paſſ. Her q̃ Pinch. luy ſiſt title de=
uaunt que ceſty Iohn riens auer ꝼc. ꝼ trauerſ
la diſſ. ałł ꝼc. et pur lencumbent in̄ le plee ꝼc. et
pur Loꝛꝺ il dit que Larchꝺeacõ de Richmõꝺ ad
iuriſꝺicc̃ oꝛꝺ en meſine le lieu ꝼc. et dit q̃ c̃ arch=
deacon ne voił faił ſon office, p que le party ap=
pełł al Eueſꝗ vers que ꝼc. come Metropolitã,
le quel enquere et fuit troue le ꝺꝛoit ꝝ. p que il
reſẽ ſon preſent, ꝼ luy ſiſt inſtitution et induc̃c̃,
ſauns ceo q̃ il luy diſturb. en auter maner. ¶ Rik.
pur aſſign eſpec̃ diſturb. ꝺiomus q̃ ꝺeuaunt le bꝛ
poꝛt, nous hueramus a L. pꝛohibic̃ al archꝺeacõ
de Richemond q̃ il ne reſẽ mie ſon pꝛeſent penꝺ
le plee, ꝼ vn aut al eueſꝗ q̃ il ſreit p le maner, et
puis per la pꝛec̃ ꝺł ꝺeꝼ. al eueſꝗ il ſiſt vn Appeł
al eueſꝗ come metropolitan, ꝼ nõ obſtant la p=
hibic̃ a luy liñ il reſc̃eit ꝼc. iſſint c̃ ꝺiſtourbour
ꝼc. Et alij econtra q̃ il reſc̃eit ſon pꝛeſent apꝛes
q̃ il auoit enquis ꝼ le ꝺꝛoit troue, ſauns ceo q̃ il
luy pꝛia pꝛiſ̃, nient conuſant la liuere del ꝑhibic̃
vt ſupꝛa, ꝼ ſic ad patriã, Et le pł pꝛia ij. Venire
facias, vn vers le Eueſꝗ, ꝼ lauter verz ꝝ. ꝼ len=
cumbent. ¶ Mark. ceo ne ſerra reaſon, car ambiꝺ
lieuꜫ ſont en vn county iſſint que vn puit ſeruir
¶ Belk. certes ieo ſc̃ay que la court puit faire vn,
ou aut a ſon volunte, mes il ſemble p ley vſe ꝺe=
uaunt ceur heurs q̃ il auer ꝺeux Venire facias, vt
patet 13. E. 3. ou ꝺeux fuet ag̃: ꝼ vnꝛ la fuit dit q̃
vn puit ſeruir quãt tout eſt en vn county ꝼc. qꝺ
nota. M. 8. ꝝ. 2. ꝼ. M. impedit. 199.

S 5   ` 6 Quare

Diſſeiſine reenter
puis pſentation.

Plꝰ al briefꝰ.

Trauerſ.
Ple le pꝛon, incũ=
bent ꝼ leueſque.

Iuꝛ patronatuꜱ.

Diſturbans.

Replication.
Prohibition.

2. Venire fac̃ ſur
vn original.

Esglise pleine pend le briefe,& Entre pend lassise Diuersitie.

6 Quare impedit,le def. dit q̃ penᵈ le bᵊ̃,le pꝛesent le pᵗ̃ est resceu,instĩtute e induct del euesꝗ̃, iudg̃ ᵭ bᵊ̃,e e c̃ demurᵊ̃,⁋Skip.ceo nest tout l' fait le patron mes del euesꝗ̃.Per q̃ p auise ᵭl court, Holt,pur ceo q̃ ne dedits le disturb,ne le dꝛoit ᵭl patron,cp ag. la court q̃ le pᵗ̃ eit bᵊ̃e al euesꝗ̃,et quᵃ̃t as dam̃ boillom⁹ autᵉ̃.Et le court dit, si en aff.le pᵗ̃ enᵗ̃ penᵭ le bᵊ̃ tout le bᵊ̃ abatᵉ̃,pur c̃ que cᵉ̃ tout le fait l' pᵗ̃,Auter e icp,e vnc̃ le def.au alᵗ̃ en son pᵗ̃ q̃ le pᵗ̃ m̃ au̅ purᵗ̃ q̃ sõ pᵖ̃ soit miᵗ̃ eins, e extra le pꝛesentᴂ ᵭ disturbour, e e c̃ ple fuit le demurᵊ̃.T.11.R.2. F. Q̃. impedit.244.Stath.40.

7 Troꝛ suᵉ̃ q̃.bᵊ̃es ᵭ Quare impedit ᵭs vn m̃ pson dun m̃ esglise,pꝛoᶜ suᵉ dambꝛᵭ esgl' tanꝗ̃ a oꝛe al Distr̃,q̃ le def. vient, e mõstre com̃t leꝫ iij.au poꝛt les ij.bᵊ̃es de ꝛc. as ḡur il au̅ appere, e dᵭ iudg̃,e pꝛie q̃ lun e laut abatᵉ̃⁋Thirn.pur q̃ serra eux abatus:⸿Car home puit au̅ diu̅s bᵊ̃es de Quare impedit, p que ils fra ᵭᵭes, e fist ᵭᵭer leꝫ pᵗ̃s en lun bᵊ̃ e laut,Et en lun les deux appere,e dit q̃ ils ne boil' mp pursuer,e le tierᵗ̃ en le bᵊ̃e dit, que il boil' pursuer, Et en laut bꝛiefe touts fuᵉ̃t ᵭᵭes e fuerunt nonsues, p q̃ ⸿Wadh. pur le def.quant a ceo bᵊ̃e pꝛie, q̃ il purᵗ̃ faire tiᵗ̃ e auer bᵊ̃e al euesꝗ̃, pur ceo q̃ ils fuerunt non= sues⸿Thirn.ieo scay bien com̃t q̃ iij. suᵉ̃ Quare impedit, e ij. ne boile suer, q̃ le tierce partp vnc̃ suᵉ̃,e au̅ bᵊ̃e al euesque, ⸿Charlton, com̃t q̃ vn home poꝛt plusours Quare impedit vers vn hom̃ dun m̃ esgl', e puis soit nonsue a touts foꝛsque a vn,vnc̃ le def.nauer iamines bᵊ̃e al euesꝗ̃ tan= que title en son bᵊ̃e soit trie, Et Quare impe= dit est e nature de trñs, en q̃l home puit au̅ diu̅s bᵊ̃es asꝫes,issint tout est bñ ⸿Wach.ū home sue q̃ Rcpᵗ̃ ᵭ vn ꝛc.ᵭs vn e puiꝫ soit nõsue e lñ,reᵗ̃ eᵗ̃ ag̃,e issint icp.Et puiꝫ Cherl.dit,q̃ tout fuit bñ, e q̃ le ꝛ.coũᵗ̃,Et puis ilꝫ boil' auiᵗ̃ q̃ fra fait,Et puis le ꝛ.coũᵗ̃,e ūs fuᵉ̃ a issue.T.12.R.2.F.Bᵊ̃ al euesꝗ̃.16.

Disturb.

2.bᵊ̃es dun m̃ esglise.

Briefe.

Nonsuit. Somons & seuerans.

Bᵊ̃e al euesque.

Tr.spas.

8 Quare

8 Quare impedit per le roy vers leuesq̃ & auts Quod permitt prefentare ad prebend quam &c. in ecclesia colleg. de B. ¶ Gasc. cel esg̃ e noch. sanz ceo que il est coll̃ pr̃ist, iudg̃. de br̃iefe &c. ¶ Mark. & nous ing. pur le roy &c. p̃ q̃ Thirn. ag̃ q̃ les def. punss. alee a dieu &c. M̃.1.R̃.2.F. Br̃efe.643. Roy.

9 En Quare impedit lissue fuit pr̃is q̃ lesg̃ ne void p̃ priuac̃, car la court ne voit eux susté de pr̃cd̃ lissue q̃ il ne fuit depriue, credo la cause fuit pur le triel, Et dicitur m̃ le ple q̃ mesq̃ hõe m̃te bulles del Pape del priuac̃ q̃ ils ne fr̃a allowez en court le roy, mient pluis que bulles Dexcommengem̃t. M̃.21.R̃.2.F. Issue.147. et Stath. 48. Issue sur Void per Priuation.

10 Si lun des def. in Quare impedit dei, le br̃e ne abatera. 21.R̃.2. hic title Br̃iefe. Ver̃ 2. & lun del

11 Si ieo port Q. impedit, Et count le disturbans in vn com̃, ou le br̃e eit port del esglise in auter com̃, le br̃iefe e abat, & vncore le def. nava br̃e al Euesq̃: p̃ Hank. 21.R̃.2. hic t Ret dans. Br̃iefe abate. Br̃iefe al euesque.

P lus istarum hic titulis. Plus.

Baron & feme. 22.R̃.2.	Encumbent. 2.R̃.2.
Br̃iefe. 22.R̃.2.	Joind in acc̃. 22.R̃.2.
Conusans. Tep.R̃.2.	M̃ẽã3 õ faitz &c.6.R̃.2
Discont de possess. 22.	Plenartie. 2.R̃.2.
R̃.2. per Hank.	

Que estate.

1 Que estate in barre dauowr̃ie sans m̃te coment. 17.R̃.2. hic title Charge.

2 Vide de ceo. 12.R̃.2. hic title Auowr̃ie. Temp.R̃.2. hic title Assise. & Plus.

Quem redditum reddit.

1 En Quem redditum reddit, vn voile auer respond come attourney pur le def. Et fuit oust per le court. 10.R̃.2. hic title Attourney. Attourney.

Quid iuris clamat.

1 Quid iuris cl̃, le def. voit añ fait attourney, Attourny.
Et

Et non admittitur. Aliter vst et si le def. vst counterple lattournement. s. R. 2. hic tit Attourney.

3 Robert Plesington suist Quid iuris clamat,
hors de note leue a luy p J. Gourwalch. vs W.
Monbray & J. Elkerton tents a term dans dun
man: Elkerton vient, & dit sauaunt a luy certein auantage, que il ad, s. housbote, & chase pur
terme de sa vie, en le chase de mesme le maner,
graunt a luy per le conusour, & plusors auts choses &c. il attorn. Per q suit enter, q Robert Plesington auera nul auantage per latt aut que son
conisor, & que apres le terme &c. Elkerton fra
alarge a claime touts profites, q a luy attient de
droit deuant latt, & nul disauantage prendes per
latt, Et si W. Monb. viend, & purr soy deuolue d
latt, ou pard son terme, que Elkerton ne serra
charge, si non del moitie del rent quod Cur concessit, Et sic intratur: Et puis W. Monb. vient,
& auer oyer del note, & dit que J. B. lesse le man
a luy & a J. Elkerton a terme de xx. ans, le tme
commens. &c. & graunt a nous q nous auet chase
a terme de nostr vie p son fait &c. & que nous purromus coup boys, & subboys, Et en cas q il alienast le man, ou deuie dens le terme que nous a-
ueromus frankt, & sauaunt a nous ceux condit,
sumus prist datt: Et le court luy chase de mre
fait, sil voile pled ceux condicions. Per que W.
Monb. dit que J. B. less. deuant le note a luy, & a
J. E. & alien a bous, per que estate de franktenement accrust a nous, iudgemt si deuomus att.

¶ Holt. vostre ple est double, vn q vous ne fuists
tenant al temps del note &c. et auter que vous
estes tenant del franktenement per le condicion. ¶ Belknap. il nest ple en Quid iuris clamat dun
terme, ieo sui tenaunt de franktenement, & vn
auter ad le terre a terme dans, Et vostre plee a-
mount a nient pluis, per que vies en certaine
quel

quel eſtate voiles claim, car vous couient claime
aſcun eſtate in certein, quod Curia conceſſit: per
que W. Monb. dit que il fuit tenant del franketenement iour del note &c. & vncoꝛe eſt & demaũd
iudgement ſi &c. & fuit chaſe de monſtre de que
leaſe, & il dit del leas J. Burwaſch. ¶ Holt. a claim
franktenement ne ſerra reſceiue, car per ceſt fait
endent de voſtre ſeale J. B. graunt a vous & a
J. E. a term de xi. ans, le quel terme duẽ vncoꝛe,
per que iudgement ſi &c. & miſt auant le fait quel
voit' que il auer leaſe a terme de xi. ans, & en cas
q̃ le leſſour alienaſt q̃ les leſſees auẽt franktenẽt,
& auxi ſi le leſſoꝛ deuiaſt deinz ſon time q̃ ils auõnt
frãktenẽt. ¶ Clopton vous veies bien coment la-
lieñ eſt de recoꝛde per le note leue, & ouſtre diomus que nous pꝛiſtomus eſtate & liuere p le fait,
et del heuẽ que pꝛiſtomus eſtate ſur condicion le
quel condicion eſt perfourme, per quel nous auẽt
franktenement, iudgement ſi deuoimus atẽ, & ſur
ceo demurẽ. ¶ Holt. ceſt condicion eſt voyde & encounter ley, car ſil ſerroit de foꝛce, cheſcun deux
auera franktenement dun meſme choſe a vn m̃
temps & inſtans, que ne puit eſtre. Et cheſcun
fine eſt vn iudgemẽt en luy meſme, & ceſt iudgement ne puit eſtre defait, noſment quant ceux q̃
fueront parties al fine ou aſcun deux fueront tenants del franketenement al temps, & oꝛe icy J.
B. fuit tenaunt del franktenement al temps &c.
et J. E. & W. M. termoꝛs, & iſſint le fine veray
en cheſcun point, et ceſt franktenement puit J.
B. graunt, & per autẽs parols ne puit il graunter
ſi non ſuppoꝛ que ilz ſount tenants a terme dans
per q̃ le fine bon & il doit atẽ, & p le fine le franktenement fuit veſt, per q̃ il ne puit veſt en auter
per ceo ¶ Clopt. quant ñ. eſtates ſon graunts per
le ley per ceſty que ad power de graunt ceſty que
ad leiſne eſtate reteinẽt, et lauter ſerra nul, car
title eiſne diſpꝛoue title puiſne, et iſſint eſt icy
vieẘ

Eſtoppell p
Endenture.

Condicion.

Fine.

Graunt.

Peffement. per le condicion parimpl̃. ⁋ Hull nous auomus I.
view biē tiels feffeātz aiudge de force, leafe pur
terme fur condic̃ q̄ fi l' leffee pay certeine deā a *
certein iour ap2es, q̄ il auer fee, ⁊ al iour ⁊c. il
paia ⁊ fee accruſt, ⁊ auxi leafe vt fup2a, ⁊ condiē
q̄ fil fuit ouſtre deins le terme que il auer fee, ⁊
tout aiudge bon, ⁊ fee accruſt, per le condicion
parimple. ⁋ Holt. il eſt clere ley q̄ fi le conuſour K.
Affife. vſt ouſter cez termours et fait alienacion q̄ les †
termz nauet̄ Aſſ. de cel ouſtē, ⁊ de cel poſſ. car le
poſſ. de fräktenement fuit in J. W. ⁋ Bel. certs L.
ieo ſcay certenm̄t q̄ de leafe fait a term fur con=
dition q̄ fi le leſſe pay certein deās deinz le fme *
q̄ il apet fee, ieo die que fil pay les deniers il aḍ
Fine. fee, mes vnco2e fi deuaunt le iour de payment ie
Attourneīt leſſour icue fine a auter, le leſſee doit atē p p2o=
p Protel̃atiō teſtation, et fil pay les denierz al iour le conuſœ
Rent. les aña, ⁊ le conuſee auera le rent referue tanq̄
al iour de paiment, ⁊ fi le terre fuit leſſe a terme
dans fur condicion que fil foit ouſter deins le
terme per le leſſour que il auer fee, fil foit ouſtre
il auer fee per le condicion, mes vnco2e il nauer
Affife. Aſſ. de nul poſſeſſion cœ deuaunt louſtre, mes †
couēt neceſſario de hapþ vn poſſ. ap2es le ouſtē,
⁊ de c̃ il auer Aſſ. Et fir de ceo q̄ eſt clere ley ne
Attournemt boſſomus faire difficultie, per q̄ il dit a R. Ble= M.
ou Protelta- ſington vetes fi voiles auer lattournement oue
tion. p2oteſtation. ⁋ Holt. il ad fo2feit fon terme pur c̃
Forfeiture. que il claime frankt̃enement. ⁋ Rik. eſt auxi en
Fräktenemt. lendenture que fil dēy deins le term q̄ les leſſeez
atēr fräktēt. ⁋ Bel. c̄ē bien touche: ⁊ de c̃ kña le
p2oteſtation, ⁊ de lauter matter riens, et de ceo
que il claime pluis haute eſtate, nous nauomus
Fait, a faīē ⁋ Clopton. vn fait ſerra p2ife pluis fo2t N.
encoūt ceſtuy que le fiſt, ⁊ fi foit afcun contra=
riofitie en le fait, il fra p2is en pluis difauaun=
Condition tag̃ ceſuy que fiſt le fait, ⁋ de fi ieo leſſa terrc̃
repugnant. a terme de vie fur condicion q̄ le leſſe ne p2en=
der

der nul profite, cest contrarie al lease & est void,
Issint serra icy cest contrariositie prise en pluis
fort encount le conusor, Et puis ex assensu om=
Cause del
Iudgement.
niu Justic, Skip. rehers coent Quid iuris clamat,
fuit port vers I. E. & Wl. Monb. & Wl. est ven9
& ad claim ousterment, franket a quel R. Ple=
sington monstre endenture per quel I. B. lessa
al dit Wl. Monb. a tine dans, & demaund iudge=
ment, & le dit Wl. Monb. claime franktenement
en maint de son primer dit, & ad weiue son estat
del terme, et ad claime franktent per force dun
Franktene-
ment.
condicion q est encount le ley, & nad riens claim
del terme, & le franktent quel il ad claime per
force de purchase fait per vn auter ne puit il
pas auer, car deux per diuse purchas ne poient
iammes claim franktenemt dun mesme chose,
& quant il ne voile claime terme, nul home puit
luy compel dattourn de terin, Per que auise est
al court que Wl. Monb. forfet son terme , & que
Forfeituer.
Entre cong9.
Engrosse.
Robert Plesington pure ent, & que le note sere
engrosse si luy pleist, Skip. dit circumstantibus
que sirs, vous ne veistes tiel iudgement deuant
ces heurs. Sed in nouo casu nouum remedium est
apponendum , Et fuit dit que Plesington auera
brief sur son cas de luy mister en seisin. Et nota
que fuit tenus per Belk. & Wad. que le 2. condi=
Condition.
cion fuit bon, que si lessour deuie deins le terme
&c.q le lessee au fee: Mez semble q̄i pard lauan=
tage de c̄ p son plec. Et quere, car le lessour fuit
en vie &c. H. 6. R. 2. Fitz. Quid iuris clamat. 20.

4 Quid iuris clamat, quant a parcel le def. claim
fee, & al rem prist sumus datturn. & quant a cel
que le partie conust lattournemt, lauter partie
Attournemt.
de percell.
voil auer res latturnemt Belk. Justice ne voit
suffer deuaunt lissue soit trie del rem. ¶ Clopt.
le conusee puit ent p cae de claim de fee & puis
Chok. pur le def. pria q il voile res late de le pccl
Forfeiture.
que il auer conus, & dit que issint fuit fait en vn
Per

per que ſeruice le dꝛ̄ terme, ⁊ ceo le chief clerꝰ
recoꝛd ¶Belk en dieu atturne il pur moy, per que
vn liuer fuit tenuȝ a luy et il attourn̄ quāt a parcel,⁊ pꝛie que il puit faꝛ̄ attourny quant al reſ̄,
et luy fuit graūt ⁊c.T̈.ii.R̈.2̈.F. Attourneim̄ēt.9̈.

Sǒrement.
Attourney.

Quinziſme.

1 ¶T̄n̄s per vn home vers auter ſuppoꝛ̄ que il
pꝛiſt ſon chiual.¶P'inch,al parlem̄ēt ten̄ꝰ a weſt̄m̄
lan vij. le roy que oꝛe eſt,vn ꝛ̈v̈. fuit graunt ⁊c.
per que commiſſion iſſiſt al defendant ⁊ a auter
de leuer le ꝛ̈v̈.en m̄ la count ou le bꝛiefe eſt poꝛt,
⁊ diomus que Labbe que eſt pleintif. ad certein
terꝛ̄ deins la ville de E.pur quel terre il et touts
ceuꝛ q̄ eſtate il ad en la terre ǒunt eſtre aſſeſſe en
cheſ̄ ꝛ̈v̈.a ꝛ.s.de toutȝ tempȝ que le ꝛ̈v̈.ad curru,
quel terꝛ̄ il purchaſe puis leſtatute ⁊c.⁊ pur ceo q̄
il ne voile paier ceo ⁊c.il pꝛiſt le chiual dount ⁊c.
et le vȅꝺ̄ pur ꝛl.ꝺ.iudgem̄t ſi toꝛt,et puis ils fuȅꝛ̄
a iſſue ſi la terre fuit purchaſe puis leſtatute ou
nemy ⁊c.P̈.8̈.R̈.2̈ F.Quinziſme.10̈.

Commiſſion.

Aſſeſſe a 10. 6.

Diꝛꝛe s venꝺ̄.

Quod ei deforceat.

1 Uide de ceo.8̈.R̈.2̈.hic title Bꝛiefe.
2 Pꝛotectiȏ in Quod ei defoꝛꝛ̄.20̈.R̈.2̈.hic title
Pꝛotection.

Proteꝶiȏh.

Quod permittat.

1 ¶Tenant in taile dun comen gȅ ꝛ̄ al eſtȅ,⁊ dȅt,
liſſue in taple auera Quod permittat de ceo,Per
Thirn.22̈.R̈.2̈.hic title Diſcont de poſſ̄.

Teñ in taile.

Rauiſhment de garde.

1 Rauiſhment de garde vers 2̈. lun plede que
launceſt ienfant tient iointment oue luy al tȇps
de ſa moꝛt , Le pl' dit que il fuit ſole ſei iour ⁊c.
Lauter pleꝺ ne rauiſha pas ⁊c, 2̈, R̈.2̈. hic title
Pꝛotection.1̈.

2 Rauiſ̄=

Iointennancy.
Ne rauiſha pas.

2 Rauiſhment de gard port per gardein in ſo= cage.7.R.2.hic hic title Briefe.   8.R.2.hic title Garde.   10.R.2.hic title Briefe.   *Socage.*

3 Rauiſhment de garde , Coment que lenfant moruſt pend le briefe, vncore ceo nabatera le bře. 10.R.2.hic title Briefe.   *Enfant del penſ̃ le briefe.*

4 Rauiſhment de gard vers vn dame port per labbe de ƴ̃l, ils fuer̃ a iſſue le quel lauñ lenfant tient del př iour de ſon miurtant ou nõ, ⁊ ore len= queſt vient ⁊ paſſe pur le př ⁊ hirn. dr̃ del enqueſt ſi lenfant fuit de pleine age ou nemp, ⁊ dit q̃ il fuit enř la ge de xx.ans, ⁊ iſſint deins age , ⁊ dō ſuit ſi lenfant fuit mary ou non, ⁊ dit que ils ne ſcauer point ⁊ preier̃ q̃ ils puiſſ, doñe lour verdict condi= cionel touch. le mař ¶ Thirn. ⁊ tota curia ceo poies vñ taiſ̃, ⁊ er que il dō de cux coñit ils voill̃ nuř le value ðl mař en cas ſil ſoit mary, Que dit, ſir a xl. li. ⁊ come ouſtē en dam ⁊ coſtages, Que dit x.li. ⁊ vnĉ leſtatute ne parle de dam, Mes fuit dit per le Court, que ceo ad eſtre ſouent fait ¶ Hank. Juſtiĉ il couient que il ſoit enquiř, ſi le def ſoit ſuffiĉ, car ceo doit leſtatute ¶ Mark. non, il ne fuit vnques viewe ¶ Thirn. vncore leſtatute voit ceo, mes dit q̃ le def. fuit aſſes ſuffiĉ ¶ R. de nous pretemus que il ſoit enř, que il eſt troue que lenfant eſt dage de xx.ans, ¶ Thirn. a qi entear, car eſt troue q̃ il paſſe lage de xiiij. ⁊ que il neſt infra Annos nubiles , Quod nota ¶ Mark. dit coñit q̃ il fuit troue q̃ lenfant fuit inř Annos nubiles, ⁊ que il fuit mary per ſon rauiſhos, vnĉ en tiel cas le ſeigniõr ne chař lenfant de luy mař autert. encouñt ſon grẽ, pur ceo q̃ lenfant en tiel cas puř agreer a ſa teme p cãe de conſcience, iſſint en tiel cas le ſõr reĉ toꝛſq̃ le veter val̃ del mař vers le ramiſher per que ⁊c. le que lenfant ſoit infra Annos nubiles coñit q̃ il ſoit mař, il puit diſagree a ceo mariage. Et ſi le ſeigniõr tēd luy mariage en ceo cas, et il le refuſ, ceo eſt le dct. de lenfant, ⁊ per tant eſt reaſon que le ſeigniõr recou   *Tenure.*   *Verdit conditi-onail.*   *Dam & Coſtages*   *Raniſher.*

¶   le

Dam.

le double value vers luy ¶Rede. il semble que
il ne recouer dammages , pur ceo que lestatute
ne donc my dam en vre de rauilhment. ¶Thirn.
il rec dammages per le comen ley en ceo case, ¶
auxi lestatute doit, rend le mar,¶ vnc puniatur
pro delicto, issint de ioind lun ¶ lauter ensemble
est reason que il recouer dam, ¶ issint fuit loppi=
nion Rik.¶ Hank et nosinent que il recouer dam
p le comen ley. ¶Rede. lissue en taile p le cōen
ley auer assise de Mortd ¶ rec dam , Et ore est
dōn per lestatute formē en disē, en ql il ne rec
dam,pur ceo q lestatute ne dōn dam ꝑc.et issint
icy, ¶ Hank. ment semble. et puis per auise de
touts les Iustices ,Marc, ¶ Rik.pur ceo q lissue
est trouē pur le pl,cp agard le court , q il soit re=
stitute al corps,¶ que il rec ses dam taxes per
lenquest a x.li.¶ en cas que lenfant soit mar, le
var del mar taxes a xl.li. ¶ si nemy dam sauns
plus,¶ le fine fuit pardon per le roy. M.22.R.2.
F.Dammages.130.

**Iudgement con-
ditional.**

Fine al roy.

Reattachement.
1 Vide de c̄.11.R 2.hic title Resomons.

Recaption.

1 Si le def. auoie en repl,¶ le pleint dit hors
de son fee,¶ pend cest pl aut iour de rent est en=
currus,¶ le def.disē ¶ lauter sue recapē, le def.
ne tiēsif. Per opinionem Cur, pur ceo que l'ley
entend,que il est hors de son fee,tanq lissue soit
trie.P.18.R.2. F.Recapcion.8. Statham,6.

**Pend lissue sur
hors de son fee,
le def. auera
recaption gist.**

Recognisans.
1 Vide de ceo.7.R.2. hic title Execution. ¶
8.R.2.hic title Aide.

Recordare.
1 Recordare sue en Auncien demesne, Quia
clamat tenere tenementa per finem.6.R.2.hic title
Cause de remouer ple.

2 Vide le forme de Recordare, Et a que serra
direct,

**Auncien de-
mesne.**

Forme.

direct. Quel proces surd en ceo & le re$ le vic̄,   *Direct.*
Ou per lact del Suitors. 12. R. 2. hic t Proces.   *Proces.*

Recorde.

1 Ass. le tenant dit que Wl. fuit seisie &c. Et   *Recorde outlag.*
indite de felony & vtlage de ceo, per q̃ il cōe en   *sub pede sigilli.*
son eschete, enter, Le p̃. Nul inditemēt prīs, &
le def. mēz auant record, sub pede sigilli, prouāt
lutlagary. ¶ Markham le re$ ne parle denditemēt,   *Nul tiel record.*
per que iudgement, Et non allocatur, eo q̃ il est
proue per recorde que il fuit vtlage. 11. R. 2. hic
title Colour.

2 Recorde de court baron serra certifie per   *Court baron.*
touts les Suitors, Et nemi per ascun part de   *Suitors.*
eux tantum. 12. R. 2. hic title Proces.

3 Formeū il pled record en barē, & auer tour   *Fayler de record.*
de faire bẽ &c. & a o̅c le t fust default, per que le
dd̄ prie seisin &c. pur ceo que il auer tayl de record per estatute, & fuit touch que per estatut est
entend Dass. de nouel diss. sil fait de re$, Habeat
pro dissitos, & nul aut bē, per que le Petit cap fuit
ag. quod nota &c. M. 13. R. 2. f. Recorde. 32.

4 Patent le roy est de record. Temp. R. 2. hic   *Patent le roy.*
title Assise.

    Plus istarum, hic titulis.   *Plus.*

Coron   6. R. 2. | De son tort dem̃. 13. R. 2
        7. R. 2. | Faux iudgemt̄. 13. R. 2

Recouery in value.

1 Formdon sur vn recouery in value. 7. R. 2.   *Formdon.*
hic title Formdon.

2 Si hōe re$ en value vers tenant en tayle,   *Rent.*
& ad le rent en tayle en execution &c. lissue en
tayle ne puit distraine pur ceo rent &c. per Thir-
wit 22. R. 2. hic t Discont de poss. prope finem.

3 Vide 12. R. 2. hic title Voucher.   *Plus.*

Relation.

1 Lou iour in banke auera relation al iour   *Iour.*
de Nisi prius. 6. R. 2. hic title Audita quer.

       T 2   2 R

De viſineto.
Venire facias
Habeas corpora.
Diſtringas.

2 A quel choſe, ceux parols, De viſineto &c.
in vn Venire facias, auera relation. Et a que Habeas corpora & Diſtringas ſerra referre. 8.R.2.hic
title Venire facias.

Releaſes.

Sans poſſ.voide.

1 Releaſe a cēti q nad riens al temps &c. neſt
bon.7.R.2.hic title Ayde de roy.

Baron & feme.

2 Du releaſe le baron barreē le fēe,per Wadh.
11.R.2.hic title Accompt,10.

Releaſe dacc'
reals perſonals
ratione debiti
compoti ſeu al-
terius cōtractus
neſt barre in an-
nuitie per pre-
ſcripſion.

3 Annuitie per vn Prior,& count que il & ces
predēc ount eſtē ſeiſies del dit annuity de temps
dount &c. Et tuls per le fait q cy eſt,vous aueres
releſſ.a nous tout acc royalz & perſonelz rōne de=
bit,compoti ſeu alterius cuiuſcumq contract in=
ter eos habit, iudgement &c.& ſur ceo demurē. &
puis Thirn.ex aſſenſu Charleton, ſemble que pur
ceo que il demaund ceſt Annuity per preſcript,en
quel cas ne poiomus ag.ceo eſtre contract que ne
commence deuant temps de memor,& le quel an=
nuitie ad eſtre tout temps continue, per q rcē
lannuitie & voſtre dam.H.12.R.2.F.Releaſe.79.
m̄ caſe hic title Annuitie,8.

Fait al tenant
pur vie,&ure a
celiu in reuerſiō.
Dures.

4 Precipe quod reddat,Tenant per reſceit pled
releaſe fait p le dd̄ a ſon tenant a terme de vie,
puis le leaſe,Et le dd̄ant dit q il fuit fait per du=
res &c.Et alij econtra.13.R.2.hic title Reſceit.
in fine.

Releaſe del fealty
voide.

5 Si ſoit ſōr & teñt per homage,ſealtie & rent,
le ſōr releaſe le fealtie & le rent , ceſt void pur le
fealtie,pur ē que le homage demurriſt,et le fealty
eſt incident a ceo.13.R.2.Brooke Releaſes, 47. in
fine . Uide le caſe intende.13.R.2. hic title A=
uowrie.13.

Incidens.

Plus.

Plus iſtarum,hic titulis.

Aſſiſe.	6.R.2.	Diſcont ď poſſ.22.R.2	
Audita querela.	6.R.2.	Iudgement	22.R.2.
Condicion.	12.R.2.	Scire facias.	7.R.2.

Reliete

Reliefe.

1 Trespas de v. Iumentz pzifes et enparke tanq il auer fait fine. Pinch. iuftifie le pzife pur ceo que Labbe de Langł tient de luy vn mef. par homage et cert rēt, et p les feruic de paier, apzez le mozt d chefc Abb. xl. s. en nōe d relief, de ql relief il et touts ceux q eftate il ad eu le feigniozy ount eftre feifi par le main le pzedec Labbe ꝛc. de tēps dount ꝛc. ꝼ alledge efpecial feifin par le main vn T. ꝼ pur xl. s. areē apzes ł mozt le pzedec Labbe il auow ꝛc. Thirn. vnques feifie del relief per lez mains noftē pzedec, cōe il ad dit pzift, ꝼ alij contra, mez Thirn. fift pzoteftac q il ne conuft le tenure eftre tiel, ne que le terē fuit tenus per tielz fuit. P. 8. R. 2. F. Reliefe 14. *Abbe.* *Pzoteftation.*

2 Leire in Socage doublera le rent Poft mortem patris in nofme de Reliefe. 13. R. 2. hic title Auowzie. *De focage terre.*

Remainder

1 Tenaunt in tayle, le rem al dē heires de A. S. G A. S. foit mozt al temps del rem efchue, ꝼ auer dzoit heire, le rem eft affets bon. 11. R. 2. hic title Dec de charters. *As dī heirs A. S.*

2 Le tenaunt a terme de vie ꝼ ceffy in remaind ne font que vn tenaunt in mañ al feignioz, p Belk. 11. R. 2. hic title Refceit. 7. *T. pur vie & cōi in remaind.*

3 Plus iftarum. 7. R. 2. hic title Efcheate. *Plus.*

Remitter.

1 Home enfeffe le baron ꝼ fa feme en fee, ꝼ le baron fift feffemt en fee per fine, ꝼ repzift eftate a luy ꝼ a fa fēe ꝼ a les hēes del cozps le baē engenḍ, le rem a vn auter en fee, Et aiudge fuit q per cel repzif deftate, la feme fuit remit, ꝼ feifi en fee. P. 11. R. 2. F. Remitter. 12. Refiduum inde, hic title Cui in vita, 2. *Baron & feme.*

T 3   Rents

Rentes.

Charge.

1 Aide de rent charge.7.R.2.hic tit Annuity. 8.R.2.Ibidem. et o.R.2.hic title Mon= strans,3.

Seruice.

2 Rent seruice.22.R.2.hic tit Discont de poss.

Repleuin.

Dam-

1 Lou le pl' ne rec damag in Repleuin 2.R.2. hic title Auowrie. Et econtra.11.R.2. hic tit Distres, p Chelton. 13.R.2. hic title Auow= rie. & 21.R.2. Ibidem.

Bur replegiando
Pledges de Re-
turno hendo.

2 Repleuin de home.7.R.2.hic t Withernam.

3 Patet que ic pl' in Repleuin trouer pledges de returno hendo.7.R.2.hic title Withernam.

Nonsuit.

4 Si home sue 2. Repleuins de un chose &c. vers un,& puis est nonsue en lun, ret serra a= gard,per Wadham.12.R.2.hic title Quare imp.

Pleint al vicount

5 Pleint de Repleuin affirme deuaunt le vi= count,q fist gare de deliuerance.13.R.2.hic title De son tort demesne.

Protection.

6 Protection in Repleuin. 20. R.2.hic title Protection.

Auowrie pur au
ret iur br. abate

7 Repleuin port in com Surr, Et count le prise in com Kent in certeine vill. ¶Mark. De son conusans dem iudgement de bre,Et pur ret auer,diomus q le lieu ou,est nee seual,& pur dam fesant prisomus &c.Et Opin Cur de claro,que le def.auera ret,Per que Thirn.ne preign t per bre bre &c.Et vos def.sue ret.21.R.2.hic t Ret daus.

Plus.

Plus istarum,hic titulis.

Ayde. 19.R.2.	Distresse,p totum.
Auct demesne.11.R.2.	Parents. 8.R.2.
Auowrie, p totum.	

Replication & Reioinder.

Q. impedit.

1 Replication vers ple Leueses in Quare im= pedit.8.R.2 hic title Quare impedit.

Partes finis nihil
habuerunt t. in.j.
&c.

2 Dower le tenant pled bare p force dun fine leue a son pere en taile deuant le title le baron le demaundant &c. ¶Hylling. lun partie ne laus ne

ne fuet feifies al temps del fine leue tudg, e pri=
omus ne dowee Cwod, ceo neft ple fauf die q
fuit feifi ec. C ur. ceo ne cefoigh p ec.car fu do
exee, fi le e voit pleo vt fupra, il dire qui fuit e,
pur e que cefty q eit e doit auer conte que fuit e
deuaunt luy, Mes non tic hic. Cwod. nous dio=
mus que lun party e laue fuee feifies ec. al teps
de ec. Et alij econtra. P.19.R.2. F. Replicaci=
on.66.

Plus iftarum hic titulis.

Refceit.

1 Al Graund cape vz le baron e fa feme e le
tierce, le fee vient a dit q fo vae e luy fuee ts del
entier e pia defte refe del ent pur defaut de fon
bae. Cburgh.ils font ts en comen en le man coe
le bee e fupp. Cholt, al fee dit troues fuerte des
iffues. Cham, ceo ne deuomus, nient pluis q fi
le bee vit ee port vers le bae e fa fee folement.

Celk, q it al port leftrage le fee vient a latere
coe leftatut voit, e avxint fil foit troue p liffu q
le bae e feme font fole ts, le be abate e el ne fere
refe, e fil foit troue q ils font ts en coen coe l' be
fupp, le dot reeffin de tere, p q certes vo² tro=
ueres fuerte deuaut, Ad quod tota cur concordat.
vide ftatutum in hoc cafu, quere ben, car femble
le contrary ec. P.2.R.2. F. Suerty.16.

2 Tenaunt per refceit auera fon age. 5.R.2.
hic tit Age.

3 Deux priont dee receiue, du lu e deins age,
e lauter de pleine age, tout le parol demurrera.
5.R.2.hic tit Age.

4 En Formdon le Mafter e les Scholers du
College Doxonf. fuee refe a defend lour de per
Attourn. Stude cam. M.6.R.2. Stath.22.

C 4   Prec'

(marginal notes, right column)

Pl' al tre duant
ou fur le refe'.
Feme fur def. le
baron.

Surceie per cei q
eft partie al bre.

Age.

2.et lu deins age.

Maifter & Scho-
lers.
Attourney.

Reuersion.

Mis cause.

Mans de fait.

Attournement.

Sureties.
Attourny.

Dower.

Pled al briefe puis resc.

Parat petenti respond.

Darrein sein en briefe All.

Barre.

5 Prec' qd redd, le t a tme ð vie fist def. apz def. vient vn W. et dit q̃ le reuc̃ est a luy et p̃ia ð̃e resc̃. et le court ðð de luy sil voil' pl9 dire. & puis il dit q̃ le t fuit seisi a terme de sa vie le reuerc̃ a vn P̃eest que grãut le reuerc̃ a luy, & vnc̃ il ne fuit resc̃ sans mc̃e comc̃t le p̃iest auient als' reuerc̃, p que il monstre que vn tiel fuit seisi & lessa al t, (in case tiel Mc̃ans, p9.2.) et puis grãut le reuerc̃ al p̃iest le q̃l grãut le reuerc̃ a luy, & fuit chase de mc̃e lu fait & laut del reuerc̃, Et puis lissue fuit p̃is que le tenant nat̃ pas per force del 2.grãut &c. et apz̃es que il auer troue suer= tie des issues, et assensu le demaundant il fist att &c. M. 6. R. 2. F. Resceit. 94.

6 W̃ de dower vnde nihil habet, le tenant fist default apz̃es def. et cesty en le reuerc̃ vient & monstre comc̃t le t tient a tme de vie le reuerc̃ a luy & mõstre comc̃t, & ha destĩ resc̃, & fuit resc̃, & dit per Thirn, comc̃t le ðð ad resc̃ xx. acres ð terc̃ en sñs les billes en nosine le dower q̃ sont pcel de le mañ dount &c. iudg. de cest bc̃e ¶ Pinch. cesty que est tenãt del terre accept le bc̃e bon et pled a issue & puis fist def. apz̃es defaut, par que bous ne pledz̃es al briefe, Et lestatut don aux= int q̃ cesty en le ruerc̃ serra resc̃eiu sil soit p̃ist a descend son ð̃oit, & ceo nestes bo9 oz̃e ¶ Holt. berament son plee est al acc̃ & bous mett a bc̃ de ð̃oit de dower, et en briefe Daile si cesty en le reuerc̃ soit resc̃, il plede darc̃ seisin del pere, per q̃ ð̃eliueres bo9, ieo bous p̃ia. & puis Thirn. pur ðclu ie court dit, q̃ il boil' monstre matter puis large & dit que cesty que est resc̃eu par assent ðl t assigne vn mes & certein terre, & dit le quã= titie, a luy en allowance de tout son dower en mesine le ville q̃l le resc̃ &c. iudgemc̃t &c. ¶Pinch. que aues ðl assignemc̃t, & non allocatur. ¶Pinch. il ny auer nul assignement a quel il agrea &c. P. 7. R.2. F. Resceit. 95.

Cessauit

7 Cessauit port vers t par le curtesie qui fist
def. apres def. t cesty en reuerc pria destre resc t
fuit resc, t le demaundant count que le t tient de
luy per fcaltie t vi. s. et en fesaunt de les seruic
il ad cease tc. ¶ Locton par le t par rescet dit
que il tient de luy per fcaltie t iij s. per an, sans
ceo que il fuit vncz seise de plusors seruic, t vo9
aues cy le tenant par rescet que tenc iij.s. par
les are t les get en court. ¶ Markam vous ne
pled riens en le droit, et auter plee ne poies au,
t vous ne poies tender les arreec, car vo9 nestes
t, ne tiel que puit troue suertie, car mesq il voit
troue suertie que iammes ne cesset, vnc il ne
puit, et auxint nous auomus aliege par le maie
le tenat seisin d vi.s. des queux il ne tend r iolt.
le statut don que tenant serra resc sil vient de=
uant iudg. et statut ẃ. secunde don que cesty
en le reuerc serra resc sil vient deuant iudg. et
est auter estatut que don que cesty en le reuerc
troue suertie tiel come le court ag. par que seble
que il serra resc de tend. ¶ Belk. le t par le cur=
tesie et cep en reuerc ne sont que vn t en man
al seignior, come le tenant a terme de vie t cesti
en rem, par que semble que il trouec suertie et
tender, ¶ Skip. a Locton auisez vous, car a vous
troues suertie, vous sere charge de pleine pay=
ment, et auxi le tenant par curtesie auer le tere
a terme de sa vie mauger le soien. Et puis p a=
uise de toutes les Iustices fuit tenus que cestuy
que est ore resc au le plee de tender t troue suer=
tie solonque lour ag. M. ii. R 2. F. Rescet. 96.

8 Formed, le tenant fist defaut apres def. t cei
en reuerc pria deste resc et fuit resceu, et le de=
maundant count vers luy, et il vient et conust
laccion, t a ceo fuit resceu t seisin de terre ag.
vers luy tc. H. 12. R. 2. F. Rescet. 97.

9 Femme resceu sur def. son bat al petit cape e
precipe quod reddat, t, briefe dettre sur disf. 12. R.

¶ s   2. hic

Cessauit.

Ple al bre apres
resc

Tender darrerages

Formdon.
Count.
Confession.

Baron et feme.

2. hic tit' Apd. et Uoucher. et 5. R. 2. hic tit' Uiew.

Baron & feme. Scire facias. 10 Feimme fuit reſceiue ſur def. ſon baron en Scire facias. 12. R. 2. hic tit Apd.

Voucher. 11 Admittitur ꝙ tenāt per reſceit poet vouch in accion, lou voucher giſt, 12. R. 2. hic title Uoucher.

Counterplede. 12 Reſceit counterpled. 13. R. 2. hic tit Aſſ.

Baron & feme. Nouel count. 13 Formd. feme fuit reſceiue ſur def ſon baron et dð count de nouel. 13. R. 2. hic tit Meaus.

14 Precipe quod reddat vers tenant en taile apres poſſibilitie diſſue &c. le quel fiſt default apres default, per que ceſtp � le reuerꝫ pue deſtre reſt per le nouel eſtatuie fait al darrein parlement. ❧ Hank. vous eſtes enter en m̃ le tre pend le briefe deuant leſtatut, et eſtes a cē iour ſeiſi del franktenement, iudg. ⸿ Markam, et no⁹ iudg.

Lou nad reuerſiō ē priomus deſtre reſceiue pur ceo que ne dedits que le reuerꝫ eſt a nous iour de bē purchaꝛ ꝫ ſur ceo demurr, et puis le reſt fuit agard p aduiſe de touts les Iuſtices. ⸿ Tamen il ſemble que il ſerra enter en ceo caſe que il enter de ſon toꝛt demeſn quere. ⸿ Thorp. dit, coment que le tenaunt

Surrender. a terme de vie ſurrender a ceſtp en le reuerſe pendāt le briefe. et puis fait default, que vncoꝛ ceſti en le reuerꝫ ſerra reſceiue quod nota &c. P. 13. R. 2. F. ⸿ Counterple de reſceit, 7. Statham Reſceite. 35.

Baron & feme 15 Precipe quod reddð vers de baron et ſa feme queux fieront def. apres def. et vient vn Ia. dit ꝙ le fēe nad rienꝫ meꝫ ꝙ le baꝛ tient a terme de vie de ſon leaſe le reuerꝫ a luy et preia deſtꝛ reſt

Al briefe ſur le reſceit. ꝗ Penros. cē a contrarie de noſtꝛ bē per que priomus que il ſoit ouſtꝫ de reſceit, car il ne pleð ē abatement de briefe. ⸿ Charlton, il ne pleð en abatement de bē, car ſi le baꝛ ꝫ fēe aucē veign ꝫ pleð ꝙ le fēe naucē riēs, ꝫ nabaꝛ l' bē, per ꝙ le bē nabaꝛ, comꝛ ꝙ il ſoit reſt, et il mēc ceſt matꝛ, car

auc⸗

autermét per fon acceptans l' femme auet frãk=
tenement par caufe de futuour lou el nad riens
oꝛe, par que boiles deinurã, ꝓ que ꝯ en os, cefle
faunus counterplied de refcett, Et le tenant per
refcett pled releafe fait par le demaundant a fon
tenant a ẽme de bie puis fe feale, ⁊ le demaun=
dant dit que il fuit fait par Dures. ⁊c. & alu e=
contre. ⁊c. M. 13. H. -. H. Refcett. 9ᵇ.

16 Aff. vers baron e feme, quex pled baffardy
en le pℓ, Et leuefẽcertifie que mulier, a ꜥ iour
le baron fuã def. Et le feme fia deã refcene, Et
non pocuit, pur ceo ꝗ le certification ẽ auxi foꝛt
ꝯbe vn iffue trie encounter eux. H. 13. R. 2. Sta=
tham. Refcett. 34. Et hic titℓ Affife.
Affife.

Baron & f. me.

17 Feme refcene ⁊ def. fon baron in Ceffanit.
19. R. 2. hic titℓ Ceffauit.
Baron & feme.
Ceffauit.

18 Plus iffarum 2. R. 2. hic titℓ Attournefãt.
Plus.

Refcous.

1 Nota par tout le court, ꝗ en bꝛiefe de Ref=
cous lou l' feigniour difã deyns fon fee, que ri=
en arret neft mꝑe plee ⁊c. H. 6. R. 2. F. Refcous,
10. Statham. 6. Eadem lex en Treſpas.
Rien arere.

2 Refcous, et count que le def. tient de lup et
ꝗ il difã ꝗ vn tiel fon feruant e ꝗ le def. fuã ref=
cous, Loſton, nous diomus que lou il count ꝗ
le pꝛife fe fuã en B. que le pꝛꝛ le fuã en B. que!
lieu eã tenus del pꝛioꝛ de B. et nient del plei=
tif. Rik. les beaftes fueront paffauntz en B. ꝗ
eã tenus de nous, et maundoꝛ oꝛe noftre ruant
pur pꝛender le difã, le q̃t ala et auer le bieu
des beauz, et a pluis toꝛt ꝗ aurer apparceuiſã
que noftre feruant botle auer difã les beaftes
il enchafer eux en B. que eã tenus del pꝛioꝛ et
noftre feruannt purfuit et pꝛiã le difres, et
il lup refcous, Lok. a Loſton, foies en cer=
teine que fi boftre beaftes fontdamages fefant
en ma terre, et mon feruant vient pur pꝛender
Le maiſter auera
actió pur refcous
al feruaunt.

le

le beaſtes ⁊ bous les enchaſe que mon ſeruaunt
puit bien ⁊ le bieu ſuer apʒes ⁊ pʒenð leʒ beaſts
en auter ſee ⁊ auoꝟer le pʒiſe, ⦿ Lotton, nous
ne les enchaſer mꝑ apʒes q̃ ſon ſeruant aueꝫ le
bieu, ⦿ Belk.ſi bient pur pʒenð diſt⁊ ⁊ bous les
enchaſ pur tiel cauſe ſil bieu ou non,ceo neſt ri⸗
ens a purpoſe, ⦿ Lotton cel lieu tenus ðel pʒioʒ
ſuit arer, ⁊ nous chaſomus les beaſtes ouſtē le
lieu tenus ðel pꝛ tanꝗ a cel lieu, ⦿ Belk.ceſt pꝛ
ne bault rienʒ quant lun terre ⁊ lauter ſuit en
boſtē maine ðemeſne, mes parauenture ſi ceo
ſuiſſet auter tre, boᵍ puiſſes ðire q̃ boſtē beaſts
ent ꝑ eſcape mes nemꝑ ðe boſtre toʒt ðemeſne,
⦿ Lotton, nous miſomus nr̃e blees pur ſeme le
terrc tenus ðel pʒioʒ en bn ſacke, et nous m̃
chiuauchomus ⁊ le chiual ouſtre le terre tenus
ðel pꝛ,pur ceo que il ſuit le pluiʒ pʒochein boꝑ al
terre tenus ðel pʒioʒ,ſans ceo que nous encha⸗
ſomus le chiual per cauſ ðe bous ouſtre ðe br̄e
ðiſtres, ⦿ Belk. cꝑ ſont ðeuꝛ matters, bn que il
chiuauch ſur le chiual en q̃l cas il ne puit ðiſt̄,
⁊ auꝫ q̃ il ne les enchaſe pur ouſtē le pꝛ ðe ſon
ðiſt̄ mes pur carier ces blees ⁊c.Et puis liſſue
ſuit pʒiſ que il les enchaſ pur ouſtē le pꝛ ðe ðiſt̄
⁊ nemꝑ pur ameſñ ces blees bt ſupʒa, ⁊ alꝗ e⸗
contra.⁊ il ſuit ðiſcharge ðel auꝫ matt̄.s.que il
chiuauche ⁊ le chiuaꝉ ⁊c. ouſtē le terre ⁊c. quod
nota.⫶.6.⫶.2.⫶.Reſcous.11.

3 Ðu le pꝛ recouer dam̃ in bʒief ðe Reſcous
6.⫶.2.hic titꝉ Bꝛe.

4 ꝛ. ðiſt̄ lauers ðun ⫶. le quel ⫶. affirme
pleint al bicount, per que le biꞇ̄ ſiſt garē al ꝛ
⫶.pur faire ðeliuerance,per foʒce ðe quel garē
il ſiſt ðeliuerance, ꝛ. poʒt Reſcous bers le ðit
ꝛ.⫶.que iuſtifie per ceſt matter.13.⫶.2.hic tiꞇ̄
Ðe ſon toʒt ðemeſne.

5 Plus iſtarum 6.⫶.2.hic titꝉ Bʒiefe.

Reſci-

Reseiser.

1 Le tenaunt le roy moꝛuſt, ⁊ auer iſſue vn fíle deins age, que fuit marp a vn home de plein age, et ils ſueꝛ lyuery de maiꝛe le roy, ⁊ puis vn auter abatiſt en certeine terre que ne fuit ſeiſi ē maine le roy. ⁊ de quel le dit tenant moꝛuſt ſeiſi, ⁊ ceo troue deuaunt Leſchetoꝛ, que le dit file a= uer enter ſur labatour, Et le quel tout le terre ſerra reſeiſie, ou cel terre tantuin, Les Iuſtices fuer en aueⱳoꝛ. ⁜ Thirn. il ſerra foꝛt de reſeiſer, Quar ieo intend ſi le tenaut le roy moꝛuſt ſéi, ⁊ vn eſtē abate enuers ⱺ leire a ſó pleine age poꝛt aſſ. de Moꝛd ⁊ reꝛ, que en ceo caſe le roy ne ſei= ſera. T. 12. K. 2. Statham Liuery. 5. Et hic titꝉ Li= uery 2. et hic proꝛiṁ apꝛes.

2 Home abate in parte del terre leire puis moꝛt le tenaunt le roy, ⁊ puis lheire ſua liuerie de reſt, ⁊ enter, Querc ſi le Roy ne reſeiſera, et faire luy de ſuer liuery de touts, Car patet la, que lou heire recouer vers abater, que il ſueꝛ ent liuery. 12. K. 2. Br. Reſeiſer. 34. Et hic titꝉ Li= uery, 2. et proꝛhen caſe deuaunt.

Liuery de terre doun: abatemét eſt ſait.

3 Tenaunt le roy deuy, ſon heire deins age, ⁊ eſtraunger abate in part des tenements, et le heire al pleine age ſua liuery del reſt, et puis la= batement ē troue per office, Et ſuit graund doubt, ſi le roy reſeiſera tout ou neṁp. Tamen Per plures, ſi leire vſt ēc de pleine age tempoꝛe moꝛtis anteceſſoꝛis ſui Donque ne ſerra aſcun reſeiſer, Mes ecôtra ou il eſt deins age. Querc ceſt diuerſitie, Quar in ⱡau caſe le roy auera le terre tanꝗ il fait liuery, Et in lauter caſe le roy auera pꝛimer ſein, que ſerra de toto, vt in altero caſu, vt bidetur mihi. Et ſuit agree que laba= toꝛ ſerra charge oue touts les iſſues. 12. K. 2. Br. Reſeiſer. 37. Et hic titꝉ Liuery. 2.

Liuery'de part & abatement del reſt.

Diuerſitie.

Reſer=

1 Vide de ceo.2.R.2. hic titl' Attournement
et 12.R. hic titl' Auowrie. ¶ 13.R.2. Ibid.

Reſomons.

Protection.

1 Det, al Niſi p° le def. get ptec̃, ⁊ al tour in
bãc il ſuit repeal, p q̃ Reſouñ iſſuſt v̄s le def. Et
nouel Hab. corp. Dz lez Jurorz, l' def. fiſt dfault, ⁊
leq̃ſt ſuit pſon dfault. 7. R.2. hic titl' Niſi prius.

Default.
Enqueſt.

2 Quant le def. alt excommengerãt, le iudge=
ment est q̃ le def. ela a Dieu, ⁊ quãt le pl' eſt aſſoule,
il auera Reſomons ou Reattachment come p̃ p=
ces ſuit al tẽpz ⁊c. 11.R.2. hic titl' Excommengemt

Puis excõmgemt

3 Formd'. Le ⁊ bouch vn cõe heir ⁊ deinz age, ⁊
pria q̃ le pol demẽ. ¶ Charlt. ſi le demaund grãt
l' boucher ⁊ iſſint l' pol demã ſans tour, il puit añ
Reſomõs al plein age leſt. 12.R.2. hic tit' Voucher.

Puis parol de-
mure per nonage
le vouchee.

Reſponder.

Prie in aid.

1 Ceſti que eſt deins age ⁊ prie en ayd, ⁊ aff de
plein age, rñd maint, Mez cõtra de bouchee, car
il nad tour in court d reſpõn. Quod nota diuer=
ſitie, Temp. R.2 anno.3. Br. Rñd.8. in medio.

Vouchee.

2 Trñs ſur ſon cas Dz deux ſupp q̃ ſõ bt q̃ ilz
achate vn chiual de 3f. pur cert ſõme, ⁊ q̃ ilz garr
le dit chiual ſane ⁊ ſufficient de touts maladies,
lou il ſache le dit chiual eſtre plein de malady ẽ
les orles ⁊ iambes. ¶ Charlt. lun des defendants
ne vient bñ, p q̃ iudg, ſi lauf ſe miſe a rñd, tanq̃
ſon cõpaignon vient, ¶ Skipw r neſt bt̃e de co=
uenant, mes bt̃e de trñs, p q̃ rñdes a boſtre par=
ti ⁊c. T. 7.R.2. F. Reſponder 13.

Acc' ſur le caſe
vers 2.

Couenãt vers. 2.

3 Audita querela vers 2. ⁊ al Copias ou Diſtr,
lu viẽt, il rñd. 11.R.2. hic tit' Aud qrela. ¶ Bt̃e.

4 Conſpiracy vers 2. ceſti q̃ pmes vient re=
ſpond ſole. 22.R.2. hic titl' Conſpiracy.

Audita querela
vers 2.
Cõſpiracy vers. 2

5 Plus iſtarũ. 8.R.2. hic tit' Premunire. 11.R.
2. tit' Default ⁊c. 19.R.2. hic tit' Bt̃e.

Plus.

Reſtitution.

1 Reſtitution in Audita querela. 11.R.2. hic tit'
Audita querela.

Audita querela.

2 Diſceit ſuit troue, Per q̃ aff ſuit, q̃ le pl'

Diſceit.

aiet restitutiõ de sa tre ꝓ ces damages,ꝓ nemp liſſues.
12.R .2.hic titľ Diſceit.

3 Diſc ꝟs baꝛ ꝓ fẽe, ꝗ fuit troue, ꝓ aꝗ fuit ꝗ le pľ re= **Diſceit.**
ouer ſa terre ſans iſſues. 13. R .2.hic titľ Diſceit.

4 Plus iſtarum 12.R 2.hic titľ Foꝛſeiture. **Plus.**

Retourne dauers.

1 Repľ, le pľ ẽ nonſue aꝓ̃s auctoꝛe, Et le def. auoit **Nonſuit.**
bẽe de Returno hẽndo.7.R 2.hic titľ withernam. **Returno ha-**
bendo.
2 Markam alľ comt auterſ. I.aũ ſue repľ ꝟs Labbe **Nonſuit.**
de R.ꝑ ſue tancꝗ le pľ fuit nonſ ꝓ reꝟ aꝗ,ꝓ puꝛ̃ ii ſuiſt **Irreplegeable**
bẽe de Secũde deliñans reꝟ oꝛe ꝓ il ne bient ꝓ ꝗ pꝛeꝛ **Second. del'.**
omus Reꝟ nient repľ ¶Belk.eſt le bẽe ſuꝓ: ¶Scoꞇ.non
car ľ bꝛẽ aꝺ reꝟ ľ bẽ,qᵈ nõ inuenit pleg.de pleꝗ ¶Maꝛk.
bñ̃ puiꞇ ẽe ꝗ deliñanz ẽ faiꞇ¶Holt ſi ſoit iſſint ꝓuez bẽe
recouere ꝟs le bꝛẽ ꝓ pur ceo ꝗ bẽe neſt ſuꝓ ſuez ſicut aľ
ſi boiľ.H.S.R.2.ꝟ.Retourne de auers.35.

3 Si home ſue 2.Repleuiñs ð bn pꝛiſe ꝗc ꝟs bn, et **2.Repleuiñ ꝓ**
puis ſoit nonſue en lun,reꞇ ſerra aꝗ,ꝓ Wadham.12,R. **le pľ eſt nõ-**
2.hic titľ Q.impedit. **ſue in lun.**

4 En Repľ retourñ fuit aꝗ al pľ, ꝓ Scire fac'ſue **Scire facias**
hoꝛs ð reꞇ reꞇ a oꝛe pur aũ reꞇ ꝓ le bẽ tout ſeruꝓ ꝓ pꝛeꝛa **de returno**
Reꞇ ¶Wod.les auers ſont moꝛts ꝓ ꝗ iudꝗ̃ ſi reꞇ, Et nõ **habendo.**
allocatur, car ſilz ſont moꝛtz ils bꝛẽdẽ einz ꝓ reꞇ del bꝛẽ.
ꝑ ꝗ Chaꝛlꞇ.ſues Reꞇ ſi boiľz ꝗc.H.13.R.2.F.Retourne
des auers 12. Et hic titľ Auermt contẽ ꝗc.

5 Repľ poꝛꞇ ẽ le county ð Surꞇ ¶Brech.count ð pꝛiſe **Sur bꝛ̃ abate.**
en le county de Kent en cerꞇ biľľ ꝗc. ¶Markam de ſon
contꝑ dem̃ iudꝗ̃ ð bẽ,Et pur reꞇ aũ dioᵍ ꝗ le lieu ou ꝗc.
eſt nẽe ſeueral ꝓ pur dam̃ ſcꞇ pꝛiſoᵍ ꝗc. ¶Brich ſi le bẽe
ſoit abaꞇ ne poies aũ reꞇ ¶Thirn. le bẽe ꝺoffiꞇ ð court ẽ
abaꞇ,ꝓ ľ pľ bient ð boᵍ ꝙ ꝓ nemp de luꝓ, iſſint le cas ẽ
auꞇ ꝗ ſil bſt pleꝺ ꝙ ẽ abateḿt ð bẽ, en ꝗl cas ꝗaꝺuꝯtuꝓ
il ne duiſt ꝓ ľ leꝓ aũ reꞇ mes ꞇꝓ foꝛꞇ leꝓ ꝗ ꝓ bẽe fait de=
meſñ ꝓ maiues bẽ que ꞇl ſꞇẽ ouſter de reꞇ,car ꝓ tiel boꝓ
home naũ reꞇ en nul cas ¶Hank.ſi ieo poꝛꞇ Q. impedit
ꝓ count de diſturbãz fait en ceo counte ou le bẽ eſt poꝛꞇ
del eſgliſe en auter com̃, le bꝛiefe eſt abate en tiel cas,
ꝓ bncoꝛ le def. naueꞇ bꝛiefe al eueſque nient pluis en
ceo cas, Et fuit tenus nient ſemble,Et opinio Cur de
claro

claro que le def. aū ret, per q̄ ℂThirn. ne pígnes
riens per bꝛe bꝛe ꝗc. ꝙ bous def. ſueꝫ ret. ꟼ. 21.
R̃. 2. F. Retourne de auers. 29.

Plus.

6 Plus iſtarum. 2. R̃. 2. hic titł A uowꝛꝗ.

Retourne de briefe.

Returno hēndo.
Auerꝭ.
elongata.

1 Repleuin, le pł eſt nonſue, le def. ſuiſt bꝛe
d̃ Returno hēndo, ꙇ ł bꝛe ret que ilꝫ ſont eſtoineꝫ.
7. R̃. 2. hic titł Withernam.

Scire facias hors
de recognitans.

2 Scire facias hoꝛs de Recogniſans 7. R̃. 2. hic
titł Execution,   et 8. R̃. 2 hic tit Apd.

Venire facias.
Habeas corpoꝛ
et Diſtr̃.

3 Venire facias, le bꝛe ret, Quod Mandaui balliuo libertatis Cant̃, Et puis Habeas corpora fuit
returne per le maner, Et al Diſtr̃ iuratoꝛ Mandaui balliuo libertatis Cant̃ & libertatis Reginę.

Mandaui balliuo.

Et bꝛe bn̄, Car poet eē que ceux del enꝗſt fueꝛ
al temps del Venire facias aꝗ deins le Franches
de Cant̃, et en le meſne temps ount bendu lour
terres, et ſont demurre en lauter Fraunches:

Cauſe certifie.

Et ſil fuit iſſint, il couient que cē cauſe ſoit certifie per le bꝛe. 8. R̃. 2. hic tit Chalk.

Second deliuerãs.

4 Second deliuerans, Le bꝛe ad ret le bꝛe,
Quod nō inuenit plegios d' proſequendo. Et pur
ꝗ que le bꝛe neſt ſeruie: Sicut alias fuit agard. 8.
R̃. 2. hic tit Ret dauers.

Sur capias.
Faux retourne.

5 Al Capias le bꝛe ret Cepi corpus, Et al iour
il nad le coꝛps, per que fuit amercy. 11. R̃. 2. hic
titulo Default.

Nihil ſur Capias.

6 Nihil fuit ret ſur bn Capias. 11. R̃. 2. hic titł
Default ꝗc.

Sur capias.

7 Nota al Capias le bꝛe retourne, que il aueē
pꝛiſe ł coꝛps, ꙇ liuer al Caſteł de S. ꙇ q̄ Labb.
de S. bient, ꙇ luy pꝛiſt de hoꝛs de ſon gard, ſur
que Capias fuit agard bers Labbe. Et le court
dit, que le bꝛe ſerē amercy pur ceſt ret, pur ceo ꝗ

Amerciament.

il ſoy auer charge del coꝛps a bn temps ꝗc. M.
13. R̃. 2. F. Retourne del bicount. 4. Et hic titł
Auerment contra ret.

8 Conſpi-

8 Conſpiracy, Venire facias fuit returne per le viē de Midd Mandaui balliuo libertatis Ducis Lancaſtr̄ de S. qui mihi ſic reſpondit, Et ret̄ 4 p ſons, & que ne fuēt pluſors en le Frāuches ſuffic̄ que purē eē ret, Per que le viē m̄ ret cuſter le quatuor, ſuffic̄ pannel de balliua ſua. Et al Venire facias ret, 8. tales fuit gr̄, pur c̄ que les Iurors ne vient, Les quex le viē ret m̄, & ne maūd al bailly, Et bene. 22. R. 2. hic titl̄ Chall̄.

Plus iſta m̄ hic titulis.

Atourney.	8. R. 2.	Defaut.	11. R. 2.
	11. R. 2.	Execution.	19. R. 2.
Iugement.	2. R. 2.	Surmiſe.	8. R. 2.
Capias.	8. R. 2.		

Reuerſion.

Vide de c. 2. R. 2. hic tit̄ Attournemt. 5. R. 2
Ibid, & 8. R. 2. hic titl̄ Annuity.

Roy.

Vide concernaunt le Roy, hic titulis.

Challenge.	6. R. 2.	Nonſuite.	6. R. 2.
Encumbent.	2. R. 2.	Prerogatiue p totū.	
Ioid in acc̄.	21. R. 2.		

Sauer de defaulr.

1 Al graund Cape r, Le tenant dit q̄ le terre eſt Auncien demeſne. ¶ Rick. vous couient de ſauer vr̄e dfault. Et adiourn̄. C. 2. R. 2. Statham. Sauer def. 14.

Graund cape.
Aunc' demeſne
Plec̄ deuant ſaf de default.

2 Precipe quod reddat pend l' pē vers le bou-chee l' & fiſt defaut & Petit cape agard, & il vient & dit q̄ il tiēt a tme ō vie le bouche, & q̄ l' bouchee eſt mort, iſſint q̄ ſō eſtate en le franktemt determine. ¶ Sidēham: vo² ne ſaues voſtre defaut p q̄ iudgemt, & r ceo demurē, & puis le tent weyue le demurrer, & dit come deuaunt, & q̄ apres le mort bouchee cey en l' reuerſion entē &c. iſſint ſon eſtate defait, & nad riens ceſt iour en le franktemt priſt, & alij econtra &c. M. 7. R. 2. F. Sauer ō default. 30.

Petit cape.
Plee deuāt def. ſaue.

¶   3 Precipe

Graund cape.
Ley.
Demaundant rel' le def.

3 Precipe quod reddat, al Graund cape retozne l' demaund soy tient al default, le def. tenð sa ley ¬ auer iour ¬c. ¬ a cel iour le demaund vient ¬ dit q̃ il voil release le def. ¬ q̃ il fuit prist a coun-ter. ¶Charlton. demaund del t̃ s̃il voil faire sa ley. Et le t̃ preia luy recorð q̃ l' ðmaun̄ð voil rel̃ le def. ¬ count. p̃ q̃ Charlton. pur ceo q̃ le tenaunt ne voil fair sa ley, ne le demaund ne voile preier seisin de terre, ne aut chose dire, p̃ q̃ il agarð que il ne prist rien3 per son bre, ¬ le cause q̃ le ðot soy auer tenus al defaut del t̃ a vn temps, issint oze il ne puit release le def. Et fuit mẽe auxint q̃ le t̃ ne fuit q̃ t̃ a terme de vie, ¬ pleð per Collusion de parðre le reuersion, ¬ ceo fuit graund cause ðl agarð vt credo. Et ascuus des Seriants ðisount q̃ le ðot puit release le defaut oze ¬c. per assent del tenaunt ¬c. M.12.R.2.F. Sauer de def.31.

Imprisonment dattourney.
Petit cape.

4 Si lattourny le tenaunt fuit imprison al temps del def. fait sur le Petit Cape, ceo sauer le def.13.R.2. hic tit Examination.

Scire facias.

Sur pardon.

1 Home vtlaã in dc̃ purchase son charter de pardon, ¬ Scire facias vers le pl', que count vers luy, et le def. imparle, a quel iour fist def. et son chẽc allow, ¬ Distringas ¬c. adiudge ðs luy.6.R. 2. hic tit Charter de pardon.

Annuitie.
Ayd de roy.

2 Scire facias f̃ret in bre dannuity le def. auoit aið de Roy.6.R.2. hic tit Monstrans ¬c.

Sur fine.
Barre per release.
Issue.

3 Scire facias hors dun fine, Le tenaunt pleð release lauñ le demaundant, Sur que ils tuẽ a issue, ¬ troue pur le demaunð, per que il prie iudgement, ¬ habuit.7.R.2. hic tit Discont de proces.

Recognisans.

4 Scire facias hors dun Recognisans vers vn come terre tenaunt. Qui dit que cest bref duit primes auer issue vers scire le Reconisor, Et puis vers le terre tenaunt. ¶Rich. Si vous al̃

Vers ref tenant

in

in fait, que il auer heire, Et que il auer assets, Donez bñe reason hes. ¶ Tresilian per la Recog=
nisanz son heir nest lie per expresse parolz, Mez
generalment touts ces bienz ⁊ chattelz, p queux
parols ces terres sont lies, en que mains ⁊c. Et
bous ne dedits, que bous estez terre teñt, Per
que a cel entent respondes. 7. R. 2. hic tit̃ Exe=
cution.

Vers lheire.

5 Si reñ soit done in taile per fine, ⁊ le te=
naunt in taile ē seisi per forz del finz, son heire
nauera iammes Scire facias dexecuter le fine,
mes serra mise a son Formdon per oppinionem
Iustitiarioru, pur le mischief de garē. Et a exi t̃z
pols de Scire facias sont, q̃ Exec̃ restat taciend',
queux sont faux, sil soit execute vñ foits. 7. R. 2.
F. Scire faz. 90. in fine.

Dexecuter
Fine.

Voucher.
Forme.

6 Reph, le pl̃ ē nonsue, le def suist bñe de Re=
turno hab̃ ⁊c, le vñ ret q̃ ils sont cloines, il na=
uera mp withernam deuant q̃ il ad sue Scire f̃c'
vers son pledg̃ ⁊c. 7. R. 2. hic tit̃ Withernam.

Vers pledges in
repleuin.

7 Scire facias ⁊ fine doit agreer oue le fine, Et
nē matter, coment q̃ vn chose soit bis petitum, sil
agre oue le fine. 7. R. 2. hic tit̃ Briefe. 9.

Fine.
Plee al bñe.
Varians.

8 Dette, Le def. fuit vtlag̃, ⁊ purchase char=
ter de pardon, ⁊ suist Scire facias vers le pl̃, que
vient p le Scire facias, ⁊ count vers luy, Et il ne
fuit suffer de faire attourny, mes serra p main=
prise ou cõmit al prison. 7. R. 2. hic t̃ Attourny
Mes lun ⁊ lauter ad estre fait en temps de cest
Roy.

Sur chr̃er de
pardon.
Attourney.

9 Jhon Samoyns suist Scire facias hors dun
ãne vers T. Fitzherbert dauer exec̃ dun man,
⁊ x. acres de terre en D. per quel fine les tene=
ments fuēt rendus a vn Isabel a terme de vie,
le reñ a vn Wl. en taile, le remaind a cesty ore
plaintife en taile, le reñ en fee as heirz Isabel,
⁊ pur ceo q̃ Isabel est mort ⁊ William est mort
sans heire de son corps, il demaunde execution.

Fine.

U 2   ¶ Clopz

¶ Clopt. quant al x acres de terre les parties al
fine nauer riens en ceux tenements al temps ðl
fine leue, mes vn Ric̄ fuit seisi de les x. acres al
temps del fine leue & deuant, & apres, que estate
nouz auomuz &c. ¶ Cherlton, verity est q̄ Ric̄ fu=
it seisi de ceux acres, & m̄ ceux x. acres tient del
man̄ ð D, le q̄l man̄ oue l'z appurten̄ fuit graūt
& rend p cest fine dount demaundomuz oze exec̄,
& Ric̄ auoit issue vn Katherin & morust, & Ka=
therin ent̄ & prist a bar̄ vn Nicol' & aū issue vn
John, & Katherin morust, & Nicol' se tient eins
p le curtese, & puis John morust sans heir, p q̄
mort la t̄e fuit eschetabl' al seign̄ ðl man̄, & puiz
Isable morust, & wl. morust saūz heir ð sō corpz,
& Nycol' tenaunt per la cutesse morust, et nous
entramus en le maner. issint c̄e terre dount de=
maundomus oze exec̄ est venus en lieu des ser=
uices que fuerunt parcel del man̄, per que &c. e
sur ceo demur̄. ¶ Belk. quant morust le tenaunt
ðel terre ? ¶ Clopt. en la vie wl. tenaunt e
taile. ¶ Belk. don ques eū cle̅ q̄ le pl' naū tā me
briefe Discheate de ceux acres, car ne veiste
vnques br̄e deschete que il ne suppose que le tenant tient de luy, ou de son auncestour per nu
ley al temps quant la t̄re fuit escheteable, & ce
supp icy ser̄ faux, car al tempz il tiet del william
ain tenant en le taile et neinp ðel plaintife, e
Scire facias ne puit le plaintif auer, car ceux x.a=
cres ne fuer̄ vnques executes en lieu des serui
en nul de eux en le rem̄ deuant le plaintife per
entre ne p recouerp: Mes si tenant en taile re
en balue & sue exec̄ et alien̄ et deup, son heire a=
uer Formdon de ceo terre recouer en balue, me
sil deup deuant que il sue exec̄ son heire nauer
Formdon, pur ceo que cest terre nest ven̄ e lie
ð laut sanz exec̄ sue̅. Et Ad aliū diē. Belk. certez
mop semble per consciens que l' Scire facias pui
bien est̄ maintenu, mes mon compaignions n
                                                    vopl̄

voyl' assent a ceo, et ieo ne voyle faire tiel chose sans lour assent, per que ne preignes riens per vostre briefe. M.7.R.2.F. Scire facias.3.

10 Scire facias hors d recognisãs e comẽ bãk. 8.R.2.hic title Ayde,2. Recognisans.

11 Scire facias hors dun fine, le tenant auera ayde.11.R.2.hic title Ayd. Fine. Ayde.

12 Hõe vtlage en dette, et aũ charter de pardon, et Scire fac' vers le pl' retournẽ ore, & le bře fuit retourne, que il nauer ẽ ou puit este garny. Et le def. pria que le chře soit allowe. ¶ Burgh sues Sicut alias, Et sil respond, cõe il fait ore, donq; aueres bře prier. ¶ Holt issint ad este fait souent cyens. Et a ore ne fuit suffer de faire Attourny. 8.R.2.hic title Attourney. Sur chře de pdon. 2. Nihils. Attourney.

13 Dette vers 3. al exigent lun se rend, et les auters fuer vtl', Et cei que se rend vient, et dit que il fuit prist daũ pled oue le pl', Et il fuit nonsue. Les auters 2. sueront lour chřes, Et fuer allowe sans Scire facias. 12. R. 2. hic title Charter de pardon. Pardon allowe sans Scire facias.

14 Appeale, le def. fuit vtlage, et port Scire facias & chře d pardon, que fuit retourne seruie, et le pl' fist def. per que le chře fuit allowe. 12 R. 2. hic title Charter de pardon. Garny et ne viẽt

15 Ou scire facias serra sue a repealer auter patent. 12.R.2. hic title Forfeiture. Repealer pat.

16 Scire facias sur charter de pardon, purchase per le femme 12.R.2.hic title Utlagary. Charter de pardõ

17 Scire facias ex Scacc pur biens de vn hõe attaint de treason, q̃x biens fueront distreine deuant latteinder &c. 12.R.2. hic title Distres. Pur le roy.

18 Ayd ne serra graunt de seruice in Scire fac' de ceo: Quere sil pria ayde del terre. T.13. R.2. Statham Ayd,56. Et hic title Ayd. Et le forme del briefe Ibidem. Rent seruice. Forme del briefe

19 Scire facias d fine per q̃l les tenemts fuerũt graunts a vn J.M. et a Dionise sa feme et as Couient accord al fine.

 heirs

heires del corps J.engenders,et pur default de
iſſue le remaind a J.ſon fits en tayle &c.et le de=
maundant ſuit execution come heire a J. M.
le fits & ſuppoſe per ſon briefe que J. M. le pi=
er morust ſans heire de ſon corps &c. ¶ Wood,
il ſuppoſe per le briefe que les tenements fue=
runt graunt a J. M. le pier en taile &c. et pur
def. diſſue le remaind a J. ſon fits, per le briefe
il ſuppoſe J. M. le pier eſtre mort ſauns heire
de ſon corps, iſſint le briefe faux,iudgement de
briefe. ¶ Rok. Iuſtice quant les tenementes
ſount dones al pier en taile &c. le rem al fitz &c.
il puit claim par force del rem, et il couient ac=
cord al fine, et ceo que le rem eſt taile per noſ=
me del fitz neſt que bnoſine, par q̃ rñdes. par q̃
Wood.pled al act &c. M. 13.R.2.⊦.Briefe.645.
Uide termino Triñ decimo ſeptimo Edwardi
tercii tiel brē agard bone, pur q̃ que il puit eſtre
fits a J. M. mes deuaunt eſpouſ : et uncor il
neſt ſon heire, Et auxi le briefe couient accorde
al fine.

Ret agard.   20 Repleuin,ret fuit agard al pl̕,Et Scire fac̕
ſue hors de recorde ret a ore pur auer ret, et le
briefe tout ſeruie, et pria ret. ¶ Charlton ſues
retourne ſi bous boilz.13.R.2.hic title Retourn
dauers.

Ceſſauit.   21 Scire fac̕ ſur iudgm̃t in Ceſſauit q̃ ſi le t ceſſe,
que le terre incurge, le remenaunt. 19. R.2.hic
titl̕ Ceſſauit.

Retourne garny.   22 Ceſſauit,ſur Scire fac̕ ret garny,le tenant n
vient, le plentife pria ſein, & habuit.19.R.2.hi
tit Ceſſauit.

Surpluſage de
dower.
Suggeſtion.   23 Feme recou dower, et le brē liu le moitie d
terre in execution,pur le 3.parte, leire auñ Scir
fac̕ ſur ſon ſuggeſtion del ſurpluſage,& nēi aſſ
22.R.2 Br. Scire faĉ.241.Et hic t Execution.

Fine.   24 Scire fac̕ hors d fines.11.R.2. hic titl̕ Aid
                            7.R.2.

T.17.E.3.fo.

7.ℜ.2.hic titl' Ayd de roy.　7.ℜ.2.hic ℓ Bℓe.
et 7.ℜ.2.hic title Joyntenancy.

Second deliuerance.

1 Repleuin, le pl' fuit noſue, ꝫ reℓ aꝫ. Et puis
il ſuiſt Second deliuerace, et il ne vient al iour
per ꝗ le def. pꝛie reℓ niet repleuiſhable. ¶ Belk.
eſt le bꝛiefe ſuie: ¶ Scot. non, Car le viℓ ad reℓ
ℓ' vℓ, qd no inuenit pledg' de pꝛlequendo. ¶ Mark.
vncoꝛ poet ee ꝗ deliñance e fait. ¶ Holt Si ſoit
iſſint, ynes bℓe recoũy vers le viℓ. Et pur ceo
que le bℓe ne fuie, ſues Sicut alias. 8. ℜ.2. hic tiℓ
Reℓ dauers.

Sicut alias.

2 Le vicount ſur le Second deliuerance liũa
les beaſtz al pl', ꝫ ne retourne le bꝛief, iſſint que
le defendant ne poet auer retourne, il aũa ſon
remedy vers le vicount. Quere quel remedy. 8.
ℜ.'2, Br. Seconde deliuerance. 12. Quod vide
hic. 1.

*Vic' ſeruc le ſecod
deliuerance & ne
ceo retourne.*

Seiſer.

1 Seiſer de biens ꝫ chattels pur le roy per
vtlagary in Dette. 8. ℜ. 2. hic title Superſe=
deas.

Chattels.

2 Seiſer de Moꝛtuary, 13. ℜ. 2. hic tiℓ Moꝛ=
tuarie.

Mortuary.

3 Seiſer de villein. 19. ℜ.2. hic tiℓ Trñs.

4 Seiſer de hariot. 19. ℜ. 2. hic tiℓ Hariot.

*Villein.
Harlotte.*

Seiſin.

1 Vide de ceo. 8. ℜ. 2. hic tiℓ Annuity. 11.
ℜ.2. Jbid.　11. ℜ.2. hic tiℓ Eſchet, ꝫ 13. ℜ 2.
Jbidem.

Sequatur ſub ſuo periculo.

1 Vide de ceo. 13. ℜ. 2. hic tiℓ Voucher.

　　　　U 4　　　　　　　　Serch

Serch pur le roy.

1 Uide de ceo. 7. R. 2. hic tit Agd de roy.

Serement.

Accompt.

1 Receiuor excuse de lencrease en bre daccōpt per serement. 2. R. 2. hic titl accompt.

Seruant, Uide Laborers.

Seruices de chiualer, Uide Tenures.

Seueral precipe, & Ioint precipe.

Seueral precipe.

1 Uide de Seueral precipe. 8. R. 2. hic tit Bre et 21. R. 2. Ibidem.

Seueral tenancy & Sole tenancy.

Entier tenancie.

1 Formdon vers 3 ¶ Ham. pur vn des tenātez dit que il est tenant del entier, sans ceo que les auters riens ount. ¶ Holt pur les auters 2. dit, que ils sont tenantes come le briefe suppose. 2. R. 2. hic titl Estoppell.

Seueral tenancy puis Piece partiū

2 Formdon vers 2. Lun dit que il ē tenant del entier, sans ceo que lauter riens ad, Et lauter dit que il ē tenāt del entier sans ceo &c. Et nota q̃ le tenāt ne pledra seueral tenancy puis prece parcium. 12. R. 2. hic tit Estoppell.

Socage, Uide Gard.

Sodein auenture.

1 Uide de ceo. 8. R. 2. hic titl Wast.

Somons & Seuerans.

Q. impedit.

1 Trois suet Quare impedit, les 2. appere, et ne boil my pursuer, & le 3. dit q̃ il boil pursuer. ¶ Charleton dit q̃ le 3. countera, Et issint fist. ¶ Thirn Jeo scay bien comēt q̃ 3. suet Q. impcd, et 2. ne boil suet, q̃ le 3. vnc suet, & auet bē al euesq. 2. R. 2. hic titl Q. impedit.

Det port per Executor. Par agard puis apparans.

2 Somons, & seuerans en dett port p exec, et Seuerans p agard sans pces puis apparāce. P. 11. R. 2. hic tit Priuiledge. 1.

Formdon

3 Formdon per 2. coperceñs, ⁊ lɔ̃ coſñ ⁊ ſeuer, ⁊c.pe r qui moʒt le bē abate, p agarɒ. Car l̕ ſcħ=ans ɒel ſuite ne ſeuer le poſſ. ɒel terre, p Hill. 19. R. 2. hic titł Bʒiefe.

Formdon.

Statutes, Viɒe Parlement ⁊c.

Statut merchant, & Staple.

1 Eſtatut merchant couient eē enſeale per la partie auterment ne vault ⁊c.en Repł. T.6.R. 2. F. Execution. 131. et Statham.28.

Seale le partie.

2 Execution ſur ſtatut merchant. 11. R. 2. hic tit Superſeɒeas.

Execution.

3 Plus iſtarun.6.R.2. hic titł Aſſ. et Auɒita queē. 11.R.2.hic titł Auɒita queē. et Bē.

Plus.

Suite & Suitor.

1 Auowʒie pur ſuite ɒe court,per Skipwith.2. R. 2. hic titł Auowʒie.

2 Si 4.ɒe leʒ Suitoʒs baile le recoʒɒ al vič,q̃ ceo returne, ceo ſra accept ⁊ tenus pur recoʒɒ. 12. R. 2 hic tit Pʒoces.

Court baron.

Superſeɒeas.

1 Treſpas, le pł auott iuɒgmͭ encounter ſon releaſe, Le ɒef.ſuiſt Auɒita queē ⁊ Supſeɒeas ⁊c. 6. R. 2. hic tit Auɒita querela.

Des damages en treſpas.

2 Treſpaſʒs labbe ɒe T.ou labbe ɒit que le pł eſt ſon villen ⁊c. ⁊ le pleintif ɒit franke ⁊c.et venire facias iſſiſt al vicount ɒe Noʒth.retourne ⁊c.et ē le meſne tēpʒ Labbe vient ē le Chaūcery ⁊ ɒit coment venire facias fuit iſſu al vicount ɒe Noʒth. quel vicount fuit ɒl counceil le pleintif, ⁊ auer eſtre ɒun iour ɒe amour enͭ eux al w.⁊c. ⁊ ſur ceo il pʒeia ſuperſeɒeas al vicount et aueē, par cauſe ɒe quel, le vicount ne ſeruͭ l̕ bʒiefe ɒe venire facias, ⁊ ceſt matter fuit graunɒeiͤnͤt ɒe=bate en le Chauncere, Et fuit la tenus par touts les IuſticesɒDengl̕, q̃ cel ſuperſeɒeas iſſiſt male=ment et encoūͭ ley, per q̃ al xb.ɒe ſeit Michel,

Superſeɒ Cancellaͤ ſur venire facias.

Improuiɒē ema=nauit.

B 5   Waɒ.

Wad. monstre tout l' matter, & p̃eia Venire fac',
sicut alias ¶Holt. il tiẽt par Barronye & est pere
de roialme, per q̃ semble que bous aueres co=
men iour et nemp tour de grace come bous de=
maundes. ¶Belk. ieo die que le bicoũt puit auer
seruy le b̃iefe, & aueẽ fait larrap, non obstant le
supersedeas, & pur ceo que il issist encounter lep,
il naueẽ sufficient garraũt de surcess, mes oze il
ad riens fait, per que est a boper, le quel il aueẽ
sicut alias al bĩc, ou al Cozoners ¶Wadham. ieo
ne p̃ete a mesme le bicoũt, mes al bicount ge=
neralment, et bn auter puit estre estier ¶Belk.
sues sicut alias encounter l'z biĩ. ò seint Hillaẽ.
¶T. 8. R. 2. F. Supersedeas. 18.

Apres les biens
seics p̃le Eschetor

3 Ryk. bient al barẽ et monstre coment bn fuit
btlage en Det & lutlaẽ retourne ciens le terme
de S. Hillaẽ darẽ passe, hozs de que b̃iefe issist
al eschetour de seisier ces biens et chateuz, et
terre, quia aliqui dicebãt, q̃ les issues de sa terre
serra p̃isez al oeps le rop, & oze le recozd est fait
bẽ ẽ bank le rop per cause derrour, & p̃etomus
Superẽ al eschetour &c. ¶Belk. certes ẽ naueres
iamnes pur mop deuant que le chose soit reũse,
ne ples nient pluis ò ẽ matẽ, & si no⁹ bo⁹ fasom⁹
tozt, sues aillourz &c. M. 8. R. 2. F. Supsed. 19.

Errour.

Supersedeas de
cõi banco.

4 Wadam. bient al barẽ et monstre coment R.
w. auer sue le darẽ terme bn Audita querela ós
bn que aueẽ sue exeẽ hozs dun estatut merchãt
& coment il aueẽ sue Supersedeas al bicount de
surcess. & cõẽt al tour de audita querela tetourne
R. w fuit dz et ne bient et fuit nonsue, sur que
exeẽ fuit ag. al defend, le quel suit b̃iefe dauer
execuẽ reẽ al iiij. semaigñ de Pasch. et oze ment
obstant cel R. w. purchas auter audta querela &
auzint auer Supersedeas hozs de cẽ place al biẽ
de surcess. le q̃l est erẽ, & p̃ia remedy. ¶Charlet.
bous ñ auer sue b̃iefe le darẽ terme dauer ex=
ecuẽ reẽ al iiij. sem̃ de Pasch. et nous ne potom⁹
sauer

Audita querela.

Nonsuite.

ſauer c̄o̅ent ceſt b̄ ſer̄ ſeruy, iſſint bous couſt̄
demur̄ tanq̇ ceſt bȝiefe dex̄ec ſoit retourne que
eſt b̄r̄e ſuit demeſā ⁊ iſſint demur̄ ⁊c. Et puis
al dar̄e iꝗ̇.ſer̄ de Paſch. Wagh. bient ⁊ pȝcia q̇
R. w. fuit dꝺ,⁊ iſſint ſuit ⁊ bient ⁊ fuit c̄onus ē
garde del fleete.⁊ aux̄int Wadam dit que le b̄ȝ=
count auer̄ retourne oȝe le b̄ dex̄ec̄uc̄ et ſuꝓꝺ,
par q̇ pȝiom̄ꝰ ex̄ec̄uc̄ aux̄int del terre. ⸿Charker
a Pynch.que fuit oue R. w. ſcaues ri̅es dire pur
que il ne ſer̄ mꝑ ag̅. Et ſir ſi home ſue ex̄ec̄ hoȝs
deſtatut mercḣā⁊ ⁊ ad ex̄ec̄ ſait de l'terre,c̄o̅ent
que ceſti que fiſt leſtatut ſue Audita querela,ceſt
court ne puit repel̄ c̄ que eſt ſait, mes q̇u̅t ceſt
que ſue ex̄ec̄ bient et pled, et troue eſt que il ad
malement ſue ex̄ec̄, donq̇ lauter auer̄ reſtitu=
cion de le terre ⁊ rec̄ ces dam̄,et iſſint icꝑ quant
bous ſuiſts le pȝimer Audita querela ⁊ auoiſtes
ſuperſ.⁊ fuiſtes nonſue ⁊ ex̄ec̄ fuit agar̄d, bous
coutent de ſuer nouel Audita querela, et ſil ſoit
troue que il ad malement ſuc ex̄ec̄ bers bous,
bous recouer̄ boſtre dam̄ donques, ⁊ aux̄int a=
ueres reſtituc̄ de l'ter̄e car ne poiomus repeaꝇ
lex̄ec̄uc̄,⁊c. P.11.R. 2.F. Supſedias.14.
Plus iſtarum hic titulis.

Surmiſe & Suggeſtion.

1 Pynch.bient al barre et monſtra coment bn
pooȝe ſeme auer recouer certein terre per Cui
ante diuorc',⁊ auer bȝiefe al Uic̄ de luꝑ mitt en
ſeiſin,⁊ le bic̄ ceo ne puit pas fair, pur ceo que il
troua reſiſtens cꝑ graund ⁊ foȝt q̇ il ne puit fair
ex̄ec̄ ꝑ que pȝiꝰ b̄ ꝺ pȝēꝺ ceux q̇ ſiet reſiſtens ē
contempt le Roꝑ. ⸿Byrt.c̄ ne ſuit bnq̇ biew ſur
ſugg̅ ſans ret de bic̄, mes ſi l'bic̄ biſt ret c̄o̅e boꝰ
ꝺitz,donq̇ boꝰ au{}es boſtē pꝛier, auterſt niet.
⸿Belk.ſues Sicut al', vel cauſam nobis ⁊c. Si boiſȝ.
et ſi le bic̄ ret ꝑ la maner, donq̇ aueres boſtre
pȝier

Ou ſurmiſe ne
ſeruera mes co-
uient eſte return,

Suretie.

Resceit.

1 Al Gaund cape vs le baron & sa fée, & le 3. Le fée bient & dit q̃ son baron & luy fuet̃ teñ del en=

Baron & feme.

tier,& pzia dée resc̃ del entier pursoet̃ de sõ barõ ¶Burgh ils sont teñts in cõen come le bre supz ¶Holt. dit al fée troues suertie vs issues. ¶tram. c̃ ne deuomꝰ, Nient pluis q̃ si le bre vst ée pozt vers le baron & sa feme solement. ¶Belk.quant al pozt lestrang le feme bient a latere cõe lesta= tute voet,Per que vous troueres suertie, Ad

Quere.

quod Curia concordat. Quere bñ,Car fée le cõ=

Al deliuery de
Home prise pur
vtlag.

trarie.2.R.2.hic title Resceit.
2 J. Waston clarke fuit vtlage in Accompt, & vn fuit pzise & cõmit al flete.Qui bient & dit comt vn Waston clerk fuit vtlag̃,& il m̃ auoit a nosme J.Wastõ,mes il ne fuit clerk. Le pl' dit q̃ il fuit m̃ le pson vs q̃ il auer sue.¶Belk.dõ del pzison comt il auer a nosme. Qui dit J.Waston

Peace.

¶Belk.ées vꝰ clerk? Nõ veram̃t ¶Belk.donq̃ troues suerti de peas al pl', & alez vtc̃ voꝑ.5.R. 2.hic title Vtlag̃.

Des dam rec' &c

3 Tñs troue pur le pl' encounter son release demesne,l' def.ad supersedeas,& troue suffic̃ suer= tie des dam̃,si &c.6.R.2.hic title Audita quer.

De bene gerédo

4 Lenquest fuet̃ obliges del bon pozt dun notozious laron, que ils ount acquite sur son arainement.7.R.2.hic title Cozon.
5 Vide de t̃.8.R.2.hic title Pzemunire.
6 Suertie in Cessauit & tend les arrerages.

Cessauit.

hic title Cessauit per totum.

Surplusage.

1 Vide deceo.19.R.2.hic title Briefe.

Suruiuor.

1 Vide de t̃.11.R.2. hic title Execution. 8.R.2.hic title Charge.   et 17.R.2. Ibidem.

Surrender.

Wast.

1 Admittitur que si lessee pur ans fatt wast,
¶

& puis surrender les tenements a cēl in reuer=
sion, que apres il nauera acc̃ de wast.8.R.2.hic
title wast.   & 12.R.2.Ibm̃.

2 Wast in com̃ Linc.suppos que il auer fait
wast in tenements que il tient in B. ¶Wodrof.
le def. surrender m̃ les tenements al pt' a Ni=
chol, le quel surt̃ il accept & agre illonquez a ceo,
iudgement si accion.Et adiudge bon ple sans all'
que le pt' manure le terre. ¶Crosby nous ne a=
greomus my prist.12.R.2.hic title wast.

Extra terram in
in le countie.

Agreement.

Graunt a cesti en
rem pur le vie
cēl in rem.

3 Home lease terre pur terme de vie, le rem̃
a Wt.en taile,le tenant pur vie lease ceo a cesty
en rem̃,pur terme de vie de cesli en rem̃,q̃ prist
fēe,& deux, & le primier lessee entra,& le fēe suit
barre de Dower, Et sic ceo nest surrender.13.
R.2. Brooke Surrender,;9. Et hic t Dower.

Resceit.

4 Precipe quod reddat,Si tenant pur vie sur=
render a cesti in reuersion penð le briefe,& puis
fait default, vncore cesli in reuersion serra re=
sceiue,per Thorpe.13.R.2.hic title Resceit.

Plus.

5 Vide de t̃.22.R.2.hic title Discont de poss.
    Suspension,vide Extinguishment.
        Tayle & dones en tayle.

1 Nota p Burgh.si terre soit don al bar̃ & feme
& as h ires de lour corps issantz, si la feme sine
hered de se infato dilcedat, qd̃ tunc &c. le bar̃ &
fēe ount estate tail' & neu̧p fee simple, non ob=
stant ceo clause sine hered de ×c.Contrarium per
opinionem Skip.& ceo matt̃ sur Ass.aiourñ &c.H.
8.R.2.F.Tayle.33.

Sine hered de se
infato.

2 Deuant lestatute De donis cond,tenant in
tayle apres issue,auer fee simple,pur ceo que le
condic̃ fuit simplie, Mes c̃ est change p lesta=
tute,p Thirn. 22. R.2.hic title Discont de pos=
session. Et diuers matters de tayle Ibidem.

Cōen ley.
Fee simple.

3 Tenant in tayle poet cēe de fee de chiualer,
per Thirn. Issint dun office,per Hornby.22.R.2.
hic title Discontinuans de poss.

Knightes fee.
Doffice.

                    4 ¶Rede

Cõenley.

4 ¶Rede, iffue in taile p le cõen ley auec aff. de Mordaune e rec dam, e ore eft done p leftat

Mortd.
Formd.

Formidon in difc, en q il ne rec dam, pur c q leftat ne done dam. 22.R.2. hic t Rauifhmt de G.

Plus.

5 Plus iftat. 11.R.2. hic title Charters deftre. 22.R.2. Quod permittat. 8.R.2. Garde.

Tayle apres poffib. diffue extinct.

Refceit.

1 Precipe quod reddat, fuit admitte q fi tenant in taple puis poffibilitie diffue &c fait default a-pres default, e cefty in reuerfion prie deftre re-fceiue, que il ferra refceiue. 13.R.2. hic t Refceit.

Taylie de boys.
1 Vide de ceo. 2.R.2. hic title Dette.

Tales.
1 Vide de Octo tales. 22.R.2. hic title Chall'.

Templers.
1 Vide de ceo. 22.R.2 hic title Briefe.

Tenants en comen.
1 Vide de ceo. 19.R.2. hic title Bre.

Tenants per copie.

Fees del parliamt

1 Quowrie, iffue fuit prife, fi le copie tenantz d D. ou de tiel lieu, ont cē vfe dēe charge ouelcg fees del chlers del com pur le parlemt. 8.R.2. Br. Tenant per copie &c. 21. e hic t Diftres.

Mord.
Sõr oufta le Co-piholder.
Petition.

2 T. per copie fift proteftation de fuer in na-ture daffife de Mortd &c. Et p Charlton fi tiel tenant foit ouft per le fõr, il nad auter rec forfcg de fuer al fõr, que ad le franktent, p peticion, e nē p Affife de nouel diffeifin. Et per Thirn. bre

Faux iudgement.

de Faux iudgement ne gift de iudgement rend de copyholde terre &c. Ne nul auter remedie forfcg fon peticion, p illum, Rik. e Charl: Mes p Thirn. fi ple foit pend in court le fõr inter 2. que font t al volunt folongz le cuftome &c. bre poet

Diftringas.

eftre gē al fõr a luy Diftr de faire droit ent eux, car le fõr poet eē compel de faire droit &c. 13.R. 2. hic title Faux iudgement.

Plus.

3 Plus de ceo. 6.R.2. hic title Quowrie.

Tenants

Tenants a volunt.

1 Uide de tenant a volunt solonꝗ le custom del
manoꝛ.13.R.2.hic title Faux iudgement.

Tenant per le curtesie.

1 Cessauit ꝭ ꝙ p le curtesy, p le sꝛ pamount,   Cessauit.
Car le tenꝶt p le curtesy & cꝰi in reūsiō ne sont ꝙ
vn t in maū al sꝛ, p Belꝯ.11.R.2.hic tiꝶ Resceit.

2 Uide plus de ceo.2.R.2.hic title Attourne=
ment. 7.R.2.hic title Escheate, & Scire faꝰ.
Tenꝶ de rent, argent, mariage & huͣoꝰi,& refusel.

Vide de his, hic titulis.

Cessauit.	11.R.2.	Condicion.	19.R.2
	19.R.2.	Foꝛfeit ð maꝰ.	22.R.2

Tenures.

1 Uide de Castel gard.19.R.2.hic tiꝶ Gard. Castel gard.
2 Uide de Escuage.19.R.2.hic title Gard. Escuage.
3 Uide touchant Graund seriautie.19.R.2. Graund seriantie.
hic title Garde.
4 Home donc en tayle Pro homagio & serui- Homage.
cio le donee.Reddenꝺ vj.ð.Pro omnibus seruiciis Reddendo s & ꝑ
Et per iudicium Curie, p cest le donce serra dis= pro omnibus ser-
charge de homage, & ð relief.Et ie Repoꝛt dit uicijs discharge
que nest leꝑ.13.R.2.Br.Tenures, 76. Et hic Reliefs.
title Auowꝛie,
5 Uide de suice ð chꝰer.13.R.2. hic ꝶ Auowꝛy. Seruice de chlꝰer.
6 Uide de socage.hic title Garde. Socage.

Plus istarum, hic titulis. Plus.

Auncien deꝰm.	19.R.2.	Auowꝛy.	13.R.2.
Auowꝛie.	6.R.2.	Briefe.	7.R.2.
	12.R.2	Rauishꝰmt ð g.	22.R.2.

Testmoignes & proues.

1 Cōent le pꝛfꝰmance ou bꝛech dū condiꝶ sra Condition.
trie p pꝛoues de loial hōes.7.R.2.hic ꝶ Cōdiꝶ
2 Lou pꝛoces istera vers les testmoignes.12. Proces.
R.2.hic title Auowꝛy.
3 Nota que le triall en Etate probanda est p Etate probanda
pꝛoues.21.R.2.hic title Liuery & ouster le main
&c. in fine.

Titles.

1 Uide de ceo.Temp.R.2.hic tile Ass. 6.R.
2.hic title Executo2s.

Solle.

1 Uide de ceo.8.R.2.hic title Patentes.

Tout temps prist &c.

1 Uide de ceo.7.R.2.hic title Condicion.
& 19.R.2.Ibidem.

Trauers doffices ou presentments.

1 Si soit troue p Dié clausit extremu deuaut
Lescheto2 que J.P.dei sei de certein tenemtz,
son heire deins age, & tient del roy, (lou in ve=
ritie il tient dun C.) per q ceux teré sont seies
in maips le roy,le dit C.poet trañse loffice, Et
si soit troue pur iuy, il auera liuery ho2s des
mains le roy.Quod vide in les motes Mark. &
Hill.Et ia le trauers fuit en le Chancery.7.R.
2.hic titie Admeasurement de dower.

2 W.vient en le le Chaunc.& mée p Hornby
comet vn P.counstable de castel de Co2ff. auer
p2ise vn enquest & troue deuant iuy que W.aueë
encrochc certein terre, le quel fuit del seignio2
de Co2ff.& dez dmesnez le roy,& dit ousté que les
terres fueé parcel de son maner de C.sans ceo
q ils fueé parcel del maner de Co2ff.le Chaun-
ccler dd si le Counstable aũ tiel power.CHorn-
by.oyle,quant il est eins,car le so2ie de Co2f.ad
Co2oner & Escheto2 d eux ms,& ount de temps
&c.per que lissue fuit p2ise le ql il fuit parcel ou
non &c.CHank.pur le roy dit que ñ ne fuit issue
pur q q p tiel issue il puit disturber le poss.le roy
Et nñn allocatur, Et dit fuit en ñ pl q si le Con=
stable nust estre Escheto2, mes vst ñ fait de son
offiñ,q W.puit aũ ass.H.19.R.2.F.Trauers 37.

3 Plus de ñ.12.R.2.hic title Liuery.

Trauers per sans ceo,& matter Trauersable.

1 Trauers p2ise in barre in Quare impedit
al dissein all in count.8.R.2.hic titl C. imped.

2 Issue

2 Aff.le tenant dit, que Wi. fuit ſeï de ñ les
teñts,⁊ puis indite ⁊ vtlage de felony,per que
le demaundāt come ſõʒ enter en ſon eſchete ⁊c.
Le pl',nul inditement pʒiſt.Le deſ.vous ne de=
ditʒ que il ſut vtlage. 11.R. 2.hic title **Colour.**
Si ſe.7.R.2.hic title **Entre en le per ⁊c.**

Record dꝰ
lagary.

3 Le ſeiſin neſt trauerſable in Ceſſauit.11.R.
2.hic title **Viewe.**

Sēin in Ceſſauit.

4 Du Cuſtome ſerra trauerſe.11.R.2.hic ti=
tle **Cuſtome.**

Cuſtome.

5 Trauers al cauſe de voucher p le dõ in bēe
de gard.12.R.2.hic title **Voucher.**

Cauſe �d voucher.

P lus iſtarum hic titulis ſequenſ.

Accion ſur le caſe. 6.8.	Diſtreſſe.	8.R.2.
Accompt.	11.R.2.	Dower.	12.R.2.
Adminiſtraꝛ.	12.R.2.	Eſtoppel.	8.R.2.
Auowʒie.	6.R.2.		12.R.2.
Barre.	12.R.2.	Executoꝛs.	8.R.2.
Bēe.	13.R.2.	Moʒtuarp.	13.R.2.
Champertie. 19.R.2.	i.eſſeit,	11.R.2.
De ſõ toʒt dem 13.R.2	Voucher.	12.R.2.

Treaſon.

1 Si hõe ſoit adherent al enemies le roy in
Frãce,vel alibi,cē treaſõ.5.R.2.hic ⁊ Foʒfeit.

Adherent al ene-
mies le roy.

2 Plus iſtarum.12.R.2.hic title **Diſtreſſe.**

Plus.

Treſpas.

1 Tñs poʒt bʒ vn ꝺ ſes ſuaunts,⁊,J. ⁊ A.
pʒiſt hoʒs de ſon ſuice ⁊c. ⁊ de les bñs enpoʒt
enconter la peas ⁊c.¶Cotton.quant al ameſne ꝺ
J.⁊ deʒ bñs ⁊c. de rien culp,⁊ quāt al ameſñ
de A.⁊c.al tēpᵒ ꝺ tñs ſupp ⁊ deuant ñ cēp A.
fuit ſa fēe,iudg de bēe ¶Cheld. ⁊ nous iudg ⁊c.
¶Belk. purꝛ ꝙ ne poies dcdiē ꝙ el fuit bñ fēe al
tēps ⁊c.ꝺ ꝙ auē acc voᵒ ē doñ ⁊c. ⁊ p auē cours
⁊c.ne pʒeigñ riēʒ p bēe bñ en dē de cel poʒciõ, ⁊
ꝺl rem le pl' auerē ſoꝛ bʒieſe, ⁊ fueē a iſſue ⁊c.
M.7.R.2.F.Treſpas.206.

De priſe de ſa fēe
per noſtre ſeruēt

Iſſue.

2 En Treſpas de fouler de terre,Le def.dit
𝔍   que

que le pl' lessa a luy vn estancke &c. Et pur ceo
q il ne poet auener a lez pessonz, il fist vn trench
roust lestancke, quel est ñ le fouler &c. Et pur c̃
que le court entend que il poet auener a lez pessonz p auter engins, Ag' fuit q le pl' rec̃ ces dam̃
T.7.R.2.Statham Trespas.53. et 12.R.2. hic
title Barre.30.

3 En Trespas dun nief a certein merchan-
dizes prises.¶Wade nous l'z prisom' en le hault
meere oue les Normandes que sont ennemies
le roy, Judgement si ac̃.¶Mark. c̃ amount a nient plus q de rien culp.¶Charl. c̃ ple est bon, p
que respond.T.7.R.2.Stath, Trespas,54.

4 En trespas de close debruser a ces conies
prises a impotez, nest ple a dire q le pl' ad gar-
rein la &c. H.7.R.2.Stath, Trespas,83.

5 Si mon nief q nest in mon suice soit vagarant, a vn estraunge luy prent a femme, nient
sachant &c. il ne fait trespas a moy.7.R.2. hic
title Villienage.

6 Trespas per le tenant vers le sor.7.R.2.
hic title Briefe.

7 Trãs dez bestes prises.¶Charl. le pl' m̃ ad
pursue la deliuerans &c.iudg si cest ac̃¶Pinch.
vñ nous añomus ac̃ pur le tort fait¶Wadh.
vous estes a rec̃ dam̃ per aut' voy¶Belk. a Finch
respondes al deliuerans, ¶Pinch. les bestes es-
chap hors del parke a viende a nous de lour
accorde demesne, sans c̃ q nous suimus la deliuerans prist.¶Charl.ore iudg de bre, pur ceo q
il conust q il est seisi des beastes &c. Et non allocatur, p q il dit que il suit la deliuerans &c.per le
bail' de &c.M.11.R.2.F.Trespas,207.

8 Trespas vers 2.le mort lun nabatera le bre.
per Rok. Et si lun dei apres lissue, le proces fra
continue en le roll, q lun est morte &c.p Mark,11.
R.2.hic title Audita querela. et Briefe.

9 Si mon seruant soit batus, il rec̃ dam̃ pur le
bat[ery,]

Pisker.

Biens prises sur
la meere.
Ennemies.

Conies.

Warrein.

De son nief prise.

Vi & armis.

Pl' recit ses bestes

Barre.
Deliuel' p le vic'.
Issue.

Vers 2. & la mo-
rt pcell'le bre.
Et ou pais issue.

batery, Et auxi teo rec̄ mes dam̄ eſant regard
al parde quel teo aye ewe de ſon ſeruice. Jſtnt
ne incōuenient q̄ home ſerra deux foits puny
pur vn m̄ treſpas in reſpect de 2. ſeueral pſons.
11.R.2.quod vide M.19.H.6.45,p̄ Forteſcue. Et
reſiu̧ iſtius caſus, hic title Challenge,9.

10 Treſpas vi & armis de ſon ſuant pꝛiſe q̄ a=
meſne ꝃ Wadh. p̄ proteſtatiō q̄ ceſti q̄ il ad ſupp̄
ee ſon ſeruant, fuit vagarant,& hoꝛs de cheſcun
ſuice, Et pur ple q̄ il fuit foꝛſq̄ dage de 4. ans,
Car ne puit eſtre intend, que enfant de tiel age
puit ee ſeruāt, ne faire ſuice a aſcun ꝃ Thirn. ce
acc̄ neſt pꝛiſe ſur leſtat de Laboꝛers, Quod potens in corpore, Mes eſt acc̄ que eſt al cōm̄ ley,
& puit ee intende, q̄ com̄t q̄ il ne fuit que de tiel
age, que il puit faire caſe & auauntage, come de
garꝺ meaſon, ou auter tiel choſe. 12.R.2.hic tit
Laboꝛers.,

11 Treſpas darbꝛes coupes vers perſon deſ=
gliſe.12.R.2.hic title ayde.

12 Treſpas de baterie in cōm̄ Lin̄, Et le def.
pled arbitrem̄t fait a H.tu m̄ le cōm̄.:12.R.2.hic
title Attaint.

13 Treſpas de ſon ſeruant batus.ꝃ Gaſc.cēi q̄
il ſupp̄ ee ſon ſeruant fuit ſen fermour & neurꝑ
ſon ſeruant pꝛiſt, & alij econtra &c, H.13.R.2. F.
Treſpas.210. et Statham.86.

14 En treſpas dagnels pꝛiſe,le def.dit que vn
A.eſt vicar de B.& le def. eſt procurator m̄ vi=
car & ſon ſeruant, & les agnels fuet ſes diſines,
& le pꝛ &c. Judgement ſi le court. Et loppinion
que il auera le plea.M.14.R.2.Statham Juriſ=
diction 16.Et 13.R.2.hic title Juriſdiction.

14 Treſpas ſur le caſe, & treſpas vi & armis,
poient ee torne en vn m̄ bꝛiefe. 19.R.2.hic title
Accion ſur le caſe.

15 J. poꝛt bꝛiefe de treſpas vers W. de ſon
niefe hoꝛs de ſon ſruice pꝛiſe &c. ꝃ Gaſc.nous

X 2   ſumus

fumus feifi del maner de M.a q̄ m̄ cefty billen ē
regard,& m̄ cefty J. nous diffeifi de m̄ le mañ,
& le billen foy enfua,& nous le prifomus, come
bien a nous lift &c. iudgement &c. ¶ Hank. il ad
conus q̄ nous fumus feifi del maner,a q̄ le bil=
len &c.iffint nient feū &c. ¶ Rik. moy femble que
il rec̄ dam̄, car fi ieo fue feifi dun maner & le bil=
len &c.effue del mañ, ieo alien̄ le maner, ieo die
q̄ m̄ alience puit feier luy,& le vintifme alience
de moy, pur c̄ q̄ il fuit regard,& p le fenfuer niēt
leuere, Et c̄ affirme p la court.H̄.19.R.2. Fitz.
Trefpas.255. Et hic pl̄.

De fon feruant
prife.

Proteftation.

Villein.

   17 C̄ūs de fō feruant hors de fon fuice prife,
le def. dit que il eft fon billein,p que il luy prift,
le pl̄ reply,p proteftation nient confant c̄,Mes
del houre que il ad conue , que il foit en noftre
feruice,Et quant il bient a nous, le def.nauer
neceffitie de luy,come leftatute done, iudgem̄t,&
pronus n̄ēe damagez. Et ceo ten⁹ bon demur=
rer p tout le Court. 19.R.2.hic t Acc̄ fur le cafe.
Et bide hic pl̄.

De biens.
Vi & armis.

   18 C̄ūs de biens prifes.19.R.2.hic tit Done.
   19 Trefpas per le leffe vers le leffor. &c. 19.
R.2. hic title Briefe.

Darbres coupes.

   20 Trefpas darbres coupes.21.R.2. hic titl̄
Baron & feme.   Briefe. et Joinder in Acc̄.

2.def.& lun mo-
rult.

De auers prife.

   21 Si lun des def.in trefpas dēi,le brief na=
batera.21.R.2.hic title Briefe.
   22 Trefpas de fon chiual prife.22.R.2.hic ti=
tle Difcontinuans de poffeffion.

Clofe debrufe

   23 C̄ūs de clofe debrufer.2.R.2.hic Barre.
   21.R.2.hic t Brē. et 7.R.2.hic t Condicion.
   24 Trefpaz de batery.12.R.2.hic titl̄ Barre.

De batry.

Plus.

& 19.R.2.hic t Brē.   & Joind in acc̄.

Trialles.

1 Quare impedit p le roy vers vn P. clerke dun esgł deins leuescherie de Durham, & count comt leuesqʒ q̄ ē mozt present vn son clark et le clark moē & le esgł fuit collaʒ a vn Cardinal, & nōe sō nosiħ, & p cāe d miscreācy & scisinacy lesgł se voiꝺ ēeant leʒ tēpozalties ē maine le roy, & vs= ānt appent al roy de present, ¶Burgh. il ad count dū voiꝺ del esgł p cāe del miscreaūt dū Cardi= nal al court d̄ Rome &c.q̄l chose nē triabł cienʒ, p q̄ iudḡ si la court voilł conuste ¶Belk. ieo die pur cert q̄ la court aū conisans de cest ple, & ē ieo pzoue p reason, car tout la court chzistiā est vn court. Et si hōe en Larches cy en cest terre soit areit dun certein crime pur que il est pziuabł, & puis il appeale al court d̄ Rome & est depziue la , cel pziuaū est triable en la court le roy, auxi bñ cōe sil vst ēe pziue en larchez quāt tout ē vn court. Et si home soit adherent as enemies le roy en Fraunce, sa tre est fozfetable & sa adhe= rency serra tric lou sa terre est, come ad cē co= uentfoits fait des adherents as enemies le roy en Escoce. Et sir p ma foy si hōe soit miscreāt sa terē est fozfeitable, & le sōz & aūa p voye des= cheit, & reasō le voet, Car si hōe soit hozs de foy de sō liege sōz ł roy, sa terre ē fozfetable: a multo fozt lou il est hozs de foy de dieu &c. (et ceo iura Belk. pur ley) per q̄ respondes ¶Burgh. sir lesgł se voiꝺ en temps Leuesqʒ q̄ est mozt, & no⁹ suin⁹ parson emparson en temps m̄ cēy Euesqʒ d̄l pzouision le pape &c. sanʒ ē que lesglise se voiꝺ p miscreancy le Cardinal &c. esteant leʒ tēpozal= ties ē main le roy pzist &c & aliī ecōtra p Rege, & Venire facias aḡ al bīr del countie ou lesgł fuit & mēt al euesqʒ de Durham, ne a sō Seneschal, ne Bailł. Et tuit dit que miscreancy serra trie ou lesglise fuit , Et pziuacion fait del court d̄

ẞ 3 Rome

Q. impedit.

Trial de spuall act en temporall court.

De priuation per court de Rome.

De adherencie as enemies le roy en France ou Escoce.

Venire facias. Visne. Lieu de trial de Miscreancie & Priuation.

Rome auxi &c. Et ceo appiert per cest ple icy
per le iudgement &c. quod nota. M.5.R.2.Fitz
Trial 54.

2 Triall de nient attache in Assise. 6.R.2.hic
title Assise, 1. Attachment, 1. et Peremptorie, 2.

3 Bre de Dower port en le countie de Lincolne &c. et le tenant plede ne vnq; accouple &c.
le pl' dit que accouple en loyall matrimonye a
S. en le countie de Northfolk &c. & per auise de
tout la Court bre fuit maund al euesq; de Northf.
de certifier &c. H.7.R.2.F.Vilne.18.

4 Trial per proues. 7.R.2. hic title Condic̄.

5 Brief Dentre & disseisin per vn feme, alledge
fuit que el fuit profess en Lord de Nunnes de
Lound &c. & el dit que non &c. et pria brief al E-
uesq; de Lond ordinar̄ &c. et habuit. A mesme le
iour mesme le matter fuit pled encounter luy en
briefe de Det, et fuit maund al Euesq; auxi &c
T.8.R.2.F.Trialles, 101.

6 Dower vs Euesq; de N. & auters per diuers Prec. queux dit que la feme ne fuit vnq;
accouple en loyal matrimony, Et alij econtra:
Et pur ceo que leuesque fuit partie en q Dioc̄
les tenements fuer̄. Clopton, pria brief al Metropolitan. Belk. il est aiudge en ceo cas, q coment
que il soit partie, le sep entend que il ferra droit,
& il couient que il certifie pur les auters, pur
queux il n'est partie, et auera brief a m Euesq;
de certifier. &c M.10.R.2.F.Triall. 100.

7 Trespas de batery in com Linc̄, le defendant pled arbitrement en H. en auter ville in m
le com, que fuit trie per le visne de H. quod vide
12.R.2.hic title Attaint.

8 Droit de gard, Le def. dit q l' gard ent in re-
ligio̅ en l' measo̅ de nonnes auāt le bre purchase,
& illonque fuit professe, iudg de briefe. Charlton
cest profession serra trie per pais, pur ceo, q el
ne fuit partie, c̄oe bastardie allege in estr̄ pson,
cest

ceſt ſerra trie per païs, Pur ç q̃ Cl ſerra trie Peremptory.
leueſqz il fra per emptozie a toutz in le mond.12. General baſtardy
R.2.hic titł Gard.

9 General baſtardy fuit trie p̃ eueſqz en Cſ. Profeſſion.
13.R.2. hic title Aſſ.

10 Trial p̃ Examinatiō.13.R.2. hic titł Ex- Etate probanda.
amination. Proues.

11 Profeſſion trie per leueſqz, 21.R.2. hic
titłe Aſſiſe.

12 Quere ſi meins que 12. purt ēe en lenqueſt Priuation.
de Etate probanda,eo que le trial eſt per pzoues.
12.R.2 hic titł Liuery.

13 Q. impedit, liſſue fuit que leſgliſe ne voit p̃ Plus.
pziuatiō, Car la court ne voil eux ſuffer d̃ pzē=
der liſſue, que il ne fuit depziue, Credo la cauſe
fuit pur le trial.21.R.2. hic titł Q.impedit.

Trouer Vide,Bailment.
Variance.

1 Variance enter le bře de Reſcous et le coūt.
6.R.2. hic titł Brieſe.

2 Scire facias hozs de fine de tenemtz in C. & Scire facias.
F.Le def. dit q̃ F. eſt hammel de C. iudgment Fine.
de bziefe.Et pur ç que le fine fuit iſſint, et il ne Meſne.
poet varie del fine,le bziefe fuit agard bon.7.R Count & briefe.
2.hic titł Bzief,9.Et hic,3.

3 Scire facias hozs de fine conuient accozder al
fine.13.R.2.hic tit Scire faǧ Et hic, 2.

4 Meſne vers baron et feme ſuppoſ eux am-
bið eē Meſnes, et count que il tient del baron
et ſa feme, come in dzoit del feme.Hank le bře Scire facʒ var del
doit ſuppoſe que le femę ē meſne ſole,et nēt qué fine,& vnc̃ bon.
le baron et feme ſont Meſnes, car la feme eſt
Meſne in dzoit, iudgment de bře, Et non allo-
catur.13 R.2.hic tit Meſne.

5 Variance inter le fine & Scire facʒ de execuʒ

ceo, & vncoz bon, non obstāt le variaus, p Hank.
22. R. 2. hic tit̄ Bre.   ppe finem.

Plus.
6 Plus istarum. 8. R. 2. hic tit̄ Bziefe.

Venire facias.

Audita querela.
1 Venire facias Bs le creausbur in Audita querela. 6. R. 2. hic titl' Audita querela.

Election dauer
vn ou feueral.
2 Opinio fuit, ou le Patron & Incumbent sōt
a vn iffue oue le pl' en Quare imped, Et Lozdinary eft a auter iffue, La poet tē vn Venire
facias, & ambidcur iffues, si soit in vn m̄ coūtie,
ou poet aū 2. Venire facias a son election. 8. R. 2.
Br. Venire fac̄. 36. Et hic tit̄ Q. impedit.

Venire facias re-
ferre al hieu, Et
Habeas corpora,
& Diftr al perfon.
3 Le Venire facias poēt de Vifineto &c. Iffint
q̄ t̄ ū̄referre al lieu, & nemy al perfon, Mes le
Habeas corp. et le Diftr̄ refer al perfons. 8. R. 2.
hic tit̄ Challenge.

Sicut alias.
Coroner.
4 Venire facias ficut alias. Et ou t̄ iffera alvit̄,
et ou al Cozoner. 8. R. 2. hic tit̄ Supsedeas.

Lun def. moruft.
5 Audita querela vers 2. q̄ur fuēt a iffue fur vn
release, & puis lun dēt, le bziefe nabatera, Mes
nouel venire facias iffet. Tamē fuit dit, in Trefpas vers 2. fi lun dēt apres iffue, q̄ le pces fra

De nouo.
continue in le rolle que lun eft mozt, Et per tāt
continuance del pces & iffue vers lauter &c. 11.
R. 2. hic titl' Audita querela   et Bre.

Plus iftarum hic titulis.

Plus.

Audita quer̄	6. R. 2.	Ret de bziefe	8. R. 2.
Effoin.	12. R. 2.	Uifne.	8. R. 2.
Pzoces	8. R. 2.		

Verdit

Alarge.
1 Uerdit a large in Affife de nouel diffeifin. 3.
R. 2. hic tic titl' Entre cong   et 13. R. 2. hic tit̄
Jointenancy.

Chaunge.
2 Lenqueft acquite vn arf fur inditement de
felony, Et le Court dit, que il fuit comen laron,
per que &c. Donque ils voilent aū chaung lour
bdit

dit, et troue luy culp. Et ne fuet suffec, car le
pm dbit ē de reē, p l̃ refiliā.7.R.2.hic titl Coꝛd.

3 Uerdit condicionall in Rauishmēt de gard.
2̄2̄.R.2.hic titl Rauishment de Gard.

Plus istarum hic titulis.

Assile	6.R.2.	Coꝛon	6.R.2.
Clergie	12.R.2,	Jurisutrum	6.R.2.

Conditional en
Rauishment de
gard.
Plus.

Vicount Uide Officer.
Vieu.

1 Ou le Jury aña le vieu in Assise 3.R.2.hic
titl Entre cong̃.

2 Eschete vers feme que dõ la view ¶ Finch.
auterf. en auter bꝛiefe poꝛt vers vous et vꝛe
barõ vous fuistes resceu pur defaut voꝛtre bat
et pled oue nous, et puis le bꝛiefe abatē par la
moꝛt vꝛe baron ꝛc. p q̄ iudgm̄t si la view ꝛc. et
puis la view fuit graūt ꝛc.H.5.R.2.F.Uieu.63.

3 Patēt que le Jury aña le vieu in Jurisutrū
6.R.2.hic titl Challenge.

4 En vn Formdon fuit Heredis pꝛo Heredi,
Et eꝛception pꝛise puis le Uieu.Et nēi allowe
7.R.2.hic titl Bꝛiefe.

5 Cessaut vers vn pꝛiour,ꝛ count que son añ=
cestour don certein terē al pꝛedecessour le Pꝛi=
our a chauntec mes̃ iij.foꝛtz en la semaine en sa
chappell̃ ꝛc. des queux seruices il fuit seisi ꝛc.ꝛ
cestuy oꝛe Pꝛiour ad cesse ꝛc.le tenant demaūd
la view pur ē que il ne alledge le seisin des ser=
uices per les mains le tenant mesme. ¶ Belk.
vous ne deues misconust des queux tenements
vous aues cesse ¶ Hil il nauet le view, pur ceo
que le toꝛt est suppose en luy.Et ieo ne veie vn=
ques que la seisin est trauerē en Cessauit ꝛc. p
que ¶ Belk luy ouster del view ꝛc.T. 11.R.2.F.
Uieu. 65.

6 Dower vers iiij. les iij. disont que ils fue=
ront pꝛist de rend dower ꝛc. et le quart dõ le

Ꝟ 5   viewe

Assile.

Eschete.

Counterpled:

Iury.

Faux latine abate
bꝛe puis le vieu.

Cessauit.

De son cesser de-
meine.

Lun confesse
laccion.

views. ¶ Thirn. per assent de Charlet, agard sei=
sin de terr al dd vers les tii. e quaunt al quarte
ilz agard par bon auise que il responder sauns
la view ec. P.11.R.2.F. Wiew.66. Statha.26.fo.

Curia claudenda.

7 Curia claudenda ec. et count que il est seisie
dun mese et garden en S. et le defendant ad vn
close adioinant, le quel le def. e ces auncestors e
ceux que estate il ad, ount vse denclose de temps
dont ec. et dit que le def. nad enclose ec. p q ec.
Et le briefe suit en le Debet ec. le defendant dd
la biew, et le peintif e counterpled ec. ¶ Charlt.
si le briefe suit e le Debet & solet, et de vostre re=
treit demesne, il ne raso, que vo^9 eies la biew,
Nient pluis que en brief dente sur diss. de vostre
disseisin drm, ou e Nuper obiit ec. ou la biew ne
gist ec. ik. in Secta ad molend le biew gist, e puis
la biew suit graunt ec. H.12. R.2.F. Wiew. 67.

*Entre sur dissein.
Nuper obiit.
Secta ad molen-
dinum.
Countreple de
vieu in dower, s,
le bar ne dd lei.*

8 Dower, de tenementz in Halton, Le tenant
dde le vieu, Et suit oust, pur ceo que le baron le
demaundant moruit sei. Per que le tenant dit,
que il y ad en me com Halton, que est appele
vn ville aperlup, Et petit Halton, que est auter
ville aperlup, Et dit que parcel des tenements
sont in petit Halton, iudgmet de bre ec. ¶ Gas-
coine, vous aues demaund le vieu, et per ceo a=
ues affirme t' briefe bon, ¶ Charlton ti nous see,
que cel plee vient naturalment del vieu. 12. R.
2. hic titl Dower.

*Plee al bre puis le
vieu, s, Halton
& petit Halton.*

9 Le priour de L. port Curia claudenda vers
baro et feme, queux aueront le vieu. 13. R. 2. hic
titl Curia claudenda.

Curia claudenda.

10 Assise de rent, le terre dount le rent est issant fra mise en vieu. 13. R. 2. hic tit Iune dem.

*Del terre lou rent
e in dd.*

Villenage & villein.

1 Nota per Belk. si mon nieff que ne en mon b=
nice soit vagarat en certen lieu, et vn estrange
luy prit a see met sachat a luy q est mon nieff ec
il ne fait asc trus a moy ec. T. 7. R. 2. Bare. 40

*Prender de niese
a feme.
Notice.*

Trespas

2 Trespas vis Labbe de C. Qui dit que le pl̃ est son villein &c. Et le pl̃ dit franke &c. p̃ q̃ Venire fac' issuist.8.R.2.hic tit Supersedeas. *Issue.*

3 Cesti que est disseisie dun maner a q̃ villein e regard ne poet seiser le villein deuant q̃ il ad reenter en le maner.19.R.2.hic tit̃ Trespas. *Disseisi̅e.*

4 Labbe de E.port b̃re de trespas de son seruant hors de son fuice prise, Le def.dit q̃ il est son villein, per q̃ il luy prist ¶Hank. per protestation nient coulsant c̃,Mes del heure que il ad conue q̃ il soit en nr̃e seruice, Et quant il bient a nous le def.nauer.necessitie de luy, coīe lestatute de 23.E.3.ca. done, iudgment, & priomus nr̃e damages, Et ceo tenus bon demurrer per tout le court.19.R.2.hic tit̃ Act̃ & le case. *Villein est reteī̅ en auter seruice.* *Protestation.* *Rast. Labor̃,1.*

5 Uillem regardant.11.R.2.hic tit̃ Aide, & Attaint, 12.R.2.hic tit̃ Attourny. *Regardant.*

6 Le villein nauera trespas vers son sr̃.11. R.2.hic tit̃ Ayde. 12.R.2.hic tit̃ Attourney. *Trespas per luy vers son sr̃.*

7 Prec' vers sr̃,lou il nad seisin, & auxi vis le villein, pur aueroust del t̃ &c.21.R.2.hic tit̃ Br̃. *Prec' vers sor et vill̃.*

Plus istarum hic titulis, *Plus.*

Attourney. 12.R.2. | per Rede ppe finem.
Auncie demesne.19.R.2. | Discont̃ d poss.22.R.2

Visne.

1 Briefe de rauishment de socage vers J. & auters. ¶Lotron vn R. pere lenfant fuit frank home de la bille de N. & auer certaine chattels in la bille,& fuit reseant, ou lusage e,& tout tēpz ad estre, que chescun Orphan serra in le gard le Maire tanq̃ a son age, oue ses biens, & chattels, Et pur ceo que son Auncester morust il longz, le maior seisist vt supra &c. Et qui launcestor lenfant deuaunt son Morant se demist a certeine persons de mesme le terre, Issint ne morust il seisi, iudgement si accion. ¶Thirning prist dauerre q̃ cy, Et priomus pais ou le terr̃ e *Rauishment de garde.*

¶Finch

Venire facias

¶Finch.ceo nĕ reaſon, Car les bſages del ville ſont parcel de nr̃ reſpons, per q̃ couient ẽe enquiſe, cy bene cõme lauter.¶Skip.les bſages ne front la enquiſes in ceo caſe , Mes ſolement le q̃l il mozuſt ſeiſi ou nient, Per q̃ p agard Venire facias iſſiſt ſolemẽt ou la terre fuit.8.R.2.hic titl̃ Garde.

Garde.

2 Lou ſont a iſſue f̃ alienation lauñ en ſon bie,per q̃ le ſeignioz perdera le garde, le Uiſne fra d̃l com̃ ou le terre giſt.8.R.2.Br.Uiſne,106. Et hic tit̃ Gard.

Del com̃ ou le terre giſt.

3 ¶Treſpas,le def.aſſume en London de cure f̃ woũd le pl̃ ꝛc.ꝙ met cõtrat̃ medicins in Midd̃, per q̃ le pl̃ fuit impaire ¶Thirn.iuſtice ſils pzẽt iſſue ſur le aſſumptit , Uiſne fra de Lonð: Et ſi del contrary medicins,tunc de Midd̃,11.R.2.B. Uiſne.117.Et hic 4.

Aſſumpſit in vn com̃, et viſne en auter.

4 Accion ſur le caſe pozt en London de ceo q̃ le def.impzeiſt de curer le pl̃ de certeine maladzes en London , Et coment il bient al pl̃ a le Strand , f̃ illongꝗ luy dona contrat̃ medicines a ſon inſirmity,Si iſſue ſoit pꝛe f̃ les medicines, donꝗ pais biendẽ del Midd̃,Et ſi ſur lempzeiſel del cure,donꝗ pais doit bener de Lonð.11.R.2 hic tit̃ Acc̃ ſur le caſe.7.et hic 3.

De 2.counties.

5 Accion ſur le caſe in county Canẽ,de c̃ que touts ceux que teigne tiel terre in count Surẽ doient repareler bn tiel cloſe en D.en Kent,Et le def. fuit teñt de meſine le terre iſſint charge, f̃ le cloſe fuit ouert, per q̃ les auers le tenaunt enter en ſon terre, put c̃ q̃ il ad terre giſant illongꝗ p meſine le cloſe f̃ puet̃ ſes herbes a tozt f̃ a ſon dam̃ . Oze ſi les parties boil̃ pled en le dẽ,ils aueront pais de lun com̃ f̃ lauter.11.R.2. hic titl̃ Acc̃ f̃ le caſe.

Waſt.
Surrender en forrayne countie.

6 Le tenaunt en bziefe de waſte plede ſurrender a S. in fozein com̃ fait al pl̃, Qui dit q̃ il ne agrea pas ꝛc.Uiſne ſerra de S.12.R.2.Br. Uiſne.

Visne,107.Et hic Pl.7.

7 Wast in com̄ Linc̄ in tenements in B. Le det.pled surrender a Nichol in mesme le Com̄, a quel le pl' agree. Et sur ceo a issue. Le pl' pria paiz del visne de B.ou la terre ē ¶Charlton ceux de B.ne poent auer conusans del surr in auter ville, Per que suez paūs de Nichol.Et si troue soit nul agreem̄t,donq̄s nous maundeē bē denquē de wast ou la terre est.12.R.2. hic t̄ Wast. — Del ville ou le surr fuit & nēi ou le terre est.

8 Trespas de batery in com̄ L. Le def. pled arbiterm̄t fait a H.en auter ville in m̄ le com̄, le Jury fuit de Visineto de H.12.R.2.hic tit̄ Attaint. — Arbiterment.

9 Attaint in com̄ L. Et count que il port trespas de batery in com̄ L.Et le def.pled arbi= terment a H.in auter ville in m̄ le com̄, Et as= signe le faux serement, entant que les Jurors disoint que il y auer tiel arbitrement ꝰc. Et le brē fuit Som̄ 24.de Visn̄ de L. Lou dvist auer ēe de visne de H.ou larbiterment fuit all',per opin̄ omnium Iusticiariorū ꝰc.12.R.2.hic tit̄ Attaint. — Attaint.

10 Sur Cui in vita, Le tenaunt pled release le mere le pl' oue garr̄ enrolle ꝰc. ¶Huls al tēpz de confection del fait nr̄e mere fuit couert d̄ ba= ron ꝰc. ¶Greene auaunt le release, ꝗ puis le release el fuit sole.Sur q̄ fuerē a issue.¶Huls ꝓa pais de London, lou le fait port date.¶Gascoin ꝓia pais ou le terre est,Car le fait nē dedit.Et pur cest cause il auer ou la terre fuit.19.R.2.hic tit̄ Faits enroll. — Couerture.

11 Plus istarum. 8.R.2. hic tit̄ Lieu. 12.R. 2.hic tit̄ Appeale. ꝫ 5.R.2.hic tit̄ Trial. — Plus.

Vnion.

1 Vnion de 2.cuecherꝫes, come de Lichfielde et Couentre,couient ēc per especialtp. Et p li= cence le roy, per Belk. ꝓope finē. Temp. R.2. hic tit̄ Assise. — Fait. Licens le roy.

Voucher.

Voucher.

Ayde.

1 Tenens non habebit auxilium, Vbi poteſt vocare ad warrantum. ſ.R.2.hic tiꝷ Ꝥpd.

I uy ꝫ pur ſaꝫ le tayle.
Proces.

2 Si home Uouch luy ꝫ pur ſauer le taile, proces ſerra fait vers luy meſme.8.R.2.hic title Ꝥyde.

Puis ayde.

3 Home Uouche puis que il fuit ouſt daid.8. R.2.hic tiꝷ Ꝥid.

Entre en nature daſſiſe.

4 Bꝛe denté en le quibꝰ dis vn ꝺ diſſciſin fait al auñe le dot ꝓ le ꝷ m̄, le ꝷ vouche a garꝫ vn C. ⁊ pꝛia ⁊c. ¶Belk. luy ouſtē de voucher, pur ceo q̄ eſt ſuppoſe eins de ſon toꝛt demeſne ⁊c. M.11. R.2.ꝷ.Uoucher.80.Quod vide hic tiꝷ Ꝥyd,7.

Aſſignee.

5 Home vouche come aſſignee.11.R.2.hic tiꝷ Det de chꝛes.

Iuriſutrum.

6 Iuris vtrum de rēt vers W.de F.¶Caſſi.W. ⁊ C. fucēt ſeiſies del terre dount ⁊c. en lour demeſne com ꝺ fce ⁊ diſcharge,⁊c. ⁊ enfeffe m̄ ceſty W.⁊ diſcharge, ⁊ vouche a garꝫ m̄ ceuꝫ q̄ ſerra ſom ⁊c.¶Hank. vn Ꝥ.fuit ſeiſi de m̄ cel rēt ⁊ dōe a noſtre pꝛedec̄ en frankalmoigne,⁊ diomus que noſtre pꝛedec̄ fuit ſeiſi come de frankalmoigne per mie le maine vn W.S.le quel enfeffe ꝉ teñ, iudꝫ ſi le voucher. ¶Caſſy: nous auomus alꝉ q̄ les deux fucrunt ſeiſies diſcharge ⁊c.⁊ nous enfeffe, a q̄l vous ne rñdes ⁊c.ꝓ q̄ iudꝫ,⁊ pꝛiomꝰ le bouch. ¶Hanke noſtre pꝛedec̄ fuit ſeiſi ꝓ mie le maine,⁊c.ſans ꝷ que ils fucꝷ ſeiſies diſcharge.

Rent demaunde et voucher del terre.

¶Thirn. puit ēe que le terre fuit diſcharge pur certen temps,come pur terme de vie,ou en auter maner ⁊ nemꝑ en le dēt, ꝓ q̄ il couient que il ſoit mꝛe q̄ le ꝷre ꝷ diſcharge en dꝛoit, ou en fait, ou ꝓ auꝷ manec eſpeꝫ, car ꝓ non paiment ꝺ rent le terre neſt diſcharge,coment q̄ le rent neſt pay a vn iour,ne a ꝵꝵ.iours,iſſint q̄t il ad alꝉ ſeiſin per mie le maine ⁊c.vous couient a diſtruer ceo ꝓ matꝷ eſpeꝫ ¶Caſſi:ieo ay alꝉ q̄ les deux fucꝷunt ſeiſies en fce diſcharge ⁊ nouꝫ enfeffe, en q̄l

Counterple.

caſe

cafe fil ad tiel matter efpecial, il confent dall' ceo
de fon party ¶Hank. nous auemus all' ⁊ dit fanz
⁊ que ils fuert ftis difcharge.¶Thirn.iffu ne pu=
it eftre prife ɓ le difcharge.⁊ pur ceo ćmıńo Hill'
le voucher funt graunt p le party. quere de ifta
materia ⁊c. M.12.R.2. ɼ. Coūt de voucher.34.

7 Bře ð gard de corp⁹ ⅍s vn ſ.et ꝺꝺ le gard
del heire vn T.q̃ moruſt en ſõ homage ¶Wadh.
le feignioꝛ Audley, per le fait que cy eſt, recitant
coment le dit T. tient de luy p feruices de chifc
certaine terre,graunt le gard del terre ⁊ del hēc
le dit T.a ceſty oꝛe def, per q̃ il vouche a garē le
feigni02 Audley, ⁊ pꝛie q̃ il foit, foñ, ⁊ mytre a=
uant le fait endent q̃ fuit lie ⁊c. ⁊ le fait voill' q̃
le feignioꝛ auer graunt le gard ⁊ le mariage del
hēe le dit T. fans alcũ parolꝛ de garē ¶Thirn.
Iuſtic ou eſt le garē? ¶Wadham no⁹ vouch.per
foꝛce deHeafe¶Charlt.en le cas ou le roygñ port
bē de gard le vouch.fuit accept en tiel caz, mes ē
tiel caz le debate fuit q̃ quant le vouchee vient ð
garē:et iffint puit eftre en ceo cas ¶Hank. le ſõꝛ
Audeley neiſt, ne vnques auer riens en cel gard
iffint que il puit leafe faire, iudgmēt ſi le vouch.
¶Wadh. ceo neſt counterple per le comen ley
ne par eftatute ¶Thirnıng le feignioꝛ puit graūt
le gard p fait a vn auter deuaunt ſſin en fait.
¶Hank. ieo graunt bien en cas q̃ vn gard foit
efchue en dꝛoit, ſi foyt graūt a vn hõe p fait oue
garē,quil le puit ſſier et auer vouche par foꝛce
del graunt,pur ceo que il luy ad garē en le fayt:
mes icy il ad vouche per caufe dun poſſ.per foꝛē
del leafe fans garē,quel peſſeſſ ieo ay trauerfe ⁊
diſtrue,per que ¶Wadham le poſſ. neſt trauerſ,
car quant le dꝛoit dun gard eſt efchue al feigni=
oꝛ il ferra adiudge en fon poſſ.¶Charlton eſtoit
le voucher ¶Hank.ieo aye view fouent foitz que
per caufe dun graunt par parol home nauer my
le voucher,pur ceo que il puꝛē graūt xx.foitz en
vn

bn tour iffint fauns matter efpec il nauet my le
boucher, per que quãt il mee matter efpecial, il
fuit tenus que home auer rñs a cel de trauerfer
le poff.¶ Thirn.bous ne beiftes bnques cel,de
trauerfe le ffin fauns trauerf le leafe, Car cõmt
que il ne fuit bnques feifie,fil leafe &c.le leafe eft
affes bon , et iffint fuit tenus per tout le court
que lou il ne fuit bnãz ffi &c.H. 12. R.2.F.Coũ=
terple de Uoucher.35.

8 Formdon, le & bouche bn A. que enter en le
garẽ et bouche bn T.que enter en le garrãtie &
trauerf le done &c.et al tour que lenqueft apere,
Rickhel dit,que T.& per le garẽ eft mozt &c. per
que ¶Chai l.pur q̃ pleð cẽ ple?¶ Rik.pnr le pm̃ &
p le garẽ, &c.¶Char.il eft hozs de coutt &c.et fur
ceo, il fift demaundẽ T.& per le garrantie, et
bn rñð pur luy per attourney.¶Charlton,cõmt
que bous all' &c. que il eft mozt, bnẽ puit eftre
que il eft en bie &c. et nous ne boilomus faire
enconuenienz mes pluis toft bous fuffres mif=
chiefe, et nifchiefe neft il, car boꝰ aueres bzief
derrour en ceft cas &c.per que il pzift le enqueft
que troñ pur le ðõt,p que fuit agard que le ðõt
recoũ vers le tenant,et quant al balue ouftẽ les
luftices dif que ils boile auif.T.12.R.2.F.Uou=
cher.81.Statham.50.

9 Bzief dentre en nature daff vers bn hõe
et fa feme, la feme al Petit cap. ref &c.fuit re=
fceiu pur def.de fon baron,et bouche a garran=
tie bn eftrañge &c.¶Thirn.aueres boꝰ boucher
en ceo bziefe? quafi diceret,non.p q̃ il fuit oufter
de la boucher,&c.M.12.R.2.F.Uoucher.82.

10 Fozmð, le & bouche bn come hẽe & deins
age, & pzia q̃ le parol denurẽ, & le ðð countpleð
l' boucher & dit q̃ le bouchee,ne nul ð &c.& troue
fuit per enqueft pur le &, per q̃ le & pzia q̃ le pa=
roll' foit mife fauns tour &c.¶Wadham,pur l' ð=
maundant dit q̃ le bouchee eft de pleine age,et
pzia

pria Venire facias q̃ faiꝇ luy bener deñꝇ biew en court. ¶Charlꝭon, sues le br̃e ſi vous voiles, car puiꝇ ē̃,q̃ oꝛe il est al pleine age. Et ſi le boucher bſꝇ estre graunt al commenceñꝇ, ⁊ le parol de= murē̃ ſans iour ⁊c. il puiꝇ aũ Reſoñ a oꝛe, ⁊ p̃ ſñ le reaſon il dira oꝛe q̃ il est de plein age,quãꝇ il ad iour en court ⁊c. ſans ſueꝇ Reſoñ. M̃. 12. R̃ 2.F.Boucher,83.

11 Precipe qued reddat,le t̃ bouche a garranꝇy bn J.q̃ fuiꝇ deins age,⁊ pꝛia q̃ le pol demurē̃,⁊ le dõꝇ diꝇ q̃ il fuiꝇ biew en court,⁊ pꝛia p̃ē ꝑs luy, p̃ q̃ Venire facias fuiꝇ aꝗ de ſaire ven̄ lenſãꝇ, p̃ē ſue tãꝗ al Sequaꝇ ſub ſuo periculo ē̃ a oꝛe,⁊ oꝛe le Sequatur ſub ſuo periculo ne fuiꝇ p̃ ſeruꝑ.Per que Gaſc.reherē̃ tout ⁊c.⁊ boucher a garē̃ meſine cēp ꝛome ceſꝸy q̃ fuiꝇ de plein age ⁊ pꝛia ⁊c.⁊ le dõãꝇ pꝛia ſeiſin de terre entauꝇ q̃ le tenanꝇ naũ ſue Sequatur ſub &c. deſtre ſeruꝑ ⁊c.Per q̃ Thirn. ex aſſenſu ſocioꝛum reherꝭ tout ⁊c. ⁊ comēꝇ le tēñꝇ duiſꝇ auer ſue le Sequatur ſub &c.a ſon ꝑꝙ,⁊ en= tauꝇ q̃ il aũ ſue tãꝗ al Sequaꝇ &c.reꝇ a cerē̃ iour le q̃l br̃e ne fuiꝇ ſuꝑ,a q̃l iour le t̃ fuiꝇ eſſoiñ, p̃ q̃ Sequaꝇ ſicut al' fuiꝇ ſue a oꝛe,le q̃l br̃ le t̃ nad ſue ꝗil ſoiꝇ ſuꝑ,q̃l choſe le t̃ doiꝇ ſueꝇ en auantage de luꝑ m̃,p̃ q̃ Le court agard que le dõꝇ reꝇ ſeiſiñ de terre ⁊c. T.13.R̃.2.F.Boucher.84.Taмē̃ ſil bſꝇ benus p̃ pces,⁊ bſꝇ estre adiudge de plein age,il nuſꝇ ē̃e peremptoꝛꝑ.T.13.R̃.2.Staꝶ.Boucher. 37.Quere diuerſiꝭy.

12 Dower, Admittitur, que le tenaunꝇ poeꝇ boucher eſꝇ̃.Fuiꝇ auxi admiꝇ, que le tenaunꝇ puiꝇ bouche in br̃e dentre ſ diſſeiſin.23.R̃.2.hic ꝭitle Counterpꝸe de boucher.

13 Plus iſtarum. 9.R̃.2.hic title Ayde. 11. R̃.2.Jbidem. 12.R̃.2.Jbidem.

    Vſage,Uide Cuſꝭome.

        Vtlagary.

1 J.Baſꝭõ clarᴋ tēanꝇ btlaꝗ en accõpꝇ,fuiꝇ p̃ſe en

Venire facias,
eſſe vicu.
Parol demurre.

Venire facias.

Sequatur ſub ſuo periculo.

Eſſoin.
Sequatur ſicut alias.

Dower,
Entre ſur diſſeiſt.

Plus.

Accomptꝭ

P

I.B.clerk vtlage & I.B.que ne fuit clerke prise.

en le sale & mise en Fleete,& viēt et dit comēt vn Gaston Clark fuit vtlage et il m̄ auoit a nosm̄e I. Gaston &c.mes il ne fuit clark, et latē le pl̄ dit que il fuit m̄ le person vers que il auer sue , & tenebatur al recouere, Car ūl purchase charter de pdon accord al vtlag. il sra forclose a dire que il nest pas clarke ¶Hasty et Holt. vst estre ple adirc auant ces heures,spr ico ne sue clarke &c?non vst estre, Ad quod Curia concessit.& puis Belk. dō del prisoñ comēt il aueē a nosm̄.qui dit I. Gaston ¶Belk.estes vous Clarke?le prisoner dit non verament ¶Belk. donques troues suert de peas al pleint &c.et ales voūtre voye,& commaunde le garden del Fleete de luy deliuer sauns fee &c. M̄. 5.R.2. F.Vtlagarie.43.

Auoid per pled.

Dette.

2 Dette,le def.fuit Vtlag,& purchase charter de pardon, & suist Scire facias vers le pl̄,6.R.2. hic tit Chart̄ de pardon. 8.R.2.Jbm̄. 7.R. 2.hic tit Attourny.

Rauishmen de gard.

3 Vn home et sa feme port brief de rauishm̄t de gard en socage vis I.de R.& auters.¶Pynch Deteñ & dit q̄ cē iour et an vn C. port bē de trās fer les pl̄ et auts ti. pr̄ sue vz eux tancg le barō soy rend al exigi et le fee et lz auts fuet weiues, iudg.si le bar̄ et sa fee tē rn̄d.¶Thirn.auterf.cel record dount il parl̄ fuit fait bē en bāke le roy al suit les autz ii. q̄ fuet nosm̄ oue le fee p cause deré, et lerrour fuit assigñ en taunt que le exigi fuit agapiez le ii.Cap,et p cel cāe,et diuerz autz errorz l̄ vtlag fuit reūz & ānul,& issit sum̄º assetz resc̄ &c.& puis ilz añ debate ē taūt q̄ le fee ne fuit al reūsel si el añ auauntage ou nou. et puiz fuit ag. q̄ el añ asses bē &c. pcr q̄ Lott. pled̄ ē bar̄ &c.8.R.2.F.Vtlagarie.17.qd vide en t Destoppell.pl̄.   et hic tit Garde pl̄.

Weyue.

Errour.

Quid reo habebit per Vtlagary.

4 Vn fuit vtlage in Dette,& lutlag ret cyens, hors de que brief issist al Escheto3 de seiser ces biens,chattels & terre.car Dictū fuit,q̄ les issues
de

de sa terre serra prises al oeps le roy. 8. R. 2. hic
tit Supersedias.

5 Utlagary sauns origñ nest void, coment que il
soit de feloñ P. 11. R. 2. F. Utlagary. 18. Quod
vide hic tit Colour.

Sans origñ nest
voide.

6 En appeale le priñ fut vtlagꝰ ꝟ Exigēt aꝰ
ꝟs laccessary, et al Exigent vers laccess le pꝛ
fuit nonsue, Et puis le priñ purchase charter de
pardon, ꝯ pꝛia ꝗl soit allowꝰ entant que loꝛiginal
fuit determine p le nonsuit. ¶ Gascoigne, deuant
le nonsuit, il fuit determine verz vous per le vt=
lagꝰ, Issint le proces dutlagꝰ bon. H. 11. R. 2. Sta=
tham, Utlagary. 5. fo. Et hic tit Chꝛe de parꝺ.

Appeale.

Princ. & Accessory.

7 Capias Vtlagatum. 11. R. 2. hic tit Attourny.

Capias.

8 Fuit admitte, ou home ē Utlagꝰ de felony, ꝗ il
poet dire, ꝗ al temps del vlagꝰ ꝯc. il fuit ey malaꝺ
ꝗ il ne poet vener. Quere. Eadem lex a dire ꝗ il
fuit imprison al temps ꝯc. 11. R. 2. hic tit Chalꝉ.

Maladie.

Imprisonment.

9 Un fēe fuit pꝛise p Capias vtlagatum per le
viꝯ p nosmē de I. S. rꝯt oꝛc, ꝯ oꝛe el vient ꝯ pled
ꝗ el auet a nosmē T. S. ꝯ auxi dit ꝗ el fuit obligꝰ
al viꝯ de garꝺ son iour ꝯc. ꝯ ꝑia veste disinisse ꝯ ꝗ
son pꝛisēꝯ fuit recoꝛꝺ vꝰs le viꝯ de luy garꝺ sans
damages ꝯc. p tiel nosme, ꝯ la court fuit ē awerꝺ
ꝗ fē fait ē l' case, car l' pty pꝉ naꝑ imp iour ē court
ꝯc. ꝯ al darē Charlt. dit ꝗ el troū mainpꝛise sur ē
peine de garꝺ son comen iour ꝯc. en le chancery,
ꝯ auꝯ Scire fac' vꝰs le pꝉ ꝗl sache dire le ꝗl el soit
ñ le pꝛsō ou nō ꝯc. sic fecit ꝯc. qꝺ nota: car sic fuit
tenus p la court ꝯc. P. 12. R. 2. F. Utlagꝰ. 44.

Cap̄ vtlagatum.

Auoide per pled.

Scire facias.

10 Dect vꝰs le baꝝ ꝯ sa fēe, pꝉ sue vꝰs eux tāꝗ
ils fuꝝt vtlagꝰ, ꝯ la fēe fuit pꝛse p Capꝯc. rꝯt a oꝛe
le ꝗl viēt ē garꝺ, ꝯ l' baꝝ fuit hoꝛꝝ ꝺ la mere, Et
la court dit, ꝗ la l'y fuit ꝗ la fēe ꝺmurꝝ ē garꝺ tāꝗ
ꝗ il viēt, Et les seriaūts cōcoꝛꝺ a ꝯ, Et pur l' mis=
chief pur ē ꝗ puit estē ꝗ le baꝝ ne vot vnꝗ veñ,
ꝯ auxi la fēe ne puit suez Scire facias cōmt ꝗ el aꝺ
chart, p ꝗ Thirn. ꝯ Clop. aꝝ ꝗ la fē troū mainpꝛse

Baron & feme.

Ultra mare.

P 2   de

de gard son iour al 15.de saint Michael tanq ils
fuet auiles &c.B.12.R.2.F.Utlag.15.

Feme.
Weyue.
11 Quant fee e Utlag,Dicitur weyue.12.R.
2.hic tit Chfe de pardon.

Reuerse.
12 Trespas vers 2.proces fuit sue vers eux p
vn comen attourny le pl, tanq ils fuet vtlag.
mes lattourny nau my nul gare dattourny verz
eux,Ceo est bon matter pur reuerser lutlagae p
Marcam. Quere comt.12.R.2.hic tit Disconti=
nuans de proces.

Plus istarum hic titulis.

Plus.
Auncie demesne.19.R.2 | Deptitac ndiz.11.R.2
Charter de pdon.6.R.2. | Inditement. 11.R.2.
12.R.2. |

Wales, Uide Cynk ports.

Wayuer de choses.

Demurrer.
1 Wlayuer de demurrer. 7.R.2.hic tit Sau
de default.

Issue.
2 Un issue waiue, & auter issue ioine,11.R.2.
hic tit Wast.

Wayue demurf
& ioine issue.
3 Si partes morantur in lege, vncor tout temps
deuaunt le iudgement, ils poiet wayuer le de=
murrer, & ioine issue Ex assensu partium. 11. R.2.
Br.Waiuer de choses.43.Et hic tit Issue.

Franktenement.
4 Coment franktenement fra waiue. 13.R.
2.hic titl Joinenancy.

Remainder.
5 Coment rem poet estre weiue. 13. R.2.hic
tit Jointenancy.

Barre wayue, &
ou nemy.
6 En assise si home pled auncien demesne, et
sur le cause mee il appiert dee franke fee, il ne
waiuera ceo,& plede auter barre,mes lasf serra
agard:Car le ple de auncien demesne va al tre.
Issint si home all' villenage en le pl, & il replie
frank, le def.ne pled auter plee.Mes sil alledge
vtlag en le pl, tout q il enable luy m, le def. serf
receiue de pleder nouel ple.car ceo va al person.
19.R.2.hic titl Auncien dem,5. prope finem.

Waste.

Waſte.

ſ. waſt vers vn q̃ count que il aū fait waſt en
eſtaunges queux̃ il auer en gard. s. vn eſtaunge
ſecke, q lauter diſtruet ōs piſſonz ¶Burgh le bō
ne ſuppoſ my q̃ nous ſumus garden de fait ne ō
droit, iudgemēt de brief pur le non certentie, Et
non allocatur ¶Burgh quant le briefe ne parle
deſtaunges, mes de domibuſ, boſcis &c. par que
iudgment de count &c. Et non allocatur ¶Burgh.
quant a lun eſtange, pur ceo que il eſtoit cȳ
plein de rede iſſint q̃ ne putromus prenō le piſ
ſons, nous teſſomus le ewe a baler par vn pype
et priſtomus piſſons, et diomus que al plein age
le pt̃ leſtaunge fuit conuenable eſtore &c. iudgement ſi action, Et quãt a lauter eſtaunge il fuit
comen, et eſt ore, iudgement &c. ¶Clopton. ne⁹
diomus que quant al eſtaunge, que vous vendō
les piſſons, iſſint waſt &c. et priſt ouſtē meaſure,
¶Belk. ſoies bien certein q̃ il purē aū priſt ſuffic
et leſſ ſuffic et fait nul waſt, et prendē pur ſon
eſtore aſſes: Come des beſtes ſauages ē vn park
conēt que il preignā pur ſon eſtore et leſſe ſuffic,
ceo ne ſerra aiudge waſt. ¶Clopt. conēt ſra cē
ſuffic trie? ¶Belk. ſil fait come ſage quant il viēt de ſa pleine age, il prendeē des biſins q lour
mēe c̃ ē q̃ il. troue le waſt, et ſerra trier ſo eſtang
et lour mēe c̃ que il y troue, q donqꝫ teo quiō bñ
que al vieu eux poiēt aiudge ſi waſt ſoit fait ou
nient, q ſi ſufficient rem ou ment, q purceo vous
prendē liſſue que les eſtanges fuē ſuffic eſtores
quant il vient a ſa plein age, iſſint nul waſt fapt
&c. & alij econtra que il ne leſſe c̃ ſufficient eſtoē
a ſa plein age, q iſſint liſſu priſt ¶Clopt. il depart
de ſon count, car il declaē waſt fait ē vn eſtange
per ſecher, et ore il eſt a iſſu q ſuffic de peſſons,
que eſt auter cauſe ¶Belk. ico die en certein que
ſecher neſt waſt, ou bon et nuri ſhable ire ē pur
piſſons

Vers gardein.
Garden de fait &
de droit.
Eſtange.

General briefe &
ſpecial Count.

Barre.

Replication.

Dere in parke.

I ſue.
Departure.

piſſons lou coutent que vn eſtaunge ſoit leſſ giſ
ſecҡ p vn ſeiſin del an, come per vn Eſtre, ou iſſint, ⁊ en aſcun lieu per lentier an, car apꝛes eeo
que la frie del pyҡe eſt ſur le terē, ceſt frpe voit
bien giſer la ſans empaireꝫt per bone temps ſ
la terre ſoit nouriſhable pur piſſons, ⁊ puis a la
riuer de ewe pꝛ temps ſufficient de peſſon de ⁊
viendē, per ꝗ pꝛeigne liſſue come de ſuis eſt dit
⁊c. Ꝑ.ſ.Ꝛ.ꝛ.Ϝ. ꟃaſte.97.

Eſtanke.

2 ꟃaſtꝫ de peſſone en eſtanke fuit adiudge
bon. Ꝑ.6.Ꝛ.ꝛ.Staꝑꝑam, ꟃaſte.ſ3.

Iointenancy.
Vers garden in
fait.

3 Iointenācy in ꟃaſt.7.Ꝛ.ꝛ.hic ⁊ Iointenācy

4 ꟃaſte vers garden in fait. 7.Ꝛ.ꝛ. hic title
Iointenancy.

Baron & feme.

5 I.⁊ Ꝑ.ſa fēe ſuē bē de waſt vers ꟃ.ſupꝑ
per le vē que il auer fait waſt en tenementꝫ que
il tient a terme des ans del leaſe vn Ꝑ. que aū
graunt le reuerē a eux ⁊ as heires le baē,⁊ le bē

Ad exheredacio-
nem.
Forme.
Dāꝫ.

voile ad exhered' le baē. ¶Wade. le bē ē ad exhered' le baron ſolemt,⁊ p ē bꝛief ilꝫ ſont a reſ dāꝫ
pur la feme cyben come pur le baron, ou le feme
ne puit dāꝫ reē pur diſherit le baron.¶Belk. ceo
plee eſt al accion, comt que ne pꝛeignes que al
bēe,⁊ quel auter accion auer il que ē cyꝫ per que
reſpondes le bꝛiefe eſt bon.¶Wade en temps De-

Barre per ſodain
auenture.
Surrender.

terre motu les meſes eſchuont per ſoden auen-
tuē,⁊ al feaſt de ſaint Michael pꝛochein enſuāt
le dit tempeſt nous frenð les tēꝫts al plꝛ,iudge-
ment ſi accion¶Ryk.ceo plee eſt double,vn le ſo-

Double plee.

den auenture, ꝗ eſt bon plee aparluꝑ,⁊ lauter le
ſurrenð que eſt auter plee ⁊c. per que pꝛeiomus
que il ſoy teigñ al vn, ¶Wade. nous pnomus per

Proteſtation.
Couerture.
Iſſue.

pꝛoteſſaē le ſurrenð,⁊ lauē pur ple.¶Ryk.ils eſ-
cheu pur defaut de couerture ⁊ nemy per ſodein
auenture ⁊c. et alij econtra. Ꝑ.8.Ꝛ.ꝛ.Ϝ.ꟃaſt.
147.

Per enfant vers
ſon garden.

6 ꟃaſt poꝛt vers vn garden per vn enfant,⁊
aſſigñ le waſt en vn gardē de cerf freineꝫ abatꝫ,

¢ en vn bois ¶Mark, launꝼ le pꝉ fuſt ſeiſi de ceux tenements ¢ de auters ¢c.¢ tient del defend per ſeruice de chiualer ¢c. ¢ auer iſſue ij. files. s. le pꝉ deins age ¢ lauter de plein age ¢ moꝛuſt, ¢ les ij. files entreꝼ per que il ſeiſie le garꝺ, ¢ apꝛes les ij. files fieꝼ purpart enꝼ eux, iſſint que le garden ¢ le bois fueꝼ allott al purparty celluy deins age, et fueꝼ de meliour arbꝛ ¢ de greinꝺ value creſſ. en la purpartie ceſty deins age que fueꝼ creſſ. en la purpartie ceſty de pleine age, per que accoꝛꝺ ſe pꝛiſt ſur la purpartie, que ceſty deinz age duiſt abateꝛ de meſmes les arbꝛes al value dun mark ꝓ pꝛier al auter parcener, ¢ de paier vn marke pur le greinder value, per que il come gardein en noſme lenfant, purceo que il fuit de meliour auauntage del enfant abater les freynes en m̄ le gardein ¢ le remainꝺ en le bois ¢ paia a lauꝼ parcener ¢c. iudgement ſi ¢c. ¶Ryk. iaccoꝛde fuit que il duiſt paye vn marke ſimple, ſauns ceo que il duiſt abateꝛ aſcun arbꝛ ¢c. ¢ alij econtra. ¢ puis Ryk. dit que il aꝺ coupe en le garꝺ. x. freynes ouſt le value dun mark, iſſint aꝺ il fait waſt, et quant al boys nul accoꝛꝺ fuit fait del boys ¢c. iudge= ment ¢c. ¶Mark. nous ſumus a iſſue denaunꝼ, ꝓ que iudgement ſi ¢c. ¢t tamen la court luy re= ceiue a cel plee. ꝓer ꝙ Markam il ne coupe foꝛſ que al value dun marke pꝛiſt, ¢ alij econtra. ¢t quant al boys Rikhil dit que la accoꝛꝺ fuit ſole= ment que il duiſt coupe en la gardein ¢c. ſauns ꝗ que il duiſt coupe en bois ¶Markham en luꝼ ¢ en lauter ¢c. ꝓ. 11. R. 2. F. waſte. 98.

Gardein & bois.
Barre & partions. &c.

Iſſue.

7 ¶Eſtrepement in bꝛiefe de waſte. 12. R. 2. hic title Eſtrepement.

Eſtrepement.

8 waſte poꝛt en le county de Linꝼ ſuppoſ ꝗ il aū fait waſt en tenement ꝗ il tient en B. ¶Woꝛ= rot. le defenꝺ ſurrenꝺ meſmes les tenements al pꝉ a Nicholꝉ ¢c. le quel ſurrenꝺ il accept ¢ agre illonꝗ,

Barre.
Surrender.

llong₃, iudg. ſi accion ⸿Croſby, vous ne alledge
que nous manuramus en la terre en quel caſe
nul agreemeut puit eſtre ſans manuē , per que
iudgemeut, Et non allocatur. ⸿Croſby. nous ne
agreamus mye priſt , ⁊ alii econtra. Et Croſby
preia paŷ₃ de viſnet de B. ou la terre ē ⸿Charle
ceux de B. ou la terre eſt ne poient auer conuſ
del ſurrender en auter ville, Et ſi troue ſoit nul
agreemeut, donques nous maundeē briefe deu=
querer de waſt ou la terre ē, per que ſues paŷs
de Nicoll̄ ⁊c. Iſſint vid apres ſurreuder briefe
de waſt ne giſt. P.12.R.2.F. waſt. 99.

Iſſue.

Viſne.

Brief denquē.

Withernam.

Scire facias ſur
auers eſloign ſur
returne agarde.

Homine repleg.

Tolle priſe.

1 En Repl̄ apres auowre le pleint eſt nonſue,
⁊ le defend tuiſt briefe de Returno habendo, ⁊ le
vid returne que ils ſont eſloigñ , il nauera nul
withernam deuaunt que il ad ſue Scire facias ꝝ
ſon pledg ⁊c. T.7.R.2.F. withernam.11. Sta-
tham.4.fo. Tamen Quere ſi home auer wither=
nam dun home ⁊c. Et ſi ſic, ſi vaſcun auter per=
ſon que de celuy que luy ameſna en auter Com,
ou en forcelet.

2 Si lour biens , qui deuoiēt eſtē quite de tolle
ſoint priſes, ils prendēt witherñ al balue
de m̄ ceux biens de ceux qui priſtcē
tolle de eux.8.R.2.hic tiē
Patentes.3.

R.   FINIS.   B.

Le Table.

A a   Char=

Issue

A a 2　　　　Custome

FINIS.

Imprinted at London

by R. Robinſon, T. Dunne, Th.
Hauylande , Ia. Bowring,
and Th. Moris.

The 17. of Ianuary.

1 5 8 5.

Lightning Source UK Ltd.
Milton Keynes UK
17 March 2011

169412UK00005B/63/P